한 권으로 보는
그림 교과상식 백과

글 함윤미 | 그림 유남영
감수 김재영 (서울교육대학교 과학교육과 교수)

차례

차례 2   추천사 4   머리말 6

1장 인체·생명
뇌 10   뼈와 근육 14   감각 기관 18   호흡 22   혈액과 순환 26
소화와 배설 28   피부와 체온 30   생명과 건강 32

2장 발명·발견
불 36   바퀴와 교통 수단 38   숫자 0 42
종이와 인쇄술 44   지구의 다양한 에너지원 46   전기 48
통신과 통신 수단 50   무기의 종류와 발전 52   우주 탐사 54
생명 공학 56   생활을 편리하게 해 준 발명 58

3장 지구·우주
지구의 역사 68   바다와 육지 70   산과 강 74
화산과 지진 76   지층과 암석 78   우주의 역사 80
태양계 84   달 86   별자리 88   외계 생명체 90

4장 날씨·환경
대기 94   바람 96   구름 98
비와 눈 102   계절 106   일기 예보 110   자연과 환경 문제 114

5장 동물·식물

동물이 사는 곳 120 동물의 분류 124 동물의 진화 128 동물의 의사소통 130
동물의 짝짓기 132 식물의 분류 134 식물의 구조 136 식물의 번식 140
식물의 환경 적응 142 식물이 사는 곳 146 재미있는 동식물의 세계 148

6장 정치·사회

민주주의 152 남과 북 156 법 160 종교 164
전쟁 168 외교와 세계화 172

7장 경제

경제 활동 178 기업과 경영 182 유통 186
화폐와 금융 190 세금과 사회 보장 194 무역과 국제 경제 198

8장 문화·예술·스포츠

문학 204 음악 206 미술 212 연극 218 영화 220
춤 222 방송 224 패션 226 월드컵 228 올림픽과 각종 스포츠 230

찾아보기 234

추천사

초등 사회, 과학 교과의 핵심과 상식이 과학적 사고력을 키웁니다

'지식기반사회'라고 하는 현대 사회는 과학과 기술이 발전하여 수많은 지식과 정보가 쏟아져 나오고 있습니다. 이러한 현대 사회를 살아가는 데는 지식과 지혜가 더욱더 많이 필요해졌습니다. 예부터 있었던 책 읽기를 강조하는 가르침은 현대 사회에서도 중요합니다. 일상생활에서 직접 경험하기 힘든 것을 책을 통해 간접적으로 경험하고, 생활에 필요한 지식과 정보, 슬기, 지혜를 쌓아 큰 힘을 얻을 수 있기 때문입니다.

어린이들은 자신의 생활 주변의 사회 현상과 자연 현상에 많은 호기심과 관심이 있습니다. 호기심에서 비롯된 다양한 문제를 스스로 해결하기 위해서는 여러 가지 활동을 합니다. 그중에서도 우리가 가장 많이 사용하는 방법은 책을 찾아보는 방법입니다. 가장 손쉽고 정확하게 다양하고 흥미로운 정보를 얻을 수 있기 때문입니다.

《한 권으로 보는 그림 교과상식 백과》는 인체·생명, 발명·발견, 지구·우주, 날씨·환경, 동물·식물 등 각 분야별 내용을 체계적으로 다루었습니다. 내용은 그림과 만화로 재미있고 알기 쉽게 표현하고 있어서 어린이들이 학습에 흥미를 갖는 데 도움을 주며, 호기심이 왕성한 아이들이 한 번쯤 가졌을 궁금증을 해결해 줍니다. 특히 이 책에서는 과학과 관련된 내용을 초등학교 과학 교과를 바탕으로 정리했습니다. 우리가 살고 있는 지구를 중심으로 주변을 구성하는 날씨, 환경, 동물과 식물 등 중요한 개념과 원리를 쉽고 자세하게 구성해 흥미와 관심을 느낄 수 있도록 표현하고 정리해 놓았습니다.

　《한 권으로 보는 그림 교과상식 백과》는 다양한 사회 현상에 대한 내용도 담았습니다. 정치·사회, 경제, 문화·예술·스포츠에 대한 내용을 초등학교 사회 교과의 핵심 내용과 연계해 정리했습니다. 이 책은 교과 내용뿐만 아니라 사회 생활을 하면서 필요로 하는 교양과 상식까지 알차게 구성했기 때문에 학교 공부와 일상생활에 모두 도움이 되며, 정서를 함양하고 성공적인 인성 증진에도 도움이 될 것입니다. 뿐만 아니라 어린이들의 흥미와 관심을 끌 수 있도록 호기심을 자극해 지식을 다지고, 창의력을 개발할 수 있도록 구성된 이 책은 지식만을 제공하는 다른 책들과 차별화된 우수성을 지니고 있습니다.

　《한 권으로 보는 그림 교과상식 백과》는 미처 알지 못했던 우리 주변의 다양한 지식과 정보, 상식들을 재미있게 배우며 사고력, 감수성과 창의성을 동시에 갖추는 데 밑거름이 될 것이라 확신합니다. 사회와 과학을 한 권으로 담은 《한 권으로 보는 그림 교과상식 백과》를 통해 다양한 정보를 얻고, 새로운 호기심을 찾아내기를 바랍니다. 나아가 이 책을 바탕으로 과학적 사고력을 키워 많은 학생들의 한국의 노벨 과학상의 꿈의 날개를 마음껏 펼치는 계기가 되기를 기대해 봅니다.

김재영(서울교육대학교 과학교육과 교수)

머리말

이야기처럼 술술 읽히고
머리에 쏙쏙 들어오는 세상 모든 상식

《한 권으로 보는 그림 교과상식 백과》는 현재 초등학교 전 학년의 모든 교과 과정을 바탕으로 구성했어요. 책 한 권으로 전 교과목 공부를 뚝딱 해 내고 싶나요? 세상에 있는 지식을 머릿속에 넣고 싶은데, 과연 그런 도깨비 방망이 같은 책이 있기는 할까요? 《한 권으로 보는 그림 교과상식 백과》가 바로 그런 책이랍니다. 갈래별 큰 항목은 〈인체·생명〉, 〈발명·발견〉, 〈지구·우주〉, 〈날씨·환경〉, 〈동물·식물〉, 〈정치·사회〉, 〈경제〉, 〈문화·예술·스포츠〉로 나누었어요.

〈인체·생명〉은 우리가 활동하고 생명을 유지하는 몸의 특징에 대해서 정리했어요. 우리 몸에 대해서 한 번쯤 가져보았을 궁금증도 알기 쉽게 설명했지요. 휴대 전화, 컴퓨터, 카메라는 누가 발명한 걸까요? 불은 누가 발견했을까요? 〈발명·발견〉에서는 생활의 발전과 편리를 가져다주고, 인류의 발전에 도움을 준 발명과 발견을 정리했어요. 〈지구·우주〉는 우리가 살고 있는 지구에 대해서 알아보는 장이에요. 우주의 역사, 태양계, 달, 별자리 등 신비로운 우주 이야기도 만날 수 있어요. 알면 알수록 궁금하고 재미있는 지구와 우주에 대한 상식을 한 권에 담았어요.

〈날씨·환경〉은 날씨와 환경, 환경을 보호해야 하는 이유와 노력을 정리했어요. 우리의 생활과 날씨, 환경은 밀접한 관계가 있으므로 꼭 알아야 해요. 〈동물·식물〉에서는 지구에서 살아온 생물들의 역사부터 멸종위기에 처한 생물 등 우리와 함께 살아가는 동식물의 흥미로운 이야기가 가득해요.

    나라가 발전하고 사회가 복잡해질수록 정치가 필요해요. 정치는 사람들 사이에서 문제나 갈등이 생겼을 때 지혜롭게 해결하고 조정하는 활동과 역할을 말해요. 〈정치·사회〉에서는 나라 안의 정치와 사회, 나아가 지구촌의 정치와 사회관계에 대해 살펴봤어요. 경제는 사람들에게 필요한 물건을 만들고, 만든 물건을 팔며, 필요로 하는 사람들이 사서 쓰는 과정을 말해요. 이런 모든 활동을 경제 활동이라고 하지요. 〈경제〉에서는 좁게는 가정의 경제 활동부터 넓게는 나라의 경제 활동까지 정리했어요.

    문화는 의식주를 비롯한 사회 전반의 생활양식을 말해요. 문화가 특히 두드러지게 나타나는 분야는 예술 분야예요. 예술은 다른 사람들과 공유할 수 있는 미적 활동이에요. 스포츠는 몸을 이용해 체력이나 기술을 발휘하는 활동이에요. 〈문화·예술·스포츠〉에서는 알아두면 좋은 문화, 예술, 스포츠의 역사와 상식을 정리했어요.

    《한 권으로 보는 그림 교과상식 백과》는 교과와 관련된 이론을 정리하고 주제와 관련된 흥미로운 질문을 쉽고 재미있게 구성했어요. 기초적인 개념부터 생활 속 상식까지 알차게 담았지요. 초등 교과 내용에 머물지 않고, 중학교 및 고등학교 교과까지 연계했어요. 정확하고 세밀한 그림과 만화를 곁들여 재미있는 상식 그림책을 보는 것처럼 꾸몄답니다.

    자, 이야기처럼 술술 읽히고 머리에 쏙쏙 들어오는 세상 모든 상식 속으로 떠나 볼까요?

지은이 함윤미

1장
인체 · 생명

우리 몸은 크게 머리, 몸통, 팔, 다리로 나누어져요. 머릿속에 있는 뇌는 우리 몸 전체를 조절해요. 생각하고, 느끼고, 기억하고, 판단하는 등의 일을 하지요.
몸의 표면은 피부로 싸여 있고 그 속에는 지방과 근육, 뼈, 신경, 혈관 등이 있어요. 몸통은 가슴과 배로 이루어졌어요. 가슴에는 호흡 기관과 순환 기관이 있고, 배 속에는 소화 기관과 배설 기관, 생식 기관이 있어요.
우리가 활동하고 생명을 유지하는 것은 몸의 여러 기관이 제각기 맡은 역할을 잘 해내기 때문이랍니다.

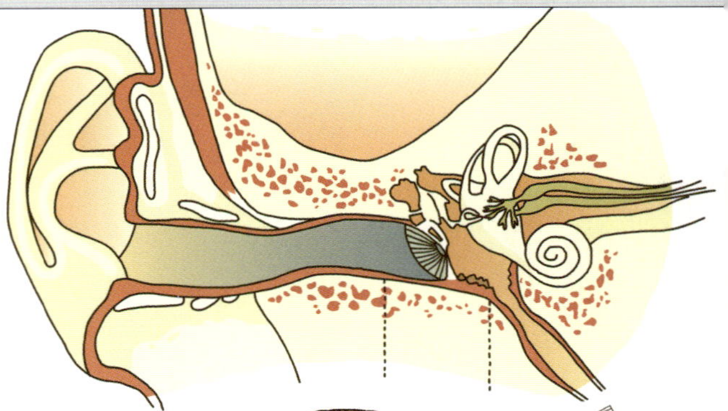

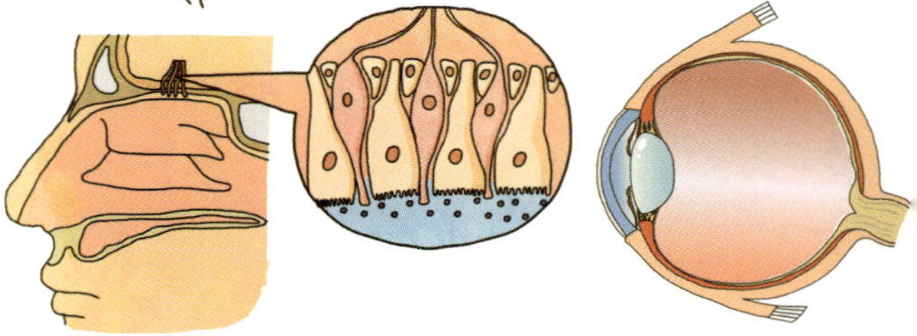

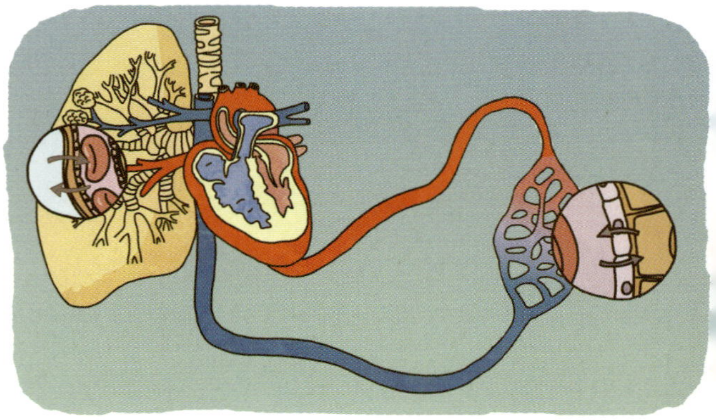

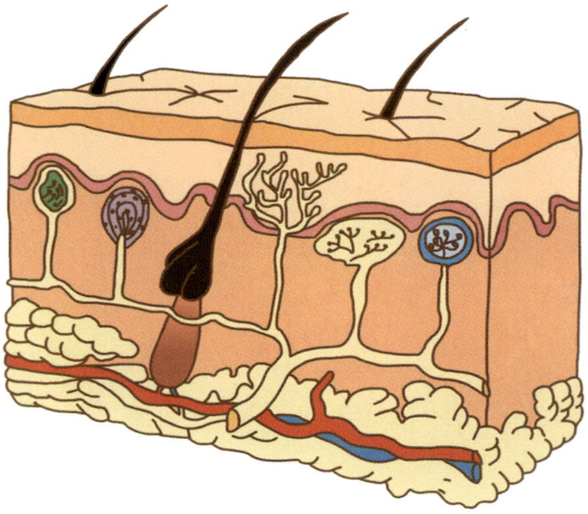

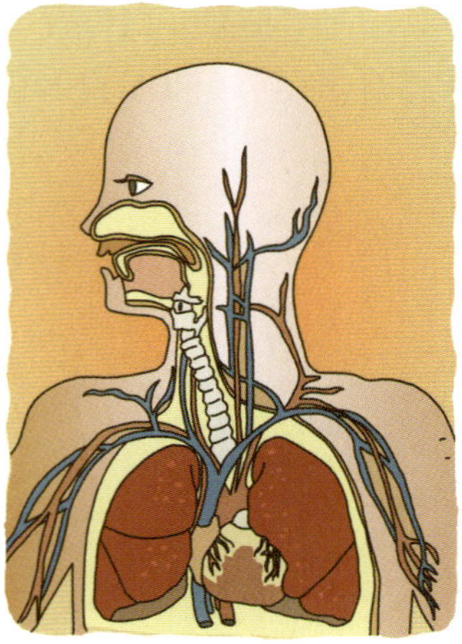

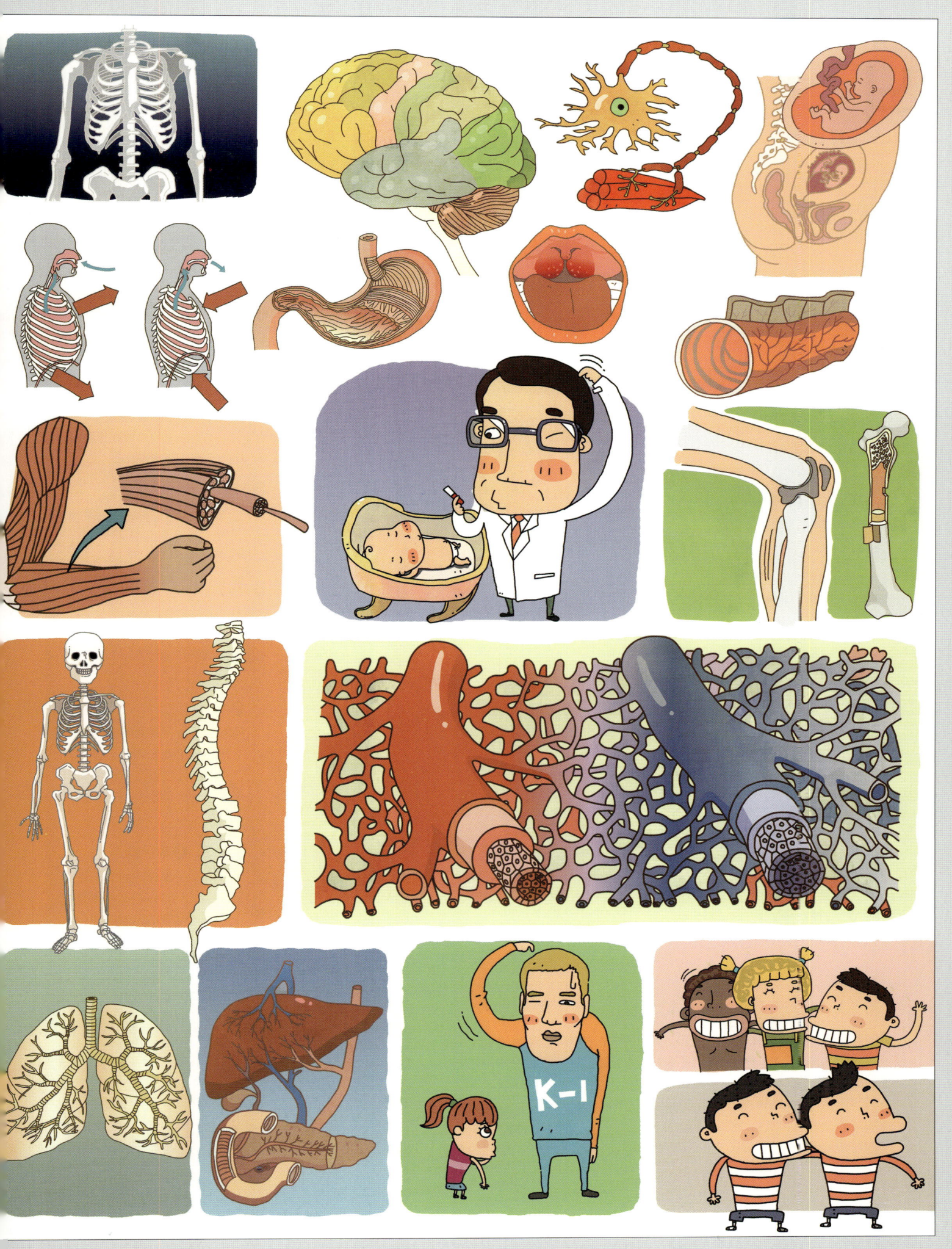

【인체·생명】
뇌

뇌는 우리 몸과 감정, 생각 등 거의 모든 것을 조종해요. 그래서 뇌가 활동하지 않으면 우리는 몸을 움직이거나 생각을 하지 못해요. 뇌는 척수를 따라 여러 가지 신호를 온몸으로 보내서 몸을 움직이게 해 주고, 다양한 정보를 생각으로 바꾸어 줘요.

뇌의 구조

뇌는 부드럽고 물렁거리는 물질로 되어 있어요. 그 뇌를 딱딱한 두개골 층과 부드러운 뇌막 층이 보호해요. 뇌에는 안과 밖이 있어요. 바깥쪽은 대뇌가 감싸고 있고, 안쪽에는 소뇌, 간뇌, 중뇌, 연수, 척수가 자리해요.

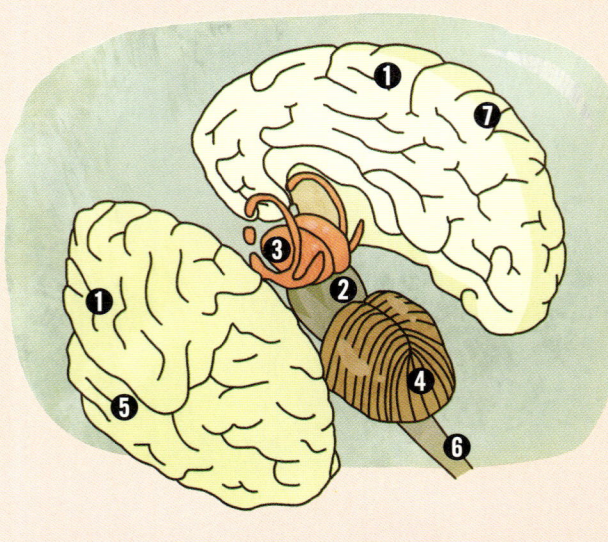

❶ 대뇌
여러 곳에서 들어오는 감각을 알아차리고, 어떠한 자극에 대해 몸이 반응하도록 명령해요. 지적인 일과 정서적인 일, 의지적인 일도 하지요.

❷ 중뇌
눈동자의 움직임과 홍채 운동을 조절하며, 청각에 관련된 일도 해요.

❸ 간뇌
내장과 혈관과 같은 자율신경을 관리하며 식욕이나 체온, 혈압, 혈당 등을 조절해요.

❹ 소뇌
우리 몸의 균형과 자세를 유지하고, 운동의 조절을 담당해요.

❺ 대뇌의 우뇌
대뇌의 오른쪽 부분으로 감각적인 문제를 처리하는 음악, 미술, 운동 등의 창조적인 일을 담당해요.

❻ 척수
척수의 속에 있으며, 무릎 반사와 같은 반사 운동과 흥분 전달, 배뇨, 땀 분비 등 신경 자극을 전달해요.

❼ 대뇌의 좌뇌
대뇌의 왼쪽 부분으로 논리적인 문제를 해결하거나 언어, 계산, 도형의 이해 등을 담당해요.

대뇌의 구조와 하는 일

대뇌는 가운데 있는 깊은 고랑으로 인해 오른쪽 뇌(우뇌)와 왼쪽 뇌(좌뇌)로 구분할 수 있어요.
오른쪽 뇌와 왼쪽 뇌는 다시 앞, 위, 옆, 뒤 네 부분으로 나누어져요. 앞은 전두엽, 위는 두정엽, 귀 근처 옆은 측두엽, 뒤는 후두엽이라고 불러요. 맡은 일은 각각 달라요.

❶ 전두엽
뇌에서 가장 복잡한 일을 하는 부분이에요. 창조력의 원천인 사고 영역, 몸을 움직이게 하는 운동 영역, 말을 만들어 내는 언어 영역 등을 담당해요.

❷ 측두엽
소리를 판별하는 청각 영역, 말하고 듣기 같은 언어 이해 영역을 담당해요.

❸ 두정엽
통증과 열 등 우리 몸에 닿은 것이 무엇인지 느끼는 일을 해요. 감각 영역, 계산 능력 등을 담당하지요.

❹ 후두엽
눈에 보이는 것을 조사하는 시각 영역을 담당하고 있어요.

뇌와 몸을 연결하는 신경과 뉴런

신경은 몸 전체에 뻗어 있으며, 눈으로 보고 손으로 만져서 알게 된 정보를 뇌에 전달하는 역할을 해요. 또 **뇌에서 내린 명령은 신경을 통해 온몸으로 전해지지요.** 신경은 신경 세포로 이루어져 있으며, 다른 말로 '뉴런'이라고도 해요.
뉴런에는 기다란 **축색 돌기** 하나와 뉴런끼리 서로 연결해 주는 여러 개의 **수상 돌기**가 있어요. 축색 돌기에서 정보를 보내면, 다른 뉴런에 있는 수상 돌기가 정보를 받아요. 이때 신경 전달 물질이라고 하는 전기 화학 물질을 사용해요. 사람은 생각을 할 때 엄청나게 많은 뉴런을 쓴답니다.

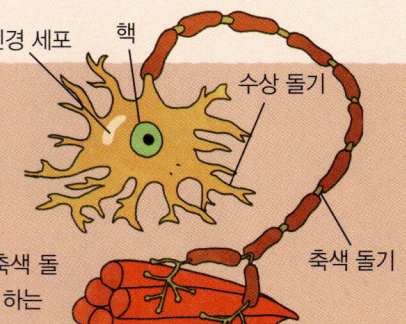

지능 지수가 높으면 공부도 잘 할까?

지능 지수는 **아이큐(IQ)**를 말하는데, **정신 연령을 실제 나이로 나눈 것에 100을 곱한 수치예요.** 지능 지수는 사람마다 차이가 있어요. 각자 태어날 때부터 가지고 있는 신경 세포의 수나 성질이 다르기도 하고, 자라면서 받은 지적인 자극에 따라서도 달라지기 때문이지요. 지능 지수가 높은 사람을 보통 '머리가 좋다'라고 표현해요. 또 지능 지수가 높은 사람 중 공부를 잘하는 사람이 많이 있지요. 하지만 선천적으로 지능 지수가 높더라도 자라면서 책이나 경험을 통해 지식을 얻지 않으면 똑똑해질 수 없답니다.

왼손잡이 중에는 천재가 많을까?

아리스토텔레스 / 알렉산드로스 대왕

보통 오른손을 사용하면 왼쪽 뇌가 발달하고, 왼손을 사용하면 오른쪽 뇌가 발달해요. **양손을 사용하면 오른쪽 뇌와 왼쪽 뇌가 골고루 발달하지요.** 그래서 오른쪽 뇌와 왼쪽 뇌가 균형 있게 발달한 왼손잡이 중에 똑똑한 사람이 많다는 말이 있어요. 아리스토텔레스, 알렉산드로스 대왕, 레오나르도 다 빈치, 모차르트, 나폴레옹, 처칠, 슈바이처, 빌 게이츠, 빌 클린턴 등이 모두 왼손잡이예요. 그러나 유명한 인물들을 일일이 따져 보면 왼손잡이보다 오른손잡이가 더 많답니다.

잠꼬대는 왜 할까?

잠을 잘 때 중얼중얼 잠꼬대를 하는 것은 **입 주위의 근육에 긴장이 풀어지기 때문이에요.** 꿈속에서 이야기를 하면 실제로 목소리가 밖으로 나오는데 이때 목소리를 내는 기관인 **발어근**이 움직여요. 물론 꿈을 꾸지 않을 때도 발어근은 움직이지요. 다만 꿈을 꾸면서 잠꼬대를 할 때는 그렇지 않을 때보다 비교적 정확한 발음을 낸답니다.

뇌에서 말하기까지 얼마나 걸릴까?

뇌가 어떤 상황을 알아챈 뒤 어휘를 떠올려 이를 문법에 맞게 말하는 데는 1초도 안 걸려요. 뇌가 외부 자극에 반응해 적절한 단어를 고르는 데 0.2초, 문법에 맞는 적절한 단어나 문장을 결정하는 데 0.12초, 발음을 결정하는 데 0.13초, 입에서 소리를 내는 데 0.15초가 걸리지요. 이 시간을 모두 더하면 0.6초랍니다.

말더듬증은 왜 일어날까?

말더듬증은 통계적으로 **여성보다 남성에게 더 많이 나타나요.** 말더듬증이 뇌 회로 문제 때문인지, 아니면 후천적인 심리 요인 때문인지는 아직 밝혀지지 않았어요. 일부 과학자들은 언어 기획과 발음을 맡아서 하는 왼쪽 뇌 영역의 신경 연결에 문제가 생겨 말을 더듬을 가능성이 크다고 주장한답니다.

머리가 좋아지는 비법

앞뇌 단련시키기

대뇌와 간뇌로 이루어진 앞뇌는 기쁘거나 슬픈 마음, 새로운 것을 하고 싶은 마음, 외우는 일 등을 관리해요. 그러니 **기쁜 마음**으로 **새로운 것**을 받아들이고, **외우기**를 많이 하면 앞뇌가 단련되어 머리가 좋아져요.

외우기를 많이 하면 앞뇌가 좋아진다고?
중얼중얼

대화를 많이 하기

뇌는 우리가 이야기할 때 움직이고 단련돼요. 말할 때 우리는 **여러 가지 생각과 상상**을 해요. 또 서로의 의견을 조정하거나, **새로운 정보와 지식도 얻지요**. 그래서 대화를 자주 하면 머리 회전이 잘 된답니다.

나랑 이야기 좀 하자!

많은 경험을 하기

뇌는 익숙한 일을 할 때 힘을 잘 발휘해요. 그래서 새로운 **지식을 공부하거나 새로운 체험**을 했을 때 그것이 익숙해질 때까지 반복하는 게 좋아요. 단, 자신이 할 수 있는 쉬운 일만 반복하면 뇌는 성장하지 않는답니다.

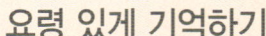
경험을 많이 해야 머리가 좋아져.

요령 있게 기억하기

책을 읽거나 내용을 외울 때 조용히 입을 다물고 하면 뇌의 일부만 움직여서 기억이 오래 가지 못해요. 반대로 소리를 내 읽거나 손으로 쓰면 뇌의 여러 부분이 움직여서 기억이 오래 가지요. 무엇보다 **경험한 내용을 자주 반복해서 떠올리는 것이 중요해요**.

입으로도 공부해야지!
중얼중얼

머리를 좋아지게 하는 차와 영양소

인삼 차
대뇌의 흥분을 진정시키고, 기억력을 높여 줘요.

오미자 차
스트레스를 풀어 주고, 머리를 맑게 해 집중력을 높여 줘요.

구기자 차
피로를 풀어 주고, 소화 기능도 좋게 하여 학습 능력을 키워 줘요.

오가피 차
오랫동안 꾸준히 마시면 피로와 스트레스를 풀어 주고, 기억력을 높이는 데도 효과가 있어요.

   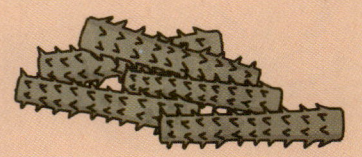

DHA
두뇌 기능을 활발하게 해 줘요. 참치, 고등어와 같은 등푸른 생선과 호두, 땅콩 등에 있어요.

단백질
단백질은 뇌 세포를 만드는 데 쓰여요. 우유, 콩, 생선, 치즈, 달걀, 육류 등에 있어요.

비타민 B군
뇌의 피로를 덜어 주고, 신경 조직의 기능을 활발하게 해 줘요. 토마토, 감자, 시금치, 쇠고기, 돼지고기, 콩 등에 있어요.

곡류 단백질과 비타민 E군
몸 안의 노폐물을 없애는 역할을 하며 옥수수, 콩, 우유, 달걀노른자, 참깨, 수수, 참기름, 올리브유 등에 있어요.

머리가 크면 공부를 잘할까?

머리가 크거나 무거우면 똑똑하다는 말이 있어요. 또 여자보다 남자의 뇌가 크고 무겁기 때문에 남자가 공부를 더 잘한다는 말도 있지요.
하지만 **뇌의 크기나 무게는 뇌의 우수성과 아무런 관계가 없어요.**
똑똑한 사람은 뇌가 크거나 무거운 사람이 아니라, 무언가를 배우고 익히는 데 많은 노력을 기울이는 사람이지요.

아침밥을 먹으면 머리가 좋아질까?

아침밥을 먹으면 머리가 좋아진다고 단정할 수는 없지만, 머리가 맑아지는 것은 분명해요. 우리의 뇌는 활동할 때 포도당을 사용하는데, 밥이나 빵에는 포도당이 많이 들어 있어요. 그래서 하루의 첫 식사인 **아침에 밥을 먹으면 뇌에 영양이 골고루 가 때문에 머리가 맑아지고 집중이 잘 되지요.** 반대로 아침에 아무것도 먹지 않으면 뇌에 영양이 없어 집중력이 떨어진답니다.

뇌가 알아차리지 못하는 자극도 있을까?

눈앞으로 무언가가 날아오면 자기도 모르게 눈을 꼭 감게 돼요. 또 차갑거나 뜨거운 것이 살갗에 닿으면 저절로 몸이 움찔하지요. 이런 현상을 **무조건 반사**라고 불러요. 무릎을 톡 쳤을 때 다리가 올라가는 것도 무조건 반사에 속해요. 갑자기 무릎을 치면 그 자극이 뇌에 전달되기 전에 **척수가 미리 알아차리고 신호를 보내는 것이지요.** 이러한 반응은 우리 몸이 위험한 상황을 빨리 벗어날 수 있도록 해 줘요.

기절을 하면 아무 기억도 안 날까?

우리 몸의 **혈압이 갑자기 떨어져서 뇌에 피가 모자라면 의식을 잃는데,** 이를 '기절'이라고 해요. 사람마다 차이는 있지만, 기절을 하면 대부분 보거나 듣지 못하는 상태가 돼요. 몇 십 초에서 몇 분 동안의 일을 전혀 기억하지 못하는 것이지요.
하지만 사람에 따라 말소리를 듣거나 주위 사람의 형체를 희미하게 알아보는 경우도 있다고 해요.

간지럼을 타지 않는 사람도 있을까?

우리가 간지럼을 타는 이유는 **몸에 자극을 전달하는 신경 세포 때문**이에요.
피부 속에 있는 신경 세포는 외부의 자극을 받아들여 뇌에 전달해요.
뇌는 가려움을 느끼는 자극이 오면 손으로 그곳을 긁으라는 명령을 내리고, 간지럽다는 자극이 오면 웃으라고 명령해요. 간지럼을 태워도 무덤덤한 사람은 신경 세포에 자극을 주어도 뇌가 받아들이지 않아 간지럼을 타지 않는 경우이지요.

상식 퀴즈 사람의 뇌와 컴퓨터 중 누가 더 똑똑할까?

① 사람의 뇌가 더 똑똑하다.
② 이 세상에 컴퓨터보다 더 똑똑한 것은 없다.
③ 뇌와 컴퓨터를 비교하는 일은 불가능하다.

정답 ① 컴퓨터는 사람이 명령하고 기억시킨 것만 해낼 수 있어요. 그러나 사람의 뇌는 스스로 판단을 내리기도 하고, 감정을 느끼기도 해요. 그래서 사람의 뇌가 컴퓨터보다 훨씬 똑똑해요.

[인체·생명]

뼈와 근육

사람의 몸이 집이라면 뼈와 근육은 집의 기초를 이루는 기둥과 벽의 역할을 해요. 기둥이 되는 뼈에 알맞은 양의 근육이 달라붙어 있기 때문에 몸을 자유롭게 움직이고 힘도 쓸 수 있는 거예요.

몸을 지탱하는 뼈

뼈는 척추동물의 뼈대를 이루는 기관으로, **몸을 떠받치고 지탱하는 일**을 해요. 또 뇌, 척수, 심장 등 몸속 중요한 기관을 에워싸 보호하고, 근육을 도와 운동도 해요. 근육이 펴졌다 오므려졌다 할 때 뼈가 지렛대 역할을 해 우리 몸이 움직일 수 있는 거예요. 뿐만 아니라 뼈는 **피를 만들고 칼슘을 저장하는 장소**이기도 해요.

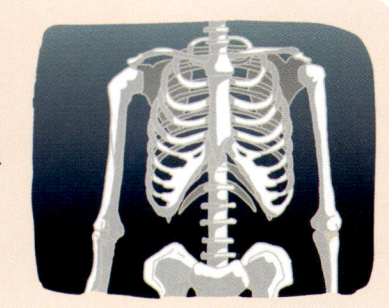

뼈의 구조

해면질 / 치밀질 / 골수강 / 골수 / 골막

뼈의 겉은 뼈막으로 싸여 있어요. **뼈막 안은 단단하고 치밀한 골질**로 되어 있지요. 골질을 다른 말로 '치밀질'이라고도 해요. 치밀질 안쪽은 구멍이 숭숭 뚫린 해면질로 이루어져 있어요. 치밀질과 해면질은 칼슘 창고예요. 칼슘이 많이 든 음식을 먹으면 치밀질과 해면질이 튼튼해져 키가 크지요.
해면질의 빈 곳은 골수로 채워져 있는데, **골수는 피를 만드는 곳**이에요. 우리 몸을 돌고 있는 적혈구, 백혈구, 혈소판이 바로 골수에서 만들어져요.

근육이 하는 일

근육은 힘을 쓰는 데 꼭 필요한 살이에요. 우리 몸은 **뼈를 제외한 모든 부분이 근육**으로 이루어져 있어요. 숨쉬고, 걷고, 뛰고, 땀 흘리고, 자고, 먹고, 오줌이나 똥을 누는 것은 근육 하나하나가 아무 탈 없이 움직이기 때문에 가능하지요. 몸이 적당한 온도를 유지하는 것도 근육 덕분이랍니다.

우리 몸을 구성하는 근육의 종류

우리 몸을 구성하는 근육은 크게 세 가지로 뼈에 붙어 있는 골격근, 몸 안의 내장을 구성하는 내장근, 심장을 이루는 심장근이 있어요.

골격근
뼈대근이라고도 하며, 팔다리, 가슴 따위의 살갗 밑에 있으면서 뼈와 뼈 사이를 이어 주는 근육이에요. 우리 몸에는 400여 개나 되는 골격근이 있어요.

내장근
위, 창자, 자궁, 방광 등 우리 몸속에 있는 여러 내장의 벽을 이루는 근육이에요. 내장근은 사람의 의지와 상관없이 꾸준히 운동을 하고 있어요.

심장근
심장의 벽을 이루는 근육이에요. 심장근은 유일하게 골격근과 내장근의 특징을 모두 가지고 있으며, 잠시도 쉬지 않고 쿵쿵 뛰지요.

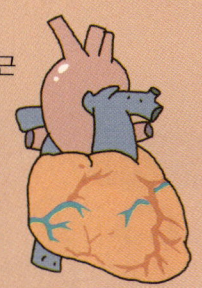

갓난아이는 어른보다 뼈가 더 많을까?

다 자란 어른의 몸에는 머리뼈, 목뼈, 팔뼈, 갈비뼈, 등뼈, 다리뼈 등 206개의 뼈가 있어요. 그런데 **갓난아이일 때는 뼈가 무려 350여 개나 돼요**. 갓난아이의 뼈는 대부분 물렁뼈로, 자라면서 점점 딱딱한 뼈로 변하고 뼈와 뼈끼리 붙기도 하면서 뼈의 수가 줄어들지요. 관절을 이루는 연골, 코와 귀의 뼈, 등뼈 사이에 끼어 있는 디스크 등은 갓난아이 때부터 어른이 되어서까지 남아 있는 물렁뼈랍니다.

뼈 350여 개   뼈 206개

덧니는 왜 생기는 걸까?

이도 뼈에 속해요. 사람은 태어나서 6~8개월쯤 되면 젖니가 나요. 젖니는 7~8살이 되면 빠지기 시작하고, 간니가 새로 나와요. 간니는 평생 쓴다고 하여 '영구치'라고도 부르지요. 덧니는 **젖니 곁에 포개어 난 이**를 말해요. 제때 빠져야 할 젖니가 안 빠지면 잇몸 속에서 기다리고 있던 간니가 젖니를 밀고 나오면서 이가 포개어져 덧니가 된답니다.

넌 덧니가 매력적이야!

뼈는 딱딱한데 어떻게 움직일까?

뼈 중에서 머리뼈와 가슴뼈는 움직일 수 없어요. 하지만 목뼈와 등뼈는 앞뒤 좌우로 움직일 수 있고, 손뼈는 복잡하고 섬세한 일도 할 수 있지요. 이처럼 딱딱한 뼈가 정교하게 움직일 수 있는 것은 **수많은 작은 뼈들이 모여 있기 때문이에요**.

뼈와 뼈는 어떻게 이어질까?

뼈와 뼈를 잇는 방법은 크게 **봉합과 연골 결합**으로 나뉘어요. 봉합은 뼈와 뼈 사이가 딱 붙어 있는 것을 말해요. 뼈를 연결하고 있는 조직이 아주 적어서 뼈와 뼈가 직접 이어져 있는 것처럼 보이지요. 머리뼈가 봉합에 속해요.
연골 결합은 뼈와 뼈 사이가 연골로 이루어져 있는 것을 말하며 갈비뼈, 가슴뼈, 엉덩이뼈 등은 모두 연골 결합에 속해요.

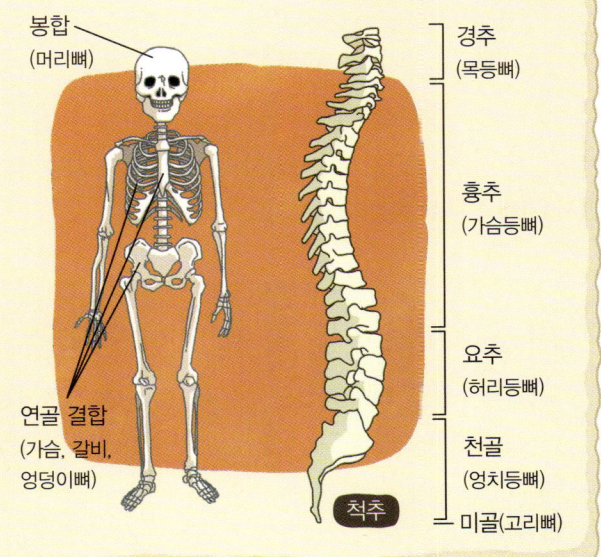

봉합 (머리뼈)
연골 결합 (가슴, 갈비, 엉덩이뼈)
경추 (목등뼈)
흉추 (가슴등뼈)
요추 (허리등뼈)
천골 (엉치등뼈)
미골 (고리뼈)
척추

키가 쑥쑥 크는 방법이 있을까?

키는 유전 외에도 뇌에서 분비되는 **성장 호르몬의 영향**을 받아요. 성장 호르몬은 영양, 운동, 환경에 따라 많이 나올 수도 있고, 적게 나올 수도 있어요. 성장 호르몬이 많이 나오게 하려면 음식을 먹을 때 이것저것 골고루 먹고, 칼슘이 많이 든 멸치나 우유를 많이 먹는 게 좋아요. 또 줄넘기나 농구를 하면, 우리 몸의 **성장판이 자극**을 받아 키가 크는 데 도움이 되지요. 성장 호르몬은 밤 10시에서 새벽 2시 사이에 가장 많이 나오니 그 시간에는 잠을 자는 것이 좋답니다.

농구를 하면 키가 커진다고?

키가 계속 자라는 병이 있다고?

보통 사람 이상으로 키가 지나치게 자라는 것을 '**거인증**'이라고 불러요. 거인증은 한창 성장하는 시기에 호르몬의 균형이 깨지면서 성장 호르몬의 분비가 많아져 생기는 병이랍니다.

뼈의 가장 큰 적은 누굴까?

설탕은 몸속에 들어가면 '글리코겐'이라는 것으로 변해 간에 모여요. 그런데 설탕이 들어간 사탕이나 과자, 초콜릿 등을 너무 많이 먹으면 간에서 글리코겐을 제대로 처리하지 못하고 혈액 속에 불안정한 상태로 남아 있게 돼요.
그러면 **뼈가 자라는 데 필요한 성장 호르몬의 분비를 방해**하고, 뼈를 무르게 하는 등 여러 가지 나쁜 작용을 일으키지요. 키가 크고 싶다면, 설탕이 많이 든 과자나 주스 등을 많이 먹지 않는 게 좋답니다.

키는 언제까지 자랄까?

사람은 태어날 때 키가 50cm 안팎이에요. 태어나서 1년 동안에 키가 가장 많이 자라고, 2~4세에는 매년 7~8cm, 4세 이후부터 사춘기까지는 매년 5~6cm씩 자라지요.
여자아이들은 초경이 있고 나서 2~3년이 지나면 성장이 멈추고, 남자아이들은 여자아이들보다 2년 정도 더 키가 자라요. 그러다 **사춘기를 지나면서 20세 전후로 성장이 멈추지요.**

저녁보다 아침에 키가 더 클까?

등뼈라고 부르는 척추는 몸의 무게를 지탱해 주는 뼈예요. 척추는 원통형의 뼈들이 연골로 연결되어 있어요. 이 연골들은 몸을 부드럽고 자유롭게 움직일 수 있게 해 줘요.

종일 무거운 머리를 받치고 있는 척추의 연골은 낮에 서 있거나 앉아 있을 때 몸의 무게에 눌려 탄력이 떨어지고 오그라들어요. 그러다가 쉬거나 잠을 자면 **연골이 다시 탄력을 찾지요.** 그래서 **저녁보다 아침에 키가 더 클 수 있는데, 그 차이는 대략 1cm 안팎**이랍니다.

키가 자라는 데 꼭 필요한 영양소

지방, 탄수화물, 비타민 C군, 단백질, 칼슘, 무기질, 카로틴 6가지는 키가 자라는 시기에 꼭 필요한 영양소예요. 특히 단백질은 뼈나 근육을 만드는 기본 영양소이고, 칼슘은 뼈를 튼튼하게 만드는 영양소이므로 꼭 챙겨 먹어야 하지요.

단백질
뼈나 근육을 만드는 기본 영양소예요.
육류, 달걀, 생선, 치즈, 두부, 새우, 콩, 우유 등에 많이 들어 있어요.

칼슘
뼈를 튼튼하게 만드는 영양소예요.
우유, 치즈, 미역, 요구르트, 멸치, 두부, 청국장 등에 많이 들어 있어요.

아연, 마그네슘
아연은 성장 호르몬이 나오는 것을 돕고, 마그네슘은 칼슘의 흡수를 도와요.
아연은 장어, 돼지고기 등에, 마그네슘은 시금치, 다랑어 등에 많이 들어 있어요.

키가 쑥쑥 크는 운동은 뭘까?

체조
간단한 유산소 운동과 스트레칭이 적절히 구성되어 있어 관절과 근육을 늘려 주는 효과가 있어요.

철봉 매달리기
간단한 지지대나 철봉에 매달려 20초 정도 버텨요. 이렇게 몇 번 반복하면 스트레칭이 되어 좋아요.

낮은 산 등산하기
무리가 되지 않는 가벼운 등산은 성장판을 자극해 줘요. 산을 오를 때는 천천히 올라가고 내려올 때는 조금 빠르게 내려와요.

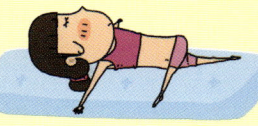

다리뼈는 얼마나 강할까?

몸무게를 지탱하는 **다리뼈는 약 4,300kg까지 견딜 수 있어요.** 몸무게가 60kg인 어른 70명 정도의 무게이지요. 또 팔을 이루는 원기둥 모양의 팔뼈는 2,100kg의 무게까지 견딜 수 있답니다. 이러한 뼈의 강도는 세로 방향으로 압력을 가했을 때의 힘을 말해요. 만약 위에서 내리 누르는 힘이 아닌, 가로 방향으로 힘을 받으면 견디는 힘이 낮아져 뼈가 부러져요.

새우잠을 자면 키가 안 클까?

새우잠을 잔다고 키가 크지 않는 것은 아니에요. 그러나 잠자는 자세가 좋지 않으면 **몸의 자세에 나쁜 영향**을 미쳐요. 몸의 자세가 좋지 않으면 키도 실제보다 작아 보일 수 있지요. 새우잠을 자는 습관은 어깨와 등, 허리가 굽어질 수 있고, 몸의 좌우 기울기가 변해 한쪽으로 무게 중심이 치우칠 수 있어요.

입술에는 왜 주름이 많을까?

입술은 근육으로 이루어진 주름 덩어리예요. 우리 몸에서 가장 주름이 많은 곳이 바로 입술이지요. 입은 말하고, 음식을 먹고, 하품을 하는 등 쉴 새 없이 움직이는 부위예요. 따라서 **신축성 있게 움직여야 하기 때문에** 주름이 많이 있어요.

입술의 주름은 사람마다 무늬가 다 달라요. 이런 입술의 무늬는 세월이 흘러도 거의 변하지 않는답니다. 그래서 입술의 무늬도 지문처럼 사람을 식별하는 데 도움이 된다고 해요.

털에도 근육이 있을까?

털의 가장 중요한 기능은 체온을 보존하여 추위를 막는 거예요. 그런데 대부분의 포유동물과 달리 사람은 털이 별로 없어요. 그래서 몸에 열을 내 체온을 유지시켜 주는 일을 대부분 근육이 하지요. 추울 때 턱이 달달 떨리고 온몸이 움츠러드는 것, 오줌을 누고 났을 때 몸이 부르르 떨리는 것 등은 떨어진 체온을 정상으로 되돌리기 위해 근육이 하는 일이에요. 또 털에도 근육이 있기 때문에 추울 때 팔다리에 소름이 돋고 털이 곤두서요. 이는 몸의 열을 유지하기 위해 **털에 있는 근육**인 '입모근'이 반응하기 때문이랍니다.

많이 웃으면 정말로 예뻐질까?

근육은 오랫동안 일정한 상태로 있으면 굳어 버리는 성질이 있어요. 그래서 한 사람의 얼굴 표정으로 그 사람의 역사와 직업까지도 읽을 수 있다고 해요. 이처럼 **얼굴에는 표정을 만들어 내는 30여 개의 얼굴 근육**이 있어요. 그 근육들이 오므라들었다 펴졌다하면서 피부가 당겨져 표정을 만들지요. 평소에 생긋생긋 웃으면 표정이 밝아져서 얼굴이 훨씬 더 예뻐 보인답니다.

백만 불짜리 미소를 만드는 방법은 뭘까?

입을 크게 벌리고 숨을 내쉬면서 '아, 에, 이, 오, 우' 소리를 내요. 이어서 '하, 헤, 히, 호, 후', '마, 메, 미, 모, 무' 식으로 **자음을 바꿔 가면서 발성 연습**을 해요. 날마다 연습하다 보면 **얼굴 근육이 풀어져서** 자신도 모르게 아주 예쁜 미소가 만들어질 거예요.

뼈와 근육

【인체·생명】
감각 기관

눈, 코, 입, 귀, 피부는 사람의 감각 기관이에요. 우리는 감각 기관을 통해 보고, 냄새 맡고, 맛보고, 듣고, 피부로 느껴요. 우리 몸의 안팎에서 전달된 자극은 즉시 뇌와 척수로 이루어진 중추 신경에 전달된답니다.

감각 기관의 역할

사람의 뇌는 몸 바깥의 자극을 빛, 소리, 온도, 냄새, 맛 등으로 해석하는 능력을 가지고 있어요. 자극은 환경 변화에 대한 정보를 말하며, 이 **자극을 감지하는 능력**을 '감각'이라고 하지요. 감각 기관에는 눈, 코, 입, 귀, 피부 등이 있어요.

사물을 보는 감각 기관 눈

눈은 **빛의 자극을 받아들여 물체의 모양과 색을 볼 수 있는 감각 기관**이에요. 우리가 물체를 보기 위해서는 먼저 눈동자가 각막을 통해 빛을 받아들여요. 그러면 홍채는 빛의 양을 조절하고, 수정체는 빛을 통과시켜요. 이때 수정체의 두께를 얇게 하거나 두껍게 하여 먼 곳과 가까운 곳을 구별하지요. 망막에는 수정체를 통해 들어온 물체의 모양이 맺히고, 이 모양이 시신경을 통해 뇌에 전달되면 물체의 생김새와 색깔을 알게 돼요.

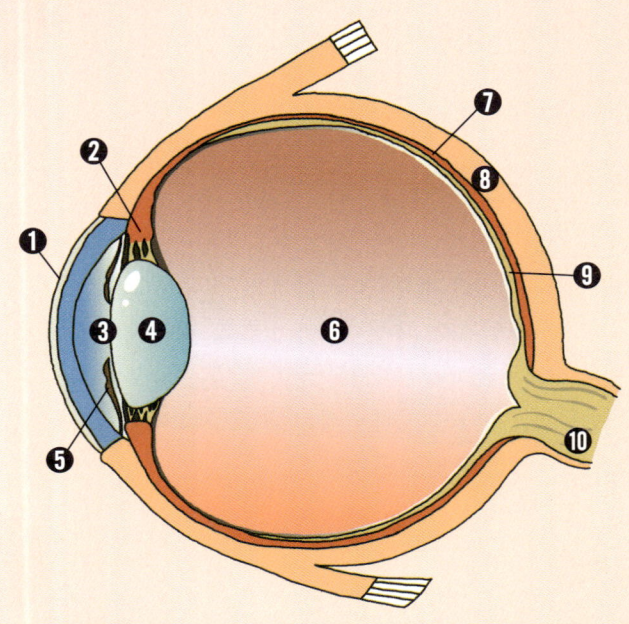

❶ 각막
빛이 들어올 때 최초로 거치는 접시 모양의 막이에요.

❷ 모양체
수정체의 두께를 조절해 눈의 초점 거리를 조절해요.

❸ 동공
눈동자이며, 빛이 이곳을 통과해요.

❹ 수정체
빛을 굴절시켜 망막에 상이 맺히도록 해요.

❺ 홍채
각막과 수정체 사이에 있는 얇은 막으로 빛의 양을 조절해요.

❻ 유리체
수정체와 망막 사이에 있으며, 안구의 모양을 유지해요.

❼ 맥락막
눈에 혈액을 공급해요.

❽ 공막
희고 튼튼한 섬유질로 되어 있고, 안구를 보호해요.

❾ 망막
눈의 가장 안쪽 층에 있으며, 상이 맺히는 부분이에요.

❿ 시신경
망막에 비친 물체의 모양을 뇌에 전달해요.

냄새를 맡는 감각 기관 코

코는 **냄새를 맡는 감각 기관이면서 숨을 들이쉬고 내쉬는 호흡 기관**이기도 해요. 사람의 코는 모양을 결정하는 뼈와 그 안쪽의 비강으로 이루어졌어요.
냄새를 가진 물질이 공기에 섞여 코로 들어와 콧속의 천장에 있는 후세포를 자극하면, 이 자극이 후신경을 통해 대뇌로 전해져 냄새를 맡게 되는 거예요.

❶ 비강
콧구멍에서 목젖 윗부분에 이르는 코 안의 빈 곳으로 끈끈한 점액으로 덮여 있어요.

❷ 후각 상피
코의 벽을 이루는 겉껍질로 후신경, 후세포, 화학 물질, 점액으로 이루어져요.

❸ 후신경
대뇌에 연결되어 있으며, 냄새를 느껴요.

❹ 후세포
냄새를 맡아요.

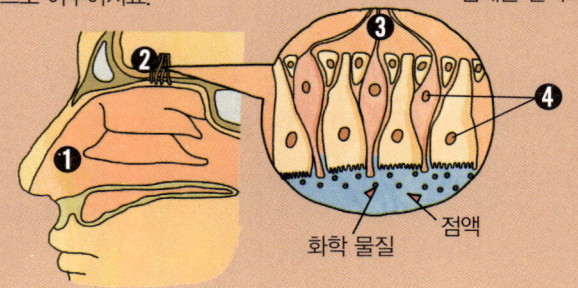

소리를 듣는 감각 기관 귀

귀는 **소리를 듣고 우리 몸이 평형을 유지하도록 해 주는 감각 기관**이에요. 귀는 귓바퀴(외이, 겉귀), 가운데귀(중이), 속귀(내이) 세 부분으로 구분해요. 소리는 귓바퀴에 모인 뒤 고막에 전달되어 고막을 진동시켜요. 이 진동은 청소골을 거쳐 달팽이관 속에 있는 청세포에 전달되지요. 청세포의 흥분이 청신경에 의해 대뇌에 전달되면 비로소 우리가 소리를 듣게 되는 거예요. 귀의 전정 기관과 반고리관은 몸의 균형을 유지해 주는 역할을 해요.

❶ **외이도**
소리가 고막에 전달되는 통로예요.

❷ **청소골**
고막의 진동을 내이에 전해 줘요.

❸ **반고리관**
둥근 관으로 연결되어 있으며, 몸의 평형을 유지해요.

❹ **달팽이관**
속에 있는 청세포에 소리가 전달돼요.

❺ **유스타키오관**
고막의 진동을 도와요.

❻ **고막**
소리를 청소골로 전달해 줘요.

❼ **귓바퀴**
귀의 모양을 이루며, '외이' 또는 '겉귀'라고 불러요. 소리를 한 곳으로 모아 귓구멍을 통해 고막에 전달해요.

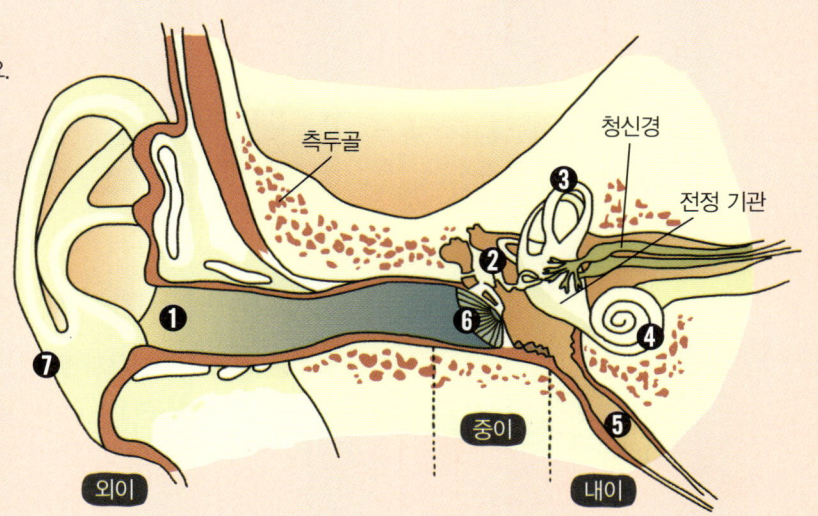

맛을 느끼는 감각 기관 혀

혀는 입 안에 있는 달걀 모양의 근육 덩어리로 **맛을 느끼는 감각 기관**이에요. 혀의 표면은 침샘으로 이루어진 점막과 유두라는 작은 돌기로 덮여 있어요. 유두의 일부에는 미뢰라는 봉오리가 있는데, 그 속에 맛을 느끼는 미세포가 들어 있지요.

혀는 맛을 구별하는 일 외에도 말할 때 발음을 제대로 할 수 있도록 도와줘요. 음식물을 침이랑 섞어 주기도 하고, 삼킬 때 음식물을 목구멍으로 보내는 일도 해요.

감각을 느끼는 피부

피부는 겉에서부터 **표피, 진피, 지방 조직 세 부분**으로 나누어져요. 표피에는 혈액이 흐르지 않기 때문에 벗겨 내도 피가 나지 않아요. 표피의 세포층에 있는 멜라닌 색소는 피부의 색깔을 결정하지요.

진피는 신경, 혈관, 땀샘 등이 복잡하게 모여 있어 피부에서 가장 중요한 부분이에요. 지방질로 이루어진 지방 조직은 내부 기관을 보호하고 체온을 유지시키는 일을 해요.

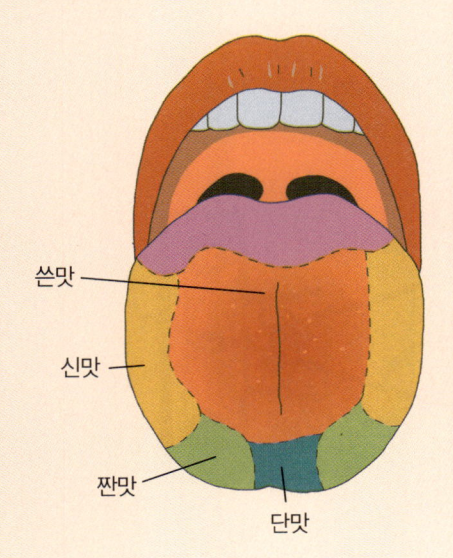

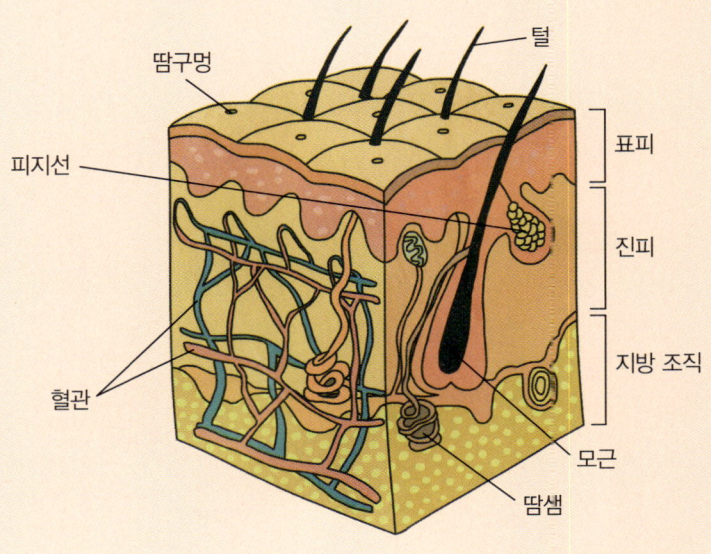

하품을 하면 왜 눈물이 날까?

하품을 하다 보면 눈물이 나는 경우가 있어요. 사람의 눈 안쪽에는 눈물샘이라는 작은 기관이 있는데, 눈물샘에서는 쉬지 않고 눈물이 나와요. 그러나 그 양이 매우 적어서 평소에는 느끼지 못하지요. 눈물은 안구를 닦아 주는 역할을 해요. 안구를 닦고 난 눈물은 눈가에 있는 눈물주머니에 괴어 있어요. 하품을 하면 **얼굴의 근육이 움직여서 이 눈물주머니를 누르게 되는데**, 이때 눈물이 나오는 거예요.

단것을 많이 먹으면 왜 눈이 나빠질까?

사탕이나 초콜릿, 아이스크림같이 단것을 많이 먹으면 이가 상하고, 뼈가 물러지고, 눈도 나빠져요. 설탕이 든 음식을 많이 먹으면 우리 **몸속에 있는 비타민 B군이 파괴되기 때문이에요.** 눈의 건강에 영향을 미치는 비타민 B군이 파괴되면 눈의 기능이 떨어지지요. 그러니 평소에 단 음식은 되도록 먹지 않는 게 좋아요.

눈을 가리면 왜 똑바로 걷지 못할까?

우리가 몸을 똑바로 가눌 수 있는 것은 여러 평형 기관들이 정상으로 작동하기 때문이에요.
눈도 그 역할을 하지요. 중심을 잡는데 중요한 역할을 해요. 눈은 주변에 보이는 것들과 자기 몸의 위치를 뇌에 전달해 줘요. 그런데 눈을 가리고 걸으면 **주변의 정보들이 뇌로 빠르게 전달되지 않아** 똑바로 걸을 수 없게 되지요.

색맹은 남자가 많을까 여자가 많을까?

색맹은 **색깔을 구분하지 못하는 것**을 말해요. 색맹에는 빨간색과 녹색을 구별 못하는 '적록 색맹'과 어떤 색깔도 구별하지 못하는 '전색맹'이 있어요. 색맹은 대부분 할아버지에게서 손자에게로 유전돼요. 바로 다음 세대에는 나타나지 않다가 그 다음 세대에 나타나는 것을 '열성 유전'이라고 하지요.
신기하게도 지금까지 통계를 보면 **여자 색맹은 남자 색맹의 10분의 1에 불과**하다고 해요.

카메라와 눈의 원리

카메라의 구조는 렌즈, 조리개, 필름으로 이루어졌어요. 이는 우리 눈의 구조와 비슷해요. 밖에서 들어온 빛의 정보는 렌즈를 통해 안쪽 필름에 거꾸로 모양이 맺혀요. 디지털 카메라의 경우는 필름 대신 이미지 센서가 사용되지요.
그런데 우리 눈의 구조는 카메라보다 훨씬 고성능이에요. **눈의 렌즈(수정체)는** 탄력이 있어 먼 곳을 볼 때는 수정체가 얇아지고, 반대로 가까운 곳을 볼 때는 수정체가 두꺼워져서 망막에 초점을 맞추지요.

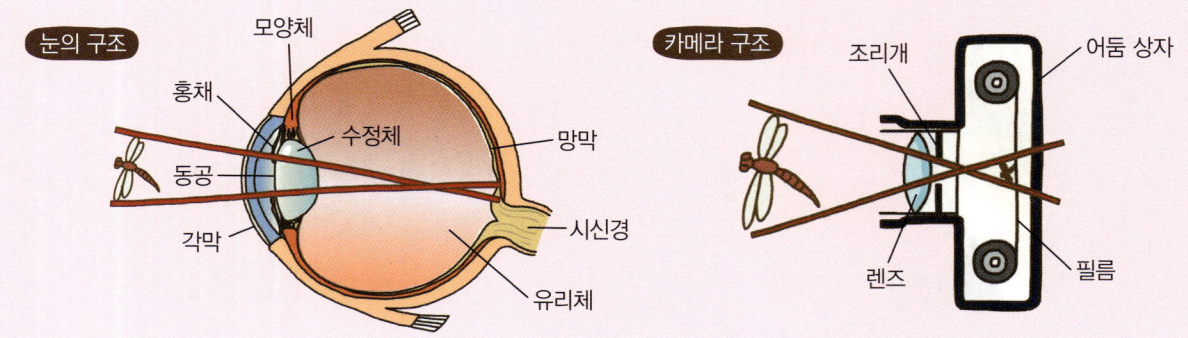

코딱지는 왜 생기는 걸까?

콧속에는 코딱지가 숨어 있어요. 공기를 들이마실 때 **공기 속의 먼지나 불순물**은 콧속의 털에 걸려 몸 안으로 들어가지 못해요. 이것들은 **콧물과 섞여 코딱지**가 되지요.

만일 오염된 건조한 공기가 그대로 기관이나 폐 속으로 들어간다면 질병의 원인이 될 수 있어요. 조금 지저분하더라도 콧속에 코딱지가 만들어지는 것은 천만다행한 일이랍니다.

라면을 먹으면 왜 콧물이 나올까?

라면뿐만 아니라 뜨거운 음식을 먹다 보면 콧물이 줄줄 흐를 때가 있어요. **음식에서 올라오는 김이 코의 점막을 자극하기 때문이**에요.

그러다가 김이 식으면 점막에 미세한 물방울이 달라붙게 되는데, 그때 우리의 코는 이 물방울들을 몸 밖으로 내보내기 위해 맹활약을 해요. 그 활약의 주인공이 바로 콧물이지요.

귀는 왜 2개일까?

어떤 소리가 우리의 정면에서 나면, 그 소리는 두 귀에 똑같이 나뉘어 들어와요. 반면 소리가 왼쪽에서 나면 왼쪽 귀에 더 크게 들리고, 소리가 오른쪽에서 나면 오른쪽 귀에 더 크게 들리지요.
그러면 **우리의 뇌는 소리가 어느 쪽 귀에 더 크게 들렸는가를 판단**하여 소리가 난 방향이나 각도를 알아내고, 소리가 크게 들린 쪽으로 고개를 돌리도록 명령한답니다.

고막이 없어도 들을 수 있을까?

두 손으로 귀를 꼭 막으면 소리가 희미하고 작게 들려요. 이런 상태는 귀에서 고막이 없을 때와 비슷해요. **고막이 진동을 하여 소리를 전해 줘야 하는데,** 그 역할을 못하면 소리가 작게 들리지요. 흔히 고막이 없으면 아무것도 듣지 못한다고 알고 있지만 실제로는 **작게나마 소리를 들을 수 있지요.**

의사는 왜 환자의 혀를 보는 걸까?

혀에 끼어 있는 이끼를 '설태'라고 하는데, 위가 아파서 음식을 잘 못 먹는 사람은 혀에 하얗고 두꺼운 설태가 붙어 있어요. 또 몸에 열이 많으면 혀가 바짝 말라 설태가 허옇게 갈라져 있지요.

병에 따라서 혀의 색깔이 누렇거나 녹색을 띠기도 해요. 그래서 의사 선생님이 환자를 진찰할 때 가장 먼저 혀를 살피는 거예요.

햇볕에 살갗이 타면 왜 가려울까?

햇볕에 탄 것도 가벼운 화상에 속해요. 심하면 피부가 부풀어 물집이 생기고, 시간이 지나면서 벗겨지지요. 이때 느끼는 가려움증은 벌레에 물려 가려운 것과 달라요. **가려움증이 아니라 통증이기 때문이에요.**
원래 통증과 가려움증은 같은 감각이어서 아주 가벼운 화상을 입었을 때는 가려운 것으로 착각한답니다.

【인체・생명】
호흡

숨을 쉰다는 것은 몸의 각 세포에 산소를 전해 주고, 몸 안에서 만들어진 이산화탄소를 없애는 과정을 말해요. 숨을 내쉬거나 들이쉬는 일로 필요한 산소를 받아들이고, 몸 안에 생긴 이산화탄소를 내보내는 과정을 통해 우리 몸은 생활에 필요한 에너지를 만들어요.

사람의 호흡 과정

우리가 입이나 **코로 들이마신 공기는 목구멍을 거쳐 기관, 기관지, 허파(폐), 허파꽈리 순으로 전해져요.** 먼저 공기가 코를 통과할 때 코털은 공기 중에 섞여 들어온 먼지를 걸러 내요. 그리고 공기는 목구멍을 지나 기관과 기관지로 들어가요. 이때 기관과 기관지 안쪽에는 끈끈한 점막이 있어서 다시 한 번 세균이나 먼지를 걸러내요. 기관과 기관지를 지난 공기는 허파로 들어가 허파꽈리를 통해 산소를 받아들이고 이산화탄소를 내보내지요. 허파로 들어온 산소는 영양분을 에너지로 바꾸어 주고, 이 에너지는 우리가 생활하는 데 쓰여요.

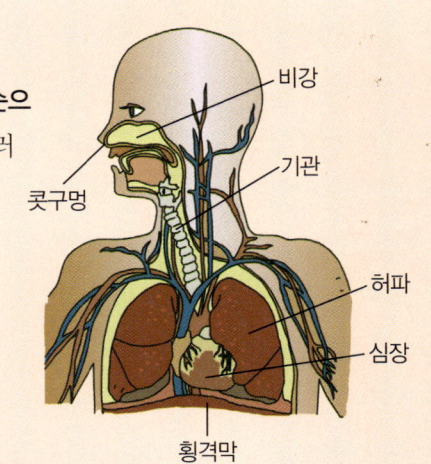

허파의 구조

기관은 오른쪽과 왼쪽으로 갈라진 **기관지**와 이어져요. 기관지는 양쪽 허파로 연결되지요. 또 허파 속에는 포도송이 같은 **허파꽈리**가 들어 있어요. 허파꽈리 하나의 지름은 약 0.1mm예요. 그 둘레에는 눈에 보이지 않는 모세 혈관이 거미줄처럼 얽혀 있지요. 허파꽈리는 숨을 들이쉬면 불룩해지고 내쉬면 줄어들어요. 이때 주위에 있는 모세 혈관에서 산소는 빨아들이고 이산화탄소는 내보내지요.

외호흡과 내호흡

호흡에는 외호흡과 내호흡이 있어요. **허파와 혈액 사이의 산소와 이산화탄소를 서로 교환**하는 것을 외호흡(허파 호흡)이라고 해요. 외호흡은 몸 바깥의 공기가 몸 안으로 들어오는 과정을 말해요.

내호흡은 허파가 건네 준 산소를 혈액이 온몸의 세포에게 전해 주고, 세포에서 만들어진 이산화탄소를 허파로 전해 주는 과정이에요. 즉 **세포와 혈관 사이에서 일어나는 산소와 이산화탄소의 교환**을 내호흡이라고 하지요.

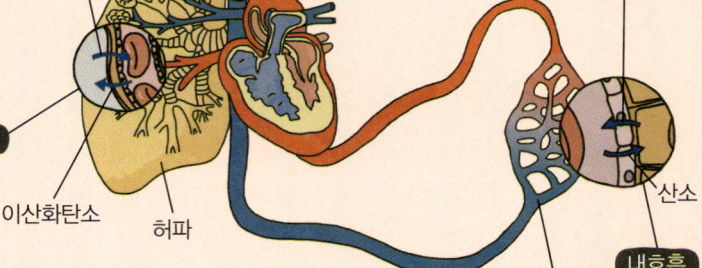

허파의 운동

허파의 호흡 운동은 갈비뼈의 위아래 운동과 횡격막의 운동에 의해 일어나요. 들숨 때는 갈비뼈가 위로 올라가고, 횡격막이 아래로 내려가며 가슴통이 넓어져 공기가 기관을 지나 허파에 들어가지요. 날숨 때는 갈비뼈가 아래로 내려가고, 횡격막은 위로 올라가서 가슴통이 좁아지며 공기가 밀려 나와요.

복식 호흡과 흉식 호흡이란 뭘까?

호흡에는 복식 호흡과 흉식 호흡이 있어요. **복식 호흡은 배를 불룩하게 내밀거나 쏙 들어가게 하면서 숨쉬는 것**을 말해요. 횡격막을 움직여서 하는 호흡이지요. 숨을 깊이 들이마셨다가 내쉬는 복식 호흡을 자주 하면 폐활량이 높아져 성대가 힘들이지 않고 손쉽게 소리를 낼 수 있어요. 그래서 노래를 부르는 가수나 성악가들은 일부러 복식 호흡을 연습한답니다.

흉식 호흡은 갈비뼈와 뼈의 운동에 의하여 숨을 들이쉬고 내쉬는 호흡을 말해요. 가슴이 불룩하게 나오는 형태로, 대부분의 사람들이 일반적으로 하는 호흡이랍니다.

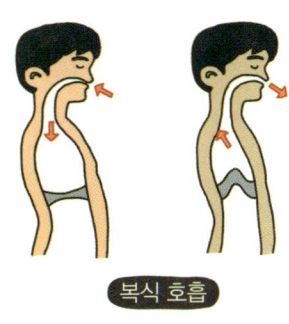
복식 호흡

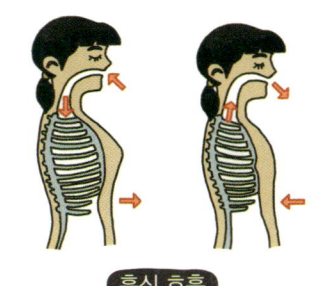
흉식 호흡

콧구멍은 왜 2개일까?

콧구멍은 숨을 들이쉬고 내쉬는 통로 역할을 해요. 콧구멍을 막으면 조금만 있어도 숨쉬기가 곤란해져요. 그러나 한쪽 코만 막았을 경우에는 숨쉬기가 그리 곤란하지 않아요.

이처럼 콧구멍이 2개인 것은 이물질이나 질병으로 인해서 한쪽 코가 막혔을 경우에 다른 한쪽으로 숨을 쉬기 위해서예요. 또 한쪽이 일을 하다가 피곤해지면 다른 한쪽이 일을 대신 할 수도 있지요. 우리가 느끼지는 못하지만 평소 **두 콧구멍은 번갈아 가면서 교대로 일**을 하곤 한답니다.

코골이는 왜 하는 걸까?

'드르렁~' 코 고는 소리는 **공기를 마시거나 뱉을 때 목젖이 진동해서 나오는 소리**이지요. 잠을 잘 때는 목젖의 긴장이 풀려요. 이때 코나 입에 들어온 공기가 목젖에 닿아 진동하면서 잡음을 내고, 잡음은 입안을 울리면서 코 고는 소리를 크게 만들지요. 평소에 얌전히 잘 자던 사람도 심하게 운동을 하거나 술을 많이 마시면 코를 골아요. 또한 코나 목구멍에 병이 있는 사람은 코를 더 잘 골고, 코 고는 소리도 큽니다.

달리기를 하면 왜 숨이 가쁠까?

가만히 있을 때는 산소가 많이 필요하지 않아요. 하지만 달리기나 축구, 농구 같은 격렬한 운동을 하면 몸속의 산소가 이산화탄소로 변해 산소가 모자라지요. 이때 **몸에 필요한 산소를 받아들이고, 이산화탄소를 내보내기 위해 우리는 가쁘게 숨을 쉬는 거예요.**

딸꾹질은 왜 하는 걸까?

딸꾹질은 우리 몸속을 가슴과 배로 나누어 주는 곳에 위치한 횡격막 때문에 생겨요. 횡격막은 아주 튼튼한 근육으로 되어 있으며, 횡격막이 올라갔다가 내려오는 운동을 통해 우리는 숨을 쉴 수 있어요.

횡격막 운동은 뇌에서 신경을 통해 근육에 명령을 내리기 때문에 가능해요. 그런데 **뇌의 명령이 어느 한순간 보통 때보다 빠르거나 느려지면** 숨쉬는 시간이 어긋나게 돼요. 바로 이때 **횡격막이 오므라들면서** 딸꾹질이 나오는 거예요.

변성기는 왜 오는 걸까?

변성기란 목소리가 변해서 쉰 것 같은 울림이 나는 현상을 말해요. 주로 사춘기 초기에 나타나는 신체의 변화 중 하나이지요. 신체가 성장함에 따라 **성호르몬인 테스토테론이 후두를 자극**하여 후두가 두껍고 길어지게 돼요. 이로 인해 목소리가 변하는 거예요.

변성기는 남녀 누구에게나 찾아오지만 여자보다 남자의 목소리에 더 심한 변화가 오지요. 변성기 때는 목을 잘 관리해야 나중에 멋진 목소리를 낼 수 있답니다.

뇌에 산소가 부족하면 어떻게 될까?

우리 몸에서 산소를 가장 필요로 하는 곳은 바로 '뇌'예요. **뇌는 산소가 부족하면 즉시 활동을 중단해요.** 산소가 없는 상황이 8분 정도 지속되면 생명을 잃을 수도 있지요. 가스에 중독된 사람이 머리가 아픈 것도 뇌에 산소를 충분히 공급받지 못해 뇌 세포가 손상을 입었기 때문이에요. 산소는 사람이나 동물뿐만 아니라 식물에게도 없어서는 안 될 아주 중요한 것이랍니다.

하품은 왜 하는 걸까?

우리가 매일 마시는 공기 중에는 산소가 약 20% 정도 섞여 있어요. 이 공기를 사람이 들이마셨다가 내쉬면 산소의 양은 약 15%가 되지요. 우리 몸에서 약 5%의 산소를 흡수했기 때문이에요. 또 내쉴 때의 공기에는 이산화탄소가 거의 100배나 늘어나 있지요. 이렇게 **공기 중에 산소의 양은 줄고, 이산화탄소의 양이 많아지면** 하품을 하게 돼요.

사람이 많은 버스 안이나 엘리베이터 안에서 사람들이 연달아 하품을 하는 이유는 부족한 산소를 더 많이 얻기 위해 나타나는 자연스런 반응이랍니다.

감기는 왜 걸리는 걸까?

보통 감기라고 부르는 것은 하나의 병을 말하는 것이 아니에요. **코나 목, 폐 등의 호흡기에서 일어나는 모든 염증**을 가리켜요. 이런 염증은 **바이러스 때문에** 생기는데, 바이러스는 병을 걸리게 하는 작은 미생물이에요. 지금까지 200종류가 넘게 발견되었어요.

바이러스는 다른 생물의 세포를 감염시키고 그 안에서 번식해요. 그러면 그 생물은 병에 걸리게 되지요.

바이러스의 특징

아주 작은 크기	스스로 늘어날 수 없음	공기나 손을 통해 감염	다양한 종류
대장균 같은 세균의 크기는 약 1,000분의 1mm로 바이러스는 그 세균의 10분의 1 크기예요.	다른 세포에 자신의 유전자를 넣어 자신과 같은 동료를 만들어 내 번식해요.	감기 환자의 기침에서 나온 바이러스를 다른 사람이 들이마시면 바이러스에 감염돼요.	인플루엔자, 에코, 아데노, 엔테로, 로터 바이러스 등이 있어요.

감기에 걸렸을 때 기침은 왜 나는 걸까?

감기가 심하면 기관지 같은 곳이 바이러스와 세균 때문에 손상을 입어서 근질근질해져요. 바이러스는 콧물이나 가래에 섞여 기관지를 통해 허파까지 들어갈 수도 있지요.

이때 **기침을 하게 되면 먼지나 세균 같은 나쁜 물질이 몸 밖으로 쫓겨 나와요.** 즉 우리 몸에 병을 일으키기 쉬운 불순물을 자동으로 쫓아내는 생리 작용이 바로 기침인 셈이지요. 그러니까 감기에 걸렸을 때 기침을 하는 것은 몸에 좋은 일이에요.

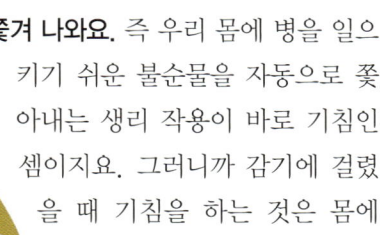

재채기의 속도는 얼마나 될까?

재채기는 자연스러운 반사 작용이에요. 콧속을 자극하는 물질이나 공기 중에 있던 먼지 같은 이물질이 숨을 쉴 때 따라 들어오면 그것을 내보내기 위해 재채기를 하지요.

우리가 숨을 쉴 때 밖으로 나오는 공기의 속도는 시속 10~20km로 자전거를 타고 달릴 때와 비슷해요. 그런데 **재채기를 할 때는 시속 약 320km로, 1초에 100m를 달리는 속도와 비슷하답니다.**

편도선은 없는 게 좋을까 있는 게 좋을까?

편도선은 입에서 목구멍에 이르는 부근에 자리하고 있어요. 의학이 지금처럼 많이 발달하지 않았던 시대에는 편도선에 염증이 생기면 염증이 온몸으로 퍼지는 것을 막기 위해 수술을 해서 잘라 버렸다고 해요. 그런데 편도선은 **코나 입을 통해 침입하는 세균을 잡아 없애는 일**을 하고 있어요. 한 마디로 말해 '세균 잡는 특공대'이지요. 그래서 오늘날에는 편도선에 염증이 생겨도 잘라내는 일은 없어요.

담배는 몸에 얼마나 해로울까?

우리의 허파는 신선한 공기를 원해요. 그래야만 산소가 몸속에서 필요한 에너지를 만들 수 있어요. 그런데 담배를 피우면 담배에 들어있는 타르 같은 **나쁜 물질이 공기를 따라 허파로 들어가게 돼요.** 나쁜 물질이 오랫동안 허파에 쌓이다 보면 기억력이 떨어지고, 기침, 천식, 폐암 같은 무서운 질병에 걸릴 수도 있어요. 심하면 목숨을 잃기도 하니 담배는 절대 피워서는 안 된답니다.

상식 퀴즈 : 재채기할 때 코와 입은 왜 꼭 막아야 할까?

① 창피하니까
② 사실은 막을 필요가 없다.
③ 질병에 걸리도록 하는 나쁜 균을 다른 사람에게 옮길 수 있으므로

정답 ③ 재채기를 할 때는 굉장히 강한 바람이 나와요. 이때 감기 같은 병을 옮기는 세균이나 바이러스도 같이 나오지요. 그래서 입과 코를 막지 않으면 다른 사람에게 옮길 수도 있어요.

[인체·생명]
혈액과 순환

혈액을 다른 말로 피라고 불러요. 우리 몸속에는 산소와 영양분이 든 피가 늘 일정한 방향으로 되풀이하며 돌고 있어요. 피는 온몸 구석구석을 다니면서 산소와 영양분을 나눠 주지요.

심장의 역할과 피의 순환 과정

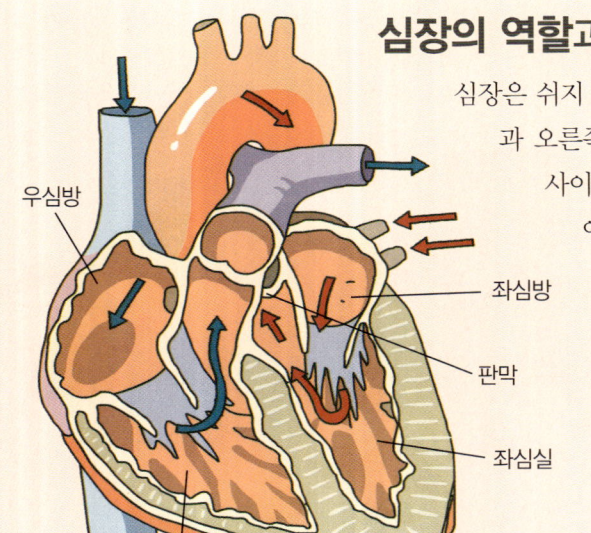

심장은 쉬지 않고 펌프처럼 움직여 **피를 온몸으로 보내 주는 일**을 해요. 심장은 왼쪽과 오른쪽으로 나뉘어 있어요. 또 피가 거꾸로 흐르는 것을 막아 주는 판막을 사이에 두고 위아래로도 나뉘지요. 위쪽은 심장의 방이라는 뜻으로 '심방'이라고 부르고, 판막의 아래쪽은 심장의 거실이라는 뜻으로 '심실'이라고 불러요.

심방은 또다시 좌심방과 우심방으로 나뉘고, 심실은 좌심실과 우심실로 나뉘어요. 심장이 부풀 때 온몸을 돌고 난 피는 우심방으로 들어오고, 심장이 오그라들 때는 피가 허파로 보내져요. 반대로 좌심방에서는 허파에서 산소를 받은 피가 들어와 온몸으로 보내져요.

피가 끊임없이 순환하는 과정은 **온몸→우심방→우심실→허파→좌심방→좌심실→온몸**의 순서이지요.

피가 지나는 길 동맥과 정맥

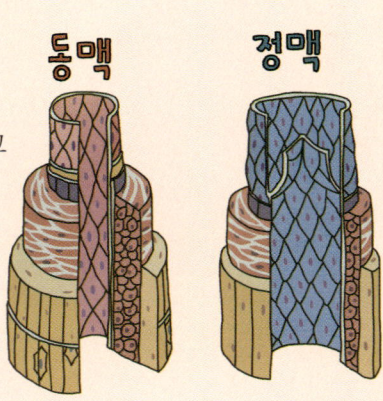

피는 온몸 구석구석에 뻗어 있는 대롱 같은 핏줄을 따라 흘러 다녀요. 심장이 '쿵' 하고 한 번 뛰면 약 70㎖의 피가 온몸으로 보내져요. 작은 요구르트 한 병 정도의 양이지요. 심장에서 나가는 피는 동맥이라는 길을 통해 다녀요. **동맥**은 힘차게 펄떡거리는데, **심장에서 떠난 신선한 피가 흐르고 있기 때문**이에요. 반면 **정맥**은 고요해요. 온몸을 여행하고 **심장으로 돌아가는 피**가 고요히 흐르기 때문이에요.

피의 성분과 역할

피는 산소와 음식물에서 얻은 영양분을 몸의 여러 곳으로 운반하고, 쓸모없는 이산화탄소나 찌꺼기를 몸 밖으로 내보내요. 또 체온을 일정하게 유지해 주는 역할도 해요. 피는 **혈구, 혈소판, 혈장**으로 이루어져요.

모세 혈관이란 뭘까?

모세 혈관은 동맥과 정맥처럼 핏줄에 속해요. 동맥과 정맥에 비해 매우 가늘며, 얇고 투명해요. 그리고 우리 몸의 구석구석에 퍼져 있지요. 심장이 펌프질을 하여 내보낸 피는 동맥을 거친 뒤 모세 혈관을 통해 **온몸의 조직에 산소와 영양을 전해 줘요.** 또 몸에서 생겨난 이산화탄소나 불필요한 찌꺼기 따위를 모아서 심장으로 되돌려 보내는 역할도 해요.

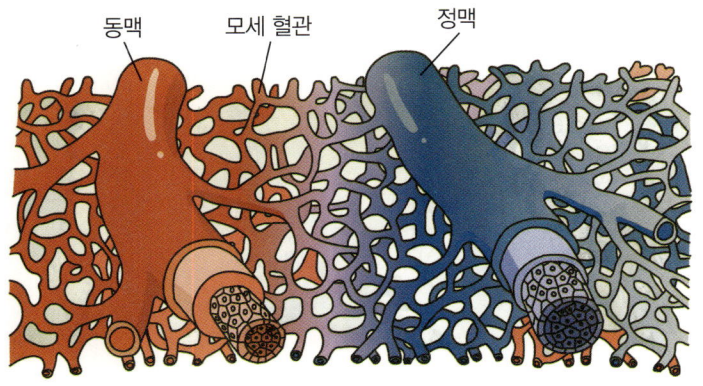

피는 빨간데 핏줄은 왜 파랗게 보일까?

피가 빨간 이유는 적혈구에 들어 있는 헤모글로빈이라는 색소 때문이에요. 헤모글로빈에 산소가 붙어 있는 피는 빨간색으로 동맥을 따라 흐르고, 이산화탄소가 붙어 있는 피는 검붉은 색으로 정맥을 따라 흘러요.

동맥은 피부 깊숙한 곳을 흐르지만 정맥은 피부 근처에서 흐르기 때문에 우리 눈에 보여요. **정맥 속에 흐르는 피는 검붉은 색인데, 핏줄의 색과 피부의 색이 섞여 우리 눈에는 파랗게 보이지요.**

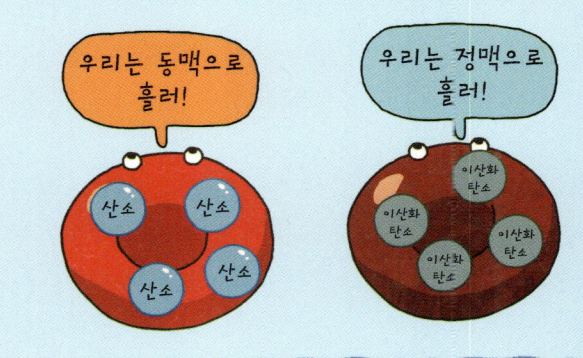

오래 앉아 있으면 왜 발이 저릴까?

무릎을 꿇고 오랫동안 한자리에 앉아 있다 일어나면 발이 저릿저릿해요. 이것은 혈관이 머리부터 엉덩이까지의 무게에 눌려 무릎 아래로 통하는 **혈관에 피가 제대로 흐르지 못해서 일어나는 현상이에요.** 혈관이 눌려서 산소를 실어 나르지 못하면, 결국 근육에는 산소와 영양분이 모자라게 돼요. 그런 근육을 갑자기 움직이면 잠시 동안 통증이 오는데, 이것을 '저린다'라고 표현하지요.

혈액형이 변할 수도 있을까?

부모가 모두 A형인 경우에는 B형이나 AB형의 아이는 태어날 수 없어요. 또 O형의 부모에게서는 O형만 태어나지요. **혈액형은 타고난 것이어서 변할 수가 없답니다.** 그러나 갓난아이의 경우에는 아직 적혈구 작용이 활발하지 않아 태어나자마자 검사한 혈액형과 나중에 성장한 후 검사한 혈액형이 다르게 나오는 경우도 있어요. 이는 혈액형이 변한 게 아니라 검사 기기가 착각을 일으킨 것이지요.

그런데 간혹 다른 혈액형의 골수를 이식했을 때 시간이 지나면서 이식을 받은 골수의 혈액형으로 바뀌기도 해요.

혈압은 왜 높고 낮은 걸까?

혈압이란 **핏줄의 압력**을 말해요. 압력이 높으면 고혈압, 압력이 낮으면 저혈압이에요. 고혈압이 되는 가장 흔한 이유는 핏줄에 지방질이 끼어 있을 경우예요. 핏줄의 굵기와 흐르는 피의 양은 일정한데 그 관에 이물질이 끼어 관이 좁아지면 압력이 높아지지요.

반대로 핏줄에 흐르는 피의 압력이 약하면 저혈압이라고 불러요. 저혈압일 때는 빈혈을 의심해 볼 수 있어요. 이처럼 **혈압이 높고 낮음은 건강 상태를 알리는 신호랍니다.**

혈액과 순환

[인체·생명]

소화와 배설

소화는 음식물이 소화관을 지나면서 잘게 쪼개지고 흡수되는 모든 과정을 말해요. 배설은 음식물의 영양소가 몸에 흡수되고 남은 찌꺼기를 몸 밖으로 내보내는 과정이지요.

음식물이 소화되고 배설되는 과정

입에 들어온 음식물은 이와 혀에 의해 잘게 부서져요. 여기에 침이 섞이면서 음식물이 부드럽게 변하지요. 이렇게 반죽된 음식물이 꿀꺽 삼켜지면 **식도**를 타고 내려가요. 식도의 벽은 오므라들었다 늘었다 하는 연동 운동을 하여 음식물을 위로 내려 보내요.

위에 도착한 음식물은 잘게 부서지고, 위에서 다 부서지지 않은 음식물은 **작은창자**(소장)에 도착해 더욱 잘게 쪼개져요. 작은창자에서 다 소화되지 않은 음식물의 영양소나 수분은 마지막으로 **큰창자**(대장)를 지나며 흡수돼요. 큰창자에 마지막까지 남아 있는 찌꺼기가 바로 똥이 되는 거예요. 똥은 **항문**을 통해 우리 몸 밖으로 나오지요.

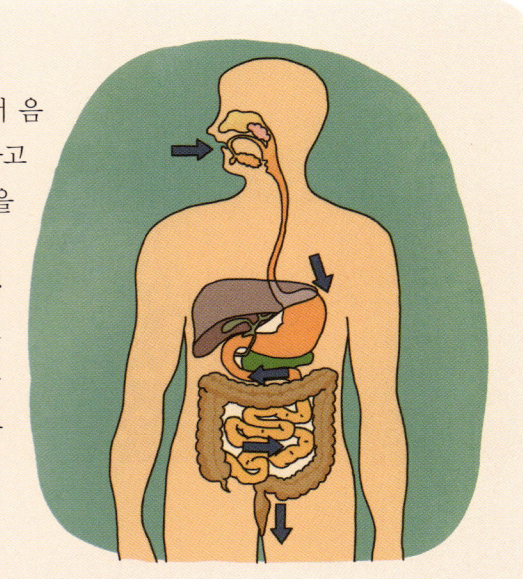

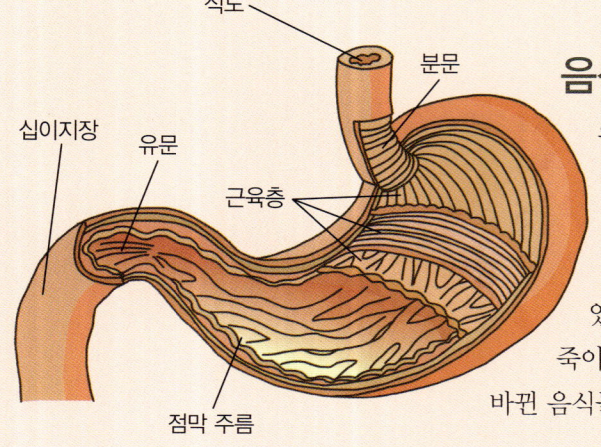

음식물을 임시로 저장하는 위

위는 먹은 음식물을 소화시키는 일을 해요. 위는 직접 영양분을 흡수하는 기능이 거의 없어요. 다만 다른 소화 기관들이 영양소를 잘 흡수하도록 **음식물을 임시로 저장하여 잘게 부수는 일**을 하지요.

위에 음식물이 들어가면 위액이 나오기 시작하고, 위벽이 늘었다 줄었다 하며 위액과 음식물을 잘 섞어 줘요. 위액은 음식물 속의 세균을 죽이고, 음식물을 더 잘게 흐트러뜨려요. 이렇게 위에서 걸쭉한 죽처럼 바뀐 음식물은 작은창자로 보내져요.

단백질과 탄수화물을 쪼개는 작은창자

작은창자의 길이는 약 6~7m로 아주 길며, 소장이라고도 불러요. 음식물이 작은창자에 들어오면 **장액**이라는 소화액이 나와요. 장액이 **단백질과 탄수화물을 다시 잘게 쪼개지요**.
이렇게 완전히 소화된 영양분은 모세혈관에 흡수되어 간으로 옮겨져요. 그러면 영양분 중 일부는 간에 저장되고, 나머지는 핏줄을 따라 온몸으로 퍼지며 필요한 곳에 쓰인답니다.

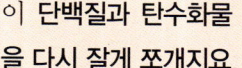

수분을 흡수하는 큰창자

큰창자는 작은창자와 곧은창자(직장) 사이에 있으며, 작은창자보다 더 굵지만 길이는 짧아요. 큰창자는 **수분을 빨아들여 음식물 찌꺼기를 덩어리로 만들어요**.
이것이 곧은창자로 보내지면 항문 괄약근에 있는 신경이 척수에 있는 배변 중추를 자극하지요. 그러면 우리가 화장실에 가 똥을 누게 되는 거예요.

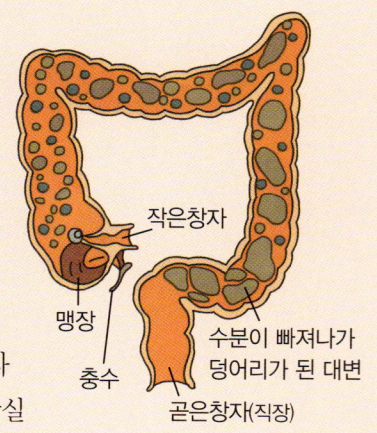

간과 이자의 역할

간은 작은창자에서 온 영양소를 저장하여 **몸에 필요한 에너지를 만들어요.** 또 **쓸개즙**을 만들어 음식물 속 지방의 소화를 돕고, 독성 물질을 분해시켜요. 피를 굳게 만드는 데 필요한 '프로트롬빈'과 피가 굳는 것을 막는 '헤파린'을 만드는 등 많은 일을 해요.

이자는 **이자액**을 만들어 위와 작은창자에서 강한 산성이 되어 온 **음식물을 중화**시켜 줘요. 또 소화액과 호르몬을 동시에 만들어 내는 중요하고도 특이한 기관이랍니다.

콩팥의 역할

강낭콩 모양으로 생긴 콩팥은 신장이라고도 불러요. 피를 통해 여러 가지 물질이 모여들면 콩팥은 **우리 몸에 필요 없는 찌꺼기만 쏙쏙 골라내는 일**을 해요. 그 찌꺼기를 몸속에서 쓰고 남은 물과 함께 방광으로 보내지요. 그렇게 해야 우리 몸속에 있는 수분의 양이 조절되고, 피가 지나치게 산성이나 알칼리성이 되지 않지요. 콩팥은 쓸모없는 찌꺼기를 세뇨관으로 보내는 일도 해요.

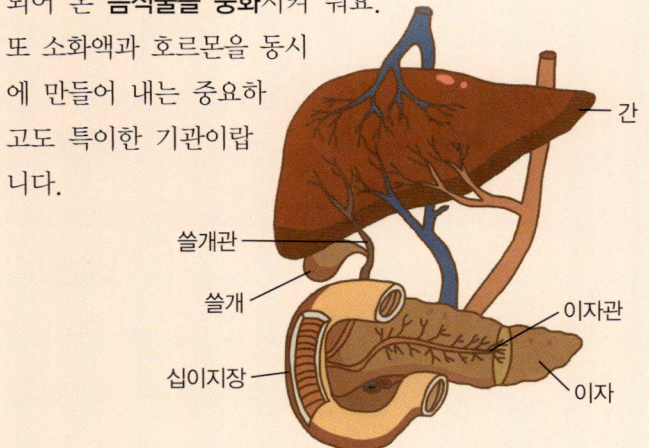

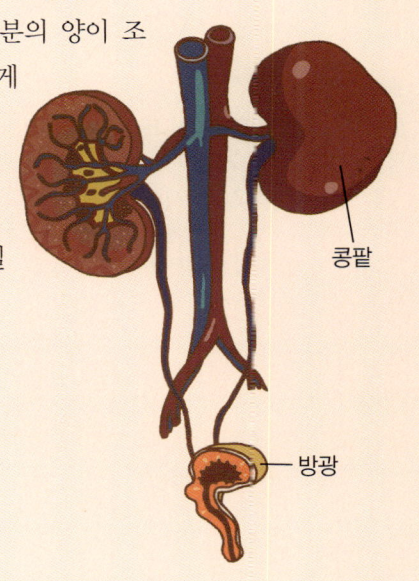

음식은 몇 번을 씹어야 소화가 잘 될까?

음식물은 많이 씹으면 씹을수록 맛이 나고 몸에도 좋아요. **밥과 반찬은 20번 정도** 씹은 뒤에 삼키면 좋지요. 그러면 소화가 잘 될 뿐만 아니라 살도 안찌고, 과식도 하지 않게 돼요. 그리고 씹는 동안 침과 음식이 잘 섞여 암을 예방할 수 있어요. 침 속에 암을 일으키는 물질의 독성을 없애는 성분이 있기 때문이에요.

오줌을 오래 참아도 괜찮을까?

오줌이 **방광에 가득 차게 되면 아랫배가 심하게 아파요.** 방광 벽은 약 1.5cm 정도인데, 오줌이 가득 차게 되면 0.3cm 정도로 얇아지지요. 잘못하면 방광이 터져 위험할 수도 있어요. 실제로 오줌을 너무 오래 참다가 통증을 넘어서 기절을 한 사람도 있답니다. 그러니까 오줌이 마려우면 참지 말고 그때그때 눠야 해요.

똥을 안 누면 어떻게 될까?

똥은 우리가 먹은 음식물에서 영양분이 빠진 찌꺼기예요. 몸이 건강할 때는 똥이 뭉쳐서 나와요. 그런데 몸이 피곤하거나 약해지면 장의 기능이 떨어져 설사가 나와요. 반대로 변비에 걸려 며칠 동안 똥을 누지 않으면 **큰창자에 모여 있는 찌꺼기에서 가스나 나쁜 균이 생겨요.** 가스가 방귀로 나오는 경우도 있지만, 그렇지 않으면 뱃속에 차서 속이 더부룩하고 배가 아프지요. 또 나쁜 균에 의해 피부에 뾰루지 같은 것이 나기도 한답니다. 나쁜 균을 없애고 변비에 걸리지 않으려면 물을 자주 마시고 식이섬유가 많이 든 채소와 곡물을 먹어야 해요.

소화와 배설 29

[인체·생명]
피부와 체온

피부는 몸을 둘러싸고 있는 보호막이에요. 표피, 진피, 지방 조직으로 되어 있으며, 감각점들이 있어요. 체온은 소화된 음식물이 간이나 창자, 근육 속에서 열로 바뀐 것을 말해요.

피부의 구조

표피
피부에서 가장 바깥부분인 표피는 종이 한 장 정도 되는 얇은 두께로 온몸을 감싸고 있어요. 표피는 병원균의 침입을 막고, 수분이 빠져나가는 것을 막아 피부가 건조해지지 않도록 해 줘요. 표피의 밑바닥에서는 새로운 세포가 계속 만들어져 묵은 세포는 위로 밀려나 떨어져 나가지요. **표피에는 혈관이 없기 때문에 껍질이 벗겨져도 피가 나지 않아요.** 손톱과 발톱은 표피가 변해서 만들어진 것이랍니다.

진피
진피에는 신경, 핏줄, 땀샘, 모근, 피지선 등이 복잡하게 모여 있어요. 모근은 털의 뿌리 부분을 말하고, 피지선은 기름샘을 뜻해요. 기름샘은 피부가 건조하지 않게 보호하고 세균이 침입하지 못하도록 해 줘요.
땀샘에서는 체온을 조절하기 위해 땀을 내요. 날카로운 것에 베이면 피가 나는데, 이것은 진피에 있는 핏줄에 상처가 났기 때문이에요.

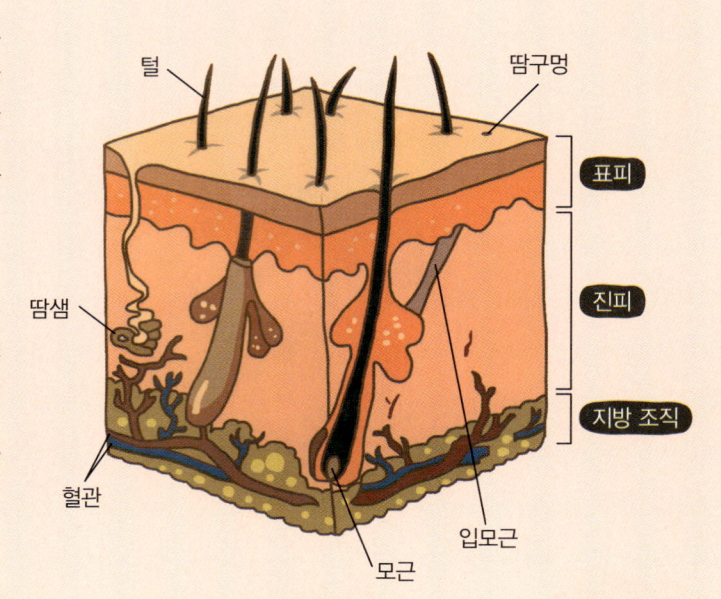

지방 조직
지방 조직은 온통 지방질로 이루어져요. 우리 몸의 **내부 기관을 보호해 주고, 체온을 유지시키는 일**을 해요. 또 **영양을 저장하고, 에너지를 충전하는 일**도 맡아 하지요. 우리몸 중에서 지방 조직이 주로 많이 분포되어 있는 곳은 아랫배, 허벅지 등이랍니다.

여러 가지 감각을 받아들이는 **감각점**

감각점은 피부 감각점이라고도 불러요. 촉각, 압각, 통각, 냉각, 온각 등의 감각은 피부 속에 자리 잡고 있는 **촉점, 압점, 통점, 냉점, 온점** 등의 감각점에 의해 느끼지요.
피부에서 가장 많은 것이 통점이고, 그 다음이 압점이에요. 감각점 중에서 가장 적게 분포되어 있는 것은 온점이랍니다.

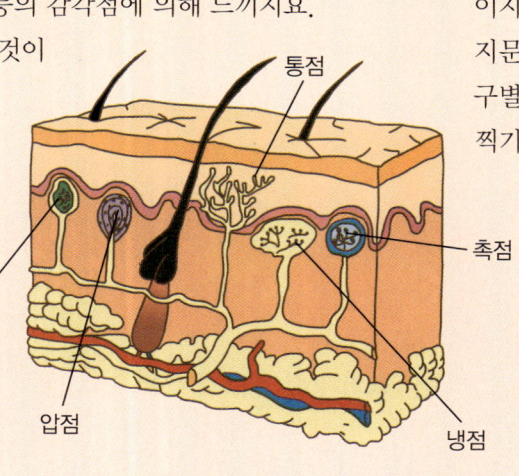

사람마다 다른 **지문**

표피와 진피의 경계에는 유두라고 부르는 돌기가 있어요. 손바닥이나 발바닥에 있는 금은 **유두가 선으로 되어 있는 것**이지요. 이 선의 무늬를 우리는 '지문'이라고 불러요. 지문은 사람마다 달라서 개인을 구별하거나 도장을 대신하여 찍기도 해요.

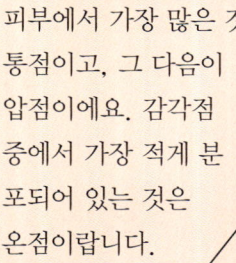

피부색은 왜 사람마다 다를까?

사람은 누구나 똑같이 세포 속에 멜라닌 색소를 가지고 있는데, 이 **멜라닌 색소에 따라 피부색이 결정돼요.** 우리의 피부 속에는 아무 색깔도 없는 '크로모켄'이라는 색소가 있어요. 이 크로모켄 색소는 햇볕 등에서 나오는 자외선에 노출되면 황갈색이나 검은색의 멜라닌 색소로 바뀌지요.

이때 세포 속에 멜라닌 색소의 양이 적으면 흰색, 멜라닌 색소의 양이 좀 더 많으면 황갈색, 멜라닌 색소의 양이 아주 많으면 검은색 피부가 돼요.

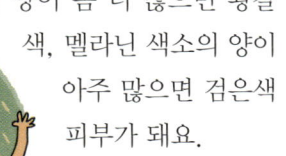

몸에 소름이 돋는 이유는 뭘까?

우리의 피부는 더울 때와 추울 때 각각 다른 반응을 보여요. 더위를 느끼면 즉시 털구멍을 열어 뜨거운 열을 밖으로 내보내요. 반대로 추울 때는 털구멍을 닫아 몸 안의 열이 빠져나가지 못하도록 막아 줘요.

마찬가지로 추울 때 피부에 오톨도톨 소름이 돋는 것도 **몸을 보호하기 위해서예요.** 소름이 돋으면 동시에 몸이 떨리는데, 이것은 피부가 근육을 오그라뜨려 몸이나 얼굴에 열을 내려는 자연스러운 현상이랍니다.

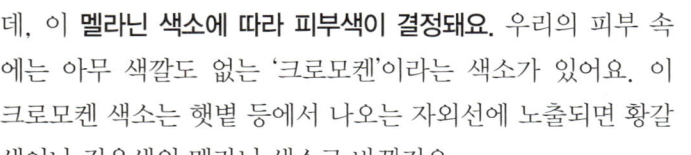

여드름은 왜 생길까?

우리 몸에 나는 종기는 여러 종류예요. 여드름은 종기의 한 종류이지요. 피부 안쪽에서 기름을 내는 **피지선의 출구나 털구멍이 막혔을 때 생겨요.** 사춘기가 되면 성장 호르몬의 영향으로 여드름이 많이 나기도 해요.

여드름이 났을 때는 자주 세수를 하고, 손으로 건드리지 않는 게 좋아요. 여드름을 심하게 짜면 병원균에 감염되거나 흉터가 남을 수 있답니다. 너무 심한 여드름은 피부과 병원에 가서 치료를 받아야 한답니다.

머리카락을 자를 때 왜 아프지 않을까?

머리카락은 손톱처럼 자르고 또 잘라도 다시 자라나는 성질이 있어요. 그리고 죽은 단백질 세포로 구성되어 있는 **머리카락은 신경이 없어서 통증이 뇌로 전달되지 않는답니다.**

사람의 머리카락이나 손톱처럼 사슴이나 소의 뿔, 새의 털, 말의 꼬리에도 신경이 없어요. 그래서 뿔을 자르거나 꼬리를 잘라 내도 고통을 느끼지 않아요.

남자와 여자 중 누가 더 추위를 탈까?

일반적으로 사람들은 남자가 여자보다 추위에 강하다고 알고 있어요. 그런데 사실은 남자가 여자보다 추위를 더 탄답니다. **여자가 남자보다 추위에 강한 것은 지방 조직이 더 두껍기 때문이에요.** 지방 조직이 두꺼울수록 몸이 추위를 덜 느끼지요. 성인 여자는 지방 조직이 약 14mm인 반면, 성인 남자는 약 6mm밖에 안 돼요. 이런 신체 특성으로 인해 남자가 여자보다 추위를 더 타게 되어 있답니다.

상식 퀴즈 흉터란 뭘까?

① 흉터는 영광의 상처일 때만 생기는 것이다.
② 흉터는 상처를 아물게 한 피부 조직의 자국이다.
③ 흉터는 남에게 무섭게 보이려고 저절로 생기는 것이다.

정답 ②
헐렁한 살갗에 상처가 나면 피가 나지요. 시간이 지나면 굳은 피 딱지가 앉으며 새살이 돋아요. 이때 떨어진 딱지 자리에 남는 흔적이 바로 흉터랍니다. 곰 또한 지워집니다.

피부와 체온 31

【인체·생명】
생명과 건강

생명은 태아를 이르기도 하고, 사람이 살아서 숨쉬고 활동할 수 있게 하는 힘을 뜻하기도 해요. 또 신체적으로나 정신적으로 아무 탈 없이 튼튼한 상태를 우리는 건강하다고 하지요.

생명 탄생의 비밀

생명은 엄마 뱃속에서 시작돼요. **아빠 몸에서는 정자가 엄마 몸에서는 난자가 만들어져요.** 엄마와 아빠가 사랑을 나누면 아빠의 몸에서 한 번에 약 3~5억 마리의 정자가 나와요. 엄마의 몸에서는 난자가 한 달에 한 개만 나오지요. 정자는 그 수가 많아 수억대의 경쟁을 뚫고 승리한 정자만이 난자를 만날 수 있어요. 이렇게 난자를 만날 수 있는 정자는 100개 정도예요. 그중에서도 난자와 합쳐질 수 있는 정자는 보통 한 개뿐이랍니다.

힘든 경쟁에서 이겨 **난자를 만난 정자는 수정란이 되어 자궁벽에 달라붙어 커지기 시작해요.** 수정란은 원래 하나의 세포인데, 세포 분열이 일어나 계속 커지면서 자궁 쪽으로 움직여요. 자궁으로 어렵게 들어온 수정란은 자궁 안쪽의 점막으로 파고들어 마침내 아기가 되기 위해 자라기 시작한답니다.

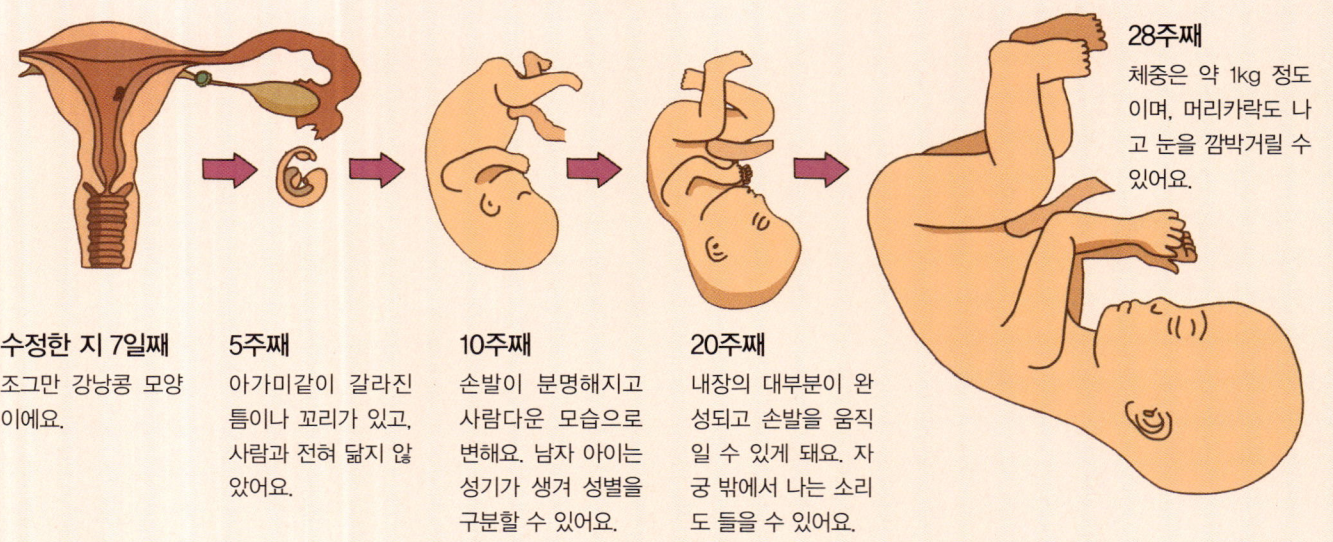

수정한 지 7일째 조그만 강낭콩 모양이에요.

5주째 아가미같이 갈라진 틈이나 꼬리가 있고, 사람과 전혀 닮지 않았어요.

10주째 손발이 분명해지고 사람다운 모습으로 변해요. 남자 아이는 성기가 생겨 성별을 구분할 수 있어요.

20주째 내장의 대부분이 완성되고 손발을 움직일 수 있게 돼요. 자궁 밖에서 나는 소리도 들을 수 있어요.

28주째 체중은 약 1kg 정도이며, 머리카락도 나고 눈을 깜박거릴 수 있어요.

부모를 닮는 유전

사람도 그렇고 동식물도 자식은 부모를 닮아요. 생김새, 크기, 성질 등의 변하지 않는 특징이 자식에게 전해지지요. 이렇게 **부모의 형질이 자식에게 전해져서 자식이 부모의 모습을 닮는 현상**을 유전이라고 불러요.

부모의 특징이 자식에게 유전되는 것은 유전자 때문이에요. 유전자는 세포 속의 염색체인 DNA(디옥시리보핵산)라는 물질로 되어 있으며, 이 물질로 인해 자식이 부모를 닮는 거예요.

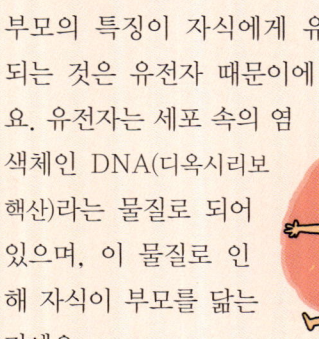

스트레스와 건강

심한 **스트레스를 받으면 뇌에서 스트레스 호르몬이 분비되어 몸의 면역력을 떨어뜨려요.** 그래서 감기나 감염 질환에 잘 걸리지요. 또 아드레날린이 심장을 마구 뛰게 하고 혈압을 올라가게 만들어요.

반대로 자신과 마음이 맞는 사람들과 어울리면 면역력이 높아진다고 해요. 실제로 1997년 미국의 정신과 의사 코헨은 친구, 가족, 이웃 등과 자주 어울려 생활하는 사람들이 감기에 덜 걸렸다는 실험 결과를 발표했답니다.

탯줄은 왜 있는 걸까?

뱃속의 아기는 태반과 탯줄로 엄마와 이어져 있어요. 그 안을 통과하는 핏줄에서 **영양분이나 산소를 공급받으며 자라지요.** 탯줄은 아기가 태어나서 허파로 숨을 쉬게 되면 떨어져요. 그 흔적이 바로 배꼽이랍니다.

배꼽은 우리 피부 중에서도 아주 약한 부분이에요. 세균이 침입하면 복막염 같은 무서운 병에 걸릴 수가 있어요. 그러니까 배꼽을 함부로 만져서는 안 돼요.

쌍둥이는 어떻게 생길까?

쌍둥이는 일란성과 이란성이 있어요. **일란성 쌍둥이는 하나의 난자와 정자가 수정한 다음, 수정란이 2개로 나누어져서 자란 것이에요.** **이란성 쌍둥이는 2개의 정자와 2개의 난자가 각각 수정되어** 동시에 자란 것이지요. 그래서 일란성은 얼굴 생김새나 몸매가 거의 똑같은 반면 이란성은 거의 달라요.

알레르기 체질은 어떤 체질일까?

특정한 물질에 대해 유난히 민감한 반응을 보이는 것을 알레르기라고 해요. 봄에 꽃가루가 날리면 피부가 가렵고 재채기를 하는 사람은 꽃가루 알레르기 체질이지요. 꽃가루 말고도 달걀, 우유, 돼지고기, 약품, 먼지, 동물의 털, 공기 등이 알레르기를 일으키는 원인이에요. 그런데 알레르기는 쉽게 없어지지 않아요. 알레르기 체질이 왜 생기는지는 아직 확실히 증명된 바가 없어요. 부모로부터 유전되거나 마음 상태와 밀접한 관계가 있다는 정도만 알려져 있답니다.

사람은 언제부터 늙기 시작할까?

늙는다는 것은 나이를 더 먹는다는 것과 피부에 노화가 온다는 의미도 있어요. 노화란 피부가 까칠해지고 주름이 생기는 것을 말하지요. 사람은 나이가 들수록 피부에 수분과 윤기가 적어져요.

사람은 보통 25세 정도가 되면 노화가 일어나요. 그러다가 30세 정도가 되면 피부에 하나 둘 주름이 생기면서 탄력이 줄어들지요. 즉, 사람은 **25~30세부터 늙기 시작한답니다.**

사람은 왜 죽는 걸까?

생명체에는 수명이 있어서 나이가 들면 죽게 되지요. **수명을 결정하는 비밀은 몸을 구성하고 있는 세포에 있어요.** 우리 몸의 세포는 살아가면서 언제나 상처를 입어요.

몸은 세포가 분열되면서 성장하기 때문에 세포가 상처를 입어도 다른 세포가 분열해서 새로운 세포를 만들지요. 하지만 한 세포의 분열 횟수는 50~70회까지예요. 나이가 들면 상처 입은 세포가 늘어나면서 기능이 약해져 늙게 되고, 결국 죽음에 이르는 거예요.

살은 왜 찌는 걸까?

우리가 음식을 먹는 이유는 에너지를 얻고, 몸을 튼튼하게 만들기 위해서예요. 그런데 **필요 이상으로 음식을 많이 먹으면 남는 영양분이 지방이라는 성분으로 쌓여 살이 찌게 되지요.** 지나치게 기름기가 많은 음식은 우리 몸이 필요로 하는 것보다 훨씬 많은 열량을 내요.

우리 몸은 약간의 지방만 필요로 할 뿐, 너무 많은 지방이 쌓이면 건강에 좋지 않아요. 비만은 유전이 되기도 하고, 호르몬의 불균형을 가져올 수 있으므로 지나치게 살이 찌지 않도록 건강 관리를 잘해야 하지요.

생명과 건강

2장
발명·발견

발명은 지금까지 없던 새로운 기계나 물건 등을 새로 만들어 내는 것을 말해요. 세계 3대 발명품이라고 불리는 나침반, 종이, 화약은 인류의 발전에 크게 이바지했지요. 이런 발명의 중요성을 알리고 발명 의욕을 높이기 위해 우리나라는 5월 19일을 발명의 날로 정했어요.

발견은 남이 미처 찾아내지 못했거나 아직 알려지지 않은 사물, 현상, 사실 등을 찾아내는 것을 말해요. 신대륙 발견, 새 항로 발견, 유물과 유적의 발견, 새로운 유전자의 발견 등 여러 방면의 발견 덕분에 인류의 생활은 많은 변화를 겪으며 더욱 편리하게 발전해 왔답니다.

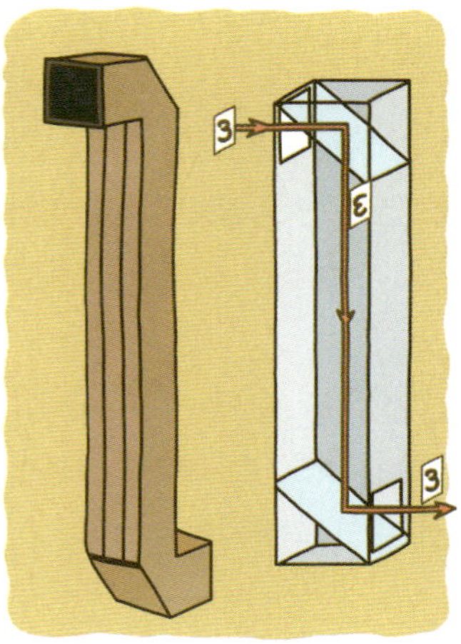

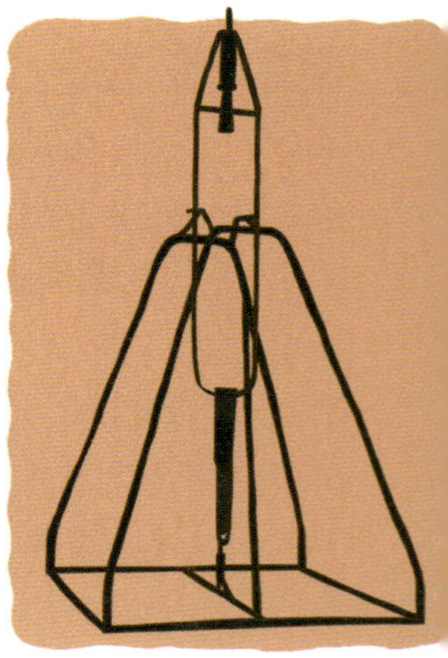

【발명·발견】

불

불은 물질이 산소와 화합해 높은 온도로 빛과 열을 내며 타는 것을 말해요. 불은 음식을 만들거나 추위를 막고 어둠을 밝히는 데 쓰이며, 산업에 사용하기도 해요. 우리가 생활하는 데 없어서는 안 될 아주 중요한 것이 바로 불이랍니다.

불의 발견부터 불을 피우기까지

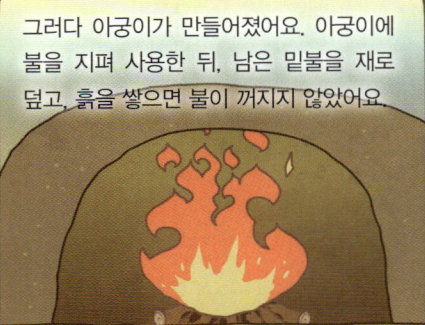

인류의 진화를 도운 불

인류 문명이 시작된 이래 최대의 사건은 바로 '불의 발견'이에요. 불을 이용하면서 인류는 다른 동물들과 질적으로 차이를 보였어요. 동굴 벽에 풍요를 상징하는 소나 임신한 여자 등을 그려 넣는 등 예술 활동도 할 수 있었어요. 컴컴한 동굴 벽에 그림을 그릴 수 있었던 것은 불이 있었기 때문이에요. 불로 철이나 동을 가공해 무기와 농기구를 만들어 쓰기도 했지요.

석탄이나 석유 같이 불을 이용한 산업 혁명을 거치면서 농업과 수공업에 이르던 인류의 생활은 공업과 기계를 이용한 제조업으로 바뀌었어요. 오늘날 첨단 산업의 시대가 열릴 수 있었던 것도 불의 역할이 매우 크답니다.

프로메테우스는 누구일까?

프로메테우스는 그리스·로마 신화에 나오는 '불의 신'이에요. 신화에 따르면 그는 인간들이 벌거벗은 채 추위에 떨며 동굴에서 살고 있는 것을 매우 가슴 아파했어요.

그래서 제우스 몰래 태양의 불을 떼어 인간에게 가져다주었지요. 이를 알게 된 제우스는 프로메테우스를 코카서스의 바위에 쇠사슬로 묶어 놓고, 독수리에게 간을 쪼아 먹히게 하는 형벌을 내렸어요. 밤이 지나면 프로메테우스의 간은 다시 돋아나기 때문에 매일 독수리에게 쪼이는 고통을 겪었다고 해요.

불 때문에 전쟁이 일어났다고?

사람들은 불을 잘 이용하면 살아가는 데 큰 도움이 된다는 것을 깨달았어요. 불을 지펴 놓으면 맹수들이 함부로 공격해 오지 못하고, 추울 때 불에 가까이 가면 따뜻하다는 것을 알았지요. 또 고기를 생으로 먹는 것보다 불에 익혀 먹으면 소화가 잘 되고 더 맛있다는 것도 알았어요.

그러다 보니 살아가는 데 불이 아주 중요해졌어요. 그래서 불이 꺼지면 다른 부족에게 불을 얻어 오거나 빼앗아 오기도 했지요. 불을 빼앗으려는 부족과 불을 빼앗기지 않으려는 부족 사이에 전쟁이 벌어지기도 했답니다.

불씨를 꺼뜨리면 왜 시집에서 쫓겨났을까?

요즘처럼 성냥이나 라이터, 가스 불이 없던 옛날에는 불씨를 매우 중요하게 여겼어요. 불씨 없이 불을 지피는 일은 매우 힘들었으니까요. 또 옛날 사람들은 불이 꺼지면 집안의 복이 사라지고 나쁜 일이 생긴다고 여겼어요. 그래서 부엌에서 음식을 하고 불씨를 관리하는 며느리의 역할이 매우 중요했지요. 만약 며느리가 불씨를 꺼뜨리면 집안을 망하게 한다고 하여 집에서 쫓아냈어요.

옛날 여인들은 쫓겨나지 않기 위해 밤이고 낮이고 가슴을 졸이며 아궁이나 화로의 불씨를 살폈답니다.

옛날에는 어떻게 불을 피웠을까?

불을 피우기 위해서는 잘 마른 부싯깃이 필요해요. 부싯깃은 불이 붙는 물건을 말해요. 마른 나무, 잘게 찢은 나무껍질, 잘 마른 풀잎, 식물의 솜털, 새 둥우리, 곤충 같은 동물이 만들어 놓은 나뭇가루 등이 부싯깃으로 쓰기 좋아요.

부싯돌
부싯돌을 부딪쳐서 불꽃이 부싯깃에 튀면 연기가 나요. 이 연기를 잘 살려 불을 붙여요.

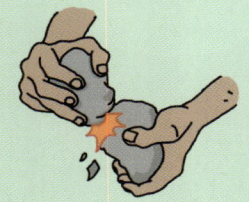

등나무 끈으로 마찰하기
나무를 고정시키고 한쪽 끝을 쪼개 쐐기를 물려요. 그 틈에 부싯깃과 등나무 끈을 끼운 채 등나무 끈을 앞뒤로 당기면 불꽃이 일어요.

송곳 돌리기
나무 꼬챙이를 활에 감아서 나무판자에 대고 송곳을 사용하듯 돌리면 연기가 나요. 그 위에 부싯깃을 얹으면 불이 일어나요.

톱질하기
톱질하듯 나무와 나무를 비비다 보면 열이 생겨 부싯깃에 불이 붙어요. 받침나무 밑은 다른 나무로 고이고, 부싯깃을 놓아요.

【발명·발견】
바퀴와 교통 수단

바퀴는 돌리거나 굴리기 위해 둥글게 만든 물건이에요. 바퀴를 수레, 자동차 등에 장착하면서 교통 수단이 발달했어요.

통나무로 시작된 바퀴

처음에 사람들은 **통나무를 이용해 무거운 짐을 날랐어요**. 그러다가 통나무의 한쪽 끝을 잘라 바퀴를 만들었지요. 하지만 통나무 바퀴는 무거운 짐을 올리면 자주 망가졌어요. 이를 보완하기 위해 **통나무 바퀴에 굴대를 설치했고**, 비로소 바퀴를 단 수레가 나왔어요.

처음에는 굴대와 바퀴가 함께 돌았는데, 시간이 흐르면서 굴대는 움직이지 않고 바퀴만 돌아가게 하는 방법을 찾았어요. 바퀴를 이용하면 그냥 짐을 끄는 것에 비해 땅바닥과의 마찰을 줄일 수 있었지요. 한 번 구르기 시작하면 계속 구르려는 바퀴의 성질 때문에 수레에 많은 짐을 실어도 끄떡없었답니다.

바퀴의 발달 과정

❶ 통나무를 원판 모양으로 잘라 바퀴로 이용했어요.

❷ 3장의 널빤지를 맞추어서 원판 모양 바퀴를 만들었어요. 고정핀과 나무못으로 고정시키고, 바퀴 테두리에 가죽을 둘러 나무 바퀴가 쉽게 부서지지 않도록 했어요.

❸ 바퀴의 테와 바퀴살, 바퀴통을 가진 바퀴를 만들었어요. 바퀴살이 바퀴를 튼튼히 받쳐 주기 때문에 무거운 짐을 실어도 바퀴가 부서지지 않았어요.

❹ 여러 개의 바퀴살과 바퀴통, 굴대 구멍을 만들었어요. 이때 바퀴 테두리에는 쇠를 둘렀어요.

원시인들은 어떻게 바퀴를 생각해 냈을까?

세계에서 가장 오래된 바퀴는 뭘까?

메소포타미아 유적에서 발굴된 **전차용 바퀴**가 세계에서 가장 오래된 바퀴예요. 기원전 3500년경에 그려진 〈우르의 깃발〉이라는 그림을 보면, 말이 끄는 전차와 군인들의 행렬이 나와요. 전차에 붙어 있는 바퀴는 **통나무를 둥글게 자른 원판**이에요. 나무줄기를 얇게 잘라서 거기에다 굴대를 연결한 뒤 짐마차에 붙였어요.

처음에 바퀴는 주로 의식이나 행사용으로 사용되었는데, 차츰 전쟁에 이용되면서 도로를 발달시키는 역할을 했어요. 전차가 제대로 굴러 가려면 평평하고 잘 닦인 도로가 필요했던 거예요.

고무 타이어 바퀴의 발명

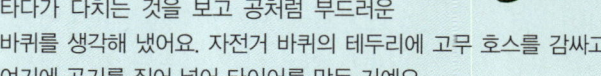

오늘날 이용되고 있는 고무 타이어 바퀴는 아일랜드 사람인 **존 보이드 던롭**이 발명했어요. 1888년, 던롭은 아들이 나무 자전거를 타다가 다치는 것을 보고 공처럼 부드러운 바퀴를 생각해 냈어요. 자전거 바퀴의 테두리에 고무 호스를 감싸고, 여기에 공기를 집어 넣어 타이어를 만든 거예요.

특이한 바퀴 캐터필러

차바퀴 둘레에 강철로 만든 벨트를 걸어 놓은 장치를 '캐터필러'라고 해요. 험한 길이나 진흙 바닥에서도 자유롭게 달릴 수 있는 캐터필러는 탱크나 트랙터에 주로 쓰이는 바퀴예요.

모든 기계에는 바퀴의 회전 원리가 이용된다고?

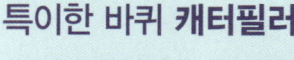

바퀴의 회전 운동은 **기계의 가장 기초적인 원리**로 쓰여요. 자전거나 자동차는 물론 시계나 제트 엔진도 바퀴의 원리로 돌아가요. **톱니바퀴**가 바로 바퀴의 원리인 셈이지요. 제트 엔진 역시 부품인 모터가 회전하지 않으면 제트기가 힘을 얻을 수 없어요.

그 밖에 블라인드나 자동차의 안전벨트, 수도꼭지, 물레방아 등과 회전 운동을 하는 풍차, 맷돌, 물레 모두 바퀴의 회전 원리로 돌아가요. 놀이 공원에 있는 회전 목마, 대관람 차, 다람쥐 통 등도 바퀴가 서로 맞물려 돌아가는 놀이 기구랍니다.

증기 기관을 발전시킨 사람은 누구일까?

증기 기관은 보일러를 뜨겁게 달구어 수증기의 열 에너지를 기계적인 에너지로 바꾸는 장치예요. **1705년, 영국인 토머스 뉴커먼**이 처음으로 증기 기관을 발명했어요. 이것을 **1765년에 제임스 와트**가 발전시켰지요.

오랜 연구 끝에 와트는 1769년에 보일러를 달굴 때 들어가는 석탄의 양을 절약하는 증기 기관을 개발해 특허를 따냈어요. 이 증기 기관은 섬유 같은 상품을 대량으로 만들어 내고, 탄광에서 사람을 대신해 어려운 작업도 쉽게 해냈지요. 또 배와 기차에 동력을 공급하여 물건과 사람들을 훨씬 빠른 속도로 운반해 주었답니다.

토머스 뉴커먼의 증기 기관

증기 기관의 원리

보일러를 뜨겁게 달구어 실린더로 수증기를 모아요. 그리고 수증기의 열이 슬라이드 밸브를 움직여 피스톤을 왕복 운동시켜요. 피스톤 막대, 크랭크 막대, 크랭크 압력에 의해 왕복 운동이 회전 운동으로 바뀌지요.

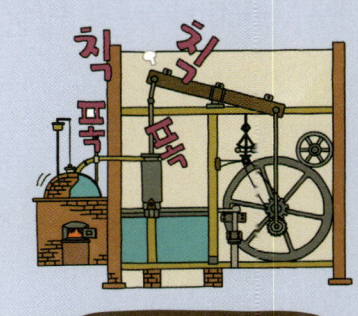

제임스 와트의 증기 기관

바퀴와 교통 수단 39

최초의 자전거는 어떤 모양이었을까?

1818년, 프랑스의 **소에르브룅 남작**이 최초로 **페달은 없고 나무 바퀴만 있는** 자전거를 발명했어요. 이 자전거는 페달이 없기 때문에 사람이 발을 땅에 대고 앞으로 밀고 다녔어요. 1838년에는 스코틀랜드의 대장장이인 커크 패트릭 맥밀런이 핸들에 페달을 연결해 달았어요. 얼마 후 프랑스의 미쇼 부자가 페달을 앞바퀴에 달았지요. 이것이 오늘날 우리가 타는 자전거와 가장 비슷해요. 이후 1888년, 아일랜드 사람인 존 보이드 던롭이 공기가 든 고무 타이어를 개발했어요. 공기 타이어와 함께 뒷바퀴, 기어, 체인이 정비되면서 자전거는 대중적인 운송수단이 되었어요.

소에르브룅 남작의 자전거

자동차는 언제부터 탔을까?

세계 최초의 자동차는 1769년 프랑스의 **니콜라스 조셉 퀴뇨**가 만들었어요. 이때 자동차는 가솔린이 아닌 증기로 달렸는데, 자동차 앞에 커다란 보일러 기관이 달려 있었지요. 보일러 기관 속의 물이 열을 받으면 증기로 바뀌었고, 증기는 자동차가 움직일 수 있도록 엔진에 힘을 전달해 주었어요. 최초의 자동차는 사람의 걸음보다 느린 **시속 3km** 정도의 속도였지요.

이후 증기 대신 가솔린을 사용하는 자동차가 나오면서 속도가 빨라졌어요. 가솔린으로 움직이는 자동차는 마차와 비슷하게 생겼다고 하여 '말 없는 마차'라고 불렸답니다.

최초의 대중적인 자동차는 뭘까?

1908년, 미국의 헨리 포드는 **모델 T**라는 **가솔린 동력 자동차**를 발명했어요. 모델 T는 편안하고 운전하기도 쉬워 사람들에게 인기가 많았어요. 1908~1927년 사이에 전 세계적으로 1,500만 대가 넘게 팔렸답니다.

자동차 안전유리는 어떻게 개발되었을까?

안전유리란 충격이 가해졌을 때 와장창 깨지지 않고 부풀어 오르거나 작고 무딘 조각으로 부서지는 유리예요. 1903년, 프랑스의 **화학자 에두아르 베네딕투스**는 선반 위에 있던 **플라스크가 바닥에 떨어졌는데 깨지지 않은 것을 보고** 안전유리를 개발했어요. 플라스크에 들어 있었던 '니트로셀룰로이드'라는 액체 플라스틱 용액이 얇은 막을 만들었고, 이에 붙은 유리 조각들이 박살나지 않았던 거예요.

세상에서 바퀴가 가장 많은 차는 뭘까?

세상에서 바퀴가 가장 많은 차는 '아크틱 스노우 트래인'이에요. 미국 텍사스 주 롱뷰의 'R.G 르투누'라는 회사가 군수용으로 제작했어요. 이 차에는 바퀴가 무려 54개나 달려 있답니다.
아크틱 스노우 트래인의 길이는 174.3m이고, 무게는 406톤이에요. 연료 탱크의 용량은 3만 ℓ에 가깝고, 최고 속도는 시속 32km이지요. 차가 워낙 커서 6명의 승무원에 의해 운행이 된답니다.

기차는 언제부터 타기 시작했나?

1804년, 영국의 기술자 **리처드 트레비딕**은 고압 증기 기관과 선로 위를 달리는 탈것을 결합해 증기 기관차를 만들었어요. 이 **증기 기관차**는 석탄을 나르는 용도였어요. 그런데 당시 선로가 안정적이지 못해 운행에는 실패하고 말았지요.
이후 1825년, 영국에서 최초의 공공 철도가 개통되었어요. 이때 **조지 스티븐슨이 만든 증기 기관차**가 사람과 물건을 싣고 철길 위를 달리기 시작했어요. 조지 스티븐슨의 증기 기관차가 바로 최초의 기차인 셈이에요.

열기구는 누가 발명했나?

약 200년 전, 프랑스 앙노네 마을에 살던 **몽골피에 형제**는 우연히 자루에 뜨거운 공기를 넣으면 공기 중에 둥실 뜬다는 사실을 알아냈어요. 몽골피에 형제는 여러 가지 모양과 크기의 자루를 만들어 내다가 1783년, **지름이 11m나 되는 커다란 자루**를 만들었어요. 이 자루를 불타는 석탄 위에 얹자 둥글고 팽팽한 공 모양이 되었지요.
몽골피에 형제는 그 공 모양의 열기구를 공중에 띄워 올렸고, 열기구는 1,000m 이상 올라가서 2km 밖까지 날아갔답니다.

비행기를 발명한 사람은 누구일까?

미국의 **윌버 라이트와 오빌 라이트 형제**는 사람이 탈 수 있는 최초의 동력 비행기를 발명했어요. 그들은 비행기의 날개 뒷부분에 가솔린 엔진의 힘으로 돌아가는 프로펠러를 달아 비행기가 날아가게 했어요. 이 비행기를 타려면 조종사는 몸을 납작하게 엎드려야 했지요.
라이트 형제는 자신들이 만든 비행기에 '플라이어'라는 이름을 붙였어요. 그리고 1903년에 북캐롤라이나에서 처음으로 성공적인 비행을 했어요.

라이트 형제의 플라이어 호

배는 언제부터 타기 시작했을까?

원시 시대부터 사람들은 강이나 바다를 건너다녔어요. 나뭇가지나 풀을 엮어 만든 뗏목, 나무로 만든 통나무 배, 가죽 배 등을 이용했지요.
처음으로 증기 기관을 배에 이용한 것은 1802년이에요. 증기선은 20세기 초까지 널리 사용되었어요. 1910~1930년대에는 프로펠러를 회전시켜 그 힘으로 움직이는 터빈과 디젤 배 시대가 열렸어요. 이때부터 배의 속도가 굉장히 빨라졌지요.

상식 퀴즈 배는 왜 뒤쪽을 보고 노를 저을까?

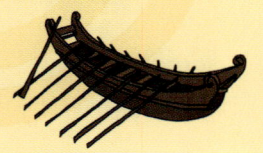

① 재미있기 때문에
② 뒤쪽으로 빨리 나아가기 위해서
③ 쉽게 앞으로 나아가기 위해서

정답 ③
노를 젓는 배를 타고 앞쪽을 보고 노를 저어야 해요. 왜냐하면 노를 저을 때 뒤쪽을 밀기 때문에 노를 뒤로 밀면서 앞쪽으로 나아갈 수 있어요. 앞쪽을 보고 노를 젓는 사람이 사용할 수 있는 힘보다 뒤쪽을 보고 노를 젓는 사람이 사용할 수 있는 힘이 훨씬 더 크답니다. 그래서 배는 뒤쪽을 보고 노를 저어야 해요.

【발명·발견】
숫자 0

우리가 흔히 사용하는 숫자 0의 발견은 인류가 발전하는 데 큰 영향을 끼쳤어요. 숫자 0의 발견으로 세상의 모든 수를 나타낼 수 있게 되었으며, 10진법의 기틀이 마련되었고 더하기, 빼기, 나누기, 곱하기도 할 수 있게 되었지요.

숫자 0의 발견

0이라는 숫자는 수메르인과 바빌로니아인에 의해 처음으로 발견되었어요. 이들의 숫자 체계는 60이라는 숫자에 바탕을 두었는데, 이것은 시간을 분과 초로 나누고 원을 360도로 분할하는 계산법의 기원이라고 추측하고 있어요. 그런데 이때 사용한 0은 숫자로 쓰인 게 아니라 특수한 기호로만 쓰였어요.

0을 오늘날과 같이 **하나의 숫자로 여기기 시작한 것은 인도의 승려들에 의해서예요.** 인도의 승려들은 불교를 전파하는 성직자이면서 수학, 점성술, 천문학 등을 연구하는 학자이기도 했어요. 불교에서는 '없다'는 뜻인 '무(無)'와 '비어 있다'는 뜻인 '공(空)'의 개념을 매우 중요하게 여겨요. 그러다 보니 승려들의 머릿속에 0이라는 수가 자연스레 떠오를 수 있었지요.

처음에 0은 ·으로 나타내다가 안이 비어 있는 0으로 바뀌었어요. 컴퓨터의 글자판을 보면 0이 9 다음에 있어요. 이는 0이 아라비아 숫자 중에서 가장 뒤늦게 발견되었기 때문이라고 해요.

0의 발견으로 완성된 10진법

오늘날 우리가 사용하는 수는 0부터 9까지 모두 10개의 숫자예요. 1이 10개 모이면 10이 되고, 10이 또 10개 모이면 100, 100이 10개 모이면 1000이 되는 식이에요. 10과 100 사이의 숫자라도 10이 될 때마다 숫자의 이름이 달라져요. 20, 30, 120, 130, 200……. 이렇게 1부터 시작해서 **10개가 될 때마다 다른 이름의 수를 만들어 가서 점점 큰 수가 되는 것이** 바로 '10진법(십진법)'이에요.

10진법은 사람의 손가락이 10개라는 것에서 나온 계산법이지요. 만약 사람의 손가락이 7개나 11개였다면, 오늘날 우리는 7진법이나 11진법으로 된 수 계산법을 쓰고 있을지도 몰라요.

10진법을 탄생시킨 손가락셈

숫자나 셈법이 일정한 형식을 갖추기 전에 사람들은 **손가락을 이용해 셈을 했어요.** 지금도 사람들의 발길이 닿지 않는 원시림 깊숙한 곳에 가면 10보다 큰 수의 셈을 할 줄 모르는 종족이 있다고 해요. 이는 손가락을 가지고 셈을 할 줄 모른다는 뜻이에요.

손가락을 써서 셈을 할 줄 안다면 10보다 큰 수의 셈을 척척 해낼 수 있을 거예요. 어떤 인류학자는 손가락셈을 할 줄 아느냐 모르느냐로 문명과 미개를 나누기도 했답니다.

1, 2, 3, 4, 5……를 왜 아라비아 숫자라고 부를까?

숫자 1, 2, 3, 4, 5……는 수를 쓰려고 만든 기호예요. 이 숫자는 인도에서 만들어졌어요. 그런데 왜 숫자를 인도 숫자가 아니라 아라비아 숫자라고 부르는 걸까요? 그것은 인도와 유럽을 오가던 **아라비아 상인들이 숫자를 유럽에 전했기 때문이에요.**

유럽 사람들은 자신들에게 숫자를 전해 준 아라비아 사람들이 숫자를 만들었다고 생각했어요. 그래서 '아라비아 숫자'로 불리기 시작했답니다.

아라비아 상인

0을 사용하지 못하게 한 나라도 있을까?

아라비아 상인들이 유럽에 전해 준 0은 **로마에서 600년 동안 사용되지 못했어요.** 당시 로마의 교황은 상당히 보수적이어서 로마 숫자만으로도 충분히 세상의 모든 수를 다 적을 수 있다고 생각했어요. 그리고 **0을 요사스러운 수라 여겨 '악마의 마술'이라고 부르며,** 사용하지 못하도록 법까지 만들어 금지시켰지요.

하지만 당시 교회 성직자나 수학자들은 0을 사용하면 수를 계산하기가 편리하다는 것을 알았고 몰래 0을 사용했어요. 그러나 들킨 사람들은 참혹한 형벌을 받았답니다.

컴퓨터는 0과 1만으로 작동할까?

2진법은 0과 1로 수를 나타내는 방법이에요. 수를 표현하는 기수법 중 가장 간단하지요. 10진법으로 나타낸 수 21을 2진법으로 나타내면 '21=10101(2)'이에요. 2진법은 오른쪽에 (2)를 써서 2진법을 표시해요.

2진법은 컴퓨터에 이용되고 있어요. **전기가 통하는 경우는 1(on), 전기가 통하지 않는 경우는 0(off)으로 표시하여** 컴퓨터를 움직이지요. 굉장히 많은 정보를 저장하고 전달해 주는 복잡한 컴퓨터의 언어는 의외로 간단한 0과 1뿐이랍니다.

테니스에서 0점을 왜 러브라고 부를까?

테니스 경기에서는 0점을 러브(Love), 1점을 피프틴(Fifteen), 2점을 서티(Thirty), 3점을 포티(Forty)라고 불러요. 그리고 테니스 경기에서 한 선수가 점수를 따내지 못했을 경우, 그 경기를 '러브 게임'이라고 한답니다.

테니스에서 0점을 '러브'라고 부르는 이유는 숫자 0의 모양이 달걀과 비슷해서 **달걀을 뜻하는 프랑스 어의 'Ioeuf'가 '러브'가 된 것이라고 해요.** 또 다른 이유로는 귀족이 하인과 테니스 경기를 했는데, 주인이 득점을 하지 못하자 **하인이 0점이라고 부르지 못하고 '러브'라고 부른 데서 유래되었다고도** 해요.

21세기의 시작은 왜 2001년일까?

숫자 0이 다른 숫자들에 비해 늦게 발견된 것은 한 세기의 경계를 정하는 데도 큰 영향을 미쳤어요.

21세기의 시작은 2000년이 아니라 **2001년이에요.** 2,000은 1,999와 상당히 다른 수로 보이기 때문에 2000년을 21세기의 시작 연도로 하는 것이 자연스럽게 느껴지지만, 사실 2000년대는 20세기에 속해요.

2001년이 21세기의 시작이 된 것은 **기원전에서 기원후로 넘어온 첫 날이** 0년 1월 1일이 아니라 **1년 1월 1일이기** 때문이지요. 1세기는 1~100년까지이므로, 21세기는 2001년부터 2100년까지랍니다.

【발명·발견】
종이와 인쇄술

종이와 인쇄술이 발명되면서 인간은 수많은 정보를 기록하고 보관할 수 있으며, 많은 사람이 지식을 공유할 수 있게 되었어요.

종이의 시초 파피루스

파피루스는 갈대와 비슷하게 생긴 풀로 나일 강가에서 많이 자라요. 약 3000~4000년 전, 고대 이집트에서는 **파피루스 줄기를 얇게 잘라 엮은 뒤 거기에 글씨를 새겼어요**. 이게 바로 종이의 시초예요. 파피루스는 오늘날 사용하는 종이와는 달라요. 종이는 식물의 섬유를 물에 풀어 평평하면서 얇게 서로 엉기도록 해서 말린 것으로, 풀줄기를 얇게 잘라 엮은 것과는 차이가 있지요. 그래도 오늘날 종이를 뜻하는 '페이퍼'라는 말은 파피루스에서 비롯된 것이랍니다.

종이의 탄생

105년경 한나라의 채륜은 궁중의 기록 업무를 맡아 했어요.

당시에는 종이가 없었기 때문에 중요한 내용은 값비싼 비단에 기록했어요.

보통은 나무 위에 칼로 글을 새겨 기록했지요. 하지만 그것은 무척 힘든 일이었어요.

채륜은 좀 더 쉽게 기록할 수 있는 방법을 궁리했어요.

어느 날 채륜은 빨래하는 아낙들이 방망이로 헌 솜뭉치를 마구 두드리는 것을 보았어요.

그리고 흐물흐물해진 솜뭉치를 햇볕에 말리자 다시 원래 모습으로 되돌아 왔지요.

채륜은 옷감 조각들과 나무껍질을 섞어 방망이로 마구 두들겨 물에 풀었어요.

그리고 물에 푼 것을 죽처럼 흐물흐물해질 때까지 끓였어요.

가는 대나무로 엮은 틀에 섬유 죽을 넓게 편 뒤 물에 담갔어요. 잠시 후 틀을 들어 올렸더니 물이 빠지면서 얇은 섬유 죽만 남게 되었어요. 섬유 죽을 평평한 곳에 붙여서 햇볕에 말렸더니 바로 종이가 되었어요.

종이를 본 황제는 기뻐하며 채륜이 만든 종이를 '채후지'라 부르게 했답니다.

우리나라는 언제부터 종이를 썼을까?

오늘날과 같은 종이가 본격적으로 널리 쓰이기 시작한 것은 **372년경 중국에서 종이가 들어오면서부터예요.** 우리 선조는 중국의 종이 만드는 기술을 알아내어 우리만의 종이로 발전시켰어요. 닥나무 껍질로 종이를 만들던 전통적 방법을 계승해 한지를 개발해 낸 거예요.

우리 전통 한지가 오래 보존되는 이유

한지를 만들 때 불순물을 없애기 위해 나뭇재나 석회를 넣는데, 바로 이 과정에서 한지가 중성지로 변해요. 중성지는 백년이 지나도 보존이 가능하답니다.

세계에서 가장 오래된 종이

신라 시대의 석가탑에서 발견된 《무구정광대다라니경》은 한지로 만들어졌답니다. 목판 인쇄본으로 다라니 경문을 두루마리 형태로 적은 것이에요. **경문이 쓰여진 한지는 세계에서 가장 오래된 종이로 알려져 있어요.**

일본에 전파된 우리나라 종이 제지술

610년경, 고구려 승려 **담징은 일본에 종이 만드는 법을 전해 줬어요.** 담징은 일본의 종이 인쇄술 발달에 큰 영향을 끼쳐 일본 문화를 개척하는 데도 큰 역할을 했어요.

인쇄술은 어떻게 발달했을까?

중국에서는 **7세기부터 목판을 사용해 인쇄**했어요. 목판 인쇄는 종이에 글을 쓰고 이를 뒤집어 나무에 붙인 뒤 글자를 파내요. 그런 후 목판에 먹물을 칠하고 종이를 덮어 솔로 문질러 인쇄하지요. 그런데 목판 인쇄는 목판에 글자를 잘못 새기면 고치기가 어렵고, 목판이 마르면서 갈라지는 등 보관이 힘들다는 단점이 있었어요.

이런 문제를 해결하기 위해 중국의 필승이 **11세기에 활자를 개발**했어요. 활자는 기본 글자만 파 놓으면 언제든지 여러 종류의 책을 찍어낼 수 있었어요. 또 활자의 수정과 활판의 보관도 훨씬 편리해졌지요.

금속 활자는 어떻게 발명되었을까?

독일의 **구텐베르크**는 1438년에 금속 활자를 발명했어요. 당시 금속에 글씨를 새길 때 어느 한 부분의 글자만 잘못 새겨도 줄 전체를 다시 새겨야 했어요. 그래서 구텐베르크는 잘못된 글자를 잘라 내고 맞는 글자를 새겨 바꿔 끼우는 방법을 개발했어요. 어떠한 단어도 쓸 수 있도록 조정이 가능한 **금속 활자를 발명**한 것이에요. 이후 구텐베르크는 **인쇄기와 인쇄용 잉크도 개발**해 대량 출판 시대를 열었고, 사람들은 책을 싼값에 사서 볼 수 있게 되었지요.

세계 최초의 금속 활자가 고려의 〈직지심경〉이라고?

1377년, 고려 때 만들어진 〈직지심경〉은 세계 최초의 금속 활자본이에요. 그런데 우리보다 200년이나 늦게 만들어진 구텐베르크의 금속 활자가 더 널리 알려져 있어요. 그 이유는 **구텐베르크의 금속 활자**를 이용해 대량으로 출판된 책은 지식과 학문을 대중에게 널리 전파했기 때문이에요. 세계 여러 나라의 문화가 독일의 금속 활자로 인해 활발하게 교류된 것이지요. 하지만 **고려에서는 양반층이나 승려 같은 일부만이 책을 접했어요.** 많이 사용하지 않으니까 위대한 발명품인 금속 활자도 활발하게 활용되지 못했답니다.

[발명·발견]

지구의 다양한 에너지원

식물질이 변해 만들어진 석탄

늪이나 호수 근처에 있던 나무들은 수명을 다하면 땅속 깊이 묻히고, 그 위에 흙과 모래 등이 쌓여 층을 이루지요. 땅속 깊이 묻힌 나무들은 오랜 세월 동안 큰 압력을 받으면 식물의 수소와 산소는 없어지고 **탄소만 남아 검게 변하는데, 이게 바로 석탄이에요.** 검은 진주라고 불리는 석탄은 이탄, 아탄, 역청탄, 무연탄으로 4개의 종류가 있어요. 우리나라에서 캐는 석탄은 주로 무연탄이고, 제철용으로 쓰이는 역청탄은 모두 수입해요.

석탄은 어떻게 이용될까?

화력 발전소의 원료로 사용해요.

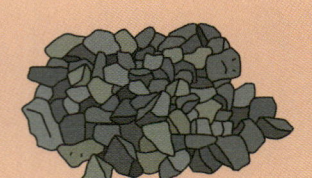
제철용 코크스의 원료로 사용해요.

화학 공업의 원료로 사용해요.

시멘트의 원료로 사용해요.

연탄에는 왜 구멍이 뚫려 있나?

연탄은 **가공된 무연탄**이에요. 석탄 가루와 접착성 물질을 혼합한 것이지요. 연탄의 또 다른 이름인 '구공탄'은 '구멍탄'의 발음이 변한 것이에요. 연탄에 구멍이 19개 뚫려 있어서 '십구구멍탄'이라고 했는데, 어감이 좋지 않아 숫자를 떼어 내고 발음하기 편하게 '구공탄'이라고 불렀지요. 연탄에 구멍이 있는 이유는 **불이 잘 타도록 하기 위해서예요.**

구멍이 있어야 잘 타!

동물질이 변해 만들어진 석유

동식물의 시체가 바다나 호수 밑에 가라앉아 쌓이면, 그 위에 모래와 진흙이 덮여 두꺼운 층을 만들어요. 오랜 세월이 흐르는 동안 바다가 육지로 변하고 **생물의 시체가 큰 압력과 열 작용을 받아 석유가 되는 거예요.** 유전에서 퍼낸 석유를 '원유'라고 불러요.

검은 갈색의 탁한 액체인 원유는 정유 공장에서 여러 가지 석유로 정제되어 가솔린, 경유, 중유 등으로 나누어져요. 이렇게 만들어진 것들은 우리 생활에서 꼭 필요한 에너지원이 되지요. 석유는 에너지뿐 아니라 석유 화학 제품 생산에도 이용되고 있어요.

석유를 이용한 화학 제품

석유를 이용해 만든 화학 제품으로는 **플라스틱, 합성 섬유, 합성 고무, 합성 세제, 의약품, 접착제 등**이 있어요. 우리가 평소에 사용하는 물건들도 석유로 만들어진 것이 많아요.
하지만 석유가 연소할 때 발생되는 유독 가스와 석유 화학 제품에서 나오는 산업 폐기물 때문에 **환경오염의 주범**이 되고 있어요.

천연가스란 뭘까?

천연으로 지하에서 생산해 낸 가스를 통틀어 천연가스라고 해요. 천연가스는 유전 지역에서 나오는 석유계 가스, 탄광 지역에서 나오는 탄전 가스, 생물체가 지하에서 분해되어 생긴 가스가 지하수에 녹은 수용성 가스 등으로 나뉘어요. 넓게는 화산 가스, 온천 가스, 늪 가스, 유기 합성 원료인 메탄올과 암모니아도 천연가스라고 할 수 있어요.

수소 에너지와 원자력 에너지란 뭘까?

수소는 색도 없고, 냄새도 없고, 맛도 없어요. 불꽃을 내며 잘 타는 기체로 오랜 시간 열을 내요. 따라서 **수소로 에너지**를 얻으면 열효율이 높고, 공해 물질이 생기지 않는 것이 특징이지요. 또 쉽게 전기 에너지로 변환시킬 수도 있어요.

수소 연료 개발이 대량으로 이루어지면 미래의 산업과 각종 연료에 이용할 수 있어 환경오염을 줄일 수 있답니다.

원자력 에너지는 핵 반응에 의해 얻어지는 에너지를 말해요. 공해는 없으나 방사능 오염의 위험이 있어요.

태양열 발전 위성이란 뭘까?

지구의 모든 에너지의 근원은 태양이에요. 태양은 우리에게 빛 에너지와 열 에너지 등을 제공해 주지요. 구름이나 밤낮이 없는 우주 공간에서 **태양 에너지를 직접 받아 전기 에너지로 바꾸면 지상에서보다 15배 정도 효과적**이에요.

태양열 발전 위성은 넓은 면적의 태양 전지판을 지구 위 상공에 건설하는 것을 말해요. 이 위성에서 발전된 전류는 전자 장치에 의해 지상으로 보내져요. 이 태양열 발전 위성을 건설하기 위해 세계 여러 나라가 노력하고 있어요. 우주 공간에 태양열 발전 위성이 건설되면 지구에 막대한 에너지를 공급해 줄 거예요.

태양열을 이용하는 태양 전지

태양 전지는 **태양열을 이용해서 전기를 얻어 내는 전지**를 말하며, 반도체인 실리콘이라는 물질로 만들어요. 인공위성이나 무인도의 등대와 태양광 발전소에도 많이 이용되고 있어요.
엄청난 양의 에너지를 가지고 있는 태양의 에너지를 이용하는 태양 전지는 지금도 계속 연구, 개발되고 있답니다.

해양 온도차 발전이란 뭘까?

해양 온도차 발전은 **바다 표면과 깊은 바다 사이의 온도차를 이용해 발전하는 방식**으로 환경오염의 염려가 없어요. 해양 온도차 발전기는 바닷물의 온도차가 20℃ 이상되는 열대 지방의 바다에 건설하는데, 이 발전기 하나로 20만 명이 사는 도시에 필요한 전력을 공급할 수 있다고 해요.

대체 에너지는 왜 필요할까?

현재 이용되고 있는 석탄이나 석유 같은 에너지원은 무한히 있는 것이 아니기 때문에 이대로 계속 사용하면 결국에는 고갈되고 말아요. 또한 연료가 연소될 때 나오는 가스는 환경을 오염시키지요. 그래서 과학자들은 **수소나 태양열, 바람, 물** 등을 이용한 새로운 에너지 자원의 연구, 개발에 힘쓰고 있답니다.

[발명·발견] 전기

전기는 우리의 생활에 없어서는 안 될 중요한 동력원으로, 모든 산업 분야에 이용되고 있어요. 우리가 자주 사용하는 텔레비전, 냉장고, 세탁기, 컴퓨터 등을 사용할 수 있는 것은 바로 전기가 있기 때문이지요.

전기의 발견

전기는 물질 안에 있는 전자가 한쪽에서 다른 쪽으로 이동함으로써 생기는 에너지예요. **전기의 성질은 광물인 호박에서 발견**되었어요. 누런색을 띤 호박은 전기가 통하지 않는 물질로 색채가 아름다워 가공해서 장신구로 써요. 그리스인은 호박을 가공하다가 모피에 문질렀던 호박이 깃털 같은 가벼운 물체를 끌어당긴다는 사실을 알아냈어요.

이후 전기의 본격적인 연구는 16세기 말 영국의 윌리엄 길버트가 정전기와 자기의 관계를 밝히면서 시작되었어요.

미국의 벤저민 프랭클린은 번개의 전기적 성질을 증명하면서 **전기를 양(+)과 음(-)으로 구분**했지요. 1879년에는 에디슨이 백열등을 발명했어요. 그리고 1881년, 뉴욕 시에 발전소가 건설되면서 전기는 산업과 일상생활에 급속도로 이용되기 시작했어요.

어둠을 밝힌 전구의 발명

19세기 어둠을 밝혔던 것은 초와 파라핀 등, 가스 등이었어요. 그런데 이것들은 화재의 위험이 높았어요. 또 날씨가 더울 때는 방 안을 덥게 만들어 불편했지요. 이런 불편함을 해결한 것이 바로 전구예요.

1878년 **에디슨**과 그의 팀은 전기에 관한 연구를 시작했어요. 고온에서 탄소 가루로 처리한 탄화 면사(필라멘트)를 찾아냈는데, 그것으로 만든 전구가 13시간 동안 빛을 내다가 꺼졌어요. 마침내 1879년, **일본산 대나무 섬유가 1,200시간 동안 탄다는 것을 발견**했지요. 에디슨은 이것을 이용해 조명 장치를 만들었고, 이것이 바로 우리가 오늘날 흔히 쓰고 있는 백열등이에요.

에너지를 저장하는 전지의 발명

배터리라고 부르는 전지는 **전류를 흘리는 일을 하는 화학 물질**이에요. 이탈리아의 물리학자인 **알레산드로 볼타**는 1800년에 전지를 발명했어요. 구리 원반 위에 아연, 그 위에 다른 구리 원반 식으로 차곡차곡 쌓은 뒤, 그 위에 염분 용해액에 담근 판지를 걸쳤어요. 이것을 전선에 연결하자 전류가 생긴 거예요. 하지만 전해액이 닳거나 비금속이 부식하면 전기는 금방 사라졌어요. 재충전해 장시간 안정적으로 쓸 수 있는 전지를 개발한 사람은 독일의 의사이자 화학자인 **요한 빌헬름 리터**이지요.

이렇게 개발된 전지는 오늘날 자동차부터 라디오, 휴대 전화 등 수많은 곳에 사용되고 있어요.

전화는 누가 발명했을까?

목소리가 공기를 진동시키면 그 진동이 우리 귓속에 와 울려 퍼지며 소리를 전달해요.

이런 진동을 전기적인 신호로 바꾸어 먼 거리까지 보내기 위한 실험을 한 사람은 알렉산더 그레이엄 벨이에요.

벨이 발명한 전화는 금속판의 진동이 소리를 전달하는 방식이었어요. 전자석은 진동을 전류로 바꾸었고, 전류의 형태로 바뀐 소리는 전선을 따라 이동해 수화기에 도달했지요.

벨은 자신이 발명한 전화기로 바로 옆 방에 있는 조수와 첫 통화를 했어요.

이쪽으로 와 보게!

네!

끊임없는 실험 끝에 벨은 1876년에 전화기를 발명해 특허를 냈어요.

무슨 일로 오셨나요?

발명 특허를 내러 왔다오.

전기의 단위

W(와트) 전력의 단위예요. 1초 동안에 전기가 하는 일의 크기를 말해요.

A(암페어) 전류의 세기를 나타내는 단위예요.

V(볼트) 전압의 세기를 나타내는 단위예요.

Ω(옴) 전기 저항의 단위예요.

전화를 발전시킨 에디슨

벨의 전화기를 보완했어.

벨이 만든 전화는 말을 하는 부분과 듣는 부분이 같아 불편했어요. 그런 단점을 보완해 오늘날과 같은 전화기를 개발한 사람은 에디슨이에요. **수화기와 송화기를 분리시켜 사용하기 쉽게 했고**, 상대방의 목소리도 훨씬 또렷하게 들리도록 했지요.

텔레비전은 어떻게 만들어졌을까?

텔레비전은 여러 사람의 노력으로 만들어졌어요. 독일의 물리학자인 **카를 브라운**은 방송국에서 전송된 전기 신호를 영상으로 바꾸는 데 사용되는 브라운관을 개발했어요. 영국 과학자 **존 로지 베어드**는 텔레비전 송상기를 만들었지요. 이 텔레비전 송상기는 영상을 수많은 선으로 분리할 수 있었어요.
이후 러시아 태생이면서 미국의 과학자였던 **블라디미르 즈보리킨**은 영상을 점으로 나누는 텔레비전 송신관을 만들었어요. 이 점들은 전기 신호로 보내져 텔레비전 화면에서 영상으로 바뀐답니다.

냉장고를 개발한 사람은 누구일까?

우리가 사용하고 있는 현대적인 냉장고를 처음 발명한 사람은 영국의 **제임스 해리슨**이에요. 그는 1862년 국제 박람회에서 에테르라는 냉매를 이용한 가정용 냉장고를 처음 선보였어요. 그의 냉장고는 전 세계적으로 큰 관심을 받았어요.
이후 1918년 미국의 켈비네이터 사가 가정용 전기 냉장고를 대량으로 생산하면서 냉장고의 대중화가 시작되었어요.

냉장고의 아버지라고 불리는 제임스 해리슨이에요.

【발명·발견】
통신과 통신 수단

통신은 먼 거리의 소식과 정보를 주고받는 것이고, 통신 수단은 통신할 때 사용하는 여러 가지 방법이에요.

우리나라 통신의 발달

신라 때 역을 설치하고, 고려 때에는 통신 수단으로 말을 사용하면서 마패 제도를 시행했어요.

조선 시대에는 사람이 직접 소식을 전하는 인편 통신, 횃불이나 연기를 피워 올리는 봉수제, 전쟁 중에 띄우는 신호연 등 신호 통신이 발달했지요.

1884년에 우정국이 설치되었고, 1897년에 만국 우편 연합에 가입해 외국과의 우편 통신도 가능해졌어요.

1885년, 서울, 인천 등에 전신이 개통되었고, 1896년에는 궁궐에 전화가 설치되었어요.

전화 받으시옵소서~

1960년대부터 본격적으로 전화가 보급되기 시작했어요.

1970년에는 위성 통신 기지국을 세워 세계 여러 나라와의 통신이 편리해졌어요.

1992년, 우리나라 최초의 인공위성인 우리별 1호를 쏘아 올렸지요.

20세기 최고의 발명품 컴퓨터

이게 컴퓨터라고?

1946년, 미국 펜실베이니아 대학의 과학자들이 '에니악'이라 불리는 최초의 전자 **디지털 컴퓨터**를 개발했어요. 이 컴퓨터는 1만 8,000개나 되는 진공관으로 작동되었어요. 크기가 방 전체를 차지할 정도여서 어마어마한 열이 발생했지요. 이런 단점을 보완하기 위해 많은 사람이 실험을 거듭하여, 좀 더 작고 빠른 컴퓨터를 만들어 내기 시작했어요. 수천 개의 전자 스위치와 회로로 이루어진 마이크로 칩이 개발되면서 컴퓨터의 크기는 점점 작아져 탁상용 컴퓨터와 노트북 컴퓨터가 등장했어요.

현재 컴퓨터는 **현대인에게 없어서는 안 될 필수품**으로 자리잡았으며, 20세기에 인간이 만들어 낸 최고의 발명품으로 꼽히고 있어요.

노트북과 넷북은 뭐가 다를까?

노트북과 넷북은 둘 다 **휴대용 컴퓨터이고, 배터리 사용과 무선 네트워크가 가능**해요. 노트북보다 넷북이 가볍고 더 작아요. 화면과 키보드도 더 작고 가격도 넷북이 싸지요. 그러나 성능은 노트북보다 넷북이 떨어져요. 현재 넷북은 인터넷 서핑, 동영상 재생, 영화 감상 정도만 할 수 있어요.

세계를 연결하는 거대한 통신망 인터넷

인터넷은 **전 세계의 컴퓨터들이 서로의 정보를 자유롭게 주고받도록 연결해 놓은 거대 통신망이에요.** 옛 소련과 미국이 우주 개발과 무기 경쟁을 펼치는 과정에서 개발되었지요. 1957년 러시아가 인공위성 스푸트니크 1호를 우주로 쏘아 올리자, 미국의 아이젠하워 대통령은 곧바로 아르파(ARPA)라는 연구소를 만들어 소련의 핵 공격에 대비한 군사 통신망 보호법을 연구했어요. 아르파는 캘리포니아 주립대학과 함께 1968년, 오늘날 인터넷의 시초가 되는 **아르파넷(ARPANET)**을 개발했어요. 이는 서로 먼 거리에 있는 컴퓨터를 그물 모양으로 연결시키는 네트워크였지요. 이로써 미국은 군사 정보를 쉽게 분산시킬 수 있었고, 적의 공격으로 중심 시스템이 파괴되더라도 다른 통신망으로 연결이 가능했어요.

인터넷의 주소창에 치는 WWW는 뭘까?

'WWW'는 **월드 와이드 웹(World Wide Web)의 머리글자를 딴 거예요.** 인터넷에 흩어져 있는 여러 가지 정보를 누구나 쉽게 찾아볼 수 있게 한 것이지요. 흔히 '웹'이라고 불러요.
웹은 '세계 규모의 거미집', '거미집 모양의 망'이라는 뜻으로 인터넷 사이트의 정보를 쉽게 찾아볼 수 있게 하고, 정보를 간편하게 전송할 수 있게 한 프로그램이에요. 웹 덕분에 인터넷 사용이 더욱 쉽고 편리해져 인터넷 이용자의 수가 폭발적으로 늘어났답니다.

들고다니는 전화기 휴대 전화

전화는 알렉산더 그레이엄 벨이 1876년에 발명한 뒤 20세기 중반까지 많은 사람들이 사용했어요. 이후 사람들은 **언제 어디서든 상대방에게 연락할 수 있는 이동 통신을 개발했어요.** 세계 최초의 휴대 전화는 1973년에 모토로라 사에서 근무하던 **마틴 쿠퍼 박사**와 그의 연구팀이 개발했어요. 우리나라는 1984년에 차량 전화 서비스가 시작되었어요. 자동차 안에서 전화 통화를 할 수 있는 카폰이 우리나라 휴대 전화의 시초예요. 사람이 들고 다니며 통화할 수 있는 휴대 전화는 1988년에 처음으로 선을 보였답니다.

유비쿼터스란 뭘까?

라틴어에서 유래한 유비쿼터스(Ubiquitous)는 '언제 어디서나 존재한다'는 뜻이에요. '언제 어디서나 컴퓨터', '언제 어디서나 네트워크'라는 말로 이해하면 돼요. 사용자가 시간이나 장소, 사물 등에 구애받지 않고 **컴퓨터와 네트워크에 자연스럽게 연결되어 있는 정보 기술 환경**이지요.
유비쿼터스 시대가 되면 휴대 전화 하나로 언제 어디서나 일을 볼 수 있어요. 텔레비전이나 냉장고, 가구, 문, 거울, 변기, 옷, 시계, 벽지, 창문 같은 사물에 컴퓨터 시스템이 내장되어 지능을 갖추기 때문이에요. 지능을 갖춘 사물들이 무선인식(RFID)으로 인간과 연결돼 사용자가 원하는 정보나 맞춤 서비스를 그때그때 제공할 수 있어요.

사이버 전쟁은 어떤 전쟁일까?

앞으로 세계 전쟁이 일어난다면 '사이버 전쟁'이 될 거라고 해요. 사이버 전쟁은 군인이 무기를 들고 하는 게 아니라 **컴퓨터로 하는 전쟁**이에요.
먼저 컴퓨터 바이러스를 전화국에 넣어서 그 나라의 통신망을 흐트러뜨리고, 정부 기관 컴퓨터 시스템도 망가뜨려요. 그리고 컴퓨터 바이러스를 이용해서 공격하려는 나라의 컴퓨터 파일을 모두 지워 버리지요.
모든 것이 컴퓨터로 연결된 나라라면 사이버 공격 한 번으로 순식간에 아수라장이 되어 결국 전쟁에 지고 말 거예요.

【발명·발견】
무기의 종류와 발전

우연히 발견된 화약

중국의 연금술사들은 영원히 늙지 않는 약을 만들려다가 우연히 화약을 발명했어요. 7세기경, 당나라 사람인 **손사막**이 초석과 황의 혼합물이 맹렬히 타는 것에 흥미를 느꼈다는 기록이 있어요. 이것이 초석, 황, 숯을 섞은 흑색 화약의 기초가 된 것이지요.

한편 서양에서는 1260년에 영국의 **로저 베이컨**이 '불은 공기가 공급될 때에만 탄다.'는 사실을 글로 남겼어요. 수도회에서는 로저 베이컨이 신을 거역하는 물건을 만들려고 한다고 즉시 감옥에 가두었지요. 그로 인해 로저 베이컨의 화약은 역사에서 인정을 받지 못했어요. 이후 독일의 **베르톨트 슈바르츠**가 1313년부터 화약에 대한 연구를 시작해, 1353년에 마침내 대포에 사용하는 화약을 만들어 냈답니다.

고체 화약인 다이너마이트

다이너마이트는 1866년, 스웨덴의 과학자이자 화약 제조업자인 **알프레드 노벨**이 발명했어요. 노벨은 화약의 성분인 나이트로글리세린을 운반하던 중 통 속에서 액이 흘러내린 것을 보았어요. 그런데 작은 충격에도 폭발해 버리는 나이트로글리세린이 폭발하지 않고 주위에 있던 규조토에 스며들어 굳었던 거예요.

이것을 보고 그는 오랫동안 실패를 거듭한 끝에, 굴리거나 망치로 두들겨도 터지지 않는 **고체 화약을 개발**해 냈어요. 이 화약이 바로 다이너마이트예요.

산업 현장에서 이용되던 다이너마이트는 1914년, **제1차 세계 대전에서 대량으로 이용**되었어요. 사람에게 도움을 주기 위해 만들어진 발명품이 사람을 죽이는 무기로 둔갑하고 말았지요.

현대 무기의 토대 로켓과 미사일

1926년, 미국의 **로버트 고다드**는 매사추세츠의 어번에서 세계 최초로 액체 연료 로켓을 발사했어요. 로켓의 아랫부분에는 각각 액체 산소와 가솔린으로 채워진 2개의 탱크가 있었어요. 이 연료는 끝부분에 있는 통 모양의 방에서 결합되어 타올랐으며, 여기서 만들어진 뜨거운 가스가 작은 구멍을 통해서 세차게 분출되는 힘으로 로켓이 날아오른 거지요.

이후 제2차 세계 대전 말에 독일의 과학자들이 V-2 로켓을 만드는 등 **로켓의 발달은 현대식 무기의 발전을 가져왔어요.**

미사일은 로켓을 군사용 폭탄 운반용으로 쓸 때의 이름이랍니다.

로버트 고다드의 로케트

물체의 위치를 파악하는 레이더

영국은 1935년에 방어 무기로 '레이더'를 개발했어요. 레이더는 안테나를 통해 전파를 쏘아 보낸 다음 물체에 반사되어 돌아오는 반사파를 되받아 **물체의 위치를 파악하는 무선 탐지 장치**예요. 레이더 덕분에 영국은 제2차 세계 대전 당시 인명 피해를 크게 줄일 수 있었어요. 독일 폭격기의 이동 방향과 이동 속도를 미리 계산해 사람들을 대피시킨 거예요.

이후 레이더는 전투기에 장착되어 공격의 정확성을 높여 주고, 컴퓨터와 함께 미사일에 장착해 미사일이 움직이는 공격 목표의 위치를 스스로 찾도록 하고 있어요.

물 속을 항해하는 잠수함

잠수함은 물 속을 항해하면서 적을 기습 공격하는 전투 함정이에요. 보통 배처럼 물 위에 떠서 항해할 수도 있고, 물 속에 잠긴 채 항해할 수도 있어요. 물 속으로 다니므로 적의 감시나 공격을 피할 수 있으며, 적에게 가까이 다가가 어뢰나 미사일을 발사해 적의 군함이나 시설을 파괴할 수 있어요. 잠수함의 선체는 원형 또는 오뚜기 모양으로 되어 있어요. 벽면이 이중으로 되어 있어 바깥쪽과 안쪽 벽 사이에 있는 탱크에 물을 넣었다 뺐다 하면서 떠오르거나 가라앉을 수 있지요.

잠망경의 원리

잠망경은 깊은 바다 속에 있는 잠수함에서 바다 밖의 풍경을 내다볼 수 있도록 설계된 망원경이에요.
빛이 공기 중에서 곧게 나아가는 성질과 거울에 닿은 빛이 일정한 방향으로 꺾여 나아가는 성질을 이용해 만들었어요.

바다 속을 탐사하는 잠수정

잠수함은 전투 함정이고, 잠수정은 바다 속을 탐사하기 위해 만든 배예요. 깊은 바다 밑은 수압이 세고 어두워 사람이 활동하기 어려워요. 이처럼 특수 환경인 바다 속을 안전하게 관측하고 작업할 수 있도록 만들어진 게 바로 잠수정이에요.

무서운 위력의 핵무기

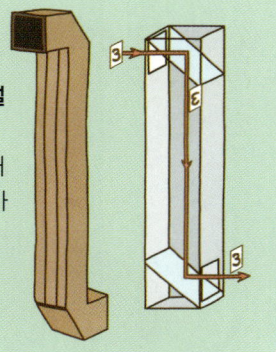

핵무기에는 원자 폭탄과 수소 폭탄이 있어요. 제2차 세계 대전 당시 위력을 과시한 원자 폭탄은 원자핵들이 분열하면서 나오는 에너지를 이용해 만든 무기예요.

수소 폭탄은 원자 폭탄의 분열 반응과는 정반대로 2개의 원자핵이 결합해 하나의 원자핵이 될 때 나오는 에너지를 이용해 만든 새로운 핵무기이지요.
이와 같은 원자핵의 반응을 융합 반응이라고 해요. 융합 반응은 분열 반응 때보다 엄청난 양의 에너지를 내보내요. 그래서 수소 폭탄이 원자 폭탄보다 더 무서운 힘을 지니고 있답니다.

방사능이란 뭘까?

핵폭탄이 폭발할 때 나오는 방사능은 인체에 무서운 해를 끼쳐요. 하지만 질병 치료나 유물, 화석의 연대 측정 등에는 유용하게 쓰이기도 해요. 라듐에서 나오는 방사선은 건강한 세포보다 암 종양 속의 세포를 훨씬 더 많이 죽여요. 1903년, 피에르와 마리 퀴리, 베크렐은 방사능 발견으로 노벨 물리학상을 공동 수상했어요.

조종사 없는 전투기가 있을까?

미국에서 개발한 아르피브이(RPV)라는 무인 전투기는 텔레비전 카메라 조종기가 들어 있어 목적지까지 스스로 비행을 해요. 지상에서 텔레비전 카메라로 기체를 조정해 공격 목표물을 파괴시킬 수도 있지요. 조종사가 타지 않으니까 사람이 목숨을 잃을 위험이 없어요.

하지만 아르피브이는 이착륙 장치가 없어요. 그래서 뜰 때는 큰 비행기가 아르피브이를 날개 아래에 달고 일정 고도까지 올라간 뒤 떼어 내 비행을 하고, 돌아올 때는 일정 거리에서 낙하산을 펴면 헬리콥터가 다중 나가 달고 내려와요. 스스로 이착륙을 못하고 비행 거리가 짧다는 것이 단점이랍니다.

[발명·발견]
우주 탐사

우주 탐사란 우주선으로 지구 대기 밖의 우주를 탐사하는 것을 말해요. 우주 탐사 기구로는 대기 관측 로켓, 인공위성, 달 탐사선, 행성 탐사선, 태양계 외 탐사선 등이 있어요.

대기의 정보를 알려 주는 대기 관측 로켓

대기 관측 로켓은 비행기나 기구가 도달할 수 있는 높이보다는 높고, 인공위성을 이용하기에는 조금 낮은 높이인 80~166km에서 **지구 대기 상태와 구조를 조사하기 위해 만들어진 로켓**이에요. 1946년 미국이 최초로 대기 관측 로켓을 만들었어요. 현재는 지구의 환경오염에 대한 우려가 커지면서 미국과 유럽 우주국(ESA)이 연합해 '궤도 지구 물리 관측선'을 만들어 지구를 비롯한 우주 환경을 관측하고 있어요.

그 결과 지구 상공의 X선과 오로라 입자를 발견해 냈고, 태양의 자외선 스펙트럼 사진, 지상 320km까지의 대기압, 온도, 성분, 밀도에 대한 정보를 알 수 있었어요.

다양한 목적의 인공위성

여러 가지 관측 기계나 통신 시설 등을 갖추어 실은 물체를 지구 밖으로 쏘아 올린 것을 인공위성이라고 해요. 인공위성은 '유인 위성'과 '무인 위성'으로 나뉘어요. 유인 위성은 우주여행을 목적으로 쏘아 올린 것이고, 무인 위성은 우주 관측과 여러 가지 조사, 일기 예보, 통신, 비행기 위치 확인, 우주 자원 탐사, 정확한 지도 측정 등을 목적으로 발사한 거예요.

무인 위성은 목적에 따라 통신 위성, 기상 위성, 과학 위성 등으로 나뉘어요. 통신 위성은 지구에서 멀리 떨어진 곳 사이에 통신을 중계하는 일을 해요. 기상 위성은 지구 대기 밖의 기상을 관측해 그 자료를 지구로 보내는 일을 해요. 과학 위성은 지구의 환경과 태양계의 행성이나 위성 등 다른 천체를 관측하고 연구하는 위성이에요.

달을 누빈 탐사선

1950년부터 미국과 옛 소련은 경쟁하듯 달 탐사선을 만들었어요. 지금까지 미국과 러시아(옛 소련 포함)가 달로 보낸 우주선은 50개가 넘어요.

- **파이어니어 1호** – 미국, 1958년 8월, 미국의 첫 번째 달 탐사선
- **루나 1호** – 옛 소련, 1959년 1월, 최초로 달 궤도에 진입
- **서베이어 1호** – 미국, 1966년 4월, 달 착륙에 성공
- **존드 6호** – 옛 소련, 1968년 11월, 달 궤도 선회 후 지구로 귀환
- **아폴로 8호** – 미국, 1968년 12월, 우주 비행사 3명을 태우고 달 궤도 선회 후 지구로 귀환
- **아폴로 11호** – 미국, 1969년 7월, 달에 인간을 착륙시키는 데 성공
- **루나 16호** – 옛 소련, 1970년 9월, 무인 우주선. 달 표면 샘플 채취해 귀환
- **아폴로 14호** – 미국, 1971년 1월, 유인 우주선. 달 표면에 착륙해 손수레 사용
- **루나 20호** – 옛 소련, 1972년 2월, 달 표면 샘플 채취해 지구로 귀환
- **클레멘타인 호** – 미국, 1994년 1월, 달의 정밀한 표면 지도 작성
- **루나프로스펙터 호** – 미국, 1998년 1월, 달의 극지방에서 물의 존재 가능성 탐사

지구를 도는 인공위성

물체가 원을 그리며 운동할 때는 중심에서 멀어지려는 힘인 **원심력**이 생겨요. 운동 속도가 빨라질수록 원심력도 커지지요.

인공위성을 지구 주위에 빠른 속도로 회전시키면, **인공위성의 원심력과 지구가 인공위성을 끌어당기는 힘이 같아져** 떨어지지 않고 계속 궤도를 도는 거예요.

사람을 대신하는 우주 탐사 로봇

우주 탐사 로봇은 **사람을 대신해 우주를 탐사하고 우주 환경 정보를 전송해 주는 일**을 해요. 또 우주 기지를 건설할 때도 이용돼요. 우주는 기온의 변화가 극심하고, 무중력 상태이며, 우주 방사선이 많아요. 이런 극한 우주 환경에 사람이 적응하기 힘들기 때문에 우주 탐사 로봇을 보내 임무를 수행하게 하는 거예요.

미국 항공 우주국(NASA)은 2004년에 **화성 탐사 로봇 스피릿(Spirit) 호**를 개발했어요. 스피릿 호는 영하 100℃에도 견디고, 각 장비에 동력을 제공할 태양 집열판도 갖춘 로봇이에요.

스피릿 호가 화성에서 직접 촬영한 사진을 통해 화성에 물의 흔적이 있다는 사실을 알게 되었지요.

태양 에너지를 모으는 우주 발전소

태양 에너지는 지구에 닿기까지 99%는 없어지고 겨우 1%만 땅에 닿아요.

우주 발전소는 지상 3만 6,000km 지점에 정지 위성을 띄워 놓고, 그 안에 **태양 에너지를 모아 태양광으로 만든 다음 그 에너지를 지구로 보내는 인공위성**이에요.

우주 발전소는 지구에서 볼 때 낮에는 앞이 보이지 않고 뒤쪽만 보이도록 설계하고 있어요. 밤이 되면 거꾸로 태양이 비치는 앞쪽이 지구로 향하게 되어 금성보다도 밝게 보인답니다.

우주에 세워진 기지 우주 정거장

우주 정거장은 **사람이 우주 공간에 오랜 시간 머물 수 있도록 만들어진 구조물**이에요. 지구의 고정된 궤도를 돌면서 과학 관측과 실험, 우주선에 연료 보급, 위성 및 미사일 발사 등을 하기 위한 기지로 설계되었어요.

1970년대에 들어서면서 미국과 옛 소련이 경쟁적으로 우주 정거장을 추진했어요. 1971년에 쏘아 올린 옛 소련의 살류트 1호에 이어, 미국이 1973년에 스카이 랩을 발사했어요.

그 뒤 1986년에 러시아가 세 번째 우주 정거장인 미르(Mir)를 쏘아 올렸어요. 미르는 승무원을 태우고 궤도를 도는 새로운 우주 정거장이었어요. 미르가 낡아 수명이 다하게 되면서 현재 사용되고 있는 유일한 우주 정거장은 '국제 우주 정거장(ISS)'이에요. 국제 우주 정거장은 미국과 유럽 우주국 11개국 그리고 일본, 캐나다, 러시아 등 전 세계 16개국이 참여해 건설 중이고, 활발히 이용되고 있어요.

미래의 우주 정거장은 어떻게 쓰일까?

미래의 우주 정거장은 단순히 정거장뿐만이 아니라 **하나의 독립된 생산 공장, 식물 재배 농장, 지상에서 하기 어려운 여러 가지 실험을 할 수 있는 실험실의 역할**도 하게 될 거예요. 공기가 없는 공간이기 때문에 전자 공업용으로 필요한 순도 높은 합금도 만들 수 있어요. 또 중력이 없기 때문에 독특한 식물을 재배할 수도 있고, 여러 가지 약품도 개발할 수 있어요. 힘든 수술을 할 수 있는 병원의 역할과 태양 빛을 모아 발전한 전기를 지상에 보내는 무공해 발전소 역할도 하게 될 거예요.

【발명·발견】
생명 공학

'바이오테크놀로지(Biotechnology)'라고 부르는 생명 공학은 생물이 가지고 있는 각 기능을 공학적으로 이용하려는 기술이에요. 대표적으로 유전 공학과 미생물 공학이 있어요.

생물을 이루는 세포

생물의 **몸을 이루는 가장 기초적인 단위를 세포**라고 해요. 대부분의 생물은 많은 세포로 이루어져 있어요. 아메바나 짚신벌레처럼 한 개의 세포로 된 생물도 있지요. 생물은 종류에 따라 그 생물의 형태를 만드는 세포의 수나 모양, 구조가 각기 달라요. 세포의 크기는 너무 작아서 현미경을 통해서만 볼 수 있지요.

1665년, 영국의 로버트 훅은 자신이 개량한 현미경으로 코르크에서 세포를 처음으로 발견해냈어요. 그 뒤 **세포가 생명의 근원**이라는 사실이 밝혀졌지요. 세포는 끊임없이 분열해 수를 늘려요. 우리 몸이 커지는 것도 뼈 세포, 근육 세포, 피부 세포 등이 분열하기 때문이에요. 또 세포는 늙으면 죽어 없어지고 새로운 세포가 생겨난답니다.

염색체와 DNA의 발견

세포의 중앙에는 반드시 둥근 모양의 핵이 하나씩 들어 있고, 그 핵 속에는 염색체들이 있어요. 많은 유전자를 포함하고 있는 실타래 모양의 물질이 바로 염색체예요. 1880년대에 들어 독일의 동물학자인 바이스만이 유전을 결정하는 것은 세포핵 속에 들어 있는 염색체라는 사실을 밝혀냈어요.

1 염색체는 DNA라는 물질로 이루어졌어요. DNA는 'Deoxyribo Nucleic Acid'의 머리글자를 딴 말이에요. 1869년, 스위스의 과학자 미셔가 발견했어요.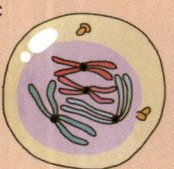

2 1924년, 영국의 화학자인 알렉산더 토드가 DNA는 인과 염기, 디옥시리보스로 이루어졌다고 밝혔어요.

3 1943년, 미국인 의사 오스왈드 애버리와 그의 동료들이 실험을 통해 DNA가 유전 정보를 보관하는 물질이라고 추측했어요.

4 1952년, 미국의 생물학자인 알프레드 허쉬와 마사 체이스가 '허쉬–체이스 실험'을 통해 DNA가 유전 물질이라는 사실을 증명했어요.

5 1953년, 영국의 생물학자인 제임스 왓슨과 물리학자인 프랜시스 크릭이 DNA의 구조를 밝혀냈어요. 이중 나선 구조인 DNA는 용수철을 잡아 늘인 모양으로 2개가 쌍을 이루면서 붙어 있는 모양이에요.

6 DNA의 이중 나선 구조가 밝혀짐으로써, 사람의 모든 유전자를 해독하는 인간 게놈 계획이 실현되었어요. 그 밖에 벼 게놈 계획 및 동식물 게놈 계획이 이루어지고 있지요.

현미경은 어떻게 발견되었을까?

여러 가지 렌즈를 이용한 현미경은 1590년, 네덜란드의 안경공 얀센 부자가 발명했어요. 우연히 상점 안에 있던 렌즈 2개를 겹쳤는데, 눈으로 잘 볼 수 없었던 아주 작은 물체가 크게 확대되어 보였던 거예요. 이후 얀센 부자는 2개 또는 그 이상의 유리 렌즈를 차례로 갈아 끼워 작은 물체를 확대해서 보는 현미경을 개발했답니다.

혈액형을 알아낸 사람은 누구일까?

오스트리아의 빈 대학에서 의과 공부를 한 **칼 란트슈타이너**는 1900년에 인간의 혈액을 연구해 A, B, AB, O 4가지로 구별했어요. 그는 아무 혈액이나 구분하지 않고 수혈하면 아주 위험하다는 사실을 알아냈지요. 그리고 4가지 혈액형 외에 또 다른 하나가 있다는 것도 밝혔어요. 사람의 피와 흡사한 벵골 원숭이를 대상으로 연구한 끝에 Rh형을 찾아내고, 음성과 양성으로 나뉜다는 사실을 알아낸 거예요. Rh형은 수많은 갓난아기의 생명과 위급한 환자들을 구하는 디딤돌이 되었답니다.

동물 세포와 식물 세포의 차이

식물의 세포벽은 셀룰로오스로 이루어져요. 세포벽은 세포를 외부로부터 보호하고 세포의 모양을 유지하도록 하는 벽이에요.

반면 **동물의 세포에는 세포막만** 있고, 세포벽은 없어요. 그러나 동물 세포에도 세포 사이에 세포간 물질이 들어가 세포벽처럼 생긴 것도 있지요.

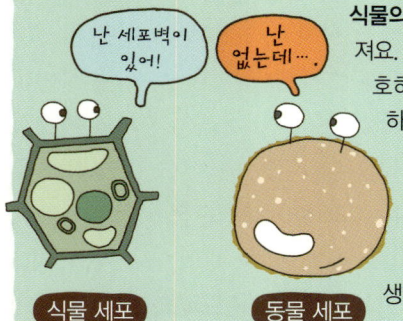

유전자 정보 지도 게놈

게놈(Genome)은 **한 생물이 가지는 모든 유전 정보**를 말하며, 일반적으로 **DNA로 구성된 유전 정보**를 뜻해요.
게놈이라는 말은 1920년, 독일의 식물학자인 윙클러가 만들었어요.
한 생물종의 유전 정보를 거의 모두 담고 있는 게 놈은 현대 생명 공학 연구의 시발점이 되고 있어요.

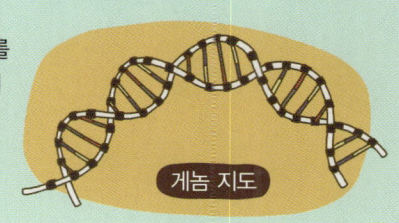

게놈 지도

시험관 아기는 어떻게 태어날까?

시험관에서 수정시킨 아기를 시험관 아기라고 불러요. 난자를 몸 밖으로 꺼내어 유리관 안에서 정자와 결합시키고 포배기까지 60시간을 배양한 뒤, 수정된 배아를 다시 여성의 자궁에 착상시켜 완전한 태아로 발육시키는 거예요. 세계 최초의 시험관 아기는 1978년에 영국의 올드램 병원에서 태어났어요.

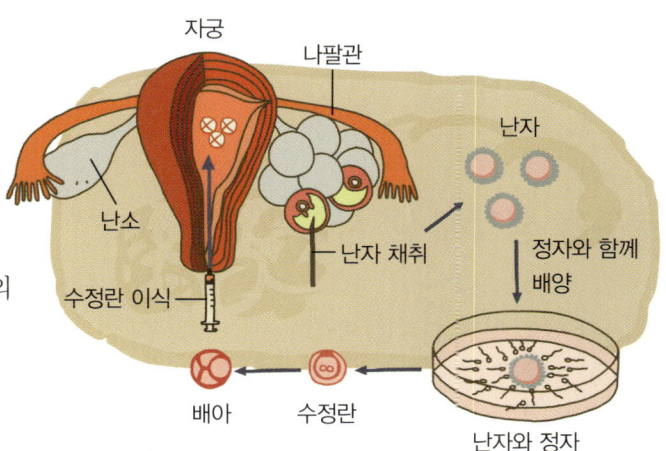

복제 양 돌리는 어떻게 태어났을까?

'돌리'는 세계 최초의 복제 양이에요. **유전학적으로 완전히 똑같은 자손을 인공적으로 창조하는 것을 '생식 복제'**라고 해서 돌리를 '복제 양 돌리'라고 부르지요.

복제 양 돌리는 1996년 7월 5일에 영국 로슬린 연구소의 이언 윌머트와 연구팀에 의해 세상에 태어났어요. 암양에게서 난자 세포를 추출해 유전 물질인 핵을 제거했어요. 그런 다음 두 번째 양에게서 채취한 핵을 집어 넣은 뒤 난자와 정자를 수정시킬 때처럼 자극을 주어 분열시켰어요. 이어 그 세포 덩어리를 세 번째 양의 자궁에 착상시켰어요. 이런 방법으로 태어난 양이 바로 복제양 돌리이지요.

생명 공학 57

[발명·발견]
생활을 편리하게 해 준 발명

안경은 어떻게 만들어졌을까?

안경은 시력이 좋지 않은 사람에게 없어서는 안 될 물건이에요. 13세기, 이탈리아의 물리학자가 **볼록한 유리를 통해 물체를 보면 더 가깝게 보인다는 사실**을 알아냈어요. 이것을 바탕으로 베네치아 근처의 무라노 섬에 살던 안경 제조업자들이 최초로 안경을 만들어 냈어요. 유리를 렌즈의 형태로 만들고 철사로 연결을 한 거예요.

처음에 나온 안경은 **코 위에 슬쩍 걸쳐 놓는 '코안경'**이었어요. 이후에 긴 손잡이가 달려 눈에 대고 볼 수 있는 '손잡이 안경'이 나왔어요. 18세기에는 영국에서 처음으로 오늘날 사용하는 '귀걸이가 있는 안경'을 생산했어요.

롤러스케이트는 어떻게 만들어졌을까?

롤러스케이트는 1759년, 벨기에의 음악가인 **요셉 메를랭**이 스케이트를 개조해서 만들었어요.

요셉 메를랭은 어느 가장 무도회에 바퀴가 달린 스케이트를 신고 바이올린을 연주하면서 멋지게 등장을 했어요. 하지만 그가 만든 롤러스케이트는 좀 엉성했어요.

이후 **1863년, 미국의 제임스 플림턴이 바퀴가 4개 달린 롤러스케이트를 개발**했어요. 이것이 바로 오늘날의 롤러스케이트예요.

지퍼는 왜 만들어졌을까?

지퍼는 단추와 끈을 대신해서 옷을 여며 주는 역할을 해요. 옷, 신발, 가방 등 여러 곳에 쓰이지요. 1893년까지 옷과 신발은 단추와 끈으로만 몸에 맞게 조일 수 있었어요. 이에 불편함을 느낀 미국 시카고의 휘트컴 저드슨은 지금의 지퍼와 비슷한 잠금 장치인 '훅 단추'를 개발했어요. 그런데 **훅 단추는 자꾸 풀어지는 단점**이 있었어요. 이에 1906년, 스웨덴 기술자인 **기데온 순드바크**가 쇠 이빨이 서로 맞물리는 지퍼를 만들어 냈어요. 이게 바로 오늘날 사용되는 지퍼의 시작이에요.

로봇을 생각해 낸 사람은 누구일까?

로봇을 최초로 생각해 낸 사람은 **체코의 희곡 작가 차페크**예요. 1920년, 〈로섬의 인조 인간〉이라는 희곡에 처음으로 로봇이라는 말을 썼어요. 로봇은 기계 장치를 넣어서 사람처럼 움직이게 한 자동 인형을 말해요. 14세기경 시계 태엽으로 움직이는 닭 인형이 최초로 등장했어요. 이후 18세기 중엽에 프랑스의 기술자인 보캉송이 여러 기계 장치를 이용해 오리 인형을 선보였지요. 이후에 **컴퓨터가 발명되면서 로봇도 발전**했어요. 1950년대에는 손이나 눈만 있는 로봇이 등장해 공장에서 사람의 일을 대신하기 시작했지요.

최근에는 여러 분야에서 로봇의 활약이 커요. 가정에서 쓰는 청소 로봇과 애완 로봇, 공장에서 일하는 산업용 로봇, 의사를 돕는 의료용 로봇 등 종류가 무척 다양해요. 앞으로도 로봇에 대한 연구는 계속될 거예요. 해충을 잡아먹는 로봇새와 로봇거미, 땅을 기름지게 하는 로봇지렁이 등이에요.

칫솔과 치약은 누가 발명했을까?

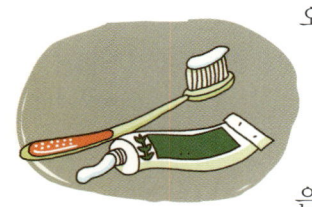

오늘날과 같은 칫솔은 영국의 윌리엄 애디스가 발명했어요. 폭동을 일으켜 감옥에 갇히게 된 **애디스**는 식사로 나온 고기의 뼈에 작은 구멍을 뚫은 뒤, 간수에게 얻은 뻣뻣한 털을 작은 묶음으로 만들어 구멍에 박았어요. 그렇게 해서 칫솔이 탄생한 거예요.

치약은 18세기에 프랑스의 치과 의사인 **피에르 포샤르**가 발명했어요. 피에르 포샤르는 스펀지를 따뜻한 물에 적신 뒤, 여러 가지 성분이 섞인 물질로 이를 닦았어요. 비누와 석회를 섞은 반죽, 산호와 조개껍데기를 갈아 만든 가루, 비누풀나무껍질에서 뽑은 액과 물을 섞은 것, 이렇게 세 가지 성분을 섞어 이를 닦은 것이 치약의 시작이지요.

통조림은 어떻게 발명된 걸까?

통조림은 **전쟁 식량으로 쓰기 위해 발명**되었어요. 1804년 나폴레옹이 프랑스 군대를 이끌 당시, 오랜 행군에도 상하지 않는 음식이 필요했어요. 프랑스 정부는 수송용 식량을 보존하는 방법을 아는 사람에게 상금을 주겠다고 했어요.

그중 니콜라스 프랑수아 아페르라는 사람이 좋은 방법을 알아냈어요. **음식물을 끓여 균을 없앤 다음, 유리 단지에 넣어서 코르크 마개로 막는 방법을 개발**해 낸 거예요. 이것이 오늘날 통조림의 시초가 되었답니다.

플라스틱은 누가 발명했나?

1860년대 미국에서는 당구공을 만들 상아가 부족해 상아를 대신할 수 있는 재료를 만드는 사람에게 상금을 주겠다고 했어요. 존 웨슬리 하이엇이라는 청년이 우연히 그 광고를 보고, 종이 가루에 니스의 원료인 셀락, 나이트로셀룰로오스 등을 혼합해 반죽한 물질로 당구공을 만들어 냈어요. 그는 자신이 만든 새로운 물질에 '셀룰로이드'라는 이름을 붙였어요. 이후 1909년에는 벨기에 출신의 리오 베이클랜드가 새로운 합성 물질인 '베이클라이트'를 만들어 냈어요. **셀룰로이드와 베이클라이트는 플라스틱의 원조**가 되었어요.

카메라의 발전 과정

16세기에는 벽에 어떤 형상을 비춰 주는 상자를 카메라라고 불렀어요. 이때는 필름이 발명되기 전이고, 카메라는 그림을 그리는 도구로 쓰였어요.

최초의 사진은 1839년, 프랑스의 루이 다게르가 발명했어요. 은도금이 된 구리판을 카메라 뒤에 붙여 필름처럼 사용한 거예요. 그런데 사진을 찍는데 30분이나 걸렸어요.

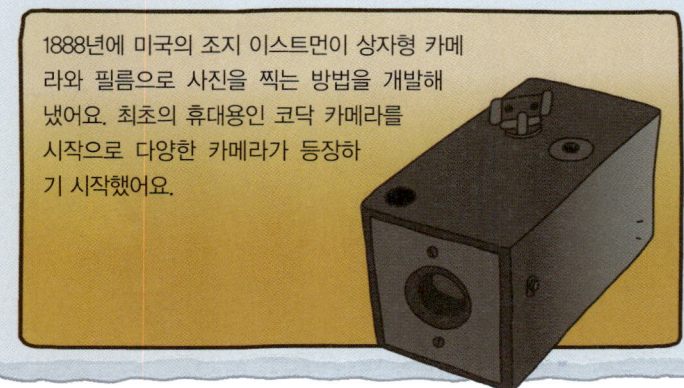

1888년에 미국의 조지 이스트먼이 상자형 카메라와 필름으로 사진을 찍는 방법을 개발해 냈어요. 최초의 휴대용인 코닥 카메라를 시작으로 다양한 카메라가 등장하기 시작했어요.

요즘은 디지털 카메라가 아날로그 카메라의 자리를 대신하고 있어요. 디지털 카메라는 필름 없이 전자 센서로 영상을 감지해 파일 형식으로 저장해요.

때를 없애 주는 비누는 언제부터 사용했을까?

비누는 몸이나 옷 따위에 묻은 때를 없애는 데 쓰는 물건이에요. 약 2300년 전에 고대 페니키아인이 나뭇재와 물을 섞어 몸이나 옷의 얼룩을 지웠어요. 그 뒤 **사람들은 동물의 지방과 재를 섞어 단단한 덩어리 형태로 뭉쳐 비누**를 만들었어요. 그런데 이 비누는 동물의 지방으로 만들었기 때문에 냄새가 아주 고약했어요.

8세기가 지난 다음에야 사람들은 악취를 없애기 위해 **동물의 지방 대신 해초의 재와 올리브유를 섞어 쓰기 시작**했어요. 이때부터 향기가 나는 비누도 만들었지요.

바코드는 왜 만들었을까?

바코드란 **상품의 관리를 컴퓨터로 처리할 수 있도록 상품에 표시해 놓은 막대 모양의 기호**예요. 상품을 팔 때 계산기에 설치된 감지기에 바코드를 통과시키면 즉시 판매량이나 금액 등을 알 수 있지요.

바코드 체계는 유럽에서 개발했어요. 국제적으로 쓰이고 있는 '유럽 상품 코드(EAN)'와 미국과 캐나다에서 사용되는 '통일 상품 코드(UPC)'로 나뉘어요. 우리나라는 1988년부터 한국 공통 상품 코드(KAN)를 받아 사용하고 있어요. 바코드의 13개 숫자 가운데 앞쪽 세 자리는 국가 식별 코드인데, 우리나라는 '880'을 쓰지요. 이는 세계 어느 나라로 수출되더라도 한국 상품임을 알 수 있게 해 준답니다.

시계는 어떻게 생겨났을까?

최초의 시계는 하늘에 떠 있는 해예요. 사람들은 해가 뜨는 시간과 지는 시간으로 하루를 구분했고, 계절을 기준으로 1년을 계산했어요. 사회가 점점 복잡해지고, 해야 할 일이 늘어나면서 사람들은 시계의 필요성을 느꼈어요.

최초의 기계적인 시계는 무거운 추를 매달아서 움직이는 것이었어요. 부피가 크고 무게도 많이 나갔지요. 이런 시계들은 주로 교회나 공공건물에 매달아 놓았어요.

그러다가 **17세기에 들어 태엽과 추가 달린 작은 시계가 발명되면서 각 가정마다 시계를 갖추게 되었지요.**

샌드위치는 누가 처음 생각해 낸 음식일까?

샌드위치는 **18세기 후반 영국의 샌드위치 백작**이 생각해 낸 음식이에요. 샌드위치 백작은 카드놀이를 아주 좋아했어요. 카드놀이를 할 때는 식사하는 시간마저 아깝다고 여길 정도였지요. 백작은 카드놀이를 즐기면서 음식을 먹는 방법을 곰곰이 생각했어요. 그리고 어느 날 하인에게 **고기와 채소를 빵 사이에 넣어 함께 먹을 수 있도록 만들라고 했어요.**

백작은 자신의 집에 놀러 오는 사람들에게 그 음식을 대접했어요. 음식을 먹어본 사람들은 맛이 괜찮다며 좋아했어요. 사람들은 그 음식을 샌드위치 백작의 이름을 따서 '샌드위치'라고 불렀답니다.

햄버거는 어떻게 만들어졌을까?

햄버거는 **독일의 함부르크에서 유래**했어요. 질긴 고기를 칼로 다지는 조리법은 1850년대에 미국으로 건너간 독일인들에 의해 널리 퍼졌지요. 이주민들은 다진 고기를 기름에 튀긴 다음 빵 사이에 넣어 먹었는데, 이것을 '햄버거 스테이크'라고 불렀어요.

냉동 식품은 어떻게 개발되었을까?

냉동 식품을 처음으로 생각해 낸 사람은 미국의 모피 상인인 **클라렌스 버드아이**예요. 그는 겨울에 캐나다 북부를 여행하다가 낚시꾼이 잡은 물고기가 물 밖으로 나오자마자 어는 것을 보았어요. 그리고 얼린 물고기는 몇 달 뒤에도 싱싱하게 먹을 수 있다는 사실을 알게 되었지요.

이후 그는 **생선이나 토끼 고기 등을 얼려서 싱싱하게 보관할 수 있는 방법을 연구**하기 시작했어요. 그리고 마침내 1924년, 냉동 식품을 발명해 냈답니다.

최초의 만화와 만화 영화는 뭘까?

세계 최초의 만화는 1896년, 미국의 리처드 아웃컬트라는 사람이 그린 〈옐로우 키드〉예요. 〈옐로우 키드〉는 당시 '뉴욕월드'라는 신문에 실렸어요. 그리고 최초의 만화 영화는 1901년, 프랑스의 만화가 에밀에 의해서 제작되었지요.

우리나라 최초의 만화는 1920년, 조선일보에 연재되었던 **노수현의 〈멍텅구리〉**예요. 만화 영화는 1967년, 신동헌 감독이 만든 〈홍길동〉이 최초이지요.

청진기는 누가 만든 걸까?

배가 아파서 병원에 가면 의사 선생님이 청진기를 배와 가슴에 갖다 대요. 그러면 뱃속에 어떤 문제가 있는지 금세 알아내지요. 이렇게 편리한 청진기는 19세기 초, 프랑스의 병리학자인 **라에네크**가 발명했어요. 어느 날, 라에네크는 아이들이 긴 나무 막대 양쪽 끝에 귀를 대고 노는 것을 보았고 좋은 생각이 떠올랐지요.

많은 실험 끝에 1816년, 라에네크는 **나무로 된 원통형 청진기를 만들어 냈어요.** 그 뒤 청진기는 계속 발전해 오늘날과 같이 양쪽 귀로 듣는 청진기로 발전했지요.

껌은 누가 발명한 걸까?

껌은 **18세기에 멕시코 지방 원주민들이 가장 먼저 씹었어요**. 사포딜라 나무의 껍질을 칼로 자르면 나무액이 나오는데, 그것을 뭉쳐 씹기 시작한 거예요. 원주민들은 이것을 **치클**이라고 불렀어요. 치클을 씹으면 긴장감이 풀렸지요.

껌을 처음으로 상품화한 사람은 미국의 토마스 애덤스예요. 1860년경 사포딜라 나무 액을 굳힌 뒤 향료를 넣어 '치클'이라는 이름으로 팔았어요. 그러다가 차츰 설탕과 박하를 넣어 오늘날의 껌을 만들어 냈지요. 이후 1880년, 미국의 그레이가 당분 박하 등을 넣어 향내와 단맛이 나는 껌을 만들어 굉장한 인기를 끌었어요.

주사기를 만든 사람은 누구일까?

주사기는 1853년, 프랑스의 외과 의사인 **프라바즈**가 발명했어요. 그러나 이 주사는 실험 동물에게 사용하는 것이었어요. 오늘날 사용하는 주사를 발명한 사람은 영국의 **알렉산더 우드**이지요.

주사를 놓으면 **약이 혈관을 통해서 몸에 빨리 흡수되기 때문에 먹는 약보다 효과가 빨리 나타나요**. 또한 약을 먹을 수 없는 환자에게 약물을 효과적으로 투입할 수 있지요.

종이컵은 누가 발명했을까?

1907년, 하버드 대학에 다니던 미국의 휴그 무어가 종이컵을 발명했어요. 휴그 무어가 갓 대학에 입학했을 무렵, 한 살 위인 형 로렌스 루엘랜은 생수 자동 판매기를 발명했는데 형의 발명품에는 문제가 있었어요. 생수 자동 판매기에 사용되는 컵이 도자기로 만든 컵이라서 잘 깨졌던 거예요. 처음에 불티나게 팔리던 자동 판매기는 차츰 인기가 떨어져 결국에는 아무도 관심을 갖지 않았어요.

형의 고민을 해결해 주기 위해 **휴그 무어는 가볍고 깨지지도 않으며, 물에 쉽게 젖지 않는 종이컵을 발명**했답니다.

자동 판매기는 언제 등장했나?

자동 판매기가 처음 나온 것은 **고대 이집트** 때예요. 당시 동전을 넣으면 성수가 나오는 자동 판매기를 처음으로 발명했다고 해요. 세월이 흘러 19세기에 영국에서 엽서 자동 판매기가 만들어졌어요.
이때의 자동 판매기들은 가짜 동전을 구분할 수 없었다고 해요. 동전의 진짜와 가짜를 확인하는 장치가 발명된 것은 1931년이에요.

복권은 누가 처음 생각해 낸 걸까?

복권은 **로마 제국의 황제인 폭군 네로**가 생각해 냈어요. 네로는 광기에 사로잡혀 자신이 사는 도시를 불태워 버렸어요. 그런 후 도시를 다시 건설하려고 보니 돈이 없었지요. 도시를 지을 자금을 마련하기 위해 네로는 복권을 만들어 백성들에게 강제로 팔았어요. 그 뒤 로마 제국의 멸망으로 사라졌던 복권은 15세기에 다시 등장했어요. 오늘날과 같은 복권이 시작된 것은 1530년, **이탈리아의 피렌체에서 '로토'라는 복권**이 만들어지면서부터예요.

청바지를 만든 사람은 누구일까?

청바지는 1930년, 미국인 **리바이 스트라우스**가 발명했어요. 스트라우스는 광부들의 바지가 쉽게 해지는 것을 보고 질긴 바지를 만들어야겠다고 생각했어요. 그래서 **천막용 천을 이용해 바지를 만들었는데 이것이 바로 청바지의 시초**가 되었어요. 질기고 튼튼한 청바지는 광부들뿐만 아니라 일반인에게도 실용성을 인정받아 보급되기 시작했어요.
본격적으로 유행하게 된 것은 미국 서부 영화의 주인공들이 청바지를 입고 나오면서부터예요. 청바지는 오늘날에도 남녀노소 가리지 않고 즐겨 입는 옷이 되었지요.

접착 메모지는 어떻게 발명되었을까?

임시 접착용 메모지는 **실수로 발명된 상품**이에요. 1973년, 종합 문구 회사인 3M에서는 혼합을 잘못하여 접착력이 떨어지는 접착제를 만들게 되었어요. 이때 한 사원이 종이 뒤에 이 접착제를 칠해서 책 등에 임시로 붙였다가 떼어내는 용도로 쓰라며 못쓰게 된 접착제를 사람들에게 나누어 주었어요. 그것을 써 본 사람들은 **잘 붙고 잘 떨어지는 종이가 편리하다는 사실**을 알게 되었어요. 3M은 이 아이디어로 접착 메모지를 만들어 냈어요. 그게 바로 우리가 즐겨 쓰는 '포스트 잇', 즉 접착 메모지랍니다.

연필은 누가 처음 만들었을까?

1564년, 영국에서 흑연이라는 부드러운 돌이 발견되었어요. 사람들은 흑연으로 종이에 글씨를 쓰고 그림도 그렸어요. 하지만 손잡이가 없어서 사용할 때마다 손이 더러워지고 불편했지요. 또 흑연은 사용하는 동안 잘 부러지기도 했어요. 1795년, 프랑스의 **니콜라스 자크 콩테는 흑연에 찰흙을 섞어 단단하게 만들었어요.**

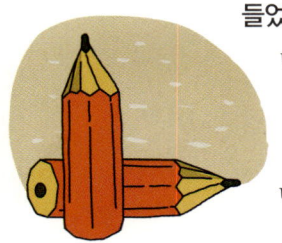

미국인 윌리엄 먼로는 찰흙을 섞은 흑연 막대를 얇은 나무 조각 사이에 끼워 넣어서 오늘날과 같은 연필을 만들었답니다.

운동화는 누가 처음 개발했을까?

신발은 사람들이 사는 곳의 기후나 문화, 재료에 따라 모양이 달라요. 더운 지방 사람들은 샌들을 신고, 추운 지방 사람들은 동물 가죽이나 옷감으로 발을 감싸고 다녀요.
남아메리카 지방의 인디오들은 고무나무 즙에 발을 담그는 방법으로 발바닥을 보호했어요. 여기에서 아이디어를 얻은 미국의 **찰스 굿이어**가 1830년대에 운동화를 개발했어요.

최초의 계산기는 무엇일까?

요즘은 컴퓨터나 휴대 전화를 이용해 쉽게 계산을 할 수 있어요.

그런데 아주 옛날에는 계산을 하기 위해 손가락, 자갈, 나무막대 등을 이용했어요. 보다 쉽게 계산하기 위해 사람들이 만들어 낸 최초의 계산기는 '**주판**'이에요. 주판은 **중국에서 최초로 만들어졌는데, 나무틀 안의 막대에 구슬을 꿰어 놓은 모양**이지요. 막대 윗부분에 있는 2개의 구슬은 각각 5를 나타내고, 아랫부분에 있는 5개의 구슬은 각각 1을 나타내요.
주판은 아주 오랫동안 이용되다가 기계로 된 계산기가 만들어지면서 사람들의 관심에서 멀어졌어요.

라식 수술은 누가 처음 생각해 냈을까?

안경이나 콘택트렌즈를 끼는 것은 나쁜 시력을 교정하기 위한 가장 기초적인 방법이에요. 그런데 안경이나 콘택트렌즈를 끼지 않고 시력을 되찾는 방법이 있어요. **각막을 깎아 내는 방법을 통해 영구적으로 시력을 교정하는** 거예요. 이러한 영구 시력 교정 방법에는 엑시머레이저 시술, 라식 시술, 근시 교정 링 삽입 시술 등이 있어요.

방사상 각막 절제술이라 하지요.

이런 시술 방법들의 시초는 1970년대 초, 옛 소련의 **피오도루프 박사**가 처음 소개한 '방사상 각막 절제술'이랍니다.

전자레인지는 언제 발명되었을까?

1888년, 독일의 물리학자 헤르츠가 발견한 전자파는 처음에 방송이나 통신 분야에서만 이용되었어요. 그러다가 1921년, 미국의 물리학자 헐이 전자파로 열을 내는 장치, 즉 마그네트론을 발명해 냈어요.
마그네트론은 처음에 무기로 쓰려고 만든 거예요. **무기로 사용되던 마그네트론을** 1947년, 미국의 레이시언 사에서 **조리 기구로 응용 개발**했어요. 그게 바로 오늘날 전 세계인들이 사용하는 전자레인지랍니다.

진공 청소기는 누가 발명했을까?

진공 청소기를 처음 발명한 사람은 영국의 **설계 기사 부스**예요. 부스는 세차게 공기를 뿜어서 먼지를 날린 다음 용기에 모으는 방법을 이용한 철도용 신형 청소기 실험을 보러 갔어요. 그러나 먼지가 잘 모아지지 않는 것을 보고, **먼지를 날리는 것이 아닌 빨아들이는 방법을 고민했어요.**
부스는 시험 삼아 손수건을 의자에 깔고 그것을 입으로 빨아 보았어요. 그러자 먼지가 손수건의 뒷면에 와 모였어요. 이 원리를 이용해 부스는 최초로 빨아들이는 청소기를 개발했어요.

생활을 편리하게 해 준 발명

에어컨은 누가 발명했을까?

요즘은 에어컨이 한여름 무더위를 식혀 주는 필수 가전제품에 속해요. 커다란 건물뿐만 아니라 가정에서도 많이 이용하지요. 에어컨의 정확한 이름은 '에어컨디셔너'예요. 에어컨디셔너는 1902년, 미국의 캐리어가 발명했어요. 당시 캐리어가 개발한 장치는 **차가운 파이프를 이용해 공기의 온도를 식혀서 습도를 조절**할 수 있었어요. 이 에어컨디셔너는 그해 뉴욕의 인쇄 공장에 설치되면서 실용적으로 이용되기 시작했지요. 현대의 에어컨디셔너는 **액체가 증발할 때 열을 빼앗는 성질을 이용**하고 있어요. 이것은 냉장고의 원리와 같아요.

아이스크림은 언제 만들어졌을까?

아이스크림과 비슷한 음식이 만들어진 것은 약 4000년 전 중국에서예요. 황제의 요리사들은 과일과 주스로 만든 후식을 차갑게 내놓으려고 눈으로 포장을 했어요. 그리고 약 2000년 뒤에 로마인도 중국인과 같은 생각을 했어요. **네로 황제는 과일을 차갑게 먹기 위해 산에서 얼음을 가져오도록 명령**했어요. 그게 오늘날의 아이스크림으로 발전한 거예요.

접착 천은 어떻게 발명되었을까?

1948년, 스위스의 조지 드 메스트랄은 알프스 산맥을 여행하고 있었어요. 이때 **도꼬마리라는 식물**이 바지와 양말에 달라붙어 많은 애를 먹었어요. 도꼬마리를 떼어 내던 그는 도꼬마리의 끝부분이 옷에 잘 달라붙게 되어 있다는 것을 알게 되었어요. 여기에서 아이디어를 얻어 **옷을 조여 주는 갈고리를 발명**했고, 프랑스의 한 직조공에게 도움을 받아 접착 천을 세상에 내놓았어요. 접착 천은 운동화, 가방, 우주복 등 여러 모로 유용하게 쓰이고 있어요.

훌라후프는 누가 발명했을까?

허리에 끼워 빙빙 돌리는 놀이 기구인 훌라후프는 약 2500년 전에 둥근 테 모양의 쇠를 막대로 굴리면서 놀던 **굴렁쇠 놀이에서 발전**했다고 해요. 굴렁쇠를 굴리며 놀다가 싫증이 나서 그것을 허리에 걸고 빙빙 돌렸을 거라는 추측이에요. 그렇게 발전된 훌라후프 놀이는 **1950년대에 널리 유행**을 했어요.

요즘도 훌라후프는 아이들이 즐기는 놀이로 남아 있어요. 또 허릿살을 빼기 위해 훌라후프를 이용하는 사람도 많아요.

푸른곰팡이는 누가 발견했을까?

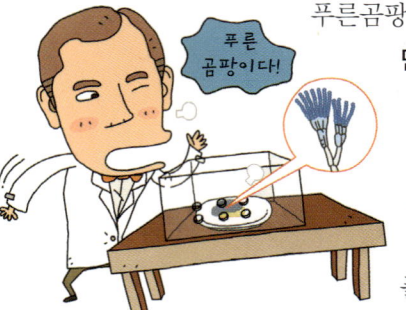

푸른곰팡이는 '페니실린'이라는 약을 만들 때 없어서는 안 되는 곰팡이예요. 영국의 **플레밍 박사는 1928년에 처음으로 푸른곰팡이를 발견**했어요. 어느 날, 연구에 지친 플레밍 박사는 깜박 잊고 흰 곰팡이가 든 용기의 뚜껑을 닫지 않은 채 퇴근을 했어요. 그 때문에 페니실린의 원료가 되는 푸른곰팡이의 포자가 포도상구균이 있는 유리 접시 안으로 날아 들어왔지요. 다음 날 플레밍 박사는 자신의 실수가 대단한 결과를 낳았다는 사실을 알게 되었고 곧 실험에 들어갔어요. 실험 끝에 푸른곰팡이 속에 나쁜 세균을 죽이는 물질이 들어 있다는 사실을 알아냈답니다.

돈은 언제 처음 사용했을까?

다리미는 언제부터 사용했을까?

다리미는 구겨진 옷의 주름을 펼 때 편리하게 쓰여요. 다리미가 없던 시절, 우리의 조상들은 다듬잇방망이로 옷감이나 옷의 주름을 폈어요. **다리미가 사용된 시기는 8세기 중국**에서예요. 당시의 것은 금속으로 된 작은 냄비처럼 생겼는데, 안에 재를 넣어서 사용했어요.

유럽에서는 1600년경에 다리미를 이용하기 시작했어요. 당시 네덜란드의 옷 만드는 사람이 다리미 안에 뜨겁게 달구어진 쇠를 넣어 사용한 게 최초이지요.

콘플레이크는 어떻게 만들어진 걸까?

미국에 있는 한 요양원의 주방 담당인 윌 켈로그는 요양소에서 매일 똑같은 식사를 준비하는 게 따분했어요. 어느 날, 윌은 밀가루 반죽을 프라이 팬 위에 올려 놓고 형과 이야기를 나누다 불 위에 올려놓았던 밀가루 반죽이 모두 굳어 버리고 말았어요. 반죽을 롤러에 넣어 보았지만 이번에는 모두 부서졌어요. 고민 끝에 윌은 부서진 반죽을 기름에 넣어 보았어요. 그러자 순식간에 밀가루 반죽들이 연한 갈색을 띠며 기름 위로 떠올랐어요.

이렇게 만들어진 게 바로 콘플레이크예요. 바쁜 생활 속에서 간단하게 식사로 즐겨 먹는 콘플레이크는 **윌 켈로그의 실수로 탄생한 식품**이랍니다.

브래지어는 누가 만들었을까?

18세기 말경, 몸을 조이지 않는 그리스풍의 여성 드레스가 유행을 했어요. 그 때문에 코르셋이 필요 없게 되었지요. 코르셋은 가슴에서 허리까지의 몸 형태를 잡아 주는 여성용 속옷이에요. 하지만 여성들은 가슴의 모양을 아름답게 유지해 줄 수 있는 다른 속옷이 필요했지요.

영국의 **모건은 1903년에 코르셋을 개량한 신형 가슴받이를 만들어 특허**를 냈어요. 이어 1913년에는 미국의 자코브가, 1921년에는 프랑스의 마담 카돌이 코르셋을 변형시켜 오늘날과 비슷한 브래지어를 만들었어요.

3장
지구 · 우주

지구의 내부는 지각, 맨틀, 핵으로 이루어져 있어요. 지구 표면의 4분의 3은 바다가 차지하고, 지구의 바깥은 대기로 둘러싸여 있지요. 지구는 공기층이 태양의 빛과 열을 조절해 주고, 물이 있기 때문에 생명체가 살 수 있어요.
우주에서 보면 지구는 작은 점에 불과해요. 지구 같은 별들이 수없이 모여 은하를 이루고, 그 은하들이 모여 은하계를 이루지요. 지구가 속해 있는 은하계를 '우리은하'라고 불러요. 우리은하에는 태양처럼 스스로 빛을 내는 별들이 어마어마하게 많답니다.

【지구·우주】
지구의 역사

약 46억 년 전, 빅뱅 이후 오랫동안 우주에서 소용돌이치던 가스와 먼지가 모여 지구를 이루었어요. 태양계에서 유일하게 생물이 살 수 있는 행성이 바로 지구예요.

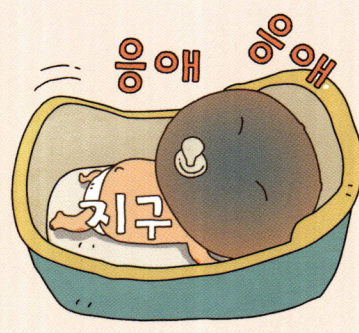

지구의 탄생

약 46억 년 전에 막 생겨난 지구를 '원시 지구'라고 불러요. 이 시기에는 격렬한 화산 폭발과 함께 용암, 화산재 등이 지구를 온통 뒤덮고 있었어요. 화산 폭발로 인해 생긴 수증기는 빗방울이 되어 쏟아져 내려오면서 바다를 만들었어요.
지구상에 최초의 생물이 나타나기 시작한 것은 약 30억 년 전이에요. 눈에 잘 보이지 않을 정도로 매우 작은 미생물을 시작으로 점차 다양한 생물들이 생겨나기 시작했어요.

선캄브리아대 (약 46억 년 전에서 5억 7000만 년 전까지)

생명이 탄생한 지질 시대를 '선캄브리아대'라고 해요. 초기에는 자외선 때문에 육지에는 생물이 살기 힘들었어요. 하지만 바다 속에는 자외선이 들어오지 못했어요. 덕분에 **바다 속에서 최초의 생명인 '박테리아'가 탄생**했어요. 미생물인 박테리아가 광합성을 하여 대기 중에 산소를 공급해 주자 아메바, 해파리, 산호충 등 여러 생명체가 등장했어요.

고생대 (5억 7000만 년 전에서 2억 2500만 년 전까지)

생물이 지구 환경에 적응하기 시작한 시기예요. 식물이 물 밖으로 나와 살게 되면서 지구를 무성한 숲으로 만들었어요. **바다에서 육지로 올라오는 생물도 점점 늘어나** 어류 및 양서류가 발달하고, 거대 잠자리도 나타났어요. 이때 나타난 개구리, 두꺼비, 도롱뇽 등은 발이 달린 최초의 척추동물이에요.

중생대 (2억 2500만 년 전부터 6500만 년 전까지)

중생대에는 **공룡**이 나타나 크게 번성했어요. 이끼와 고사리로 덮인 평원과 침엽수림에는 공룡들뿐만 아니라, 여러 종류의 **파충류와 원시 포유류**가 함께 살았어요. 하늘을 나는 시조새가 등장했고, 은행나무나 소나무 같은 겉씨식물이 번성했어요.

신생대 (약 6500만 년 전부터 현재까지)

공룡이 사라지고 새로운 포유류들이 늘어난 시기예요. **인류의 조상인 오스트랄로피테쿠스가 나타났어요.** 처음에 원숭이 모양이었던 오스트랄로피테쿠스는 점점 진화하여 인류의 조상인 호모 사피엔스가 되었지요. 오늘날 우리가 볼 수 있는 대부분의 생물들이 이때 등장했으며, **속씨식물**이 나타났어요. 이 시기에 육지와 바다의 분포가 지금과 비슷해졌고, 큰 산맥과 높은 고원들이 지금의 모습을 갖추기 시작했답니다.

지구의 나이는 어떻게 알 수 있을까?

지구의 나이를 알려면 암석을 살펴봐야 해요. 남아프리카나 남극 대륙 등에서 발견된 암석 중 가장 오래된 암석이 40억 년쯤 되었어요.

그런데 이 암석으로는 지구의 나이를 정확히 알 수가 없었어요. 그래서 학자들은 지구가 태양계와 함께 만들어졌다는 사실을 바탕으로, 하늘에서 떨어진 운석을 이용해 지구의 나이를 따져 보았어요. 여러 사실을 종합해서 분석한 결과, **지구는 46억 년쯤 전에 생겨났다**는 사실이 밝혀졌지요.

지구에서 가장 오래된 생물은 무엇일까?

곤충은 **약 3억 5000만 년 전부터 지구에 살기 시작**했어요. 약 2억 2500만 년 전에 공룡이 번성했고, 200만 년 전에 인간이 지구에 살기 시작한 것에 비하면, 곤충은 정말로 오랫동안 지구를 지켜온 셈이에요. 또한 곤충은 지구 생물의 4분의 3을 차지할 정도로 그 수가 많아요. 지금까지 발견된 곤충만 약 300만 종에 이르러요.

지구는 왜 멈추지 않고 빙글빙글 돌까?

지구가 태양을 중심으로 도는 이유는 '인력' 때문이에요. 인력은 태양과 지구 같은 행성, 그리고 행성 둘레를 돌고 있는 달과 같은 위성 사이에도 작용해요. 이런 작용을 **모든 것이 서로 잡아당기는 힘**이라고 하여 '만유인력'이라고 해요.

그런데 지구는 약간 납작한 동그라미 모양인 타원형을 그리며 태양 주위를 돌아요. 이를 지구의 공전이라고 해요. 태양 둘레를 도는 여러 행성들 사이에도 인력이 작용하기 때문에 둥근 원이 아닌 타원형이 되는 거예요.

구멍을 파서 지구를 뚫을 수 있을까?

지구의 중심은 바깥의 무게에 의해 끊임없이 짓눌리고 있어요. 그 힘은 사방에서 안쪽으로 향하고 있고, 그 때문에 지구의 중심은 엄청나게 뜨거워요. 실제로 **사람이 구멍을 파고 지구 속으로 들어갈 수 있는 깊이는 5km 정도**예요. 더 깊이 들어가려면 지질 조사를 할 때 쓰는 땅을 뚫는 기계를 이용해야 하지요.

지구의 가장 안쪽인 내핵은 액체로 변한 철로 이루어져 있는데, 펄펄 끓는 철에도 끄떡없는 기계를 발명해서 지구 속까지 들어간다고 해도 그 기계를 찌그러뜨리려는 엄청난 압력 때문에 지구를 뚫을 수는 없을 거예요.

상식 퀴즈 지구는 둥근데 땅이 평평해 보이는 까닭은?

① 사실 지구는 둥근 모양이 아니라 네모 모양이다.
② 지구가 어마어마하게 큰 데 비해 사람은 아주 작기 때문이다.
③ 사람들의 시력이 안 좋아서 지구가 평평해 보이는 것이다.

정답 ②
지구는 어마어마하게 크른 공 모양이에요. 이에 비해 사람은 아주 작지요. 그래서 눈으로 보는 땅은 평평하게 보이는 거예요.

[지구·우주]

바다와 육지

바다는 지구 표면에서 소금물로 채워진 부분을 말해요. 지구에서 바다 또는 강이 아닌 부분을 육지라고 하지요. 섬이 아닌 땅은 대륙이라고 불러요.

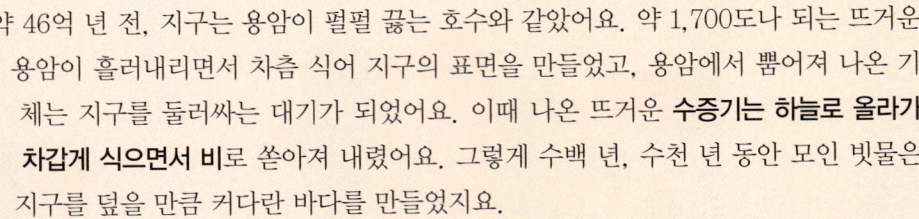

바다의 탄생

약 46억 년 전, 지구는 용암이 펄펄 끓는 호수와 같았어요. 약 1,700도나 되는 뜨거운 용암이 흘러내리면서 차츰 식어 지구의 표면을 만들었고, 용암에서 뿜어져 나온 기체는 지구를 둘러싸는 대기가 되었어요. 이때 나온 뜨거운 **수증기는 하늘로 올라가 차갑게 식으면서 비**로 쏟아져 내렸어요. 그렇게 수백 년, 수천 년 동안 모인 빗물은 지구를 덮을 만큼 커다란 바다를 만들었지요.

바다는 지구를 따뜻하게 또는 시원하게 해 주고, 수증기를 내보내 구름과 비를 만들어 주었어요.

바다에서 시작된 **지구 생명체**

진화론에 따르면 지구의 생명체는 물에서 생겨나 물에서 진화하고 번식했어요. 박테리아, 아메바, 해파리, 산호충, 삼엽충, 바다전갈 등은 모두 바다에서 태어났지요. 바다에서 태어난 생명체는 땅 위로 올라와 다양하게 변해 갔어요. **식물은 동물보다 먼저 물 밖으로 나온 최초의 생명체예요.**

척추동물은 모두 물고기에서 진화했다고 해요. 상어는 등뼈를 가진 최초의 동물 중 하나이고, 양서류는 물 속에서도 살고 물 밖에서도 살 수 있는 동물이지요.

계속 움직이고 있는 **대륙의 이동**

바다와 육지는 늘 한 자리에 있지 않아요. 느리지만 해마다 조금씩 움직이고 있지요. 대륙과 대륙은 1년에 1cm씩 멀어지거나 가까워진다고 해요.

대륙이 움직인다는 대륙이동설은 **1915년 독일의 지구물리학자인 베게너에 의해** 발표되었어요.

대륙이동설에 의하면 지금으로부터 약 3억 년 전까지만 해도 **전 세계의 모든 대륙은 하나의 땅덩이였어요.** 이때의 **대륙을 '판게아'**라고 불러요. 점차 세월이 흐르면서 지구 내부에서 흘러나온 열에 의해 대륙이 조금씩 갈라지고 움직여 새로운 바다가 생기고 새로운 산맥이 솟아 아시아, 남아메리카, 북아메리카, 유럽, 아프리카 등의 대륙으로 나뉘었다고 해요.

베게너는 아프리카 대륙의 서해안과 남아프리카 대륙의 동해안의 해안선이 일치함을 밝혔어요. 또 아프리카와 남아메리카에서 고생대 이전의 동물 화석이 동시에 발견되어 그의 주장을 뒷받침했답니다.

판게아 이론

강물이 계속 흘러들어도 바다는 왜 넘치지 않을까?

육지에 내린 빗물은 강을 거쳐 바다로 흘러가요. 그런데 강물이 계속 흘러들어도 바다는 넘치지 않아요. 그 이유는 바닷물과 육지의 물 양을 비교해 보면 알 수 있어요. 바닷물은 육지의 물보다 양이 훨씬 많기 때문에 육지의 물이 모두 흘러들어도 바닷물의 양에는 별다른 변화가 없는 것이지요. 또 **바닷물은 계속 증발해 수증기가 되어 하늘로 올라가기 때문에** 바다가 넘치지 않는 것이랍니다.

지구 아래에는 무엇이 있을까?

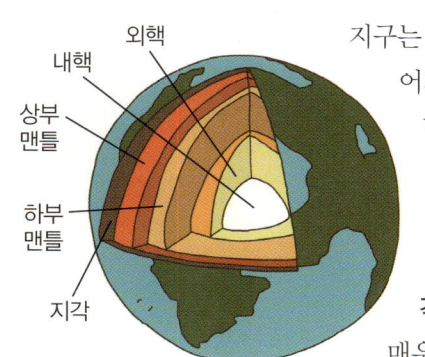

지구는 몇 개의 층으로 이루어져 있는데, 그 속에 단단한 핵을 가지고 있어요. 육지와 바다가 있는 곳은 지구의 표면인 지각 위예요. **지각**은 지구의 '피부'로 매우 얇지만 단단한 암석층으로 이루어져 있어요.

지각 아래에는 **맨틀**이 있는데, 두꺼운 상부 맨틀은 액체 상태이고, 하부 맨틀은 아주 뜨거운 암석으로 되어 있어요. 그리고 지구의 중심에는 **핵**이 있는데, 씨처럼 아주 단단한 고체인 내핵과 액체인 외핵에 둘러싸여 있지요.

바다 속에서 사람이 살 수 있을까?

인구 증가와 환경 파괴 등으로 미래의 지구에는 더 이상 사람이 살 수 없을지도 몰라요. 그래서 과학자들은 사람이 살 수 있는 새로운 공간을 만들기 위해 많은 연구를 하고 있어요. 그중 하나가 해안 근처의 경사가 완만한 바다 속 땅인 **대륙붕에 해저 마을을 건설**하는 것이에요.

반원 모양의 통 속에 마을을 만든 다음, 첨단 컴퓨터를 이용해 바닷물에서 공기나 식수, 온도, 빛 등을 얻어 쓰도록 하는 것이에요. 이 도시가 성공하면 바다 속에서도 사람이 살 수 있을 거예요.

바닷물은 왜 짤까?

바닷물을 맛보면 짭짤해요. 바닷물 1kg 안에는 약 35g의 염분이 녹아 있지요. 염분의 대부분은 '소금'이라 불리는 염화나트륨인데, 이 **염화나트륨 때문에 바닷물이 짜지요**. 그 밖에도 바닷물에는 염화마그네슘, 유기물, 그리고 아주 적은 양이기는 하지만 금을 비롯한 금속이 들어 있어요.

바닷물에 이렇게 많은 염분이 들어 있는 까닭은 땅속에 있는 '암염'이라는 소금 때문이에요.

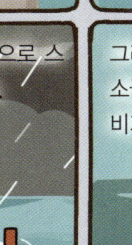

암염이 있는 곳에 비가 내리면 빗물은 땅속으로 스며들어 암염을 녹여요. 그리고 바다로 흘려보내지요.

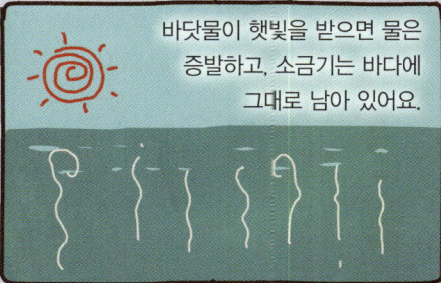

바닷물이 햇빛을 받으면 물은 증발하고, 소금기는 바다에 그대로 남아 있어요.

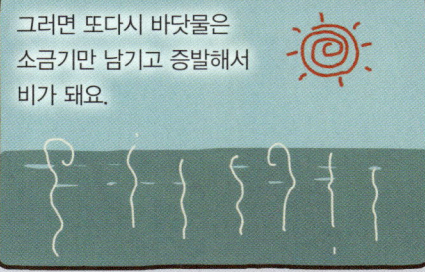

증발한 바닷물은 다시 비로 내려 땅속으로 스민 뒤, 암염을 녹여 바다로 흘려보내요.

그러면 또다시 바닷물은 소금기만 남기고 증발해서 비가 돼요.

이런 과정이 오랜 시간 되풀이되면서 바닷물이 짜진 것이랍니다.

지구에서 오로라를 볼 수 있는 곳은 어디일까?

우주에서는 눈에 보이지 않는 작은 알갱이들의 무리가 지구를 향해 날아오고 있어요. 이 무리는 전기의 성질을 가지고 있고, 지구의 자력을 받아 지구의 윗공간을 둘러싸는 띠 모양을 하고 있어요. 이 띠를 맨 처음 발견한 사람은 미국의 물리학자인 밴 앨런이에요. 그의 이름을 따서 이 띠를 '**밴앨런복사대**'라고 불러요. 작은 알갱이들의 무리는 띠 속에서 나선을 그리며 아주 빠른 속도로 양극 사이를 달리고 있지요. 남극과 북극에서는 대기와 밴앨런복사대가 가까이 접해 있기 때문에 **대기의 입자에 전기를 띤 작은 알갱이들이 충돌**해요.

이때 빨강, 파랑, 노랑, 연두, 분홍 같은 아름다운 빛을 내는 **오로라**가 생겨요.

오로라는 주로 **극지방**인 시베리아 북부 연안, 알래스카 중부, 캐나다 중북부, 허드슨 만, 래브라도 반도, 아이슬란드 남부 등에서 볼 수 있어요. 드물지만 **적도** 근처의 싱가포르, 인도, 쿠바에서도 오로라를 봤다는 기록이 있어요.

지구의 얼음이 모두 녹으면 어떻게 될까?

북극의 빙하는 평균 두께가 2.3~4.3m에 달해요. 남극 대륙이나 그린란드를 덮고 있는 얼음의 두께는 무려 2,000~3,000m나 되지요. 그 밖에도 지구 곳곳에는 빙하나 만년설이 많아요. 이 얼음들이 모두 녹으면 바다의 수면은 지금보다 50~60m 올라갈 거예요. 그러면 **육지의 대부분이 물속에 잠겨서 사람이 살 수 없게 되지요.**

지구는 점점 더워지고 있어요. 뜨거운 태양열로부터 지구를 지켜 주는 오존층이 환경오염에 의해 파괴되고 있기 때문이에요. 이대로 가면 머지않아 남극과 북극에 있는 빙하가 모두 녹아 지구는 물바다가 될지도 몰라요.

바다 밑에는 무엇이 쌓여 있을까?

바다 속 3,000~6,000m의 깊은 곳에는 **망간 덩어리들이 가득**해요. 망간은 철과 혼합해서 철교나 레일, 배 등의 재료로 쓰이는 금속이에요. 특히 하와이 남쪽 바다에서 멕시코 서쪽까지의 길이 4,600km, 너비 900km의 깊은 바다 밑바닥에는 망간 덩어리들이 잔뜩 깔려 있지요. 이 지역을 '망간밭'이라고 불러요.

과학자들은 해저에 깔려 있는 **망간 덩어리들을 퍼 올리는 방법**을 활발히 연구 중이에요.

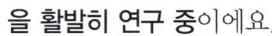

쇠줄에 양동이를 달아 퍼 올리는 방법, 높은 수압에도 견디는 로봇을 이용하는 방법 등이 있지요.

바다 속 지형은 어떻게 생겼을까?

바다 밑의 지형은 **깊이에 따라 대륙붕, 대륙 사면, 대양저, 해구, 해연**으로 나누어요.

대륙붕은 해안에서부터 약 200m 깊이까지 경사가 완만한 지역을 말해요. 대륙 사면은 기복은 있지만 평균적으로 약 3,600m 깊이까지 발달해요. 대양저는 대륙 사면에 이어지는 평탄하고 넓은 지역으로 약 2,000~6,000m 깊이예요. 대양저의 곳곳에는 깊이 팬 좁은 골짜기가 있는데, 이것을 해구라고 해요. 해구 중에서 특히 깊은 곳을 해연이라고 부르지요.

바다는 왜 파랗게 보일까?

바다 속으로 들어온 햇빛 중 붉은색 계통의 빛이 가장 먼저 흡수돼요. 그리고 **파란색 계통의 빛은 천천히 흡수**되기 때문에 일부만 흡수되고, 나머지는 바닷물 속의 작은 입자 등에 반사되어 사방으로 흩어지지요. 흩어지는 푸른빛 때문에 바다의 색깔이 파란색으로 보이는 거예요.
이는 하늘이 파랗게 보이는 것과 같은 원리예요.

파도는 어떻게 생기는 것일까?

바람 때문에 생기는 파도를 '**풍랑**'이라고 해요. 풍랑은 처음에는 수면과 닿아 있는 공기가 움직이면서 수면이 일렁이다가, 바람이 세게 불수록 점점 크고 세져요. 바람 외에 지진으로 인해 생기는 파도는 '**해일**'이라고 해요. 해일은 파장이 수백 킬로미터나 되는 아주 큰 파도예요.
2004년 12월, 남아시아와 동남아시아의 해안 지역에서 발생한 '쓰나미'가 바로 지진 해일에 속해요.

대기는 어떻게 지구를 둘러싸고 있을까?

지구를 둘러싸고 있는 공기를 포함한 기체층을 '대기'라고 해요. 대기권은 우주와 지구의 경계가 돼요. 이처럼 **공기가 우주에 퍼지지 않고 지구를 둘러싸고 있는 이유는 지구의 중력 때문**이에요. 대기는 고도 500km에서 1,000km 정도까지 지구의 중력에 의해 붙들려 있어요.
대기는 대류권, 성층권, 중간권, 열권, 외권 등으로 나뉘는데, 그중 지표면에서 약 15km 높이의 대류권까지는 우리가 숨쉬고 있는 공기와 성분이 거의 같아요.

지구 표면은 왜 울퉁불퉁할까?

지구는 높낮이의 변화가 아주 심해요. 에베레스트 산처럼 높은 산이 있는가 하면 마리아나 해구같이 깊은 바다 속도 있어요. 이렇게 지구 표면이 울퉁불퉁한 이유는 지각 운동 때문이에요. 지각 운동으로 대륙 전체가 조금씩 높아지기도 하고 낮아지기도 했어요.
지금도 지각 운동은 계속 되고 있는데, 이것은 **맨틀의 움직임 때문**이지요. 맨틀은 아주 느린 속도로 이동하기 때문에 우리가 느끼지는 못해요. 지각 운동 말고도 화산 폭발이나 지진 등으로 땅의 높낮이가 달라지기도 한답니다.

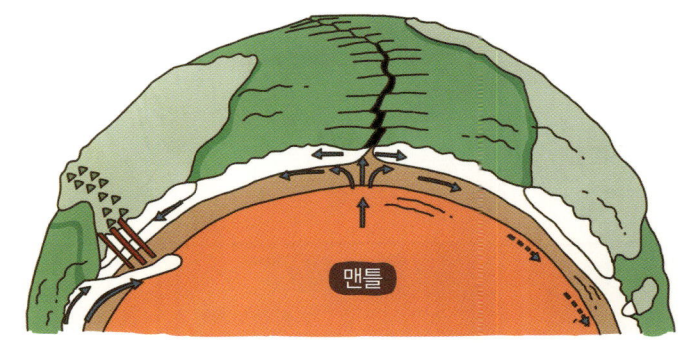

상식 퀴즈 세상에서 가장 깊은 바다는 어디일까?

① 서태평양의 마리아나 해구
② 스칸디나비아 반도의 발트 해
③ 세상의 바다는 깊이가 모두 똑같다.

정답: ①
지구에서 가장 깊은 바다는 서태평양의 마리아나 해구에 있어요. 마리아나 해구에서 가장 깊은 곳의 깊이가 무려 1,034m나 돼요. 지구에서 가장 높은 산인 에베레스트 산보다도 훨씬 움푹 들어가 있는 해구, 깊이가 54m 정도밖에 안 돼요.

바다와 육지 73

【지구·우주】
산과 강

육지의 한 부분이 여러 작용에 의해 주위의 땅보다 높이 솟은 것을 산이라고 해요. 빗물은 높은 곳에서 낮은 곳으로 흐르면서 물줄기를 이루고, 여러 물줄기가 모이면 강이 되지요.

산이 생기는 원인

산은 습곡 작용과 단층 작용을 포함한 조산 운동, 침식 작용, 화산 활동에 의해 생겨요.

습곡 작용
지층이 양옆으로부터 압력을 받아 주름지며 땅 위로 솟아올라요.

단층 작용
지층이 위아래로 압력을 받아 끊어져서 어긋나요.

화산 작용
화산 폭발의 영향으로 여러 가지 모양의 산이 생겨요.

침식 작용
바람, 빗물, 빙하 등의 영향으로 토지가 깎여요.

산의 일생

산도 사람의 일생처럼 유년기를 거쳐 장년기와 노년기를 맞아요. 풍화와 침식에 의해 서서히 변해 가는 거예요.

유년기의 산은 육지에 물줄기와 골짜기가 생기기 시작하고, 물줄기의 침식 작용으로 골짜기가 깊어져요.

장년기의 산은 골짜기가 더 깊어지고, 산등성이는 깎아지른 듯 날카로워져요.

나이가 들어 노년기를 맞은 산은 지형이 계속 침식 작용을 받아 산등성이가 둥그스름해져요. 그리고 골짜기는 점점 평탄해져요.

강의 모습

강은 땅의 모양을 변화시켜요. 또 사람의 생활에 여러모로 이용되며, 문명과 문화가 발달하는 중심지 역할을 하지요.

상류
물이 흐르기 시작한 곳에서부터 산골짜기를 빠져 나오기까지예요. 침식 작용이 가장 활발하고, 폭이 좁으며 물의 흐름이 빠르고, 바닥이 브이(V)자 형으로 패었어요.

중류
물의 흐름은 상류보다 느리고, 운반 작용이 활발해요. 강폭이 넓어지고 물의 양도 많아져 편평하고 넓은 곳을 따라 구불구불하게 흘러요.

하류
강물이 바다와 가까워지면 부챗살 모양으로 넓게 퍼져 흐르며, 물의 흐름도 느려져요. 강어귀에는 흙과 모래가 쌓여 삼각주를 만들기도 해요.

세계에서 가장 높은 산은 어디일까?

히말라야 산맥에 있는 에베레스트 산이 세계에서 가장 높아요. 약 8,848m예요. 인도의 북동쪽과 네팔, 중국의 티베트 국경에 솟아 있어요. 에베레스트라는 이름은 영국이 붙였어요. 영국이 인도에서 식민 정책을 펼 당시 지도를 만들었는데, 그때 측량을 담당했던 조지 에베레스트의 공적을 기려 봉우리 이름을 '마운트 에베레스트'라고 붙인 거예요. 그러나 오래전부터 티베트에서는 이 산을 대지의 여신이라는 뜻의 '초모랑마'라 불렀고, 네팔에서는 세계 어머니 여신이라는 뜻의 '사가르마타'라 불렀답니다.

세계에서 가장 긴 강은 어디일까?

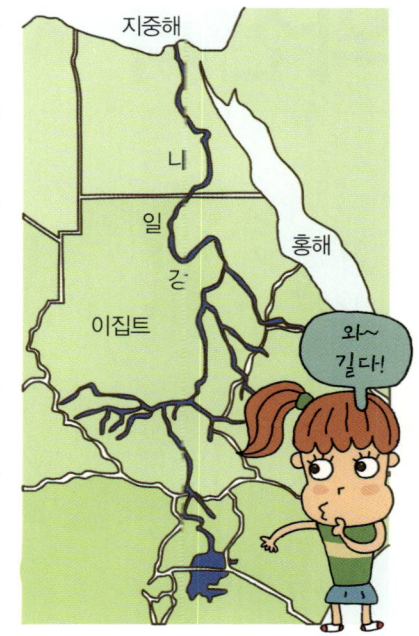

세계에서 가장 긴 강은 아프리카의 나일 강이에요. 길이는 무려 6,695km나 되지요. 나일 강은 아프리카의 사막 지대에 물을 공급해 주어 이집트 문명이 탄생하는 데 큰 역할을 했어요. 또한 수천 년 동안 해마다 범람하면서 강 유역과 삼각주 평야에 비옥한 토양을 퇴적시켜 곡창 지대를 만들었지요. 아직까지도 이집트 사람들은 나일 강을 중심으로 모여 살아요. 세계에서 두 번째로 긴 강은 남아메리카에 있는 아마존 강으로 길이는 약 6,516km예요.

최초로 에베레스트에 오른 사람은 누구일까?

지구에서 가장 높은 산인 에베레스트는 쉽게 오를 수 있는 산이 아니에요. 강인한 정신력과 탄탄한 체력이 바탕이 되고, 날씨 등의 운도 따라 줘야 등반에 성공할 수 있지요. 1953년 영국의 원정대에 의해 첫 등반이 이루어졌어요. 뉴질랜드인 **에드먼드 힐러리**와 짐꾼이던 **텐징 노르게이**에 의해서였지요. 우리나라는 1977년 9월 15일에 '77 한국 에베레스트 원정대'의 고상돈 대원이 처음으로 등정에 성공했어요.

호수는 어떻게 생길까?

늪이나 연못보다 큰 것을 호수라고 해요. 호수는 생긴 원인에 따라 여러 가지로 나뉘어요. 지각 운동에 의해 생긴 습곡호, 빙하 운동으로 생긴 빙하호, 화산 작용에 의한 화산호, 용식 작용에 의한 돌리네 호, 하천의 침식과 퇴적 작용으로 생긴 하적호, 사주가 만의 입구를 막아 해안과 분리되어 생긴 석호, 인공적으로 만든 인공호 등이 있지요.
세계에서 가장 큰 호수는 카스피 해, 가장 깊은 호수는 바이칼 호예요. 우리나라에서 가장 깊은 호수인 백두산 천지는 최대 깊이가 384m 정도이며, 화산호(칼데라 호)예요.

세계 4대 문명은 어느 강에서 발생했나?

세계 4대 문명은 황허 문명, 메소포타미아 문명, 이집트 문명, 인더스 문명이에요. 이들 문명이 발생한 지역에는 모두 큰 강이 있어요. **티그리스 강과 유프라테스 강은 메소포타미아 문명, 나일 강은 이집트 문명, 황하는 황하 문명, 인더스 강은 인더스 문명의 발상지**에 있지요.

강은 풍부한 물을 제공해 주고, 비옥한 토지를 만들어 주는 등 사람이 살기 좋은 조건을 제공해 문명 발생에 큰 영향을 미쳤어요.

[지구·우주]
화산과 지진

땅속 깊이 있던 마그마와 가스가 땅 표면의 약한 부분을 뚫고 나와 분출하면 화산이 생겨요. 지진은 지구 내부의 급격한 변화로 땅이 흔들리는 현상이에요.

맨틀과 핵에 의해 일어나는 화산과 지진

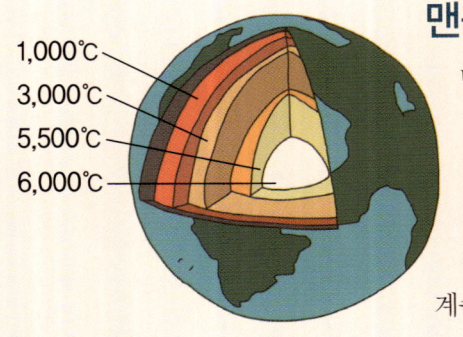

맨틀은 철, 마그네슘 등의 규산염으로 이루어졌을 것이라 추정해요. 맨틀은 핵에 가까울수록 온도가 점점 높아지는데, 지각과 가까운 곳인 **상부 맨틀의 온도는 1,000℃**, 외핵과 가까운 곳인 **하부 맨틀의 온도는 3,000℃, 외핵의 온도는 5,500℃, 내핵의 온도는 약 6,000℃**나 돼요.

핵에 가까운 맨틀은 뜨거워져 지각 쪽의 차가운 맨틀을 뚫고 올라가요. 이런 일이 계속되면서 지진과 화산 활동이 일어나고, 지각이 변동되면서 대륙이 이동하지요.

화산 폭발

화산은 땅속 뜨거운 열에 녹은 암석과 가스로 뒤섞인 **마그마가 땅의 갈라진 틈으로 치솟아 만들어진 산**이에요. 이 화산이 다시 활동을 하면 분출구에서 뜨거운 용암, 가스, 화산재, 자갈들이 솟구치는데 이것이 바로 화산 폭발이지요. 화산이 폭발할 때 마그마는 분출구에서 용솟음치며 비탈을 따라 흐르는데, **마그마에서 가스가 사라지면서 용암**이 돼요.

화산이 만들어지는 과정

마그마가 땅 속에 고여요.

마그마가 지표를 뚫고 나와요.

마그마가 계속 솟아 나와 쌓여요.

분출이 멈추고, 화산이 생겨요.

화산의 다양한 형태

화산은 생기는 과정에 따라 **성층 화산, 종상 화산, 순상 화산, 칼데라 화산, 분석구** 등 다양한 형태가 있어요.

성층 화산
작은 화산이었지만 잘 흐르는 용암이나 화산 쇄설물이 여러 번 번갈아 솟아오르며 퇴적되어 커다란 산이 돼요.

종상 화산
용암이 진득진득해 흐르지 않고 계속 솟아오르면서 쌓여요. 산꼭대기가 종 모양이어서 종상 화산이라고 해요.

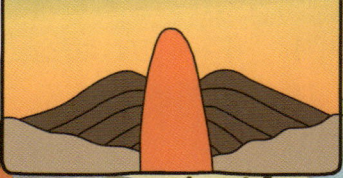

순상 화산
점성이 작은 용암이 여러 번 분출하며 옆으로 넓게 퍼져 생긴 화산이에요.

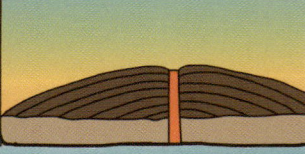

지진의 원인

지진이 일어나는 원인은 주로 '**단층 작용**' 때문이에요. 지각을 이루는 암석이 어떤 힘을 받아 서로 어긋나 끊어지는 현상을 단층 작용이라고 해요. 이때 일어나는 진동이 바로 지진이에요. **화산 폭발도 지진을 일으키는 원인**이 되기도 해요. 지구에서는 해마다 100만 번이 넘는 지진이 일어나고 있어요. 대부분의 지진은 매우 약해서 걱정할 정도는 아니지만 심한 경우에는 거대한 산사태를 일으키고, 도시 전체를 완전히 무너뜨릴 만큼 큰 재앙을 불러일으키기도 해요. 특히 바다 깊은 곳에서 발생한 지진은 해일을 만들어 순식간에 바닷가를 덮치고 모든 것을 파괴한답니다.

세계의 화산대

화산과 지진이 일어나는 곳은 특정 지역에 집중적으로 분포해 있는데 그런 곳을 '화산대' 혹은 '지진대'라고 불러요. 세계에서 가장 큰 화산대는 **환태평양 화산대**로 세계 화산의 60~70%가 이곳에 모여 있으며, 세계 지진의 대부분이 이곳에서 일어나요. 그 밖에 세계적으로 큰 지진대는 알프스-히말라야 지진대 등이 있어요.

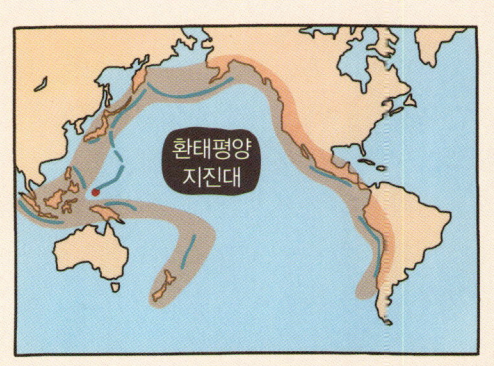

어떻게 지진이 일어나는 것을 알 수 있을까?

지진계를 이용하면 지진이 일어나는 것을 미리 알 수 있어요. '지진계'는 아주 작은 진동까지 기록하고 분석해 내는 기계예요. 지진의 진동을 '지진파'라고 부르는데, 지진파의 종류에는 **P파, S파, L파** 3가지가 있어요. P파는 지진이 발생하면 제일 처음으로 초속 5~7km로 밀려와요. 지진파의 진행 방향과 지각의 진동 방향이 같은 종파로서 고체, 액체, 기체 모두를 통과하지요. 심지어 지구 속의 핵도 통과해요. S파는 P파에 이어 초속 3~4km로 도착해요. 지진파의 방향과 지각의 진동 방향이 수직인 횡파로서 고체만 통과하고 핵은 통과하지 못해요. L파는 P파와 S파에 뒤이어 초속 3km로 도착하는 지진파로 지표면을 따라 전파되는 표면파예요. **지진이 가져다 주는 피해는 모두 L파가 일으키는 것**이랍니다.

지진이 일어나면 어떻게 해야 할까?

땅이 흔들리는 걸 느끼면 우선 물, 전기, 가스를 잠가요. 어둡다고 해서 촛불을 켜거나 불을 피우는 행동은 아주 위험해요. 또 전기선을 건드려도 안 돼요. 가능한 무너질 수 있는 모든 것에서 멀리 떨어져 **안전한 곳으로 대피**해야 돼요.

집 안이라면 **책상 아래로 몸을 피하고** 책상 다리를 꼭 붙잡아야 천장에서 떨어지는 위험한 물체들을 피할 수 있어요.

길을 걷다가 지진이 일어나면 신속히 안전한 곳으로 대피해요. 만약 지진이 난 현장에 안전요원이 있다면 지시에 잘 따르는 것이 제일이에요.

지진을 예보하는 동물

지진이 일어나기 전, 동물들은 매우 불안한 행동을 보여요. 닭이 나뭇가지에 올라가 울거나, 물고기가 물 위로 튀어오르거나, 돼지가 먹이를 먹지 않고, 개가 마구 짖으며, 쥐가 굴에서 뛰어나와 마구 헤매면 대부분 지진이 일어난다고 해요.

화산과 지진

[지구·우주]

지층과 암석

지층은 물, 얼음, 눈, 바람 따위의 작용으로 돌, 모래, 진흙 등이 지표에 쌓여 만들어진 층이에요. 암석은 지구의 바깥쪽을 구성하는 단단한 물질을 말해요.

지구의 역사를 보여 주는 지층과 화석

지층과 화석은 지구의 역사를 짐작케 해 주는 증거물이에요. 지층이 지구의 역사라면 화석은 그 역사를 기록해 놓은 그림인 셈이지요. 지구 표면에는 모래, 자갈, 흙 등의 퇴적물이 비나 바람 등에 의해 쌓여요. 하나의 층이 생긴 뒤 그 위에 또 새로운 퇴적물이 쌓이면, 먼저 생긴 퇴적물과 층을 이루며 지층을 만들어요. 화석은 오랜 옛날에 살던 생물체의 시체나 생활 흔적이 지층이나 퇴적암 속에 그대로 남아 있는 것을 말해요. **화석은 주로 퇴적암 속에서 발견**되는데, 얼음에 덮여 있는 매머드의 화석, 공룡의 발자국, 화산이 폭발할 때 흘러나온 용암에 깔린 동물들의 화석 등이 있어요.

화석이 만들어지는 과정

물의 작용으로 인해 퇴적물이 쌓여 지층이 생겨요.

죽은 동식물의 시체가 지층 위에 가라앉아요.

지층 위에 모래나 흙 등이 쌓여 새로운 지층이 생겨요.

두껍게 쌓인 지층의 압력이 생물을 돌처럼 굳혀 화석을 만들어요.

지각을 이루는 암석과 광물

지구의 표면인 **지각**은 바위, 돌, 자갈 등 약 3,000여 가지의 광물로 이루어져요. 광물은 금, 은, 철 같은 것들을 말해요. 암석을 이루는 주요한 광물을 조암 광물이라고 하며 장석, 석영, 흑운모, 각섬석, 휘석, 감람석 등이 이에 속해요. 그런데 대부분의 암석은 장석과 석영이 차지하고 있어요. 장석은 흰색, 회색, 분홍색을 띠어요. 모래사장에서 볼 수 있는 반짝이는 석영은 유리의 원료가 되지요.

석영이다~!

암석의 종류

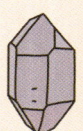 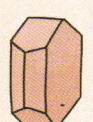 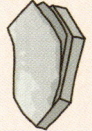

암석은 만들어진 과정에 따라 **화성암, 퇴적암, 변성암**으로 나뉘어요. 마그마가 굳어서 만들어진 암석은 화성암, 그리고 자갈, 모래, 진흙 같은 퇴적물이 쌓여 굳으면 퇴적암, 암석이 다시 지하 깊은 곳에 들어가 높은 압력이나 열을 받아 만들어진 새로운 암석은 변성암이에요.

화성암은 '화산암'과 '심성암'으로 나뉘는데 용암이 식어서 된 것은 화산암, 땅속에서 천천히 식어서 된 것은 심성암이에요. 퇴적암도 쌓인 재료에 따라 구분하는데 진흙이 쌓여서 된 것은 이암, 모래가 쌓여서 된 것은 사암, 갑각류의 껍데기가 쌓여서 된 것은 석회암, 지층 속의 식물체에 탄소 성분만 남아서 까맣게 변한 것은 석탄이에요.

시조새는 정말로 있었을까?

시조새는 **새의 조상으로 알려진 화석 동물**이에요. 독일의 바이에른 지방에서 발견된 화석으로 그 존재를 알게 되었어요. 시조새가 산 시대는 **중생대 쥐라기**예요.
파충류와 조류의 중간형으로 몸의 길이는 약 40cm 정도예요. 파충류형 골격에 머리는 작고, 눈은 크고, 날개와 꼬리가 있어요. 두 다리와 양쪽 날개 끝에 발톱이 달린 3개의 발가락이 붙어 있지요.
뼈는 등골뼈를 합쳐 모두 50개로, 서로 결합된 게 아니라 분리되어 있지요. 또 늑골의 검상돌기가 없는 것으로 보아 날개는 있지만 날지는 못했던 것으로 짐작돼요.

살아 있는 화석이란 뭘까?

아주 오래전에 번성했던 생물이 **오랜 세월이 지난 현재에도 그 모습이 변하지 않고 존재하는 것**을 '살아 있는 화석'이라고 해요. 대표적으로 바퀴벌레, 잠자리, 고사리, 은행나무를 들 수 있고, 투구게와 실러캔스도 있어요. 투구게의 몸길이는 약 60cm 정도예요. 고생대에 생겨 중생대에 번성했고, 지금까지도 그 모습이 거의 바뀌지 않았지요. 태고의 신비어라고 불리는 실러캔스는 몸길이가 약 1.5m나 돼요.
이 생물들은 오랜 세월이 흘렀음에도 불구하고, 옛날 그대로의 모습을 하고 있어 살아 있는 화석이라 불려요.

보석이 암석이라고?

변성암은 결정과 구조가 독특하고, 새로운 광물들이 포함되어 있어요. 변성암 가운데 대리암은 원래 진흙처럼 회색이던 석회암이 높은 열을 받아서 변한 거예요. 대리암은 흰색을 띠는 것과 여러 빛깔을 띠는 것이 있는데, 주로 건축물과 조각 재료로 쓰여요. 인도의 유명한 타지마할 건물도 흰색 대리암으로 지어졌지요. 물론 우리 주변의 건축물에서도 대리암을 흔히 볼 수 있어요.
암석은 변성되는 동안에 물 같은 액체와 접촉해 더 크고 투명한 결정을 이루는데, 이 결정들을 다듬으면 에메랄드나 루비, 사파이어, 연옥과 같은 멋지고 화려한 보석이 된답니다.

화려한 보석들도 알고 보면 모두 암석이지.

돌멩이의 줄무늬는 어떻게 생길까?

계곡이나 강가에 널려 있는 돌멩이를 주워 자세히 들여다보면 줄무늬가 보여요. 마치 돌멩이에도 사람처럼 지문이 있는 것 같지요.
돌멩이의 줄무늬는 **성질이 다른 흙이 오랜 시간 쌓이고 높은 압력으로 눌리면서** 점점 단단한 돌이 될 때 생겨난 무늬예요. 이런 돌멩이의 줄무늬는 주로 변성암에서 생긴답니다.

지구에 정말로 소금 사막이 있을까?

미국 서부 내륙 유타 주의 그레이트솔트 호에는 소금 사막이 있어요. 흔히 '**그레이트솔트 호 사막**'이라고 불러요. 그레이트솔트 호 사막은 호수의 물이 증발하여 암염만 남은 것으로 면적은 177㎢이지요.
그 밖에 볼리비아의 **우유니 소금 사막**도 세계 최대의 소금 사막으로 유명하답니다.

앗, 짜라!

지층과 암석 79

[지구·우주]
우주의 역사

우주는 '빅뱅'이라는 거대한 폭발로 시작되었어요. 이후 수많은 별과 생명체가 생겨났지요. 지금도 우주에서는 수많은 별들이 태어났다 죽기를 반복하고 있어요.

우주의 시작

최근에는 **'빅뱅 이론'**으로 우주가 탄생했을 때의 모습을 설명하고 있어요. 이 이론에 따르면 150억 년 전 어느 날, 아무것도 없는 곳에서 아주 작은 우주의 알이 생겨났대요.

우리 눈에 보이지도 않는 아주 작은 크기의 알이 불덩이가 되어 순간적인 대폭발을 일으켜 우주가 만들어진 것으로 이것을 '빅뱅'이라고 해요. 당시의 **우주 대폭발의 힘** 때문에 **우주는 아직도 계속 팽창하고 있는 중**이라고 해요.

별의 일생

별이 태어나는 성운에는 수소, 먼지, 티끌이 많이 있어요. **수소를 먹고 자란 별들은 수소로 헬륨을 만들어서 엄청난 열과 빛을 내요.** 그 상태로 백억 년 동안 아름다운 빛을 내지요. 수소를 다 쓰고 난 별은 빛을 잃어요. 별은 자신이 가지고 있는 수소의 양에 따라 얼마나 살 수 있는지 결정이 되는 거예요.

별에 수소가 다 떨어지면 팽창하기 시작해요. 나이를 먹으면서 점점 커지고 붉게 변하지요. 수소와 헬륨을 모두 사용하고 나면 엄청난 열과 빛을 한꺼번에 내보내며 **대폭발**을 일으켜요. 이때의 별빛은 태양 밝기의 약 10억 배나 돼요. 비록 별은 죽지만 또 다른 별을 만들 재료를 우주에 남겨 놓지요. 별들이 죽으면서 남긴 재료들에서 태양, 그리고 지구와 생명체도 태어난 거예요.

은하계의 성단과 성운

우주에는 몇 십억 개가 넘는 은하가 있어요. 은하는 수천 억 개의 별들이 무리 지어 있는 별의 집단이며, 성단과 성운으로 이루어져 있어요. **성단은 별들이 모여 있는 것**을 말해요. 별들이 모여 이루는 모양에 따라 산개 성단과 구상 성단으로 나뉘지요.

산개 성단은 수백 개의 젊은 별들이 일정한 모양 없이 듬성듬성 모여 있는 별의 집단이에요. 높은 온도를 가진 젊은 별들은 태양보다 수천 배나 밝은 푸른빛을 내요. 구상 성단은 수만 개의 별들이 둥글게 모여 있는 별무리예요. 낮은 온도의 오래된 별들이기 때문에 붉은 빛을 내요.

성단과 성단 사이에는 성운이 있는데, **성운은 가스와 먼지들이 섞여 빛을 내지요.**

우리은하와 외부 은하

은하계를 이루는 별들의 개수는 무수히 많아요. 그중 **태양계가 속해 있는 은하계를 '우리은하'**라고 해요.

우리은하에는 태양처럼 스스로 빛을 내는 별이 약 2,000억 개나 있어요. 그러니 태양은 우리은하 속의 수많은 별들 중 하나인 셈이에요.

우리은하 외에는 모두 외부 은하라고 불러요. 안드로메다 은하는 우리은하에서 제일 가까운 외부 은하예요.

별빛은 어떻게 생겨났을까?

빅뱅이 일어날 때 우주는 어마어마한 에너지를 가지고 있었는데, 이 에너지들은 아주 작은 알갱이들이 되었어요. 이들이 모이고 모여 우주를 이루는 물질 세계를 만든 거예요. 뜨거웠던 우주가 식으면서 알갱이들이 서로 뭉쳐 물질을 만들었지요. 제일 먼저 생겨난 것은 기체 중에서 가장 가벼운 수소예요. 수소끼리 서로 충돌하다가 합쳐지면 수소보다 조금 더 큰 헬륨이 돼요.

헬륨이 생기는 과정에서 엄청난 에너지가 빛으로 나오는데, 그게 바로 **별빛**이랍니다.

우주에는 어떤 것들이 있을까?

우주 어딘가에는 우리가 상상하지 못하는 새로운 공간이 있을지도 몰라요. 또 영화에 나오는 것처럼 외계인이 살고 있을 수도 있지요.

우주는 **아득히 넓은 공간**으로 약 1,000억 개의 은하가 있고, 은하 하나에는 태양 같은 별들이 약 2,000억 개나 있어요. 태양 같은 별에 지구 같은 행성이 딸려 있기도 하고, 각각의 행성에 달과 같은 위성이 딸려 있기도 해요. 소행성, 혜성, 블랙홀처럼 우리가 잘 알지 못하는 천체들도 아주 많아요.

옛날 사람들은 우주를 어떻게 생각했을까?

옛날 인도의 힌두교에서는 우주를 6마리의 코끼리가 지구를 떠받치고, 그 아래에는 뱀 위에 올라타 있는 거북이 코끼리들을 떠받치고 있는 모습이라고 생각했어요.

또 고대 그리스인은 사람이 사는 지구가 우주의 중심이고, 우주를 다스리는 것은 신이라고 생각했어요.

프톨레마이오스는 해와 달, 그리고 다른 행성들이 지구의 둘레를 돌고 있다고 주장했어요. 이게 바로 '천동설'이에요.

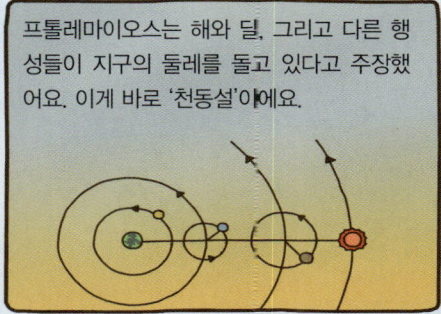

16세기 말, 코페르니쿠스가 '지동설'을 주장했어요. 천문학을 연구하던 코페르니쿠스는 30여 년 동안 사원 근처의 탑을 천문대로 삼아 고집스럽게 연구에 매달렸어요.

브루노는 우주는 무한하고, 우주 밖에 생명체가 있다는 사실을 주장하다가 극형에 처해지기도 했어요.

상식 퀴즈
"그래도 지구는 돈다!"라는 말을 남긴 사람은?

 ① 갈릴레이    ② 프톨레마이오스    ③ 코페르니쿠스

정답 ①
프톨레마이오스는 천동설을 주장한 사람이고, 코페르니쿠스는 지동설을 주장했지만 종교계의 반대가 무서워 널리 알리지 못했어요. 갈릴레이는 지동설을 주장하다가 재판을 받았는데, 재판이 끝난 뒤 "그래도 지구는 돈다."라고 말했어요.

우주는 끝이 있을까?

과학자들이 연구한 바에 의하면 **우주는 끝이 없다고 해요.** 지구에 있는 가장 좋은 기구로 우주를 관측하면 약 260억 광년은 관측할 수 있어요.

이 거리는 1초에 30만km씩 약 260억 년까지는 달려야 하는 거리예요. 그런데 우주는 이보다 훨씬 크고 넓기 때문에 그 끝을 관측할 수 없지요.

풍선에 사인펜으로 몇 개의 점을 찍고 바람을 불어 넣으면 각 점들 사이가 멀어지는 걸 알 수 있어요. 우주도 이처럼 **계속 팽창하고 있기 때문에** 그 끝을 알 수 없는 것이랍니다.

우주는 마지막에 어떻게 될까?

우주가 멈추지 않고 계속 커지다 보면 은하 사이의 거리는 점점 더 멀어질 것이고 새로 태어나는 별은 줄어들 거예요. 그러다 보면 결국 **우주는 모든 것이 평평하게 되고, 완전히 깜깜해질 것이라 예측**해요. 과학자들은 이것을 음산하면서 아무 일도 일어나지 않는 상태인 '**엔트로피 상태**'라고 하지요.

반면 어떤 과학자들은 우주가 조금씩 천천히 붕괴하고 있고, 새로운 빅뱅이 생기면서 다시 시작될 거라고 주장하기도 해요.

우주의 크기를 재는 단위는 뭘까?

크기나 길이 혹은 거리를 잴 때 쓰는 단위는 'cm, m, km' 등이에요. 그런데 우주는 상상할 수 없을 만큼 크기 때문에 우리가 평소에 사용하는 단위로는 잴 수가 없어요. 그래서 과학자들은 '광년'이라는 단위로 우주의 크기를 재지요.

1광년은 빛의 속도로 1년 동안 갈 수 있는 거리예요. 이것을 km로 나타내면, 무려 9조 5,000억 km나 돼요. 9조 5,000억km는 지구를 2억 2,600만 번 도는 거리이지요. 우리은하와 가장 가까운 안드로메다은하까지의 거리는 약 200만 광년이랍니다.

허블 우주망원경은 어디에 사용될까?

허블 우주망원경은 **미국 항공 우주국(NASA)과 유럽 우주국(ESA)이 공동으로 개발한 우주망원경**이에요. 이 망원경은 별이나 우주를 관측할 때 쓰는 천체 망원경으로 미국의 천문학자인 허블의 이름을 따서 '허블 우주망원경'이라고 이름을 붙였어요. 허블 우주망원경은 1990년 4월에 우주왕복선 디스커버리 호에 의해 우주로 쏘아져 **지구를 돌며 우주를 관측**하고 있어요. 허블 우주망원경은 성능이 매우 뛰어나 지구에 있는 망원경보다 50배 이상의 미세한 부분까지 관찰할 수 있답니다.

우주에는 별이 몇 개나 있을까?

호주 국립대의 사이먼 드라이버 박사가 발표한 바에 따르면, 우주에 있는 별들의 수는 **7 뒤에 0이 무려 22개 붙을 만큼의 수**가 된다고 해요. 7,000억에 1,000억 배를 한 그야말로 천문학적인 숫자예요. 이 숫자는 지구의 바닷가와 사막에 널려 있는 모래 알갱이의 수보다 10배나 더 많은 것이지요.

우주 공간에는 이토록 많은 별이 존재하는데도 우주 공간은 사실 텅텅 비어 있는 것처럼 보인다고 해요. 왜냐하면 수많은 별들의 거리가 수 광년씩 떨어져 있기 때문이에요. 우리가 밤하늘을 볼 때 촘촘히 붙어 있는 것처럼 보이는 별들도 알고 보면 수 광년씩 거리를 두고 있는 것이지요.

별은 정말로 ★모양일까?

우주에 있는 별들 가운데 모양이 ★인 별은 없어요. **실제로 별은 모두 우리 지구처럼 둥글게 생겼지요.** 단지 밤하늘에 별빛이 빛나는 모양이 ★로 보이는 것이에요.

사람들은 아주 오랜 옛날부터 별을 숭배해 왔어요. 인간이 두려워하는 밤하늘을 밝게 비추어 주기 때문이지요. 그래서 그 모습이 구체적으로 묘사되었어요. 고대 이집트 벽화에도 오각형의 별 모양이 있었고, 그리스 시대로 접어들면서는 별 모양에 여러 철학적 의미가 더해졌지요.

별이 반짝반짝 빛나는 이유는 뭘까?

별이 반짝이는 것은 지구를 둘러싸고 있는 공기의 흐름 때문이에요. 별에서 나온 빛은 지구의 대기를 지나서 우리 눈에 들어와요. 지구를 둘러싸고 있는 공기는 늘 움직이기 때문에 **별빛이 공기에 부딪히면 구부러지고 여러 방향으로 흩어져서 우리 눈에 반짝거리는 것처럼 보이지요.**

하지만 별들이 모두 반짝이는 것은 아니에요. 반짝이는 별은 주로 항성(붙박이별)이지요. 화성이나 금성 같은 행성(떠돌이별)은 지구와 가까워서 공기의 흐름에 별다른 영향을 받지 않아요.

정말로 물에 뜨는 별이 있을까?

놀랍게도 물에 뜰 수 있는 별이 있어요. 바로 '토성'이랍니다. 토성은 태양계에서 목성 다음으로 큰 행성이에요. 질량은 지구의 약 95배이고, 부피는 지구의 약 750배나 돼요. 토성은 수소와 헬륨 등 가벼운 원소로 이루어져 있어요. 물의 밀도가 1인데 비해, **토성의 밀도는 0.71 정도예요.** 물보다 밀도가 작기 때문에 물에 뜰 수 있답니다.

블랙홀은 뭐든 먹어 치우는 먹보일까?

블랙홀은 '우주의 함정'이라는 별명을 가지고 있어요. 작은 물체부터 시작해 주위를 지나는 우주선이나 인공위성은 말할 것도 없고, 다른 별까지 빨아들여요. **끌어당기는 힘이 어찌나 센지 빛조차 빠져나갈 수가 없어요.**

태양의 몇 배가 넘는 별들이 대폭발을 일으키면 별 바깥쪽의 물질은 우주 공간으로 날아가 버려요. 그리고 별의 중심에는 '중성자별'이 남는데, 이것이 엄청나게 오그라들어 블랙홀이 되는 거예요. 또 우주가 대폭발할 때 흩어져 있던 물질들이 뭉치면 블랙홀이 되기도 해요.

블랙홀을 가지고 있는 천체가 있을까?

퀘이사는 중심에 거대한 블랙홀을 가지고 있는 천체예요. 퀘이사는 사람이 관측할 수 있는 가장 먼 천체, 즉 **가장 오래된 천체를** 뜻해요. 지구에서 망원경으로 보면 퀘이사는 별처럼 보이는데, 자세히 관측하면 아주 먼 거리에서 다른 외부 은하의 100배가 넘는 엄청난 에너지를 내뿜고 있어요. 퀘이사의 중심에 거대한 블랙홀이 있기 때문이지요. 퀘이사는 블랙홀이 **주변 물질을 집어 삼키는 과정에서 발생하는 에너지에 의해 만들어진 것이랍니다.**

상식 퀴즈 - 별들의 색은 왜 저마다 다를까?

① 별의 온도 때문에
② 별의 나이 때문에
③ 별의 위치 때문에

정답 ①

별의 색깔은 표면 온도에 따라 결정돼요. 온도가 낮은 별은 붉은색, 중간 정도의 별은 대부분이에요. 3,500℃ 안팎의 별은 붉은색, 약 6,000℃의 별은 노란색, 8,000~1만 5,000℃의 별은 흰색이고, 2만~5만℃가 넘으면 푸른색입니다.

우주의 역사 83

[지구·우주]
태양계

태양을 중심으로 그 둘레를 돌고 있는 행성, 위성, 소행성, 혜성 따위를 통틀어 태양계라고 해요. 태양계에 딸린 행성은 지구를 포함해 수성, 금성, 화성, 목성, 토성, 천왕성, 해왕성으로 모두 8개예요.

태양계를 이루는 별들

태양계에는 태양을 중심으로 수성, 금성, 지구, 화성, 목성, 토성, 천왕성, 해왕성이 순서대로 각각의 궤도에 따라 같은 방향으로 돌고 있어요. 그리고 **50여 개의 위성과 2,000여 개의 소행성, 1,600여 개의 혜성**이 태양 주위를 돌고 있지요. 그 밖에 떠돌이별, 먼지, 태양에서 튀어나온 기체, 전자 알갱이도 태양의 주위를 떠돌고 있어요.

에너지의 근원 태양

태양계의 중심에 있는 태양은 **둥근 공 모양이며, 뜨겁고 커다란 기체 덩어리**예요. 지름은 약 140만km로 지구의 약 109배이며, 부피는 지구의 약 130만 배나 돼요. 태양의 표면 온도는 약 6,000℃, 중심부의 온도는 약 1,500만℃예요. 지구에서 태양까지의 거리는 평균 1억 4,960만km로 빛의 속도로 가면 약 8분 20초, 사람이 걸어서 가려면 약 4300년이나 걸릴 만큼 먼 거리에 있지요.

태양은 대부분 **수소와 헬륨 등의 기체**로 되어 있어요. 수소 원자핵이 계속적으로 핵융합 반응을 일으켜 **쉴 새 없이 폭발**하기 때문에 많은 빛과 열을 내는 거예요. 태양은 우리에게 빛과 열을 제공해 주고, **우리가 사용하는 모든 에너지의 근원**이지요.

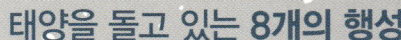

태양을 돌고 있는 8개의 행성

태양

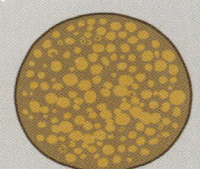

수성
달의 1.5배 정도인 작은 별이에요. 공기와 물이 없어 낮에는 450℃까지 올라가고, 밤이 되면 영하 170℃까지 내려가요.

금성
짙은 대기로 뒤덮여 있기 때문에 태양열이 밖으로 나가지 못해 부글부글 끓는 용광로 같아요. 크기는 지구보다 약간 작아요.

지구
생명체가 사는 유일한 행성으로 늘 일정한 온도가 유지돼요. 위성으로 달이 있어요.

태양에는 왜 검은 얼룩이 있는 걸까?

태양을 특수 망원경으로 관찰하면 표면에 마치 점처럼 검게 보이는 얼룩이 있어요. 이것을 '**태양의 흑점**'이라고 해요. 흑점은 **거센 가스의 소용돌이**인데, 온도는 태양의 표면 온도보다 낮은 4,000~5,000℃예요. 주변보다 흑점 부분의 온도가 낮기 때문에 검게 보이는 것이지요. 흑점의 온도가 주변보다 낮은 이유는 흑점의 강한 자기장 때문에 열 에너지가 잘 전달되지 않아서예요. 흑점의 수는 약 11년을 주기로 늘어나거나 줄어드는데, 이 주기는 태양의 활동 주기이기도 해요. 태양의 운동이 활발할 때는 흑점의 수가 많아져요.

항성, 행성, 위성의 차이점은 무엇일까?

항성은 뜨거운 가스로 되어 있어서 매우 밝게 빛나요. 늘 제자리에 있는 붙박이별로 태양도 항성에 속해요.
행성은 정해진 궤도를 일정한 속도로 도는 떠돌이별을 말해요. 항성의 주위를 돌며, 항성이 내는 빛을 반사하지요. 태양계에는 지구를 비롯한 8개의 행성이 있어요.
위성은 행성의 주위를 도는 작은 천체를 말해요. 태양계에 있는 행성 중 수성과 금성을 뺀 나머지 행성들은 적어도 한 개 이상의 위성을 가지고 있어요.

명왕성은 왜 태양계에서 빠졌을까?

명왕성이 처음 발견되었을 때는 지구와 거의 같은 크기라고 생각해 행성으로 분류했어요. 그런데 천체 관측 기술이 발달하면서 크기가 **달보다 작고 궤도는 불규칙한 타원형**이라는 사실이 밝혀졌어요.
결국 2006년, 국제 천문 연맹 총회에서 행성에 대한 정의를 새롭게 하고 명왕성을 행성에서 제외시켰어요. 소행성이 된 명왕성은 이름도 '**134340 플루토**'로 바뀌었답니다.

화성
크기는 지구의 절반밖에 안 되지만, 공기도 있고 서리도 내려요. 기온은 보통 영하 30℃에서 영하 80℃로 춥지만, 사계절이 있어요.

목성

태양계의 행성 중 가장 커요. 표면에는 줄무늬와 부분마다 붉은색을 띤 소용돌이 무늬가 있어요. 위성은 지금까지 발견된 것만 63개예요.

토성

목성 다음으로 큰 별이에요. 허리에 작은 얼음 알갱이들이 돌과 먼지를 얼어붙게 해서 만든 아름다운 고리가 있어요.

천왕성

평균 온도가 영하 200℃ 정도예요. 옆으로 기울어진 자세로 돌고 있어요. 가스로 이루어졌고, 10개의 고리도 두르고 있어요.

해왕성

늘 태풍이 몰아치는 별이에요. 속에는 약 7,000℃나 되는 뜨거운 액체가 있고, 겉은 영하 220℃로 아주 차가워요.

혜성에는 왜 꼬리가 있을까?

혜성은 태양의 둘레를 도는 긴 꼬리를 가진 천체로 운석 물질과 얼음 알갱이들이 뭉친 덩어리로 되어 있어요. 수십 년 혹은 수백 년에 걸쳐 포물선 형태로 태양의 주위를 돌아요. 혜성에 꼬리가 생기는 이유는 바로 태양 때문이에요. **혜성이 태양에 가까이 다가가면, 태양을 향하고 있는 부분이 태양 에너지에 의해 녹아서 가스와 먼지가 돼요.** 이 가스와 먼지가 태양풍에 밀려 태양 반대쪽으로 흩날리는 것이 바로 혜성의 꼬리이지요. 옛날부터 혜성의 꼬리는 전쟁, 전염병, 천재지변 등을 예고하는 징조로 여겨졌어요.

상식 퀴즈 76년 만에 한 번씩 지구를 방문하는 혜성은?

① 티끌 혜성
② 꼬리 혜성
③ 핼리 혜성

정답 ③
핼리 혜성은 76년 만에 한 번씩 지구에 나타나요. 지난 1986년에 왔었으니 2062년에 다시 볼 수 있을 거예요. 약 2400여 년 전부터 사람들이 핼리 혜성을 관측했고, 기록으로 남겨 놓았어요. 세계 여러 나라의 책에도 핼리 혜성에 관한 이야기가 실려 있답니다.

[지구·우주]
달

달은 지구의 하나뿐인 위성이에요. 위성은 행성이 잡아당기는 힘에 의해 그 주위를 도는 작은 행성을 말해요. 달의 크기는 지구의 3분의 1보다 작으며, 지구에서 달까지의 거리는 약 38만 4,400km예요. 달 표면은 1609년에 갈릴레오가 처음으로 관측했어요.

달의 공전과 자전

지구가 1년에 한 바퀴씩 태양 둘레를 돌고 있는 것처럼 **달도 지구의 둘레를 돌고 있어요.** 이것을 달의 공전이라고 해요. 달이 지구의 둘레를 한 바퀴 도는 데는 약 27.3일이 걸려요. 달은 지구 주위를 한 바퀴 공전하는 동안 스스로 한 바퀴를 도는데, 이것을 달의 자전이라고 해요. 지구에서 보는 **달의 위치와 모양이 변하는 것은 달의 공전과 자전 때문**이지요. 또 달은 스스로 빛을 내지 못하지만 태양 빛을 반사시켜 밝게 빛나는 것처럼 보여요.

달의 모양 변화

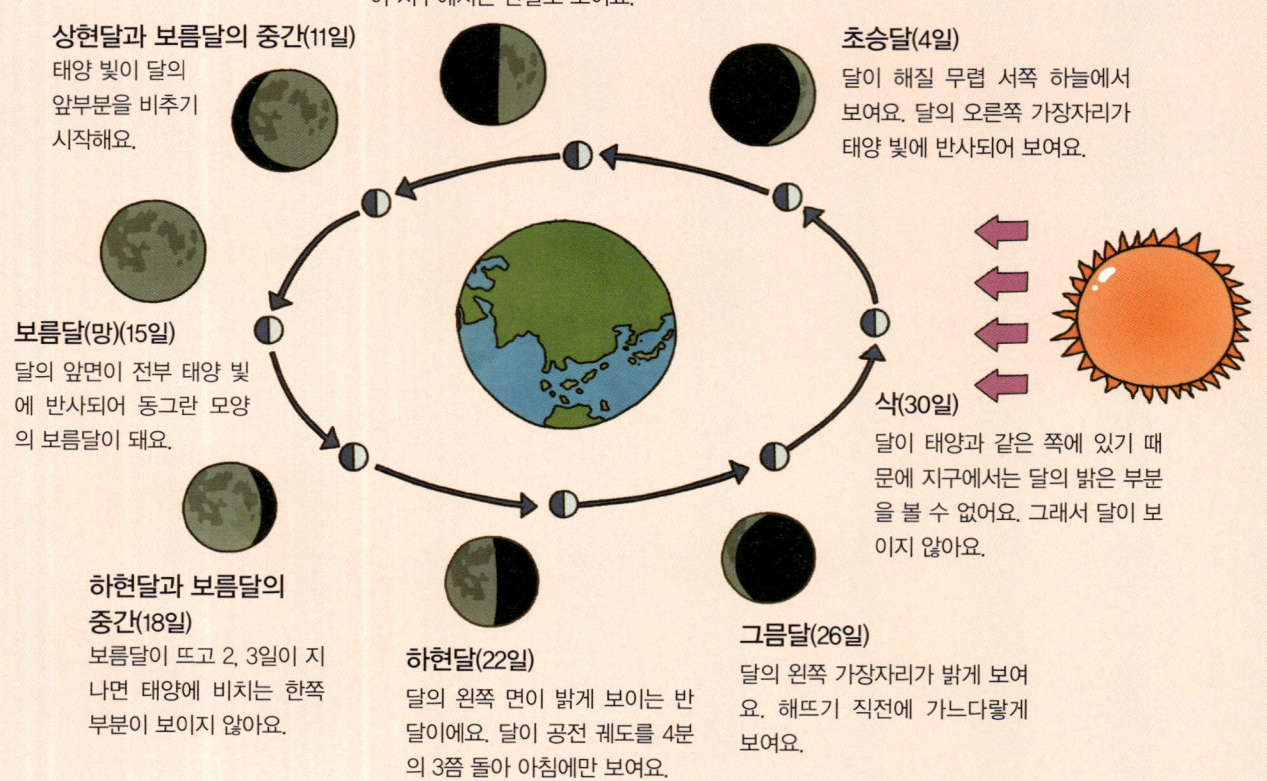

상현달과 보름달의 중간(11일)
태양 빛이 달의 앞부분을 비추기 시작해요.

상현달(7일)
달의 오른쪽이 태양 빛에 반사되어 지구에서는 반달로 보여요.

초승달(4일)
달이 해질 무렵 서쪽 하늘에서 보여요. 달의 오른쪽 가장자리가 태양 빛에 반사되어 보여요.

보름달(망)(15일)
달의 앞면이 전부 태양 빛에 반사되어 동그란 모양의 보름달이 돼요.

삭(30일)
달이 태양과 같은 쪽에 있기 때문에 지구에서는 달의 밝은 부분을 볼 수 없어요. 그래서 달이 보이지 않아요.

하현달과 보름달의 중간(18일)
보름달이 뜨고 2, 3일이 지나면 태양에 비치는 한쪽 부분이 보이지 않아요.

하현달(22일)
달의 왼쪽 면이 밝게 보이는 반달이에요. 달이 공전 궤도를 4분의 3쯤 돌아 아침에만 보여요.

그믐달(26일)
달의 왼쪽 가장자리가 밝게 보여요. 해뜨기 직전에 가느다랗게 보여요.

월식이란 뭘까?

월식은 달이 지구의 그림자 속으로 들어가 보이지 않거나 일부분만 보이는 현상이에요. 이 현상은 **태양-지구-달이 일직선으로 나란히 놓일 때 일어나요.** 달이 지구의 본그림자 속에 모두 들어가면 개기월식이라 하고, 일부만 들어가면 부분월식이라고 해요.

일식이란 뭘까?

일식은 달이 태양과 지구 사이에 끼어들어 태양을 가리는 현상이에요. **태양-달-지구가 일직선에 놓였을 때만** 달의 그림자에 의해 태양이 가려지지요. 달이 태양을 완전히 가리면 개기일식이라 하고, 일부만 가리면 부분일식, 달에 의해 태양이 완전히 가려지지 않고 금반지처럼 보일 때를 금환식이라고 해요.

정말로 달에 토끼가 살고 있을까?

옛날 사람들은 달에 토끼가 살고 있다고 믿었어요. 계수나무 아래에서 떡방아를 찧고 있다고 생각했지요. 그러나 이것은 어디까지나 상상일 뿐이에요. **달에는 공기와 물, 바람이 없기 때문에 생물체가 살 수 없어요.**

달의 표면은 밝은 암석으로 된 육지와 어두운 암석으로 된 바다로 이루어져 있어요. 달에서는 달 표면의 높은 곳에 비해서 낮은 곳을 가리켜 '바다'라고 불러요.

육지는 수많은 분화구 모양의 지형과 산악 지대이고, 바다는 낮고 평평한 지형이에요.

달은 왜 우리를 졸졸 따라다닐까?

달이 떠 있을 때 걸으면서 하늘을 올려다보면, 달이 졸졸 따라오는 기분이 들어요. 이건 달이 **지구에서 멀리 떨어져 있기 때문에 느껴지는 현상**이에요.

자동차를 타고 갈 때 창밖을 내다보면 가까이 있는 나무나 건물은 빠른 속도로 뒤쪽으로 밀려가고, 멀리 있는 산이나 들판은 천천히 지나가는 것처럼 느껴지는 것과 같은 이유이지요.

달은 지구에서 약 38만 4,400km나 떨어져 있기 때문에 계속 우리와 함께 움직이는 것처럼 느껴지는 것이랍니다.

달에 가면 정말로 몸무게가 줄어들까?

우주의 모든 물체는 서로 끌어당기는 힘이 있는데, 이것을 '중력'이라고 해요. 지구와 사람 사이에도 중력이 작용하며, 지구가 사람을 당기는 중력이 곧 그 사람의 몸무게이지요. 그런데 달은 지구보다 덩치가 약 4분의 1 정도 작고, 무게도 약 81분의 1 정도이기 때문에 지구보다 끌어당기는 힘이 약해요. **달이 당기는 힘은 지구가 당기는 힘의 6분의 1밖에 안 되지요.** 몸무게가 60kg인 사람이 달에 가면 10kg밖에 안 나가고, 지구에서보다 6배나 높이 뛰어오를 수 있답니다.

달무리는 왜 생기는 걸까?

달 주위에 둥그렇게 생기는 빛의 띠를 달무리라고 해요. 달무리는 **빛이 공기 중에 떠 있는 구름의 얼음 조각을 통과할 때 굴절이나 반사되면서 생겨요.**

보통 얼음 조각으로 이루어진 엷은 권층운이 끼었을 때 나타나기 때문에 달무리가 생기면 날씨가 나빠져요. 속담에 '달무리한 지 사흘이면 비가 온다.'라는 말이 있는데, 이는 우리 조상들이 오랜 시간 자연 현상을 겪으면서 경험을 통해 알아낸 것이랍니다.

상식 퀴즈 | 인류가 처음 달에 착륙한 것은 언제일까?

① 사람은 아직 달에 가지 못했다.
② 1969년 7월 20일이다.
③ 2000년 7월 20일이다.

정답 ②

인류가 처음 달에 착륙한 것은 1969년 7월 20일이에요. 미국의 아폴로 11호에 탑승한 우주 비행사 닐 암스트롱이 인간 최초로 달에 발을 내디뎠지요. 이때 달에도 물이 있다는 가능성이 아니라 우리 역사상 중요한 발자취를 남겼고, 달에 대해 더 많이 연구하게 되었답니다.

[지구·우주]
별자리

밤하늘의 별들 중 자리가 바뀌지 않는 것을 붙박이별이라고 해요. 사람들은 붙박이별들의 움직임이나 위치를 기억하기 위해 별무리의 모양을 만들고 이름을 붙여 놓았어요. 이를 별자리라고 하지요.

하늘의 지도 별자리

밤하늘에 뜬 별들을 선으로 묶거나 이어서 모양으로 나타낸 것을 별자리라고 해요. 옛날 사람들은 별 무리에 신이나 사람, 동물, 물건 등의 이름을 붙여 이야기를 지어냈답니다. **붙박이별들이 늘 일정한 자리에 있기 때문에** 하늘의 지도인 별자리를 만들어낼 수 있었던 거예요. 그리고 길을 갈 때 별자리를 지도로 삼기도 했어요. 오늘날 별자리의 수는 백조자리, 처녀자리, 페가수스자리, 오리온자리, 쌍둥이자리, 전갈자리, 천칭자리 등 **모두 88개**예요. 1922년 국제 천문학 연합에서 황도를 따라 12개, 북반구 하늘에 28개, 남반구 하늘에 48개로 통일했어요.

황도 12궁 별자리

황도는 하늘에서 태양이 1년 동안 지나는 길을 말해요. 태양 주위를 공전하는 지구의 궤도면과 천구가 만나는 커다란 원이지요. 지구의 공전에 의해 황도가 생기는 거예요. 황도는 적도와 약 23.5도 기울어져 있어요. 황도 12궁은 **태양과 행성들이 지나가는 길목에 있는 12개의 별자리**를 말해요. 1궁 양자리부터 12궁 물고기자리까지 각각의 별자리마다 모양에 맞추어 이름이 붙여져 있답니다.

별의 밝기와 등급

밝기에 따라 구분해 놓은 별의 계급을 '별의 등급'이라고 불러요. 지금으로부터 약 2000여 년 전, 고대 그리스의 천문학자들은 별을 밝기에 따라 여러 가지로 나누었어요. 맨눈으로 볼 때 가장 밝은 별 20개 정도를 1등성이라 하고, 다음으로 밝은 별을 2등성, 그 다음은 3등성, 4등성, 5등성으로 나눈 거예요. 맨눈으로 겨우 구별할 수 있을 정도로 어두운 별은 6등성이라고 불렀어요. 그때 정한 6등급을 현재까지 그대로 사용하고 있어요. 수가 작을수록 밝은 별이고, 각 등급 간 밝기의 차이는 약 2.5배 정도예요.

별의 일주 운동

별들이 동쪽에서 서쪽으로 이동하는 현상을 '별의 일주 운동'이라고 해요. 태양이나 달도 별들처럼 동쪽에서 떠서 서쪽으로 지지요. 이는 지구가 서쪽에서 동쪽으로 자전을 하기 때문에 생기는 현상이랍니다.

모든 별은 일주 운동을 하는 동안 천구의 적도와 나란한 원을 그려요. 이 원을 **일주권**이라고 해요. 일주권은 적도에서 멀어짐에 따라 차차 반지름이 작은 원으로 줄어들다가, 천구의 북극이나 남극에 이르면 하나의 점으로 변해요.

계절별 별자리

지구는 태양의 둘레를 1년에 한 차례씩 공전하기 때문에 별자리도 계절마다 달리 나타나요.

봄철 별자리

봄에는 북두칠성을 찾으면 나머지 별자리들도 찾기가 쉬워요. 봄날 밤하늘에서 제일 먼저 눈에 띄는 별자리는 북두칠성이 있는 **큰곰자리**예요. 큰곰자리를 중심으로 **사자자리, 처녀자리, 까마귀자리, 목동자리, 바다뱀자리, 왕관자리** 등이 있어요.

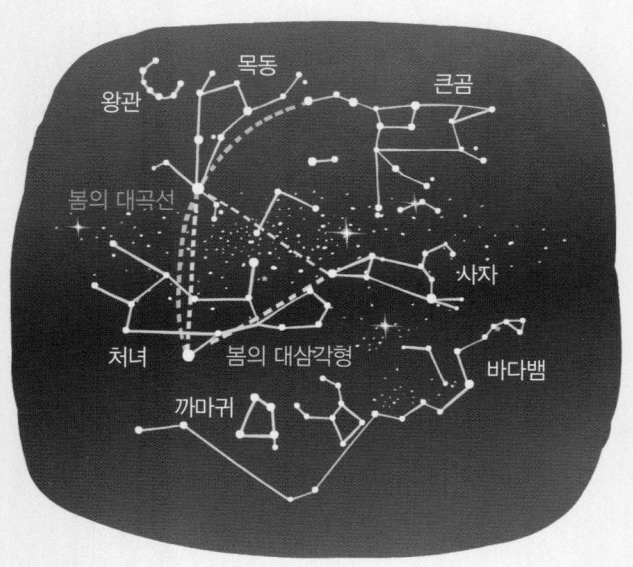

여름철 별자리

여름철 별자리는 **헤라클레스자리, 땅꾼자리, 백조자리** 등이 있고, 슬프고도 아름다운 전설을 지니고 있는 **견우별과 직녀별**이 대표 별이에요. 두 별은 남북으로 흐르고 있는 은하수를 사이에 두고 멀리 떨어져 있어요. 알타이르는 견우별이고, 베가는 직녀별이에요.

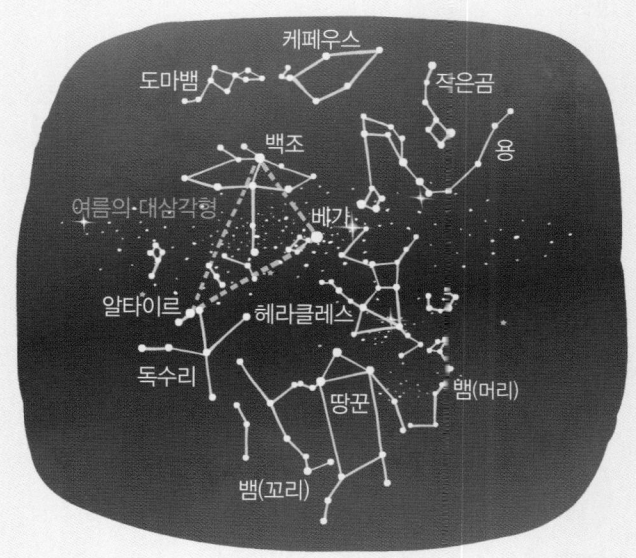

가을철 별자리

가을철에는 **페가수스자리**를 중심으로 케페우스자리, 도마뱀자리, 백조자리, 독수리자리, 용자리 등이 보여요. 가을 별자리는 맑은 하늘에 비해 밝고 아름다운 별은 적어요.

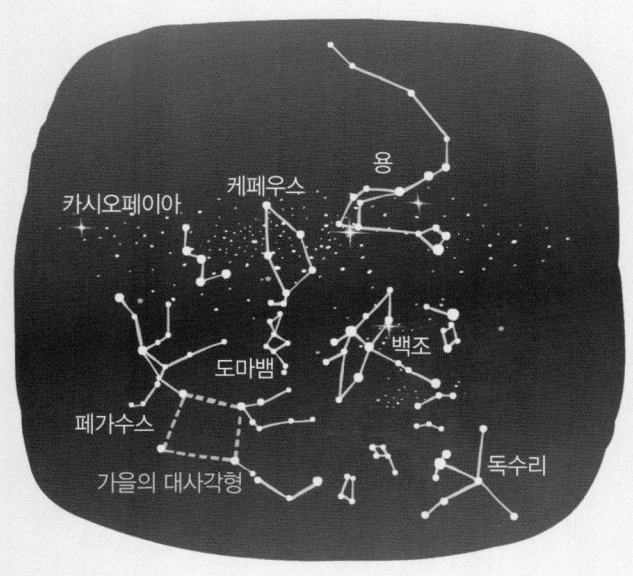

겨울철 별자리

겨울을 대표하는 별자리는 **오리온자리**예요. 오리온자리를 중심으로 **황소자리, 쌍둥이자리, 토끼자리, 큰개자리** 등이 있어요. 겨울 밤하늘에는 밝고 큰 별자리가 많아서 밤하늘이 무척 찬란하지요.

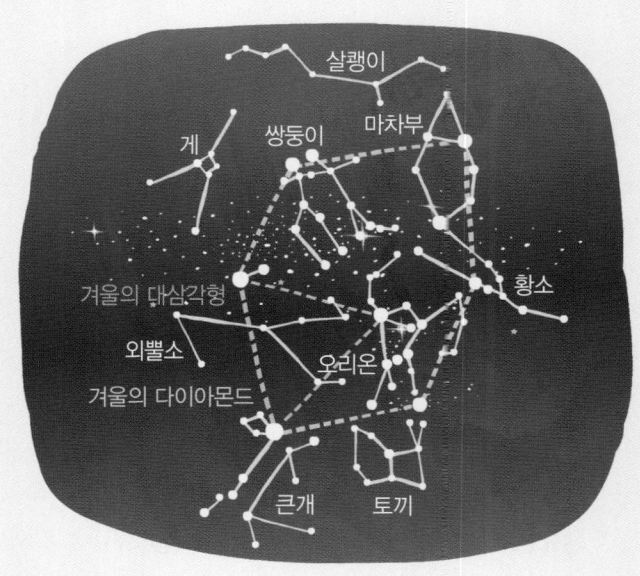

【지구·우주】
외계 생명체

외계 생명체를 우리는 흔히 '외계인'이라고 불러요. 외계인은 지구 외의 우주 공간에 사는 또 다른 생명을 지닌 존재를 말해요. 하지만 아직 그 실체가 명확히 밝혀지지는 않았어요.

외계 생명체에 대한 관심

기원전 6~7세기에 활동한 그리스의 철학자 탈레스와 아낙시만드로스를 비롯한 몇몇 철학자들은 지구 밖에도 생명체가 있을 거라고 생각했어요. 이 생각은 고대 그리스 철학자인 에피쿠로스로 이어지며 더욱 발전했어요.

그러던 중 기원전 4세기에 그리스의 대표 철학자 아리스토텔레스가 다른 주장을 펼쳤어요. **아리스토텔레스는 오직 지구만이 세계의 중심이라고 주장했어요. 다른 생명체가 살고 있는 다른 세계는 당연히 없다고 생각**했지요. 이 주장은 오랫동안 이어졌어요.

세상을 뒤집은 망원경의 발명

6세기 폴란드의 천문학자 코페르니쿠스는 '지구가 태양 주위를 돌고 있다'고 주장했어요. 연이어 이탈리아의 철학자 브루노도 우주는 무한하고 지구 밖에 생명체가 있다고 주장했어요. 그동안 '지구가 우주의 중심'이라고 믿었던 사람들에게는 큰 충격이었지요. 당시 가톨릭교회는 브루노를 산 채로 불에 태우는 극형에 처해 지구 밖의 다른 세계를 부정했어요.

그러다가 17세기 초 망원경이 발명되면서 코페르니쿠스와 브루노의 주장이 틀리지 않았다는 것을 알게 되었어요. 많은 천문학자가 **망원경으로 다른 별과 행성, 여러 천체들을 관찰할 수 있게 되었지요.**

외계 생명체가 타고 온 유에프오(UFO)

유에프오는 **'확인되지 않은 비행 물체'**를 말해요. 흔히 외계인이 타고 온 비행접시를 뜻하지요. 세계 최초로 유에프오를 목격한 사람은 미국의 아놀드라는 민간 비행사예요. 아놀드는 1947년 여름, 미국 워싱턴주의 레이니어 산 부근을 비행하던 유에프오를 목격하고 신고했어요. 그 뒤로 세계 곳곳에서 유에프오를 보았다는 사람들이 나타났어요. 1957년에는 미국 공군기가 어떤 비행 물체에 의해 쫓기는 사건도 일어났어요. 미국은 1967년부터 미국 항공 우주 학회에 특별위원회를 만들어 본격적으로 유에프오에 대한 조사를 하고 있어요. 그러나 **아직까지 정확한 정체는 밝혀내지 못하고 있답니다.**

정말로 외계인이 있을까?

아직까지 외계인이 있는지 실물로 밝혀진 바는 없어요. 그렇다고 외계인이 없다고 딱 잘라 말할 수도 없지요. 우주에는 1,000억 개 이상의 은하계가 있고, 은하계에는 태양과 같은 항성이 1,000억 개가 넘으니까요. 1969년, 오스트레일리아에 떨어진 운석에서 아미노산이 발견된 적이 있어요. 아미노산은 생물체를 구성하는 단백질의 기본 물질이에요. **그래서 사람들은 지구 외에도 생물체가 살고 있을 거라고 생각하게 되었지요.**

우주를 연구하는 과학자들은 최신 천문 장비를 이용해 우주로 편지를 보내고 있어요. 1972년 3월, 미국에서 쏘아 올린 무인 우주선 '파이어니어 10호'에는 지구의 위치와 남자, 여자의 그림이 그려진 편지가 금으로 도금되어 실리기도 했어요.

파이어니어 호

태양계에 생명체가 있는 행성이 있을까?

지구와 화성과의 거리가 가장 가까울 때를 '대접근'이라고 하는데, 15년 또는 17년의 간격으로 일어나지요. 19세기 이탈리아의 천문학자인 스키아파렐리는 대접근 시기에 망원경으로 화성을 조사했어요. 이때 화성의 어두운 줄무늬를 화성인이 판 운하라고 주장했어요. 그래서 사람들은 화성에 지능이 발달한 생물이 살고 있을 거라고 추측했답니다.

이에 미국은 1976년에 **화성의 생명체를 찾으려고 무인 화성 탐사선 '바이킹 1호'를 보냈지만, 생명체는 발견되지 않았어요.**

우리나라 최초 우주 비행사는 누구일까?

세계 최초의 우주 비행사는 '가가린'이에요. 그는 옛 소련의 우주 비행사였지요. 가가린은 1961년 4월 12일, 우주선 '보스토크 1호'를 타고 지구 상공을 한 바퀴 돌았어요. 이때 걸린 시간은 1시간 29분이었답니다. 이 일로 가가린은 전 세계에 이름을 알렸어요. 여성 최초의 비행사도 옛 소련에서 나왔어요. 1963년 6월, 보스토크 6호에 탑승한 발렌티나 테레시코바는 여성 최초로 지구 궤도를 48번 도는 71시간의 우주 비행을 해냈어요.

우리나라는 2008년 4월, **한국 과학 기술 연구원인 이소연**이 대한민국 최초로 우주 비행에 참가했어요. 소유즈 TMA-12호를 탄 이소연은 국제 우주 정거장에서 11일간 지냈지요. 이소연은 전 세계적으로 **475번째 우주 비행사**이고, **여성으로서는 49번째 우주인**이 되었어요.

이소연

우주에도 도시를 세울 수 있을까?

과학자들에 의하면 **머지않은 미래에 우주 도시가 건설**될 거라고 해요. 우주에 떠 있을 우주 도시는 둥근 공 모양, 차 바퀴 모양, 원통 모양 등 다양한 형태가 될 거예요.

이미 우주 도시의 모형이 설계되고 있고, 도시를 세울 장소도 정해졌어요. 그곳은 바로 지구를 돌고 있는 달의 궤도예요. 달의 궤도는 달과 지구의 인력이 균형을 이루고 있기 때문에 우주 도시를 건설하기에 딱 좋은 조건이지요. 우주 도시는 **태양열을 에너지로 사용**하기 때문에 공해가 전혀 없을 거라고 해요.

4장
날씨·환경

하루하루 변화하는 대기의 상태를 날씨 또는 일기라고 해요. 날씨는 기온, 기압, 습도, 풍향, 풍속, 강수량, 구름양 등에 의해 영향을 받아요. 오늘과 내일의 날씨가 다르고, 심지어 하루에도 몇 번씩 날씨가 변하기도 하지요.

날씨는 환경과 밀접한 관계가 있어요. 날씨의 변화에 따라 자연재해가 발생하기도 하고, 대기 오염으로 기상 이변이 일어나거나 생태계가 파괴되기도 해요. 이러한 지구 곳곳의 환경오염 문제는 전 세계인이 함께 노력해서 해결해야 할 과제이지요.

【날씨·환경】
대기

지구를 둘러싸고 있는 공기를 대기라고 해요. 우리가 숨쉬며 살 수 있는 것은 바로 대기 덕분이에요. 대기는 자외선도 막아 주고, 우주로 빠져 나가는 열도 잡아서 지구를 생명체가 살기 좋은 땅으로 만들어 줘요.

지구를 둘러싸고 있는 대기

공기의 층을 구성하는 기체를 통틀어 대기라고 불러요. 대기는 수증기를 비롯한 여러 가지 기체로 이루어져 있는데, 주된 성분은 질소와 산소예요. 대기에 있는 산소 덕분에 생명체가 숨쉬며 살아갈 수 있어요. 그 밖에도 이산화탄소, 수증기, 아르곤, 고체 알갱이 등이 대기를 구성해요.

대기의 층은 매우 두꺼워서 지구 표면부터 1,000km 이상 되는 곳까지 펼쳐져 있어요. 아래쪽은 공기의 밀도가 높고, 위로 올라갈수록 밀도가 낮아져요. **대기가 지구를 둘러싸고 있는 것은 지구의 중력 때문**이에요. 대기는 우주 공간으로 빠져 나가려는 열을 붙잡아 지표면의 온도를 따뜻하게 유지시키고, 해로운 자외선으로부터 우리를 보호해 준답니다.

기온 변화에 따른 대기권

지구 표면에서부터 약 1,000km 정도의 높이까지를 대기권이라고 하고, 그 바깥은 외기권이라고 해요. 아주 높은 산에 오르면 공기가 적어지는데, 그 이유는 대부분의 공기가 지구 표면 근처에 모여 있기 때문이에요. 뿐만 아니라 산꼭대기로 갈수록 온도가 낮아져 추워지기도 해요.

대기권은 기온의 변화에 따라 **대류권, 성층권, 중간권, 열권**으로 구분해요. 대류권과 중간권은 위로 올라갈수록 온도가 내려가고, 성층권과 열권은 위로 올라갈수록 온도가 올라가요. 우리가 살고 있는 곳은 지구 표면에서 고도 10km까지의 대류권이에요.

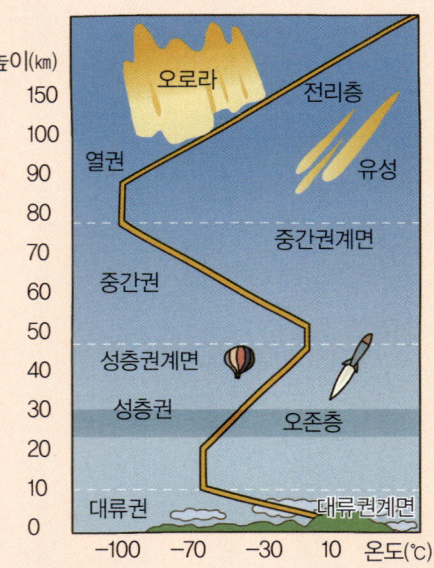

공기가 지구를 누르는 힘 기압

지구를 둘러싸고 있는 공기의 층이 지구 표면을 누르는 힘을 기압이라고 해요. 공기는 매우 높은 곳에서 우리를 누르고 있어요. 1,000km가 넘는 공기 기둥이 우리의 머리를 누르고 있는 셈이에요. 높이 올라갈수록 공기 기둥의 길이가 짧아져서 기압도 점점 작아져요. 실제로 공기는 지구의 강한 중력을 포함하고 있어서 엄청난 무게를 지녔답니다.

기압은 어떻게 발견했을까?

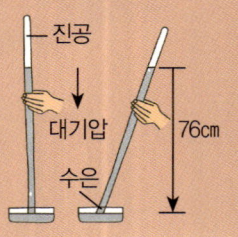

1643년 이탈리아 물리학자 토리첼리는 유리관에 채운 수은 기둥 실험으로 기압의 개념을 세웠어요.

1647년에 프랑스의 물리학자이자 수학자인 파스칼은 높이 올라갈수록 기압이 낮아진다는 사실을 실험으로 증명했어요.

1654년에 독일의 게리케는 진공으로 밀착시킨 반구는 잘 떨어지지 않는다는 사실을 밝혀 대기압의 존재를 확인했어요.

고기압은 뭐고 저기압은 뭘까?

주위에 비해 기압이 높으면 고기압, 반대로 주위보다 기압이 낮으면 저기압이라고 해요. 공기가 아래로 내려오는 고기압에서는 바람이 불어 나가요. 이때 바깥으로 빠져나간 공기를 채우기 위해 하늘에서 공기가 내려오는데, 이것을 '하강 기류'라고 하지요. **하강 기류는 기온을 높여 따뜻한 공기를 만들며, 매우 건조해요.** 그래서 고기압일 때는 보통 날씨가 맑고 화창해요.

반면 저기압은 바깥에서 안쪽으로 바람이 불어 들어와요. 중심에는 수증기를 많이 머금은 따뜻한 공기가 위로 올라가지요. 위로 **떠오른 공기는 차가워지면서 공기 중의 수증기가 구름으로 변하고 비나 눈, 폭풍 등을 일으키지요.**

우리는 왜 기압을 느끼지 못하는 걸까?

1,000km가 넘는 공기 기둥이 짓누르는데도 우리는 전혀 느끼지 못해요. 우리의 감각 기관은 기압에 맞게 조절되기 때문이에요. 공기 기둥이 우리 몸을 누르는 압력만큼 **우리 몸도 같은 힘으로 공기의 압력을 밀어내고 있지요.**

우리 몸이 지구의 환경에 맞춰 조절되었듯이 우주에서도 그 환경에 맞춰 조절돼요. 우주에는 공기가 거의 없기 때문에 외부에서 우리 몸을 누르는 힘이 매우 약해요. 그래서 맨 몸으로 우주에 나가면 균형을 맞추기 위해 몸이 저절로 팽창하지요. 우주인이 특수하게 만든 우주복을 입는 것은 몸이 팽창하는 것을 막기 위해서예요.

압력 밥솥의 밥은 왜 빨리 지어질까?

물은 약 100℃에서 끓어요. 그런데 일반 냄비 속의 물은 아무리 열을 가해도 100℃ 이상 올라가지 않아요. 가해진 열이 물을 수증기로 만들어 증발시켜 버리기 때문이에요.

그렇지만 압력 밥솥은 잘 밀폐된 뚜껑으로 덮여 있기 때문에 물이 끓을 때 생기는 수증기가 솥 안에 그대로 갇혀 있어요. 그래서 물이 끓는 온도가 높아지지요. **압력 밥솥은 조리하는 온도가 일반 냄비보다 더 높기 때문에 음식을 익히는 데 걸리는 시간이 단축되는 것이랍니다.**

맑은 날의 하늘은 왜 파랄까?

태양에서 지구를 비추는 빛에는 빨강, 주황, 노랑, 초록, 파랑, 남색, 보라 등의 여러 가지 색이 합쳐져 있어요. 햇빛은 지구의 대기를 통과해 들어오다가 대기 중의 기체 분자나 먼지, 수증기와 같은 작은 알갱이에 부딪혀서 흩어져요. 그러나 햇빛을 이루는 모든 색이 흩어지는 것은 아니에요. 빛이 지나가다가 만나는 알갱이의 크기에 따라 흩어지는 색깔이 달라요.

햇빛이 작은 공기 분자에 많이 부딪히면 파란색이 많이 흩어져 맑고 파란 하늘이 되지요. 그래서 공기가 깨끗하고 먼지가 거의 없는 맑은 하늘은 더욱 파랗게 보인답니다.

날씨가 자꾸 변하는 이유는 뭘까?

대기권에서 날씨의 변화가 일어나는 층은 대류권이에요. '대류'라는 말은 '돌다', '섞이다'라는 뜻이에요. 대류권에서는 1km를 올라갈 때마다 평균 6.5℃의 온도가 내려가요. 땅이 내뿜는 열과 멀어지기 때문이에요.

또 **지구가 스스로 돌고 있기 때문에 그 영향으로 여러 종류의 대기 순환이 일어나요.** 차가운 공기와 따뜻한 공기가 쉴 새 없이 움직이고 섞이면서 구름이 만들어지기도 하고, 비나 눈이 오기도 하며, 천둥과 번개가 치는 등 날씨의 변화가 일어나지요.

【날씨 · 환경】
바람

바람은 차가운 공기와 더운 공기가 만날 때 생기는 공기의 움직임이에요. 온도 차이가 클수록 공기는 더욱 빠르게 움직이고 바람의 세기도 강해져요. 바람은 날씨에도 큰 영향을 주며, 불어오는 방향 등에 따라 여러 가지 이름도 있지요.

공기의 움직임 바람

태양열로 데워진 따뜻한 공기는 부풀어서 가벼워져요. 가벼워진 공기는 하늘 높이 올라가지요. 그러면 그 부분의 공기가 적어지고 기압이 내려가기 때문에 주위에서 찬 공기가 불어 들어와요. 차가운 공기는 무겁기 때문에 아래로 들어오지요. 조금 지나면 찬 공기는 다시 태양열에 의해 데워져 위로 올라가고, 그 자리에 다른 찬 공기가 흘러 들어와요. 공기가 위로 올라갈 때는 기압이 낮아지고, 아래로 내려갈 때는 기압이 높아진답니다. 이렇게 **대기의 온도차 때문에 기압의 차이가 생겨서 만들어진 게 바로 바람**이에요. 물이 높은 곳에서 낮은 곳으로 흐르듯이 바람도 고기압에서 저기압으로 불어요. 기압의 차이가 클수록 공기의 흐름이 빨라져 바람의 세기도 강해지지요.

방향에 따라 달라지는 바람의 이름

바람은 불어가는 방향이 아니라 **불어오는 방향에 따라 이름을 붙여요.** 동쪽에서 불어오는 바람을 동풍, 남서쪽에서 불어오는 바람을 남서풍이라고 해요. 뿐만 아니라 바람에는 **예쁜 우리말 이름**이 많아요. 동풍을 '샛바람', 서풍을 '하늬바람', 북풍을 '높바람', 산을 넘어 불어 내리는 건조하고 더운 바람을 '높새바람'이라고 불러요. 옛날에 뱃사람들은 북풍을 '된바람', 가을에 불어오는 서풍을 '갈바람'이라 부르기도 했어요.

바람의 종류에는 어떤 것이 있을까?

해륙풍
바닷가에서는 낮과 밤 동안 바람의 방향이 바뀌어요. 태양이 비치는 낮에는 땅이 물보다 빨리 데워져요. 땅의 더운 공기는 위로 올라가고 바다의 차가운 공기는 땅 쪽으로 옮겨 가며 '해풍'이 불어요. 반대로 밤에는 땅의 더운 공기가 바다보다 빨리 식어 바람이 땅에서 바다 쪽으로 불지요. 이 바람을 '육풍'이라고 해요.

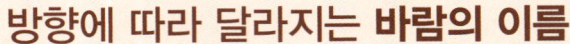

계절풍
계절풍은 **공기의 대류가 계절에 따라 방향이 바뀌면서 일어나는 바람**이에요. 계절풍은 여름과 겨울에 대륙과 해양의 온도차 때문에 생기는 것으로 해륙풍보다 규모가 훨씬 커요. 여름에는 온도가 높고 습기가 많은 바람이 불지만 온도차가 적기 때문에 바람이 약해요. 겨울에는 온도차가 많기 때문에 습기가 적은 바람이 강하게 불지요.

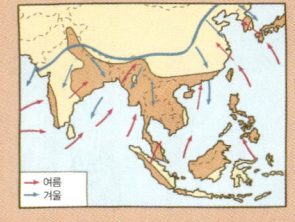

바람의 세기에도 등급이 있을까?

0~1등급
연기가 똑바로 올라가요.

2~3등급
깃발이 가볍게 나부껴요.

4~5등급
나뭇가지가 흔들려요.

6~7등급
나무가 한쪽으로 휘어요.

8~9등급
건물에 금이 가기 시작하고, 걷기 힘들어요.

10~12등급
고가 도로나 건물이 무너져요.

토네이도는 어떤 바람일까?

차고 건조한 공기와 따뜻하고 습한 공기가 만나면 찬 공기가 아래로 내려가요. 찬 공기가 빠르게 따뜻한 공기 밑으로 내려가면 공기의 흐름이 불안정해져요. 이때 따뜻한 공기가 올라가면서 주위로 흘러드는 공기를 빨아들이며 회전을 하지요.
거대한 회오리바람이 깔때기 모양으로 땅 위에 서서 사물들을 빠른 속도로 말아 올리는데, 이 현상을 '토네이도'라고 해요. 바다나 넓은 평지에서 주로 발생해요. 토네이도는 파괴력이 엄청나지만 몇 분이 지나면 대부분 사라지는 것이 특징이에요.

발달 지역에 따라 태풍의 종류가 다를까?

북태평양의 남서쪽 바다에서 생기는 것을 **태풍**, 대서양이나 멕시코 연안에서 만들어지는 것을 **허리케인**, 인도양, 뱅골만, 카라비아 해에서 만들어지는 것을 **사이클론**이라그 해요.

태풍은 왜 생길까?

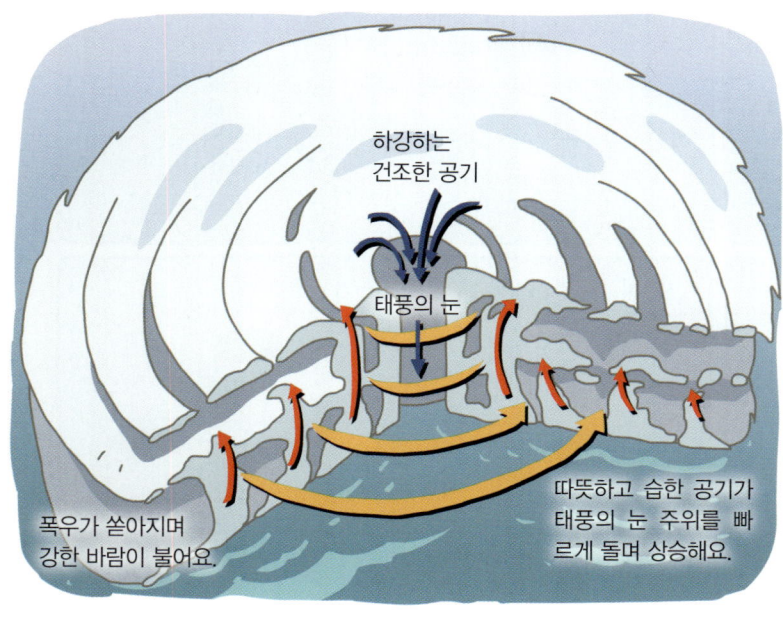

하강하는 건조한 공기
태풍의 눈
폭우가 쏟아지며 강한 바람이 불어요.
따뜻하고 습한 공기가 태풍의 눈 주위를 빠르게 돌며 상승해요.

태풍은 **열대 지방에서 만들어지는 열대성 폭풍**이에요. 더운 바다에서 생긴 수증기는 큰 뭉게구름이 되고, 높은 하늘에 강한 바람이 불면 뭉게구름은 소용돌이가 돼요. 소용돌이는 하늘로 올라오는 수증기를 모아서 점점 더 큰 소용돌이가 되는데, 이것이 태풍이 되는 거예요. 태풍은 온대 지방으로 이동하거나 육지에 도착해서 큰비를 쏟으면 위력이 약해져요. 우리나라와 일본에서는 소용돌이의 바람세기가 초속 17m가 넘으면 태풍이라고 불러요. 중심으로 갈수록 바람의 세기가 강하며, 바람은 태풍의 중심을 향해 시계 반대 방향으로 불어 들어가요. 태풍에는 저마다 이름이 붙여지는데 우리나라에는 개미, 나리, 장미, 미리내, 노루, 매미 등의 태풍이 있어요.

> 매미는 2003년 9월에 불어온 태풍의 이름이에요.

태풍의 눈이란 뭘까?

태풍이 발달하면 구름이 커다란 동그라미를 그리며 아주 빠르게 소용돌이쳐요. 태풍을 위에서 보면, **소용돌이 중심에는 구름이 없어서 까만 눈처럼 보이지요.** 그래서 태풍의 중심을 '태풍의 눈'이라고 부른답니다. 태풍은 중심으로 갈수록 기압이 낮아지고 바람은 강해져요.
그런데 뜻밖에도 태풍의 정중앙인 **태풍의 눈에는 구름이 한 점도 없고 고요**해요. 회전하면서 안으로 빨려드는 바람의 힘과 같은 크기의 힘이 바람을 바깥으로 밀어내고 있기 때문이에요. 태풍이 발달할수록 태풍의 눈은 뚜렷해져요. 태풍의 눈의 반지름은 작게는 10km에서 크게는 수십km에 이르는 것도 있답니다.

바람 97

[날씨·환경]

구름

구름은 공기에 있는 수분이 엉기어서 미세한 물방울이나 얼음 알갱이의 상태로 하늘에 떠 있는 것을 말해요. 눈이나 비, 천둥, 번개는 모두 구름에서 발생하는 현상이에요. 구름은 여러 종류와 다양한 모양이 있어요.

구름을 이루고 있는 것

지구는 가장 많은 부분이 물로 이루어져 있어요. 태양은 땅뿐만 아니라 바다, 강, 호수의 물을 데워요. 데워진 물은 수증기가 되어 하늘로 올라가지요. 기온이 높아질수록 데워진 공기는 수증기를 많이 빨아들이고, 하늘로 올라가면서 점점 뭉쳐요. 하늘 위 추운 곳으로 올라간 따뜻한 공기에는 점점 찬 공기가 달라붙어 수증기를 식게 만드는데, 이때 **수증기가 물방울이 되어 모이고 모여 하늘에 떠 있는 것**이 바로 구름이랍니다.

구름이 만들어지는 원인

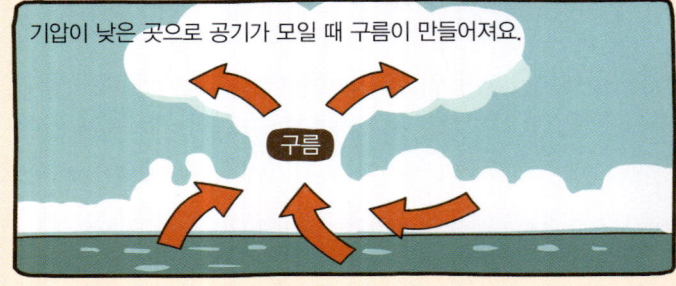

계절별로 달리 나타나는 구름

여름철에는 적란운과 적운이 높이 떠 있어요. 가을철에는 권운과 권적운이 낮게 나타나지요. 그리고 비가 내리기 전에는 고층운과 적란운이 주로 나타난답니다.
구름의 모양은 대기가 위로 올라가는 형태에 따라 결정돼요. 대기의 이동이 수평 운동에 가까워 느리게 올라갈 때는 넓은 지역을 덮는 층 모양이 되고, 빨리 올라가면 뭉게구름 같은 수직의 구름이 되는 거예요.

구름의 양과 날씨

날씨는 구름의 양에 따라 맑음, 갬, 흐림으로 불려요. 구름의 양이 0~2면 맑음, 3~7이면 갬, 8~10이면 흐림이지요. **구름의 양이 0이면 하늘에 구름이 한 점도 없다는 뜻이고, 구름의 양이 10이면 하늘이 온통 구름으로 뒤덮여 있다**는 뜻이에요.

구름의 종류와 모양

구름이 흘러가는 방향을 보면 공기의 움직임을 알 수 있어요. 그리고 구름의 모양과 상태를 보면 가랑비가 내릴지, 소나기가 내릴지 천둥, 번개가 칠지도 알 수 있지요. 구름은 생긴 모양과 높이에 따라 여러 가지로 나뉘어요.

권층운
햇무리와 달무리가 나타난다고 해서 '햇무리구름'이라고도 해요. 날씨의 변화를 알려 주지요.

권운
희고 섬세한 느낌을 주는 구름으로 대부분 맑은 날씨에 나타나요.

권적운
생선 비늘 또는 물결 모양인 불안정한 구름으로 폭풍이 다가오면 권층운으로 바뀌어요.

고적운
모양기 둥글어 양떼구름 이라고도 하며, 거의 물방울로 이루어져 있거요.

고층운
하늘을 대부분 덮고 있지만 앎아서 태양을 희미하게 볼 수 있어요. 고층운이 점점 두꺼워지면 비나 눈이 오랫동안 내려요.

적란운
상승 기류가 아주 강할 때 나타나며, 천둥과 번개를 동반한 강한 비나 우박을 내리게 해요.

적운
태양에 의해 뜨겁게 달구어진 땅 위의 공기가 빠르게 올라갈 때 만들어져요. 여름에 많이 볼 수 있는 뭉게구름이지요. 더 발달하면 소나기가 내려요.

층적운
우리나라에서 흔히 볼 수 있는 구름으로 어두운 회색을 띠고 비나 눈을 내리게 해요.

층운
가장 낮은 곳에 생기고, 안개가 위로 올라가 만들어져서 안개구름이라고도 불려요.

난층운
고층운이 발달해 생긴 구름이에요. 태양을 온전히 가릴 만큼 두꺼워서 오랫동안 비나 눈을 내리게 해요.

구름 99

삿갓 구름, 렌즈 구름, 제트 구름은 어떤 구름일까?

삿갓 구름은 **산봉우리 꼭대기에 걸린 구름**이에요. 그 모양이 꼭 삿갓을 닮았다고 하여 붙여진 이름이지요. 렌즈 구름은 **렌즈를 옆에서 본 것 같은 모양**이어서 렌즈 구름이라는 이름이 붙여졌어요. 이 구름은 강풍이 불 때 나타나지요.
제트 구름은 **제트기가 지나간 곳에 생긴 구름**을 말해요. 제트기가 내뿜는 배기가스 속의 알갱이들이 공기 중의 수증기와 뭉쳐서 물방울을 만들고, 이것이 모여 제트 구름이 되는 것이에요.

번개와 천둥은 왜 치는 걸까?

번개는 높이가 낮고 색깔이 검으며 수직으로 높이 발달하는 '적란운'에서 발생해요. **적란운이 발달하여 구름 아래쪽과 위쪽의 전기적 성질이 서로 달라질 때**가 있어요. 그러면 구름과 구름 사이 또는 구름과 지표면 사이에 전류가 흘러서 '번쩍' 하고 빛이 나지요. 이것이 바로 번개예요.
천둥은 번개가 치고 일정한 시간이 지난 뒤 들리는 소리예요. 번개가 치면 엄청나게 뜨거운 열이 발생하는데, 그 열에 의해 주변 공기가 뜨거워지면서 갑작스럽게 팽창했다가 수축해요. 그 공기의 진동이 '우르르 쾅쾅' 하는 천둥소리로 나타난답니다.

번개는 왜 지그재그 모양일까?

전기는 원래 공기를 통과하지 못하지만 높은 전압이 가해지면 분자가 전기를 띠고 이온으로 변해요. 전기가 이온을 지나가면서 번개가 치는데 공기 중에는 이온의 양이 저마다 다르고 습기가 많은 곳이 있지요. **번개는 공기 중에서 전기가 통하기 가장 쉬운 곳으로 흐르기 때문에** 저항이 적은 공기를 찾아 여기저기 움직여요. 그 모습이 우리 눈에 지그재그처럼 보이는 것이랍니다.

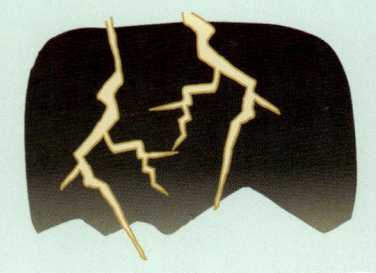

눈이 올 때는 왜 천둥, 번개가 치지 않을까?

여름철의 적란운은 소나기와 천둥, 번개를 동반하는 경우가 많아요. 그런데 눈이 만들어지는 구름은 적란운이 아니라 작은 얼음 알갱이로 이루어진 구름이에요. 또 **구름이 만들어지는 높이도 다르고 온도도 달라요. 눈을 뿌리는 구름은 고도가 높은 상층운이나 중층운으로 권운, 권층운, 권적운, 고층운 등의 구름들**이에요. 그래서 천둥과 번개는 온난하고 습하며 공기층이 불안정한 여름철에만 생기지요. 춥고 건조한 겨울에는 아무리 눈이 많이 와도 천둥과 번개를 볼 수 없어요.

번개가 친 뒤 천둥이 울리는 이유는 무엇일까?

구름 속에서 천둥과 번개는 거의 동시에 생겨요. 하지만 우리는 천둥소리보다 번개 불빛을 먼저 보아요. **빛이 소리보다 더 빠르기 때문**이에요. 빛은 1초에 지구를 7바퀴 반이나 돌지만, 소리는 1초에 340m밖에 이동하지 못한답니다.

피뢰침의 역할은 무엇일까?

번개는 어느 곳에나 떨어져요. 심지어 사람에게도 떨어지지요. 특히 높은 건물이나 큰 나무에 잘 떨어져요. 그래서 사람들은 건물 꼭대기에 피뢰침을 달아 놓았어요. 피뢰침은 **번개를 안전하게 땅으로 유도하는 쇠막대기**예요. 번개를 높은 곳에서 차단해 그 전류를 지하로 전송시켜 **벼락의 피해를 막아 주는 것**이지요.

천둥, 번개가 칠 때는 되도록 밖에 나가지 않는 게 좋아요. 만약 밖이라면 건물 안이나 자동차 안에 있는 게 안전하답니다.

구름은 왜 흰색, 회색, 검은색으로 보일까?

일반적으로 구름의 색깔은 흰색이에요. 어떤 때는 회색과 검은색 구름도 나타나요. 그 이유는 구름의 두께가 다르기 때문이에요. 구름을 이루는 작은 물방울들은 빛을 산란하여 흰색으로 보여요. 그러나 **구름의 두께가 두꺼울수록 햇빛이 통과하는 것을 막기 때문에** 회색으로 보이지요. 천둥과 번개를 만드는 구름은 매우 두껍기 때문에 햇빛을 완전히 막아서 검은색으로 보인답니다.

천둥소리로 번개가 친 곳을 알 수 있을까?

소리에 비해 빛의 속도는 매우 빨라요. 그래서 번개가 친 뒤, 천둥소리가 들리지요. **번개가 친 뒤 몇 초 후에 천둥소리가 들리는지 따져 보면** 우리가 있는 곳에서 **번개가 친 곳과의 거리를 계산할 수 있어요.**

만일 번개가 치고 5초 뒤에 천둥소리가 들렸다면, 번개가 친 곳까지의 거리는 소리가 1초에 이동하는 거리인 340m의 5배인 1,700m예요. 그곳에서는 틀림없이 폭풍우가 몰아치고 있을 거예요. 번개와 천둥소리의 간격이 짧을수록 폭풍우에 가까이 있는 것이랍니다.

벼락이 뭐지?

번개 중에서 땅으로 떨어지는 번개를 '벼락'이라고 해요. 구름 밑에 쌓인 음전기와 땅의 양전기가 서로 만나면서 전기가 흘러 벼락이 만들어진답니다.

벼락은 높은 곳과 금속으로 된 물체를 아주 좋아해요. 그래서 벼락이 칠 때 큰 나무 밑에 있으면 위험해요. 큰 나무는 속에 물을 많이 머금고 있어 전기가 잘 통하기 때문이에요. 그런데 사람은 나무보다 전기가 더 잘 통하기 때문에 벼락이 칠 때 큰 나무 밑에 서 있다가는 목숨을 잃을 수도 있답니다. 또 벼락이 칠 때 낚싯대 같은 금속 물체를 들고 있는 것도 매우 위험한 행동이에요.

상식 퀴즈 다음 중 날씨에 관련된 속담은?

① 효성이 지극하면 돌 위에 풀이 난다.
② 올챙이 개구리 적 생각 못한다.
③ 저녁노을이 지면 다음날 맑다.

정답 ③
붉은색 계열의 빛은 공기 중에 먼지가 많거나 습기가 적을 때 잘 산란되어 보여요. 따라서 저녁노을이 붉게 보이는 것은 공기가 건조하기 때문이에요. 그러므로 다음날 날씨도 맑을 수 있지요.

【날씨·환경】
비와 눈

구름 속 물방울들은 공기와 섞이면서 위아래로 흐름을 반복해요. 이때 구름의 온도와 지표면의 온도에 따라 비 또는 눈이 내리지요. 비와 눈의 종류는 여러 가지가 있으며, 만들어지는 이유도 다양해요.

공기 중의 수증기가 뭉친 비

공기 속에 있는 수증기가 하늘에서 엉겨 물방울이 되어 땅으로 떨어지는 것을 비라고 해요. 땅 위의 강이나 호수 등에 있는 물은 햇볕을 받으면 데워져서 수증기가 되어 하늘로 올라가요. 하늘 높이 올라간 수증기는 식어서 작은 물방울이 되고, 이 물방울이 한데 모여 구름이 되지요.

구름을 이루는 물방울이나 얼음 알갱이들은 아주 작고 가벼워서 공기의 움직임을 따라 돌아다녀요. 이러한 물방울 또는 **얼음 알갱이들은 끊임없이 서로 부딪히고 합쳐져 점점 더 무거워져요.** 더 이상 공중에 떠 있을 수 없을 만큼의 무게가 되면 결국 비가 되어 땅으로 떨어진답니다.

여러 가지 비의 종류

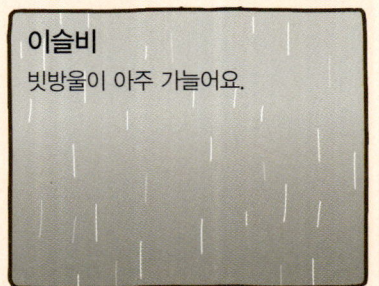
이슬비 빗방울이 아주 가늘어요.

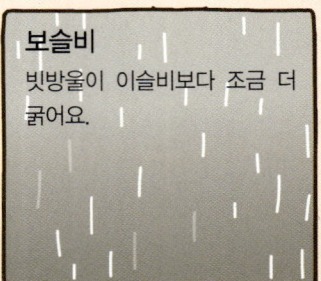
보슬비 빗방울이 이슬비보다 조금 더 굵어요.

가랑비 바람 없이 조용히 내리는 비예요.

소나기 짧은 시간에 어느 지역에만 굵은 빗방울로 쏟아져요.

뇌우 번개와 천둥이 따르는 비예요.

폭우 갑자기 쏟아지는 많은 비를 말해요.

장마 6월 말부터 7월 사이 약 한 달에 걸쳐 내렸다 그쳤다 하면서 계속 되는 비예요.

빗방울의 크기와 떨어지는 속도

빗방울은 크기와 무게에 따라 떨어지는 속도가 달라요. 지구에는 공기가 있기 때문에 공기의 저항이 생겨서 빗방울의 떨어지는 속도와 모양도 달라지지요. **빗방울의 크기가 클수록 더 무거워 빨리 떨어지고 공기의 저항을 많이 받아 찌그러진 모양**이 된답니다.

크기가 가장 작은 이슬비는 지름이 0.2mm 정도로 아주 천천히 떨어져요. 반면에 소나기처럼 큰 빗방울은 지름이 5~8mm 정도로 1초에 약 7.8m의 속도로 떨어지지요. 지름이 10mm가 넘으면 공기의 저항 때문에 빗방울이 깨지고 속도도 아주 빨라진답니다.

여우비는 무슨 비일까?

여우비는 **맑은 날에 잠깐 뿌리는 비**를 말해요. 먼 곳의 구름에서 생긴 비가 강한 바람에 의해 날려 오거나 날씨가 갑자기 변해 빗방울이 생긴 뒤 구름이 사라져 버릴 때 여우비가 내린답니다. 그래서 여우비가 내릴 때는 구름도 없고, 햇빛이 비칠 때가 많아요. 이런 상황이 꼭 **여우가 장난을 치는 것 같다고 해서** '여우비'라 불러요.

얼음 알갱이로 이루어진 눈

추운 겨울이나 높은 곳에 있는 구름은 얼음 알갱이로 이루어져 있어요. 이게 녹지 않고 땅으로 떨어지면 눈이 되는 거예요. 그래서 날씨가 더운 열대 지방에서는 눈을 보기 힘들지요. 그런데 열대 지방이라도 기온이 낮은 높은 곳에는 눈이 내리기도 해요. 아프리카의 킬리만자로 산 위에 항상 눈이 쌓여 있는 것을 보면 알 수 있어요.

중위도나 고위도 지방의 구름은 대부분 온도가 0℃보다 낮은 찬 구름이에요. 찬 구름 속에서 물방울이 수증기로 증발해 얼음 알갱이의 표면으로 달라붙으면 얼음 알갱이는 점점 크고 무거워져요. **무거워진 얼음 알갱이는 중력에 의해 아래로 떨어지면서 눈송이가 만들어져요.**

기온과 환경에 따라 달라지는 눈의 모양

눈의 모양은 기본적으로 **육각형**이에요. 이것은 눈을 구성하는 **물 분자의 구조와 관련**이 있어요. 산소 원자 하나와 수소 원자 둘로 구성된 물 분자는 육각형으로 배열될 때 가장 안정된 상태예요. 그런데 눈의 모양이 모두 육각형은 아니에요. **판 모양, 바늘 모양, 기둥 모양, 별 모양, 꽃 모양 등 자그마치 6,000가지가 넘어요.** 눈의 결정 모양은 주로 공기의 온도와 거기에 포함된 수증기의 양에 따라 달라져요. 그래서 똑같은 모양을 하고 있는 눈송이는 거의 없지요.

눈은 기온이 낮고 습기가 적으면 단순한 모양이 되지만, 기온이 높고 습기가 많으면 다양한 모양이 돼요. 기온이 높고 습기가 많을 때 수증기가 얼음 알갱이의 모서리에 잘 달라붙기 때문이에요. 눈이 어떤 모양으로 자라는지는 결정이 만들어질 때 주위의 환경과 관련이 있답니다.

여러 가지 눈의 종류

함박눈

날씨가 따뜻하고 바람이 많이 불지 않을 때 내려요. 습기가 많기 때문에 잘 뭉쳐져요.

가루눈

추운 날에는 습기가 별로 없고, 바람도 강하기 때문에 눈이 뭉쳐지지 않고 가루처럼 날려요.

싸락눈

빗방울이 갑자기 차가운 바람을 만나면 얼음 알갱이가 되어 떨어지며, 땅에 부딪히면 튀어 오르고 잘 부서져요.

진눈깨비

눈이 내리다가 따뜻한 공기를 만나면서 다 녹지 못한 눈과 비가 함께 내려요.

고드름은 어떻게 생길까?

추운 겨울에 쌓였던 눈이 햇볕을 받아 녹을 때, 바깥 기온이 0℃ 이하가 되면 고드름이 생겨요.

지붕에 눈이 쌓이면 밑에 있는 눈이 조금씩 녹아서 흐르는데, **녹은 눈은 처마 밑으로 흘러 떨어지다가 차가운 공기에 다시 얼어붙어** 작은 고드름이 되지요.

고드름은 물이 얼어서 생기는 것이므로, 지붕의 처마 끝뿐만 아니라 지하의 터널 안이나 산에 있는 폭포에도 생긴답니다.

강수량이란 뭘까?

비, 눈, 싸락눈, 우박, 진눈깨비 따위가 내린 양을 통틀어 **강수량**이라고 하며, 측정 단위는 mm를 사용해요. 눈, 싸락눈, 우박, 진눈깨비와 같이 고체로 내린 것은 녹여서 그 양을 측정해요.

우리나라 대부분 지방의 강수량은 여름철에 많고 겨울철은 적어요. 연평균 강수량은 전국적으로 1,000~1,800mm로, 지역별로 보면 제주도 남부 지방이 1,600~1,800mm로 가장 많고, 낙동강 상류 지방이 900~1,000mm로 가장 적어요. 지방에 따라 강수량의 차이가 나는 것은 지형의 영향 때문이에요. 또 요즘은 기후의 변화로 인해 지역별 평균 강수량이 계속 변화하고 있지요.

우리나라에서 세계 최초로 우량계를 만들었다고?

비가 내린 양을 재는 관측 기구를 '우량계'라고 해요. **세계 최초의 우량계는 우리나라의 '측우기'**예요. 1441년(세종 23년)에 처음 발명되었으나, 여러 가지 불편한 점이 많아 그 다음 해인 1442년에 다시 만들어 '측우기'라는 이름을 붙였어요. 수도에서는 천문학을 담당하는 서운관에, 지방에서는 각 도의 관찰사가 직무를 보던 관아인 감영과 일반 군현의 객사에 측우기를 설치했어요. 수령이 직접 비의 양을 측정해 서운관에 보고했지요.

측우기로 비의 양을 측정하는 일은 19세기 말까지 전국적으로 실시되었어요.

현재 세종 때 만든 측우기는 남아 있지 않고, 1837년(헌종 3년)에 청동으로 만든 **'금영측우기'**가 보물 제561호로 지정되어 기상청에 보관 중이에요.

다른 나라는 언제부터 우량계를 썼을까?

유럽은 1639년에 이탈리아의 카스텔리가 처음 우량계를 만들었어요. 프랑스는 1658년부터 우량계를 썼고, 영국에서는 1677년부터 강우량을 측정했어요. 일본은 우리보다 280년 늦은 1721년에 우량계를 만들었지요.

인공 비는 어떻게 만드는 걸까?

옛날에는 가뭄이 들면 비를 내려달라고 기우제를 지냈어요. 그런데 요즘은 **직접 구름의 상태를 변화시켜 비를 내리게 해요**. 이것을 '인공 비' 혹은 '인공 강우'라고 불러요. 비행기를 타고 **드라이아이스를 구름 속에 뿌리거나 요오드화은을 태운 연기를 구름 속으로 보내면** 비를 내리게 할 수 있어요. 그러나 습기를 잘 빨아들이는 요오드화은을 뿌릴 때는 변화무쌍한 구름의 위치를 잘 파악해야 하기 때문에 어려움이 많지요.

드라이아이스는 이산화탄소가 영하 40℃ 이하로 얼어서 된 물이에요. 이 드라이아이스를 구름 속에 뿌리면 구름의 온도를 낮추어 구름 알갱이들을 얼리거나 서로 뭉치게 만들어 비를 내리게 해요.

무지개는 어떻게 생기는 걸까?

비가 그친 뒤 햇빛이 비치면 태양의 반대쪽에 무지개가 생겨요. 무지개는 공기 중에 남아 있는 물방울에 햇빛의 색깔이 반사되어 하늘에 펼쳐지는 현상이에요.

태양 광선은 흰 빛으로 보이지만, 실제로는 일곱 빛깔을 가지고 있어요. **표면이 둥근 물방울은 흰 빛을 반사시켜서 일곱 빛깔로 분산**시키지요. 이런 현상을 '빛의 굴절'이라고 해요. 빨간 빛은 굴절이 가장 작게 일어나서 무지개 맨 위에 있고, 보라색은 굴절이 가장 많이 일어나 무지개 맨 아래에 자리해요.

우박은 어떻게 만들어질까?

우박은 매우 **불안정한 공기덩어리에서 생겨요.** 공기가 불안정하다는 말은 온도가 주위보다 매우 높아서 빠르게 올라가는 강한 상승 기류가 만들어진다는 뜻이에요. 이런 상태에서 만들어지는 구름이 소나기 구름인 적운란이에요. 공기가 하늘로 높이 올라가면 수증기가 물방울이 되고, 이것이 얼어서 무거워지면 떨어지다가 강한 상승 기류 때문에 다시 올라가요.
이렇게 **오르락내리락하면서 얼음 덩어리가 점점 커지는데, 다 녹지 않은 얼음 덩어리가 땅에 떨어지는 것**을 '우박'이라고 하지요. 우박은 5~25℃의 기온에서 잘 생기는데 보통 지름이 2~6mm 정도이지만, 큰 것은 5~20mm나 되는 것도 있어요. 우박이 떨어지면 농작물은 물론 사람, 동물, 자동차, 건물까지 피해를 입기도 해요.

하늘에서 얼음 덩어리가 떨어진다!

이슬은 어떻게 생기는 걸까?

밤에는 해가 비치지 않기 때문에 땅의 온도가 내려가요. 땅의 온도뿐 아니라 풀과 나무 등 식물들의 온도도 내려가지요. 특히 구름이 없는 밤에는 땅의 열이 우주로 쉽게 빠져 나가기 때문에 온도가 더 빨리 내려가요. 구름이 있으면 복사된 열을 다시 반사하거나 흡수해 땅이 차가워지는 속도가 느려지지요.
새벽에는 땅과 식물의 기온이 내려가면서 주위의 공기도 차가워져요.
이때 수증기에 응결이 일어나는데, **응결된 수증기가 풀잎이나 거미줄과 같은 물체에 달라붙어 생긴 물방울**을 '이슬'이라고 한답니다.

서릿발은 왜 땅에서 솟아오를까?

겨울철에 산이나 들에 가면 **얇은 얼음 기둥이 흙을 밀고 올라와 있는 것**을 볼 때가 있는데, 그게 바로 '서릿발'이에요. 서릿발은 땅속 온도가 0℃보다 높고, 땅 위의 온도는 0℃ 이하일 때 생겨요. 이때 땅속에는 수분이 많이 있어야 하지요. 땅 위의 온도가 내려가면 땅속의 따뜻한 수분이 밖으로 나오는데, 바깥의 온도가 0℃ 이하이기 때문에 나오다가 바로 얼어버리는 거예요.
땅속에서는 수분이 계속 밀고 나오기 때문에 서릿발은 층을 이루면서 자라나요. 그런데 땅속의 온도가 0℃ 이하로 내려가면, 땅속의 수분이 얼어 서릿발이 더 이상 만들어지지 않지요.

땅속에서 얼음 기둥이 솟잖아!

겨울에는 입김이 왜 하얗게 보일까?

우리가 내뿜는 입김에는 수많은 수증기가 들어 있어요. 공기 속에 흡수되는 수증기의 양을 '포화 수증기량'이라고 해요. 포화 수증기량은 기온에 따라 정해지는데, 보통 기온이 높을수록 포화 수증기량은 많아지고, 기온이 낮을수록 포화 수증기량은 적어져요.
공기 중에 포함되고 남은 수증기는 응축 작용을 일으켜서 작은 물방울이 되지요. 이 물방울이 안개처럼 하얗게 보이는 게 바로 입김이랍니다.

기온이 내려가니 입김이 생기네.

물이 끓을 때 나오는 김은 왜 생길까?

물이 끓으면 물방울이 수증기가 되어 주전자 밖으로 나와요. 공기 속에 들어갈 수 있는 수증기의 수는 정해져 있는데, **주전자에서 수증기가 많이 나오면 공기 속에 들어가지 못하는 수증기**가 남아요. 이 수증기가 작은 물방울이 되어 하얗게 보이지요.

[날씨·환경]

계절

계절은 기온에 따라 봄, 여름, 가을, 겨울로 구분해 사계절이라고 불러요. 계절은 지구가 기울어진 채로 태양의 주위를 돌기 때문에 생기는 현상이에요. 우리나라는 사계절이 확실한 기후로, 계절에 따라 날씨도 다르고 살아가는 모습도 달라요.

계절이 생기는 원인

계절이란 규칙적으로 되풀이되는 자연 현상에 따라서 일 년을 구분해 놓은 것을 말해요. **지구는 자전축을 중심으로 23.5° 기울어져 있어요.** 그리고 365일 동안 태양의 주위를 도는 **공전**을 해요. 계절이 생기는 까닭은 바로 지구가 기울어진 채로 공전을 하기 때문이에요. **태양의 위치와 해가 뜨고 지는 시간이 달라져서 계절의 변화**가 일어나지요.

우리나라가 속해 있는 온대 지방은 계절에 따라 기온과 자연의 모습이 달라져 계절의 변화를 뚜렷하게 느낄 수 있어요. 반면에 남극 지방과 북극 지방은 일 년 내내 춥고, 열대 지방은 일 년 내내 더워요. 기온의 차이가 크지 않으면 계절의 구분도 뚜렷하지 않아요.

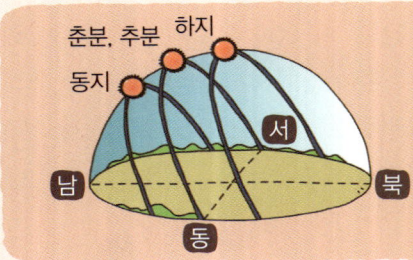

계절에 따른 낮과 밤의 길이

일 년 가운데 **낮의 길이가 가장 긴 때는 여름철인 하지**(음력 6월 21일)예요. **밤의 길이가 가장 긴 때는 겨울철인 동지**(음력 12월 22일)이지요. 하지와 동지의 중간에 들어 있는 춘분과 추분 때는 밤과 낮의 길이가 거의 비슷해요.

우리나라의 사계절

우리나라는 봄, 여름, 가을, 겨울이 뚜렷한 나라예요. 사계절은 북위와 남위의 각이 30~40°쯤 되는 중위도 지대에만 생겨요. **태양이 높게 뜨고 햇볕이 비치는 시간이 길면 더운 여름**이 되고, **태양이 낮게 뜨고 햇볕이 짧게 비치면 추운 겨울**이 되지요. 기온에 따라 봄은 3~5월, 여름은 6~8월, 가을은 9~11월, 겨울은 12~2월로 사계절을 구분해요.

봄
평균 기온 15℃로, 낮의 길이가 점점 길어지고 날씨가 따뜻해 새싹이 돋고 꽃이 피는 계절이에요. 비가 자주 내리고, 날씨가 변덕스러워 갑자기 기온이 내려가거나 세찬 바람이 불기도 해요.

여름
평균 기온 28℃, 무덥고 산과 들에 나무나 곡식이 무럭무럭 자라는 계절이에요. 여름이 시작될 무렵에 장마가 들어 큰 비가 내리고, 무더위가 시작돼요.

가을
평균 기온 13℃로, 산과 들에 단풍이 들고 과일과 곡식이 무르익는 풍성한 계절이에요. 낮의 길이가 점점 짧아지면서 아침저녁으로 선선해지고, 하늘이 높고 푸르며 맑은 날씨가 계속돼요.

겨울
평균 기온 영하 5℃로, 차고 건조한 바람이 불어 날씨가 춥고 눈이 내리는 계절이에요. 사계절 중 기온이 가장 낮아요. 사흘은 춥고 나흘은 따뜻한 삼한사온 현상이 나타나요.

기단의 성질에 따른 계절 변화

기단은 **기온이나 습도가 비슷한 엄청나게 큰 공기 덩어리**를 말해요. 기단의 이름은 만들어진 장소에 따라 붙여져요. 육지에서 만들어진 기단은 건조하고, 바다에서 만들어진 기단은 습기가 많은 게 특징이에요.

우리나라에 영향을 주는 기단은 5가지가 있어요. 차고 건조한 겨울 날씨의 원인이 되는 **시베리아 기단**, 따뜻하고 건조한 봄과 가을 날씨의 원인이 되는 **양쯔 강 기단**, 차고 습기가 많으며 장마 전선에 영향을 주는 **오호츠크 해 기단**, 덥고 습기가 많은 한여름 날씨의 원인인 **북태평양 기단**, 태풍과 함께 많은 비를 내리게 하는 **적도 기단**이에요. 우리나라가 사계절이 뚜렷한 것은 기단의 성질에 따른 날씨의 변화 때문이지요.

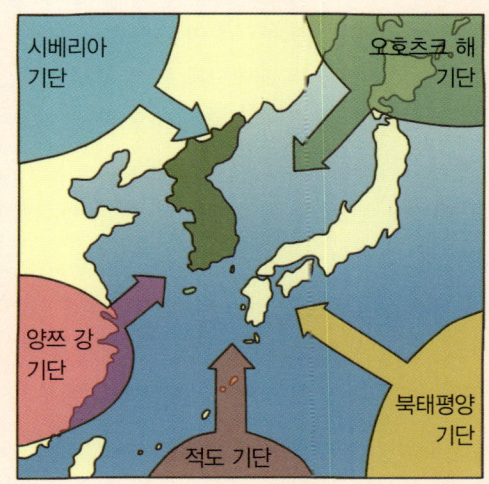

지역의 날씨를 뜻하는 기후

어떤 지역에서 일정 기간 동안 규칙적으로 되풀이되는 평균 기상 상태를 기후라고 해요. 다시 말해 한 지역의 기온, 강수량, 습도, 바람, 흐린 날의 수 따위를 여러 해 동안 비교 조사한 것이지요.

기후는 사람들 생활과 깊은 관계가 있어요. 기후에 따라 집, 음식, 옷, 풍습 따위가 달라져요. 또 지구에 사는 생물의 분포도 기후에 큰 영향을 받아요. 기후가 비슷한 지역들을 모아서 기후가 다른 지역들과 구분해 표시한 것을 '**기후대**'라고 해요. 기후는 **열대, 온대, 한대** 등으로 나뉘어요. 기후가 지역마다 다른 이유는 위도에 따라 태양으로부터 받는 열의 양이 다르기 때문이에요.

세계의 기후

열대 기후
일 년 내내 덥고, 비가 많이 내려요.

온대 기후
계절의 변화가 뚜렷해요.

한대 기후
여름과 겨울이 길고, 봄과 가을은 짧아요.

사막 기후
강수량이 적어 건조하고, 식물이 거의 자라지 않아요.

꽃샘추위가 뭐지?

봄바람은 **입춘 직후에 불어오는 강한 남풍**이에요. 봄이 되면 겨울 동안에 매서운 북서풍을 보내오던 대륙성 고기압이 약해지고 대신 대륙에 저기압이 생겨요. 이동성 고기압과 저기압이 우리나라를 자주 지나가기 때문에 봄은 다른 계절에 비해 기온 변화가 심하지요. **날씨가 따뜻하다가 어느 날 갑자기 찬바람이 매섭게 몰아치는 현상**을 일컬어 '꽃샘추위'라고 해요. 꽃이 피는 것을 시샘하여 찬바람이 분다고 붙여진 이름이에요. 이때 양쯔 강 기단의 영향으로 황사 현상이 나타나기 때문에 건강에 특히 신경을 써야 한답니다.

높새바람과 푄 현상이란 뭘까?

'북동풍'을 가리키는 순 우리말이 '높새바람'이에요. 원래는 모든 북동풍을 가리켰지만 오늘날에는 **태백산을 넘어 영서 지방으로 부는 북동풍만 높새바람**이라고 해요. 주로 봄에서 초여름에 걸쳐 영서 지방을 비롯한 경기도, 충청도, 황해도 등지에 불어요. 높새바람은 기온이 높고 매우 건조해서 농토와 농작물을 마르게 해요. 높새바람이 불 때는 농작물 피해에 대비해야 하고, 산불도 조심해야 한답니다.

한편, 12월에서 1월에는 차가운 북서 계절풍이 태백 산맥을 넘어오면서 **푄 현상을** 일으켜요. 푄 현상은 산을 넘어온 **공기가 산을 넘기 전의 공기보다 건조하고 기온이 높아지는 현상**을 말해요. 흔히 산맥을 경계로 기압 차이가 있을 때 일어나요. 태백 산맥을 비롯해 로키 산맥, 알프스 산맥 등에서 많이 볼 수 있어요.

아지랑이는 왜 생길까?

아지랑이는 봄부터 여름에 걸쳐 자주 보이는 현상이에요. 햇볕이 강하게 내리쬐면 지면에서 따뜻한 공기가 올라오는데 일반 도로가 풀밭보다 빨리 데워져요. 그러면 **공기의 농도가 짙은 곳과 옅은 곳이 생기게 되는데, 이때 햇빛이 꺾여 멀리 있는 물체가 흔들리거나 일그러져 보이는 거예요.**

이와 비슷한 현상으로 **신기루**가 있어요. 빛은 공기의 농도가 짙을수록 속도가 느려져 꺾여요. 사막이나 아스팔트의 경우에는 빛이 위쪽의 찬 공기에서 땅 근처의 뜨거운 공기를 지날 때 꺾이는데 사람들의 눈에는 마치 물이 고인 것처럼 보이게 된답니다.

장마는 왜 오는 걸까?

여름에 여러 날 계속해서 비가 많이 내리는 현상을 '장마'라고 해요. 6월 하순에서 7월 중·하순 무렵까지 이어져요. **북태평양 기단과 오호츠크 해 기단**이 우리나라 부근에서 만날 때 장마가 오지요. 힘은 비슷하고 성질은 서로 다른 두 기단이 만나면, 움직이지 않고 그 자리에 머물러 오랫동안 비를 뿌리는 장마 전선이 만들어져요. 오호츠크 해 기단의 세력이 커지면 장마 전선이 아래로 내려가고, 북태평양 기단의 세력이 커지면 장마 전선이 위로 올라가지요.

두 기단이 밀고 당기기를 계속하는 동안, 장마 전선은 우리나라를 오르락내리락하면서 많은 비를 뿌린답니다.

불쾌 지수가 뭘까?

여름처럼 기온이 높은데 습도마저 높은 날에는 사람들은 불쾌함을 느껴요. 이렇듯 **여름철 기온과 습도에 따라 느끼는 불쾌감을 조사해 만든 수치**가 바로 '불쾌 지수'로 미국의 기상국에서 처음 고안해 냈어요. 불쾌 지수가 70 이상이면 약 10%의 사람들이 불쾌감을 느끼고, 75 이상이면 약 50%의 사람들이 불쾌감을 느낀다고 해요. 그리고 불쾌 지수가 80 이상이면 대부분의 사람이 불쾌감을 느끼고, 86 이상이 되면 견딜 수 없을 만큼의 고통까지 느낀다고 해요.

불쾌 지수가 높아지면 어떤 일을 하든지 의욕이 생기지 않고 능률도 오르지 않아요. 그러니 무더운 여름철에는 실내 온도와 습도를 잘 조절해 쾌적한 상태를 유지하는 게 좋아요.

불쾌 지수를 구하는 식

전구 온도인 기온에 습구 온도를 더하고, 0.72를 곱한 뒤 40.6을 더하면 불쾌 지수를 구할 수 있어요. 습구 온도는 젖은 헝겊으로 수은 단지를 싸놓은 온도계, 즉 습구 온도계로 측정한 온도를 말해요. 습구 온도는 보통 온도계로 측정한 온도보다 낮아요.

불쾌 지수 = [기온 + 습구 온도] × 0.72 + 40.6

온도계는 어떻게 온도를 잴 수 있을까?

대부분의 온도계는 가느다란 유리관과 그 안에 있는 액체로 이루어져요. 온도계의 눈금을 오르내리는 액체는 석유의 일종인 등유를 붉게 물들인 거예요. 등유 대신 수은이라는 금속을 쓰기도 해요. 보통 온도계는 등유를 넣은 것이고, 건구 온도계 또는 습구 온도계는 수은을 넣은 것이에요. **등유나 수은은 온도에 따라 부피의 변화**가 커요. 액체의 온도가 올라가면 일정한 부피만큼 늘어나고, 온도가 내려가면 줄어들지요. 유리관 속에 있는 **액체가 늘어나고 줄어듦에 따라 온도를 측정**할 수 있는 것이랍니다.

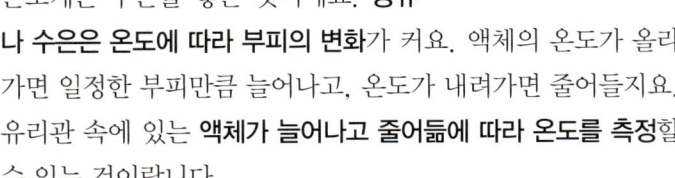

봄, 가을 날씨는 왜 변덕스러울까?

우리나라의 날씨는 두 기단의 영향을 많이 받아요. 추운 겨울철에는 차고 건조한 **시베리아 기단**의 영향을 받고, 더운 여름철에는 기온이 높고 습기가 많은 **북태평양 기단**의 영향을 받지요. 그런데 시베리아 기단과 북태평양 기단이 서로 바뀌는 시기가 있어요. 바로 봄과 가을이에요.
봄, 가을에는 두 기단의 세력이 부쩍 약해지는데, 이때 **대륙에서 고기압과 저기압이 번갈아 우리나라를 지나가요.** 그래서 봄철과 가을철의 날씨가 자주 변덕을 부리는 것이랍니다.

겨울철 한파와 삼한사온은 뭘까?

한파는 **시베리아 지방의 찬 공기가 마치 파도처럼 일정한 간격으로 몰려온다**고 해서 붙여진 이름이에요. 이때 우리나라 동해에는 저기압이 발달해 있어 대륙성 고기압이 불고 '한파 주의보'가 내려질 만큼 매서운 추위가 오지요.
그런데 다행히 한파를 견디게 해 주는 삼한사온 현상이 있어요. **3일 동안 춥다가 4일 동안은 따뜻하다고 해서 붙여진 이름**이지요. 차갑고 건조한 시베리아 기단의 세력이 강해지면 사흘 정도 날씨가 춥다가 시베리아 기단의 세력이 약해지면 비교적 온화한 날씨가 나흘 정도 나타나요. 이런 현상은 겨우내 며칠씩 번갈아 나타난답니다.

얼음은 어떻게 생기는 걸까?

물이 얼음이 되는 점은 0℃예요.

겨울이 되어 추위가 심해지면 연못이나 강의 물이 얼어요. **물의 어는점은 0℃**로 온도가 0℃ 이하로 떨어지면, 물이 얼어서 얼음이 되는 거예요. 땅에 괴어 있는 물이나 웅덩이, 저수지, 호수 등의 물은 수면부터 얼기 시작해요. 그리고 날씨가 추워져서 영하의 기온이 계속되면 얼음이 점점 두꺼워지지요.
한편 바닷물은 영하 18℃부터 얼기 시작해요. 바닷물은 녹아 있는 소금 때문에 어는점이 낮기 때문이에요.

상식 퀴즈 우리나라 여름 날씨의 특징은?

① 장마와 태풍으로 인해 비가 자주 내린다.
② 별로 덥지 않으며, 건조한 날씨가 계속된다.
③ 눈이 많이 내리고, 얼음이 언다.

정답: ①
우리나라 여름은 매우 덥답니다. 대체로 6월 하순부터 7월 하순까지 장마가 이어지고, 7월 하순 이후에는 무더위가 기승을 부려요. 또 여름에는 때때로 태풍이 몰려와 강풍과 호우를 몰고 가기도 하지요.

【날씨·환경】

일기 예보

어떤 장소에서 시간에 따라 바뀌는 대기의 상태와 변화를 관측하고 예상해서 미리 알려 주는 것을 일기 예보라고 해요. 일기 예보 덕분에 우리는 날씨에 따른 피해를 줄일 수 있어요.

날씨를 예상하는 일기 예보

일기는 어떤 장소에서 시간에 따라 바뀌는 대기의 상태예요. 이 대기의 상태를 살펴 날씨를 미리 예상해 알려 주는 것이 바로 일기 예보이지요. 일기는 그날의 기압, 기온, 습도, 풍향, 풍속, 강수량, 구름의 양 등에 따라 달라져요. 요즘에는 최첨단 장비를 동원해 기온, 기압, 습도 등 일기를 이루는 요소들을 세밀하게 관측하고 분석해 일기 예보가 점점 정확해지고 있어요.

일기 예보에는 1~3일쯤의 일기 변화를 발표하는 일일 예보, 1주일의 일기를 예보하는 주간 예보, 1개월간의 일기를 예측하는 월간 예보, 태풍이나 호우 등으로 재해가 예상될 경우 사람들에게 미리 알리는 경계 예보 등이 있어요.

일반 예보와 특수 예보

일기 예보에는 일상생활에 이용하도록 작성된 일반 예보와 주의보, 경보, 정보 등의 특수 예보가 있어요. **주의보**는 태풍 주의보, 안개 주의보, 건조 주의보, 호우 주의보, 대설 주의보, 폭풍 주의보처럼 날씨로 인해 피해를 입을 염려가 있을 때 조심하라는 알림이에요. **경보**는 주의보보다 더 위험한 경우에 내려져요. 아주 큰 피해가 예상되기 때문에 각별히 조심하라는 뜻이지요. 경보에는 태풍 경보, 대설 경보, 한파 경보 등이 있어요. 조심해야 될 때는 주의보, 큰 피해가 예상될 때는 경보를 발표하지요. 정보는 제일 약한 단계에 내려요.

일기 예보가 나오는 과정

각 지역의 유인 관측소에서 3시간마다 기온, 습도, 강수량, 바람, 하늘의 상태 등을 관측해요.

하루에 2번씩 커다란 풍선에 관측 장비를 매달아 띄우는 '라디오존데'를 30km 높이까지 올려 날씨 자료를 수집해요.

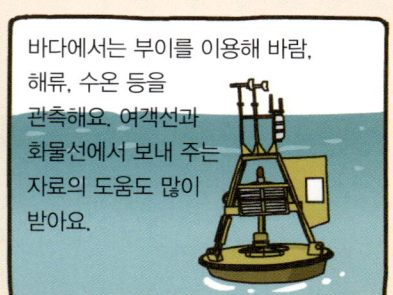

바다에서는 부이를 이용해 바람, 해류, 수온 등을 관측해요. 여객선과 화물선에서 보내 주는 자료의 도움도 많이 받아요.

정밀한 구름 영상을 제공하는 기상 위성 관측, 특수 항공기를 이용한 항공 기상 관측 등을 해요.

이렇게 모아진 기상 관측 자료를 위성 자료 분석 장치 등을 이용해 분석해요.

분석된 자료로 예보도를 작성하고 토의해 각 기관에 알려요.

신문이나 라디오, 텔레비전, 인터넷 등을 통해 일기 예보를 해요.

날씨를 관측하기 위한 여러 가지 관측 시설

우량계 비의 양을 재요.

풍향계 바람의 방향을 관측해요.

풍속계 바람의 속도를 재요

기상 레이더 구름의 형태나 강수량 등을 관측해요.

기상 위성 지구 상공을 돌며 일기 변화를 관측하는 인공위성이에요.

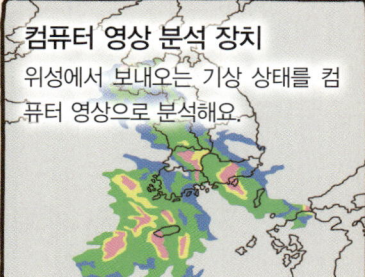
컴퓨터 영상 분석 장치 위성에서 보내오는 기상 상태를 컴퓨터 영상으로 분석해요.

기상 관측 로봇 사막, 높은 산, 바다 등에 설치하면 일기의 변화를 관측해 기상대에 알려 줘요.

날씨를 한눈에 보여 주는 일기도

일기도란 어떤 지역의 일정한 시간대에 나타나는 기온, 기압, 풍향, 풍속 따위를 측정해 숫자와 기호 등으로 나타낸 지도예요. 일기도를 기초로 각종 장비와 컴퓨터를 활용해 기상 상태를 예측하지요.

일기도는 19세기 초 독일에서 처음으로 만들었어요. 이때의 일기도는 25년 전의 일기를 종합해 놓은 것으로, 실생활에는 쓸모가 없었어요. 이후 통신 기구가 발달한 19세기 중엽, 영국에서는 일기의 변화를 신문에 실었고, 미국에서는 일기 예보를 시작했어요. 1854년 프랑스 해군이 폭풍으로 엄청난 피해를 입은 사건이 일어난 후 일기도의 중요성을 알았고, 각 나라에서는 일기도 작성을 국가가 나서서 하기 시작했어요.

등압선이란 뭘까?

고기압은 '고', 저기압은 '저'로 나타내며 기압이 서로 같은 지점끼리는 등압선으로 연결해요. **기압의 분포를 알아보기 쉽게 기압이 같은 지점끼리 선으로 연결한 것을** 등압선이라고 해요.

등압선은 서로 교차하지 않고, 하나의 등압선이 여러 가로 갈라지거나 끊어지지 않게 그려요. 간격이 좁으면 기압 차가 커서 바람이 세고, 간격이 넓으면 바람이 약해요.

일기도에 사용되는 기호

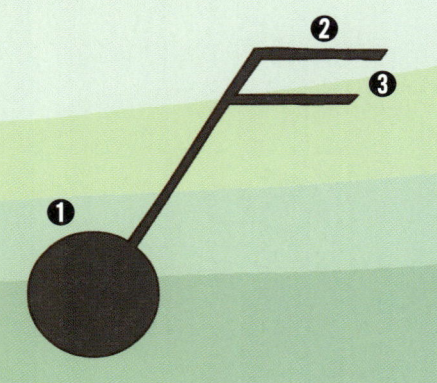

❶ 구름의 양
구름의 양은 동그란 부분으로 나타내요. ○, ◐, ● 등으로 표시하며, 검은 부분이 많을수록 구름의 양이 많아요.

그 밖의 기호
안개(≡), 비(●), 눈(✱), 우박(⬡) 등은 고유의 기호를 사용해요.

❷ 바람의 속력
꼬리깃의 수와 길이로 바람의 속력을 나타내요. 꼬리깃이 많고 길수록 바람이 빠르고 세게 불어요.

❸ 바람의 방향
열쇠 모양 기호에서 꼬리의 방향은 바람의 방향을 나타내요. 꼬리가 동쪽을 향하고 있으면 바람이 동쪽으로부터 불어오는 거예요.

일기 예보 111

일기 예보에서 말하는 전선은 뭘까?

온도나 습도가 다른 공기 덩어리는 쉽게 섞이지 않아요. 그래서 **두 공기 덩어리 사이에는 경계면**이 생기는데, 이것을 전선면이라고 해요. **전선면과 지표면이 만나는 경계선**을 가리켜 '전선'이라고 하지요. 전선에는 한랭 전선, 온난 전선, 정체 전선, 폐색 전선 등이 있어요.

한랭 전선은 찬 공기가 따뜻한 공기를 파고들어 따뜻한 공기를 밀어올리기 때문에 적운형 구름이 발달해요. 그러면 좁은 지역에 천둥, 번개를 동반한 소나기가 내리고, 한랭 전선이 지나간 지역은 기온이 뚝 떨어져요.

온난 전선은 따뜻한 공기가 찬 공기를 타고 서서히 넓게 퍼져 올라가기 때문에 층운형 구름이 발달해요. 넓은 지역에 걸쳐 비가 오랫동안 내리고, 온난 전선이 지나간 지역은 기온이 올라가요. **정체 전선**은 공기가 거의 움직이지 않는 상태예요. **폐색 전선**은 소멸되기 직전의 전선 상태를 말해요.

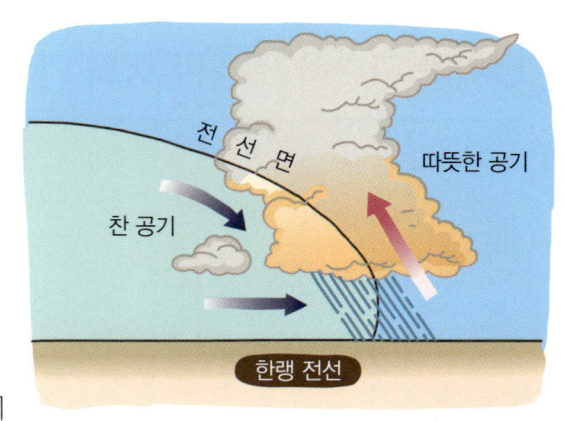
한랭 전선

날씨 용어에는 어떤 것이 있을까?

날씨 용어에서 하늘의 상태를 말할 때는 구름의 많고 적음을 따져 표현해요. **맑음, 구름 조금, 구름 많음, 흐림, 비** 등이지요. 바람의 세기를 말할 때는 풍속에 따라 바람이 **약하다, 약간 강하다, 강하다, 매우 강하다** 등으로 표현해요. 비나 눈의 양을 표현하는 말로는 **강우량, 강설량**(적설량), **강수량** 등이 있어요.

그 밖에도 일기 예보를 듣다 보면 시간도 때에 따라 조금씩 다르게 말하지요. 새벽, 오전, 오후, 늦은 오후, 낮, 밤, 저녁, 늦은 저녁 따위의 단어를 날씨의 상황에 따라 적절하게 표현하는 거예요.

기상청에서는 무슨 일을 할까?

기상의 변화를 관측, 조사, 연구하는 곳이 바로 기상청이에요. 서울에 국립 중앙 기상청이 있고, 전국 주요 지역에 기상대와 관측소가 설치되어 있어요.

중앙 기상청에서는 날씨를 관측하고, 각 지방의 기상대에서 보내온 기온, 기압, 바람, 습도, 강수량 등의 내용과 외국에서 들어온 기상 정보를 종합해 일기도를 만들어요. 이 일기도를 보고 신문사나 라디오, 텔레비전 방송국 등에 날씨를 알려 주지요.

기상청

체감 온도란 뭘까?

체감 온도는 사람이 실제로 느끼는 온도예요. **사람이 온도, 습도, 풍속 등의 영향을 받아 몸으로 느끼는 온도를 수치로 나타낸 것**이지요. 여름에는 햇볕이, 겨울에는 바람이 체감 온도에 큰 영향을 준답니다. 온도계의 온도는 바람이 아무리 세게 불어도 떨어지지 않아요. 그러나 사람의 몸은 센 바람을 맞으면 온도계가 가리키는 온도보다 더 춥게 느껴요. 바람의 세기가 초속 1m씩 빨라질 때마다 우리 몸은 약 1~1.5℃ 정도 낮게 느낀다고 해요.

기온을 백엽상에서 재는 까닭은?

기상 관측용 기구가 설치되어 있는 조그만 집 모양의 흰색 나무 상자를 '백엽상'이라고 해요. 백엽상에서 기온을 재는 이유는 첫째, **재는 장소에 따라 기온이 다르기 때문**이에요. 햇빛이 잘 비치는 곳은 기온이 높고, 햇빛이 잘 비치지 않는 곳은 기온이 낮아요. 그래서 주변 환경에 영향을 받지 않는 조건을 갖춘 백엽상에서 기온을 재는 거예요.
둘째, **같은 장소일지라도 재는 높이에 따라 기온이 다르기 때문**이에요. 지표면에 가까울수록 기온이 높아요. 그래서 일정한 조건을 갖춘 백엽상에 있는 온도계로 재야 정확하게 기온을 잴 수 있답니다.

백엽상의 설치

백엽상은 맨 땅이 아닌 **잔디 위에 설치**해요. 지표면에서 올라오는 열을 적게 받도록 하기 위해서예요. 백엽상의 **사방은 나무로 만든 비늘 창살**을 대어 직사광선을 막고 공기가 잘 통하도록 해 줘요.
백엽상의 안팎은 **흰 페인트 칠**을 해요. 햇볕의 흡수를 최대한으로 막기 위해서예요. 백엽상의 지붕은 낮은 쪽을 남쪽으로 하고, **문은 북쪽을 향하게 해야** 백엽상의 문을 열고 온도계를 보는 동안 햇빛이 들어가는 것을 막을 수 있어요.

구름 사진은 어떻게 찍는 걸까?

일기 예보에서 볼 수 있는 구름 사진들은 기상 위성이 보내 준 것이에요. **기상 위성에는 지구의 표면이나 바다, 대기 또는 구름에서 우주 공간으로 나가는 전자기파를 측정하는 센서가 달려 있어요.** 그런데 이 센서는 사진기처럼 눈에 보이는 영역의 전자기파뿐만 아니라 더 넓은 영역의 전자기파까지도 탐지해요. 그래서 기상 위성을 이용해 구름의 모습뿐만 아니라 온도, 수증기량, 대기의 입자 등도 관측할 수 있지요.
최초의 기상 위성은 1960년에 미국이 띄웠어요. 그 후 일본, 인도, 중국, 유럽 등이 기상 위성을 성공적으로 우주 공간에 띄웠지요. 지금은 세계적으로 여러 나라에서 쏘아 올린 기상 위성들이 기상 자료를 제공하고 있어요.

날씨에 관한 속담은 정말로 맞을까?

사람들은 아주 오래 전부터 날씨에 대해 관심이 많았어요. 농업에 의존하는 비율이 높았던 **옛날에는 일기의 변화가 농사에 많은 영향을 미쳤기 때문**이지요. 바다로 고기잡이를 나갈 때도 날씨를 예측하지 못하면 강풍을 만나면 목숨을 잃을 수도 있어요.
이처럼 날씨의 변화를 미리 알면 여러 가지 재해에 대비할 수 있고 생활에 적극 이용할 수도 있었어요. 그렇다 보니 우리의 옛 속담에도 날씨와 관련된 말들이 많아요. 놀랍게도 속담의 대부분이 정확하게 맞아 떨어져요. 속담은 옛날 사람들의 오랜 경험에서 나온 말이기 때문이지요

아침에 무지개가 생기면 비가 흐단다던데….

동물과 관련된 날씨 속담은 어떤 것이 있을까?

'**개미가 이사하면 비 온다.**'라는 속담이 있어요. 개미는 습기를 감지하는 능력이 아주 뛰어나요. 기압이 내려가면 머지않아 비가 올 것을 예감하고 미리 안전한 장소로 옮기는 습성이 있지요. 그래서 옛날 사람들은 개미가 집단으로 이동하는 것을 보고 곧 비가 올 것을 예측했어요. 또 '**제비가 낮게 날면 비 온다.**'라는 속담도 있어요. 제비는 비를 피해 땅으로 내려온 곤충을 사냥하기 위해 낮게 비행해요. 이것을 보고 옛사람들은 제비가 낮게 날면 비가 온다는 것을 예측했어요. 그 밖에도 '**청개구리가 울면 비가 온다.**', '**처서가 지나면 모기 입이 비뚤어진다.**' 등도 날씨에 관한 속담이에요.

[날씨·환경]

자연과 환경 문제

인간 및 공기, 흙, 물, 산, 강, 바다, 동식물들이 이루는 환경을 자연환경이라고 해요. 자연환경을 잘 지켜야 인간도 잘 살 수 있어요.

자연과 인간의 관계

자연은 사람이 만들지 않은 저절로 생겨난 산, 강, 바다, 생물 또는 그것들이 이루는 지리적, 지질적 환경과 조건을 말해요. 이러한 **자연은 삶의 터전이 되어 주기도 하고 우리에게 자원도 제공**해 줘요. 반면 화산 폭발, 지진, 가뭄, 태풍, 해일 등의 자연재해로 인해 사람들은 삶의 터전이나 목숨을 빼앗기기도 하지요.

반대로 인간도 자연에 영향을 끼쳐요. **인간은 필요에 따라 자연환경을 바꿀 줄 알아요.** 홍수나 가뭄을 막기 위해 댐을 건설하고, 전기 같은 연료를 얻기 위해 발전소를 세우고, 바다를 메워 논이나 공장 터를 만들고, 숲을 없애 도시를 건설하기도 해요. 문제는 인간의 활동이 자연 파괴로 이어진다는 점이에요. 자연이 훼손되면 인간도 살아가기 힘들어질 거예요.

생태계와 환경 문제

어떤 환경 속에 사는 모든 동물과 식물을 연결하는 복잡한 연결망을 '생태계'라고 해요. 그리고 한 생태계 안에 살고 있는 동물과 식물을 잇는 중요한 연결 관계 중 하나는 먹이 관계이지요. 벌레는 식물을 갉아먹어요. 작은 새나 동물은 벌레를 잡아먹지요. 부엉이나 독수리 같은 큰 새는 작은 새나 동물을 잡아먹어요. 이처럼 생태계 안에는 수많은 **먹이사슬**이 존재하고, 다양한 먹이사슬이 합쳐져 거대한 먹이그물이 되지요. **먹이그물**은 생태계 안에서는 균형을 이루기 때문에 어느 한 종의 동식물이 훨씬 많이 번성하지도, 갑자기 사라지지도 않아요.

하지만 산업이 발달하면서 인간에 의해 먹이그물의 균형이 깨지고 있어요. 공장이나 자동차에서 나오는 대기 오염 물질, 쓰레기, 숲과 바다의 파괴 등이 그 원인이에요. 우리의 편리한 생활을 위해 이대로 **환경을 계속 파괴하고 오염시키면 생태계가 파괴**되어 결국에는 인간도 살아남을 수 없을 거예요.

환경오염이 지구에 미치는 영향

봄마다 우리나라에 찾아오는 황사(황색 모래) 때문에 사람들은 기관지염이나 천식으로 고생을 해요. 황사에는 오염 물질이 들어 있기 때문이에요.	아프리카는 물과 식량 부족이 심각해요. 사막화로 인해 초원이 사라지고 있기 때문이에요.	지구 온난화 때문에 남극과 북극의 얼음이 급속도로 녹아 없어지고 있어요. 펭귄이나 북극곰 등이 살 곳을 잃어버릴지도 몰라요.	태평양의 작은 섬들이 바다에 잠기고 있어요. 지구 온난화로 인해 빙하가 녹아 바닷물의 높이가 높아지고 있기 때문이에요.	지구의 허파, 아마존 밀림이 파괴되고 있어요. 아마존을 지키지 못하면 우리가 숨쉬고 살아가기 힘들 거예요.

쇠고기와 지구 온난화는 무슨 관계일까?

지구 표면의 평균 온도가 높아져 지구가 점점 더워지고 그로 인해 이상 기후가 나타나는 현상을 '지구 온난화'라고 해요. 지구의 온도가 올라가는 이유는 '온실 효과' 때문이에요. 온실 효과는 공장이나 자동차, 에어컨에서 나오는 이산화탄소, 메탄 가스, 프레온 가스 같은 온실 가스가 지구를 감싸서 지구가 비닐하우스처럼 더워지는 것을 말해요. 특히 **메탄 가스는 소의 트림이나 방귀에 많이 섞여 나와요.** 소는 되새김질을 하기 때문에 트림이나 방귀를 많이 뀌지요. 사람들이 쇠고기를 많이 먹으면 소를 더 많이 키우게 되고, 많아진 소들이 트림과 방귀를 내뿜으면 공기 중에 메탄 가스가 늘어나 지구 온난화가 더욱 심해진답니다.

엘리뇨와 라니냐가 뭘까?

엘리뇨 현상은 남아메리카의 **차가운 바닷물에 갑자기 따뜻한 바닷물이 들어오는 것을** 말해요. 이로 인해 남아메리카 부근의 바닷물 온도가 높아져서 집중호우와 홍수가 발생하고, 인도네시아, 호주 등에는 가뭄이 생겨요. 엘리뇨라는 말은 스페인 어로 '남자 아이', '아기 예수'란 뜻이에요.

라니냐는 엘리뇨와 반대로 동태평양의 **바닷물 온도가 낮아지는 것을** 말해요. 라니냐라는 말은 '여자 아이'라는 뜻이에요. 라니냐가 찾아오면 필리핀, 인도네시아 등 동남아시아 지역은 홍수가 나고, 페루를 비롯한 남아메리카 지역은 가뭄, 북아메리카에는 강추위가 발생해요.

땅은 왜 오염될까?

땅은 여러 생물의 보금자리예요. 예로부터 사람들은 땅을 일구어 농사를 짓고, 나무를 심어 숲을 가꾸었어요. 오늘날 흔히 볼 수 있는 거대한 도시도 땅이 없으면 건설할 수 없었을 거예요.

그런데 요즘 부쩍 땅이 몸살을 앓고 있어요. 우리가 쓰고 버리는 목욕 물이나 설거지 물, 빨래 물 등의 **생활 하수와 음식물 찌꺼기로** 인해 땅이 오염되고 있지요. 농촌에서 쓰는 **농약과 화학 비료,** 공장에서 내보내는 **산업 폐수도** 땅을 오염시키는 범인이에요. 땅이 병들면 거기서 나는 식물이 병들고, 그 식물을 먹고 사는 가축과 사람도 병에 걸리고 만답니다.

생물 농약이 뭐지?

바이러스나 세균, 해충을 천적 등을 이용해 해로운 벌레를 없애는 것을 '생물 농약'이라고 불러요. 무당벌레를 이용해 진딧물을 없앤다거나 불임화시킨 수컷을 이용해 교미 활동을 혼란시켜 해로운 벌레를 없애는 것이지요.

생물 농약을 사용하면 식물에 피해를 주거나 땅이 오염되는 것을 막을 수 있어요.

땅을 보호하려면 어떻게 해야 할까?

쓰레기를 줄여요!
쓰레기가 땅속에 묻혀 점점 쌓이다 보면 땅이 숨을 못 쉬고 병이 들어요.

생활 하수를 줄여요!
주방 세제나 샴푸 같은 합성 세제를 되도록 쓰지 않아요.

나무를 심고 가꿔요!
나무뿌리는 땅에 이로운 물질을 많이 만들어 내 흙을 건강하게 만들어요.

화학 비료 대신 퇴비를 써요!
음식물이나 식물 찌꺼기를 썩혀서 만든 퇴비를 뿌린 땅은 기름지고, 거기서 자란 농작물은 맛과 향이 좋아요.

공기는 어떻게 오염될까?

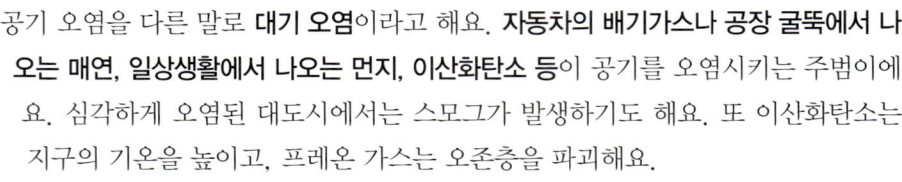

공기 오염을 다른 말로 **대기 오염**이라고 해요. **자동차의 배기가스나 공장 굴뚝에서 나오는 매연, 일상생활에서 나오는 먼지, 이산화탄소 등이 공기를 오염시키는 주범이에요.** 심각하게 오염된 대도시에서는 스모그가 발생하기도 해요. 또 이산화탄소는 지구의 기온을 높이고, 프레온 가스는 오존층을 파괴해요.

오염된 공기는 바람을 타고 먼 곳까지 퍼져 나가요. 그래서 어느 한 곳이 오염되면 빠른 속도로 다른 지역까지 영향을 받지요. 공기가 잘 통하지 않는 곳은 더러운 공기가 공중에 오래 머물러 있기 때문에 동식물과 사람들의 건강을 해친답니다.

매연과 안개가 섞인 스모그

스모그(Smog)는 연기와 안개를 합친 말이에요. **공장이나 자동차에서 나오는 매연이 안개와 섞여 공중에 가득 찬 상태를 스모그라고 해요.** 스모그가 생기면 하늘이 뿌옇게 보이고, 공기가 좋지 않아요. 또 스모그는 눈병, 호흡기 질환 등 각종 질병을 일으키기도 하지요.

산성비는 왜 해로울까?

보통 비는 약한 산성을 띠고 있어요. 그런데 공장 굴뚝이나 자동차 등에서 나오는 **아황산가스와 산화질소 화합물이 공기 중에서 녹아들면 강한 산성**을 띤 산성비가 내려요.

산성비가 내리면 강과 하천이 오염되어 물고기들이 떼죽음을 당하고, 나무나 농작물은 잎에서 영양분이 빠져나가 더 이상 자라지 못하지요.

사람이 산성비를 맞으면 머리카락이 빠지거나 눈병, 피부 질환에 걸려요. 또 산에 약한 대리석이나 금속, 시멘트 등이 녹아 건물, 다리, 동상 등의 모양이 바뀌거나 부식되지요.

황사는 왜 해로울까?

황사는 미세한 모래 먼지예요. 봄이 되면 중국 북부의 황토 지대에서 황사가 바람을 타고 우리나라까지 날아와요. 그런데 황사에는 **납, 카드뮴, 다이옥신 등 공기를 오염시키는 물질이 가득**해서 사람들의 건강을 위협해요. 숨을 쉴 때 콧속의 점막으로 들어가 호흡기 질환을 일으키고, 눈병이나 피부 질환도 일으켜요. 또 식물의 성장을 방해해 농작물에도 큰 피해를 입히지요.

오존층이 파괴되면 어떤 일이 일어날까?

오존은 특유의 냄새가 나고, 약간 푸른빛을 띠는 기체예요. 살균, 소독, 표백을 하거나 공기를 정화시키는 데 오존이 이용돼요. 이러한 오존이 지구의 대기 중에 많이 모여 있는 곳이 있는데, 그곳을 오존층이라고 불러요. 오존층은 땅으로부터 약 20~25km 높이의 성층권에 있어요. 오존층은 우리 몸에 해로운 자외선을 흡수해 지구에 사는 생물들을 보호하는 역할을 해요. 자외선은 화상과 피부암, 백내장 등의 질병을 일으키는 원인이 되지요. 만약 오존층이 파괴되면 **태양으로부터 오는 강한 자외선이 지구 표면에 직접 닿아 동식물이 자라지 못해 생태계가 파괴**될 거예요.

습지와 갯벌은 왜 보호해야 할까?

습지는 하천, 연못, 늪 등으로 둘러싸인 습한 땅이에요. 습지에는 습지 식물과 수중 생물 등 먹이가 풍부해서 조류, 어류, 포유류, 양서류, 파충류 등 각종 야생 동물이 살고 있어요. 또 **습지는 오염된 물을 정화하고 걸러내는 아주 중요한 일을 해요.** 습지의 흙은 물을 많이 머금기 때문에 훌륭한 자연 댐 역할을 하기도 해요.

해안 습지로는 **갯벌**이 있어요. 강에서 떠내려온 영양분이 많고, 광합성에 필요한 햇빛도 넉넉해 갖가지 식물성 플랑크톤과 해조류가 많이 자라지요. 바닷물이 밀려들면 크고 작은 물고기들이 풍부한 먹이를 찾아 몰려들고, 썰물 때에는 낙지나 게, 조개들의 천국이 돼요. 갯벌은 강에서 흘러드는 독성 물질과 병원균, 지나치게 많은 영양분과 침전물을 담아 정화해 주고, 큰 파도나 폭풍으로부터 해안 지역을 보호하며, 우리에게 먹을거리도 제공해 주는 고마운 곳이에요.

습지 보전을 위한 람사르 협약

점차 사라져 가는 습지와 습지에 서식하고 있는 많은 생물을 보전하기 위해 1971년에 **이란의 람사르(Ramsar)에서 채택한 국제 환경 협약**이에요. 정식 이름은 '물새 서식지로서 국제적으로 중요한 습지에 관한 협약'이지만, 일반적으로는 '습지 협약'이라고 불러요. 2008년에 우리나라에서 '건강한 습지, 건강한 인간'이라는 주제로 람사르 총회가 열렸어요.

아마존이 사라지면 지구는 어떻게 될까?

남아메리카에 있는 거대한 강인 아마존 강과 그 주변의 밀림을 '아마존'이라고 해요. 아마존은 **'지구의 허파'**라는 별명을 가지고 있어요. **우리가 하루에 필요로 하는 산소의 25%**를 아마존의 밀림이 제공하기 때문이에요. 아마존은 인류가 만들어 내는 엄청난 양의 탄산가스와 오염 물질을 흡수하고 걸러내는 여과기 역할을 해요. 그런데 아마존이 인간에 의해 점점 파괴되어 가고 있어요. 목재로 쓰기 위해 함부로 나무를 베고, 유전 개발과 거대한 고속도로를 건설하기 위해서 밀림을 파괴해요. 이대로 개발이 계속 진행된다면 주변에 사는 생물들의 서식지가 사라지고, 원주민들은 거처를 잃고 떠돌아야 할 거예요.

동식물이 멸종하는 이유는 뭘까?

지난 400년 동안 400여 종의 조류와 포유류가 사라졌어요. 지금도 빠른 속도로 사라져 가는 종의 수가 많아요. 그 이유는 사람들이 목재를 얻고 농업과 목축을 하기 위해 숲, 초원, 늪지 등의 **생태계를 마구 파괴해 동식물의 서식지가 사라졌기 때문**이에요. 또 돈벌이에 눈이 먼 사람들이 허가를 받지 않고 몰래 사냥을 하거나 마구잡이로 물고기를 잡아 동물 세계의 질서를 깨뜨리고 있지요.

이대로 환경과 생태계가 파괴되고, 지구 온난화가 계속되면 2050년에는 동식물의 20~30%가 멸종할 거라고 해요.

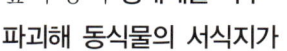

상식 퀴즈 더 이상 지구에서 찾아볼 수 없는 멸종 새는?

① 도도
② 나그네비둘기
③ 웃는올빼미

정답: ①, ②, ③
아프리카 마다가스카르 섬에 살던 도도는 사람 손에 1681년 마지막 무리가 죽음을 당했어요. 나그네비둘기는 사냥과 숲의 파괴로 1914년 마지막 한 마리가 동물원에서 죽은 뒤 멸종됐고요. 웃는올빼미는 뉴질랜드에 살다가 1914년 마지막 무리가 죽어 사라졌어요.

5장
동물·식물

지구에 살고 있는 생물은 크게 동물과 식물로 나누어져요. 동물은 움직일 수 있지만 몸속에서 스스로 영양분을 만들어 내지는 못해요. 그래서 필요한 영양분을 전부 밖에서 취하지요. 지구에는 약 100만 종이 넘는 동물이 있는데, 몸의 생김새에 따라 여러 종류로 나누어져요.

동물과 달리 식물은 움직이지 못해요. 하지만 식물은 스스로 영양분을 만들어 내요. 뿌리로 물과 영양분을 빨아들이고, 잎으로 광합성을 하며 살아가지요. 현재 지구상에는 약 30만 종이 넘는 식물이 있어요.

【동물·식물】
동물이 사는 곳

산, 강, 사막, 남북극 등 지구 곳곳에는 여러 종류의 동물들이 살고 있어요. 동물들은 보통 세력권을 정해 그 안에서 살아가지요.

동물의 세계

사람을 포함한 모든 동물은 스스로 영양분을 만들어 내지 못해요. 다른 동물을 잡아먹거나 식물을 통해 생명에 필요한 영양분을 얻어야 해요. 그래서 동물들은 몸을 움직이고, 먹이가 있는 곳을 찾아 여기저기 옮겨 다니지요.

동물들은 '세력권'이라는 것을 이루고 살아요. 세력권이란 자신의 땅이라고 영역을 표시한 곳에 다른 동물이 들어오지 못하도록 하는 거예요. 주로 호랑이나 사자 같은 커다란 동물들이 자신의 세력권을 만들어요. 이는 사람이 가족, 마을, 나라를 이루며 사는 것과 같이 **자신의 세력권 안에서 안전하게 살기를 바라는 것**이지요.

극지방에 사는 동물

남극과 북극이 속한 극지방은 일 년 내내 기온이 영하 30~40℃에 이르는 추운 곳이에요.
남극에는 펭귄과 물개, 바다표범, 조류 등, 북극에는 북극곰, 바다사자, 바다코끼리, 물범 등, 극지방에 가까운 툰드라 지대에는 북극여우, 순록, 레밍 같은 동물이 살아요.
극지방에 사는 동물들은 혹독한 기후에 적응하며 살기 위해 계속 진화해 왔어요. 추위를 피하기 위해 귀와 꼬리가 짧고 뭉툭해지거나, 온몸이 두꺼운 지방층으로 덮여 있는 등 체온을 유지하기 위한 방법을 찾은 것이에요.

온대림 지방에 사는 동물

온대림 지역은 사계절이 뚜렷하고 계절에 따라 온도 변화가 커요. 우리나라를 비롯해 전 세계 도시 대부분이 온대림 지역에 속해요. 평균 기온이 10~20℃ 정도 되는 온대림 지역에는 몸집이 작은 동물들이 많이 살아요. 숲에는 사슴, 너구리, 오소리, 곰, 다람쥐 등이 살고, 호수나 냇가에는 개구리, 수달, 도롱뇽 등이 살아요.
동물들은 각 계절에 맞게 적응하며 살아가는 데 봄에는 주로 번식을 하고, 무더운 여름과 추운 겨울을 나기 위해서 털갈이를 하기도 해요.

열대 우림 지역에 사는 동물

열대 우림 지역은 적도 부근에 있어서 일 년 내내 덥고 습하며, 비가 많이 오고 숲이 매우 울창해요. 반대로 키가 큰 나무가 빽빽한 밀림 지역은 어둡고 습하지요. 이 지역에서 가장 번성한 동물은 나비, 개미, 모기 같은 곤충류예요. 거미도 많고 큰부리새, 마코앵무처럼 화려한 깃털을 가진 새와 왕뱀, 청개구리, 코끼리, 재규어, 오랑우탄 등도 살아요. 습지나 강 주변에는 악어, 거북 등이 살지요.

산에 사는 동물

아시아의 히말라야, 남아메리카의 안데스, 유럽의 알프스 같은 거대한 산맥은 동물에게 높고 넓은 서식지를 제공해요. 산 아래쪽의 우거진 숲에는 곰, 산양, 족제비 등이 살고, 계곡에는 송어와 연어 등이 살아요. 또 경사진 절벽에는 산양, 절벽 동굴이나 외진 나무에는 검독수리가 둥지를 틀고 번식하지요. 고지대에는 소와 비슷한 야크가 살기도 해요.

초원 지역에 사는 동물

초원은 아시아와 아프리카, 유럽, 북아메리카, 남아메리카 등지에 넓게 펼쳐져 있어요. 그 가운데 아프리카 사바나 초원의 많은 비가 내리는 우기에는 웅덩이가 생기고, 풀과 나무가 쑥쑥 자라요. 먹잇감이 많아지면 누, 영양, 얼룩말 등과 같은 초식 동물들이 몰려들어요. 이들을 잡아먹기 위해 사자, 치타, 하이에나, 표범 같은 육식 동물들도 사바나로 모여들지요. 그러다가 건기인 4월이 되어 먹이가 부족해지면 동물들은 물과 먹이를 찾아 북쪽으로 이동한답니다.

사막 지역에 사는 동물

사막은 극지방과 마찬가지로 동물들이 살아가기 힘든 곳이에요. 사막 지역은 일 년 내내 비가 오지 않아 매우 건조하지요. 낮에는 기온이 아주 높고, 밤에는 기온이 급격히 떨어져 일교차가 커요. 그래서 일부 곤충이나 도마뱀, 땅거북 등을 제외한 대부분의 동물은 낮에는 땅속이나 굴에서 지내고, 선선해지는 밤에 주로 활동을 해요. 달팽이, 개구리, 도마뱀, 쥐 등은 더위를 피해 여름잠을 자기도 하지요.

그런데 사막의 건조한 기후에 매우 잘 적응해 사는 동물이 있어요. 바로 낙타예요. 낙타의 혹에는 높은 에너지를 낼 수 있는 지방이 쌓여 있어 오랫동안 물이나 먹이를 먹지 않아도 견딜 수 있어요.

바다에 사는 동물

바다는 넓은 만큼 그 속에서 살아가고 있는 동물도 매우 다양해요. 상어, 참치, 도미 등과 같은 어류를 포함해 조개, 문어, 오징어, 성게, 불가사리 등이 바다 속에서 살고 있어요. 이들은 물속에서 숨을 쉬기 위해 아가미가 발달했고, 여러 형태의 지느러미가 있어 물속을 자유로이 헤엄칠 수 있어요. 혹등고래, 대왕고래, 돌고래, 범고래 등은 바다 동물과 달리 등에 있는 숨구멍과 폐로 숨을 쉬는 바다 동물이랍니다.

동물이 사는 곳

펭귄은 왜 날지 못할까?

펭귄은 남극 지방의 추운 바다나 섬 등에서 무리 지어 살아요. 펭귄은 보통 몸길이가 약 40~120cm 정도 되고 등이 검고 배는 흰색이에요. 다리가 몸의 뒤쪽에 있기 때문에 사람처럼 곧게 설 수 있어요. 펭귄은 날개가 있는 바닷새이지만 하늘을 날지는 못해요. **오랫동안 날개를 사용하지 않아서 날개가 지느러미처럼 변했기 때문이지요.** 펭귄은 지느러미 같은 날개와 발에 달린 물갈퀴를 이용해 물속에서 빠르게 헤엄치며, 물고기와 오징어 등을 잡아먹고 살아요.

박쥐는 어떻게 똥을 눌까?

박쥐는 전 세계에 900여 종이 살고 있어요. 박쥐는 아주 빠르게 움직이기 때문에 운동량이 많아요. 그래서 많이 먹어야 해요. 15분 동안 자기 몸무게의 10분의 1만큼의 모기를 잡아먹기도 해요. 많이 먹는 만큼 똥도 많이 누는데 똥을 눌 때는 거꾸로 매달려 있지 않아요. 몸의 방향을 바꿔 꽁무니가 아래로 향하도록 하지요. **손톱으로 천장에 매달린 채 몸을 똑바로 한 다음 똥을 누는 거예요.** '구아노'라고 불리는 박쥐의 똥은 동굴 생물들의 귀중한 식량이 된답니다.

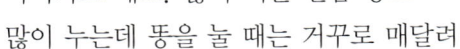

고슴도치끼리 껴안으면 어떻게 될까?

사실 고슴도치의 가시는 온몸을 감싸고 있지 않아요. **눈 위부터 등 쪽만 덮고 있을 뿐이지요.** 그래서 고슴도치끼리 서로 껴안아도 아프지 않아요.
고슴도치의 가시는 평소에 누워 있지만 화가 나거나 위험한 상황이 닥치면 꼿꼿하게 서요. 가시를 세우고 몸을 둥글게 만들어서 적으로부터 자신을 보호하지요.

참새는 왜 전선에 앉아도 감전되지 않을까?

전선을 잘못 건드리면 감전될 수 있어요. 그런데 참새는 전선에 앉아 있어도 아무렇지 않아요. 그 비밀은 바로 전기의 성질에 있어요. 전선에는 '플러스(+)'와 '마이너스(-)' 두 종류의 줄이 있는데, 참새는 **전류가 흐르는 2개의 전선 중 한쪽에만 앉아 있기 때문에** 감전되지 않는 거예요. 만약 2개의 전선을 모두 딛는다면 곧바로 전기에 감전될 거예요.

얼룩말은 왜 줄무늬가 있는 걸까?

얼룩말의 몸은 하양, 검정 줄무늬로 이루어져 있어요. 몸에 줄무늬가 있는 것은 적으로부터 몸을 보호하기 위해서예요. 초원에는 얼룩말을 노리는 무서운 맹수들이 많아요. 사자나 표범 같은 맹수가 나타나면 얼룩말은 무리를 지어요. 이렇게 하면 맹수들의 눈에 **얼룩말 떼가 하양, 검정 줄무늬의 큰 덩어리로 보인답니다.** 큰 덩어리로 무리지어 도망치면 사자나 표범은 잡아먹을 목표물을 정하지 못해 안절부절못하지요.

코끼리는 코로 어떤 일을 할까?

코끼리의 코는 사람의 코와 구조가 달라요. 코끼리의 코는 윗입술과 코가 붙어서 둥근 관처럼 길게 뻗어 나왔어요. 또 뼈가 없고, 잘 발달된 4만 개의 근육으로 이루어져 있지요.
코끼리는 코로 많은 것을 해요. **냄새를 맡고, 먹이를 집어 입속에 넣기도 하고, 물을 빨아올려 입안에 넣기도 하며, 더운 여름에는 코로 물을 뿜어 몸의 열을 식히기도 하지요.** 그리고 물체의 모양이나 감촉을 코로 알아내요.
새끼에게 길을 안내할 때나 친구에게 좋은 감정을 표시할 때도 코를 이용하지요. 적과 싸울 때에도 코를 사용한답니다.

개와 고양이는 항상 싸울까?

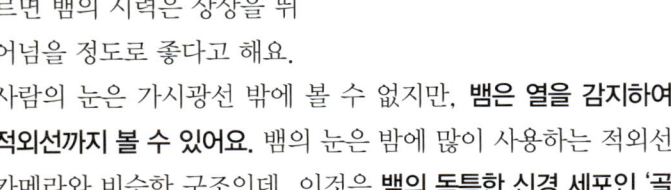

일반적으로 **개와 고양이는 습성이 달라** 만나면 종종 싸워요. 개는 기분이 좋을 때 꼬리를 세우고 살랑살랑 흔드는데, 고양이는 화가 나거나 공격할 때 꼬리를 세운답니다. 고양이 입장에서 개가 꼬리를 세우고 흔들면 공격하려는 줄 아는 거예요. 그런데 개의 종류에 따라 고양이를 만나면 싸우는 것도 있고 그렇지 않은 것도 있어요. 큰 개들은 고양이를 만나면 괴롭히고 싸움을 걸지만 몸집이 작거나 온순한 개들은 고양이를 만나도 싸우지 않는답니다.

백두산 호랑이가 사자를 이길까?

백두산 호랑이는 다른 호랑이와는 분명한 차이가 있다고 해요. 백두산 호랑이의 특징은 **머리에 왕(王)자 무늬가 또렷하게 있으며, 일반 호랑이보다 덩치가 훨씬 커요.**

몸 전체의 길이는 자그마치 3m가 넘고, 등에 24개의 검은 줄이 있으며, 꼬리에는 8~10개의 줄무늬가 있어요.

또 보통의 호랑이들은 사자를 만나면 도망을 치지만, 백두산 호랑이는 용감하게 싸워 반드시 이긴다고 해요.

뱀의 눈에 적외선 카메라가 있다고?

얼마 전까지만 해도 뱀의 시력은 가까운 것을 볼 수 있는 정도라고 알려졌었어요. 그러나 최근 과학자들의 연구에 따르면 뱀의 시력은 상상을 뛰어넘을 정도로 좋다고 해요.

사람의 눈은 가시광선 밖에 볼 수 없지만, **뱀은 열을 감지하여 적외선까지 볼 수 있어요.** 뱀의 눈은 밤에 많이 사용하는 적외선 카메라와 비슷한 구조인데, 이것은 **뱀의 독특한 신경 세포인 '골레이 세포'** 때문이랍니다.

두더지는 왜 땅속에 사는 걸까?

두더지는 땅 밖으로 나왔을 때 먹이를 먹지 못해 죽는 경우가 많아요. 두더지는 3시간만 먹이를 먹지 못해도 죽고 말아요. 그래서 **먹이를 쉽게 구할 수 있는 땅속에서 사는 것이지요.**

오랜 시간이 지나면서 두더지의 몸은 땅속에서 살기에 알맞은 형태로 변했어요. 그래서 몸에 무언가 닿아 있지 않으면 무척 불안해 해요. 두더지를 아무 것도 없는 벌판에 놓아두면 불안에 떨다가 죽는 일도 있답니다.

하이에나는 정말로 죽은 고기만 먹고 살까?

초원 지대에 사는 하이에나는 **다른 동물들이 먹고 버린 찌꺼기**를 먹고 살아요. 그래서 '청소부'라는 별명을 갖고 있지요. 하이에나는 죽은 고기만 먹는 동물이라고 알려졌지만 사실은 사냥도 잘해요. 10여 마리씩 떼를 지어 다니며 사자나 표범 같은 동물들의 사냥감을 빼앗기도 하고, 협동해서 **사냥할 때는 매우 큰 짐승을 직접 잡기도 하지요.**

하이에나는 먹이의 뼈를 부스러뜨릴 만큼 이빨이 매우 발달해서 먹이의 뼈까지 깨끗하게 먹어치울 수 있어요. 하이에나처럼 찌꺼기를 먹는 동물에는 검은등자칼, 독수리 등이 있어요.

상식 퀴즈 박쥐는 깜깜한 동굴을 어떻게 날아다닐까?

① 사실은 더듬더듬 기어다닌다.
② 머리에 있는 더듬이를 이용해서 날아다닌다.
③ 초음파를 이용해서 날아다닌다.

정답 ⓒ

박쥐가 어두운 동굴 속을 잘 날아다니는 것은 눈이 밝아서가 아니에요. 박쥐는 초음파를 내보내 물체에 부딪혀 되돌아오는 신호를 듣고 방향을 찾아 날아요.

[동물·식물]
동물의 분류

지구에는 아주 많은 동물이 살고 있어요. 동물은 길짐승, 날짐승, 물짐승이 있으며, 약 100~120만 종이나 돼요. 동물의 생김새와 특징은 저마다 다르답니다.

척추동물과 무척추동물로 구분

동물을 분류하는 가장 일반적인 분류법은 **척추인 등뼈가 있는지 없는지에 따라 나누는 것**이에요. 등뼈가 있는 동물은 '척추동물', 등뼈가 없는 동물은 '무척추동물'이에요. 척추동물은 포유류, 조류, 파충류, 양서류, 어류로 분류되고, 무척추동물은 극피동물, 절지동물, 연체동물, 환형동물, 편형동물, 강장동물로 분류되지요.

척추동물

새끼를 낳아 젖을 먹이는 포유류

포유류는 **새끼를 낳아 젖을 먹여 키워요.** 사람, 고양이, 개, 염소, 말, 원숭이, 기린, 코끼리, 고래, 돌고래 등이 포유류에 속해요. 포유류의 암컷은 일정 기간 새끼를 몸속에서 성장시킨 뒤에 낳아요. 모든 포유류의 암컷에게는 **젖이 나오는 '유선'**이 있어요. 포유류는 몸 전체가 털로 덮여 있어 심한 온도 변화에도 체온을 항상 일정하게 유지시켜 주지요.

날개가 있는 조류

조류는 **온몸이 깃털로 덮여 있고, 날개로 날아다녀요.** 비둘기, 참새, 까치, 독수리, 부엉이 등이 조류에 속해요. 닭, 타조, 펭귄처럼 날개가 있어도 날지 못하는 조류도 있어요. 깃털은 몸을 보호하고, 하늘을 날거나 체온을 조절하는 데 쓰여요.
조류의 뼛속은 거의 비어 있어요. **폐는 '기낭'이라고 부르는 5~9개의 공기주머니와 연결**되어 있어 한꺼번에 많은 양의 산소를 몸속에 저장해 몸을 가볍게 해 주지요.

몸의 온도가 변하는 파충류

온몸이 비늘 또는 딱딱한 껍데기로 싸여 있어 몸을 보호해 주고, 피부의 수분 증발을 막아 줘요. 뱀, 악어, 거북, 도마뱀 등이 파충류에 속해요.
파충류는 **폐를 이용해 공기 호흡을 하고, 알을 낳아 번식**해요. 주위 온도에 따라 몸의 온도가 변하기 때문에 추운 겨울에는 겨울잠을 자요.

물과 육지에 사는 양서류

'양서류'는 **물과 육지에 모두 적응한 동물**이에요. 개구리, 도롱뇽, 두꺼비 등이 양서류에 속해요. 이들은 대부분 **폐 호흡과 피부 호흡을 동시에** 해요.
양서류의 피부 표면을 덮고 있는 끈적끈적한 점액은 공기 중의 산소를 녹여 피부 호흡을 도와줘요.

물속에 사는 어류

유선형 몸의 표면은 **비늘로 덮여 있으며, 물속에서 살아요.** 붕어, 잉어, 미꾸라지, 고등어, 참치 등이 어류에 속해요. 피부를 덮고 있는 비늘은 몸을 보호해 줘요. 지느러미는 물속에서 균형을 잡고 헤엄치는 데 이용해요. 공기주머니인 부레는 공기를 조절하여 물 위로 떠오르거나 가라앉도록 해 줘요. 호흡은 아가미로 하고, 배설은 신장을 통해서 해요.

무척추동물

가시가 있는 피부를 가진 극피동물

극피동물은 '가시 있는 피부를 가진 동물'이라는 뜻이에요. 모두 바다에 살며, 몸에는 수많은 관족이 있는 것이 특징이에요. 관족의 끝에는 빨판이 있어 이동하거나 먹이를 잡을 때 쓰여요. 극피동물은 바다나리류, 불가사리류, 성게류, 해삼류로 나뉘어요.

번식력이 강한 절지동물

몸과 다리에 여러 개의 마디가 있는 동물이 절지동물이에요. 몸은 좌우대칭이며, 단단한 외골격으로 덮여 있어요. 성장하는 동안 오래된 외골격을 여러 번 벗어 버리지요. 절지동물은 환경 적응력이 뛰어날 뿐만 아니라 번식력도 아주 강해요. 절지동물 중 약 87%는 곤충류로 사슴벌레, 나비, 거미, 가재, 게, 지네 등이 절지동물이 속해요.

몸이 부드러운 연체동물

뼈가 없고 몸이 부드러우며, 피부에서 점액을 분비해요. 소라, 달팽이, 조개, 우렁이, 바지락 등과 같은 연체동물의 몸은 피부가 자라서 만들어진 외투막에 둘러싸여 있어요. 단단한 껍데기가 부드럽고 연한 몸을 보호해 주지요. 하지만 문어나 오징어, 낙지처럼 껍데기가 없는 연체동물도 있어요.

위험할 땐 먹물을 뿌리고 도망을 가지요.

머리와 몸통을 구별하기 힘든 환형동물

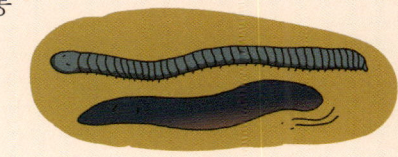

몸이 가늘고 긴 원통 모양이에요. 환형동물의 몸은 여러 개의 마디로 이루어져 있어서, 수많은 고리로 이루어진 것처럼 보여요. 겉모습만으로는 머리와 몸통을 정확하게 구별하기가 힘들지요. 대부분 바다에서 살지만, 민물이나 흙 속에 사는 것도 있어요.

환형동물 중 가장 많은 종류를 차지하는 것은 갯지렁이류예요. 그 밖에도 지렁이류와 거머리류가 있어요.

몸이 납작한 편형동물

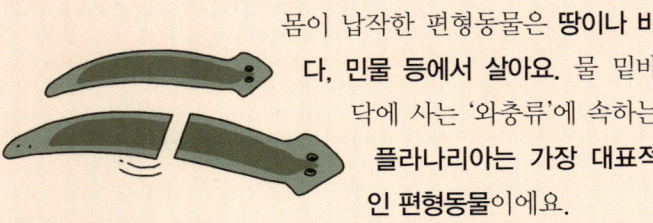

몸이 납작한 편형동물은 땅이나 바다, 민물 등에서 살아요. 물 밑바닥에 사는 '와충류'에 속하는 플라나리아는 가장 대표적인 편형동물이에요.

삼각형 머리에 몸 색깔이 갈색인데 항문이 없어서 입으로 찌꺼기를 토해 내지요. 플라나리아는 사람이 마셔도 될 만큼 깨끗한 물에서만 살아요.

반면, 간흡충과 폐흡충 같은 '흡충류'와 기생충의 일종인 민촌충, 갈고리촌충 같은 '촌충류'는 척추동물의 몸속에 기생하며 사는 편형동물이랍니다.

촉수가 있는 강장동물

강장동물은 자포동물이라고도 불러요. 강장동물은 촉수가 있는데, 그 안에는 독이나 가시가 있는 섬유인 '자포'가 있어요. 이를 이용해 먹이를 사냥하거나 자신의 몸을 지키지요. 일부 해파리류에게 있는 자포의 독은 쏘이면 죽을 수도 있답니다.

강장동물은 크게 산호충류, 히드로충류, 해파리류로 나누어져요. 대부분 바다 속에 살지만, 히드라와 민물해파리 등은 민물에 살아요.

동물의 분류

문어의 놀라운 능력은 뭘까?

문어의 다리는 모두 8개예요. 각각의 다리에 빨판이 있어서 물체를 잡기가 아주 쉬워요. 그런데 8개의 다리는 뇌와 상관없이 서로 다른 신경망을 가지고 있어서 제각각 움직여요. 더욱 놀라운 것은 문어가 때로는 **바다뱀**의 모습으로, 때로는 **넙치**와 **쏠배감펭**이라는 물고기의 모습으로 위장을 한다는 것이에요.

문어가 다른 생물의 모습으로 변신하는 이유는 적의 공격을 피하기 위해서예요. **지구상에 2가지 이상의 생물을 흉내 내는 동물은 문어밖에 없답니다.**

고래는 왜 어류가 아니라 포유류일까?

고래는 물속에 사는 포유류예요. 정확히 말하면 **해상 포유류**예요. 바다 속에서 새끼를 낳고, 젖을 먹여 기르지요. **젖먹이 동물**이라는 사실이 바로 고래가 어류가 아닌 포유류라는 것을 말해 줘요. 또 고래의 지느러미는 팔이 변한 거예요.

숨을 쉴 때도 물고기는 아가미로 쉬는 반면 고래는 **폐로 숨을 쉬어요.** 숨을 쉴 때는 물 밖으로 나와서 공기를 들이마셔요. 이때 분수처럼 물을 내뿜는 것은 고래가 내쉰 따뜻한 공기가 바다의 찬 공기에 응축되어 나타나는 현상이에요.

공작은 왜 날개를 활짝 펴는 것일까?

공작 중에서 아름다운 깃털을 가진 것은 모두 수컷이에요. 수컷이 부채 같은 깃털을 활짝 펼치면 눈이 부시도록 아름답지요. 수컷 공작이 날개를 활짝 펴는 이유는 마음에 드는 암컷 앞에서 **자신의 아름다움을 뽐내려는 것이지요. 짝짓기 때가 되면 암컷을 유혹하기 위해** 자주 깃털을 펼친답니다. 또한 수컷 공작은 암컷 공작에게 잘 보이기 위해 날개를 부들부들 떨기도 하고, 날개를 휘저으며 겅충겅충 뛰기도 해요. 자기가 힘이 세다는 것을 자랑하려는 거예요.

지렁이의 능력

메기의 몸에 천연 항균제가 있다고?

개구리, 두꺼비, 메기 등이 깨끗하지 않은 민물에서 잘 살아갈 수 있는 이유는 **피부에 있는 '항균 펩티드'** 때문이에요. 모든 고등 생물들은 병원성 세균이 몸에 침투하면 항균 펩티드라는 단백질을 분비해 일차적인 방어 준비를 해요. 항균 펩티드는 **웬만한 병균은 모두 죽이면서 자신의 세포에는 아무런 영향을 미치지 않는 물질**이에요. 메기의 피부에는 개구리나 두꺼비보다 훨씬 강력한 항균 펩티드가 있는데, 이게 바로 천연 항균제인 셈이지요.

불가사리의 입은 어디에 있을까?

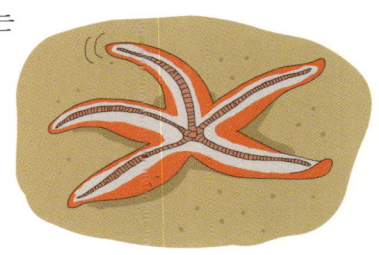

불가사리는 '관족'이라고 하는 작은 발로 물체를 빨아들여요. 조개를 잡아먹을 때에는 관족으로 조개껍데기를 서서히 잡아당겨 껍질을 연 뒤 살을 먹어 치우지요.
불가사리의 입은 몸 밑에 있어요. **5개의 팔이 붙어 있는 한가운데**가 바로 불가사리의 입이에요. 불가사리는 배가 고프면 소화 기관인 위를 입 밖으로 꺼내서 먹이를 감싸요. 그런 다음 몸 밖에서 먹이를 소화시켜요. 소화가 끝나면 위는 다시 몸속으로 쏙 들어간답니다.

거미는 왜 거미줄에 걸리지 않을까?

거미는 배 꽁무니에 있는 '방적돌기'라는 곳에서 실을 뽑아 거미줄을 쳐요. 거미줄의 **가로줄에는 끈끈한 액이 묻어 있어요**. 반면 **세로줄에는 아무것도 묻어 있지 않아요**. 거미가 거미줄에 걸리지 않는 이유는 바로 세로줄만 밟고 다니기 때문이에요. 또 거미의 **다리와 몸에 난 기름 묻은 털 덕분에** 거미줄에 들러붙지 않는답니다.
거미는 살아 있는 먹이만 먹어요. 거미줄을 쳐 놓고 싱싱한 먹잇감이 걸려들 때를 기다리지요. 하루살이, 파리, 모기, 벌, 잠자리 등이 걸리면 재빨리 다가가 끈끈한 실로 칭칭 감은 뒤 천천히 먹어 치워요.

하루살이는 정말로 딱 하루만 살까?

꼭 하루만 사는 것은 아니라고!

하루살이는 '알→애벌레→어른벌레' 세 단계를 거치는 곤충이에요. 우리가 하루살이라고 부르는 것은 어른벌레를 가리켜요. 애벌레에서 하루살이가 된 수컷은 물가에서 암컷과 짝짓기를 한 뒤 곧 죽어 버려요. 암컷 역시 물속에 알을 낳은 다음 곧 죽지요. 보통 **이 기간이 2~3일** 걸려요. 어떤 하루살이는 7~10일까지 살기도 해요. 그러니까 하루살이는 딱 하루만 사는 것은 아니랍니다.

산호는 동물일까, 식물일까?

산호는 아름다운 꽃을 닮아 식물처럼 보여요. 그래서 **'바다의 꽃'**이라 불리지요. 하지만 산호는 식물이 아니라 **강장동물**에 속해요. 산호는 **촉수를 이용해 먹이를 먹어요**. 주로 게, 새우 같은 작은 물고기를 잡아먹는 동물이지요. 그런데 항문이 따로 없어서 소화시키고 남은 찌꺼기를 다시 입으로 내보내요.
산호는 생명을 잃으면 석회질만 남아 딱딱하게 굳어 버려요. 산호초는 죽은 산호들이 모여 큰 암석을 이루고 있는 것을 말한답니다.

이래 봬도 동물이라그!

상식 퀴즈 거미는 곤충일까, 아닐까?

① 거미는 곤충이다.
② 거미는 식물이다.
③ 거미는 식물도 곤충도 아니다.

정답 ③ 거미는 곤충이 아니에요. 왜냐하면 곤충의 다리가 6개인데, 거미의 다리는 8개랍니다. 또 곤충은 날개가 있지만 거미는 날개가 없어요. 그리고 곤충은 더듬이가 있지만 거미는 8개랍니다.

[동물·식물]
동물의 진화

동물은 자신의 생활 터전이나 환경에 맞춰 살아가요. 또 번식과 생존을 위해 겉모습, 신체 기관, 행동 등을 발달시키지요. 그래서 동물들은 저마다의 모습과 특성을 갖게 되었어요.

동물의 진화와 적응

지구에 사는 동물은 오랜 세월을 거치는 동안 모양이 조금씩 적응하며 변해 현재에 이르렀어요. 이처럼 살아가는 **환경에 맞춰 끊임없이 변화하는 과정을 '진화'**라고 해요. 진화설은 라마르크가 '용불용설'로 체계화하고, 다윈이 '자연 선택설'로 확립했어요. 다윈은 《종의 기원》이라는 책을 통해 자연환경에 적응한 생물은 살아남고, 그렇지 못한 생물은 사라진다고 주장했어요. 이처럼 **특정 주변 환경에 맞춰 살아가는 방식을 터득하는 과정을 '적응'**이라고 해요.

라마르크의 용불용설
기린의 조상은 목이 짧았는데, 나뭇잎을 먹기 위해 자주 목을 길게 뻗었어요. 오랫동안 목을 뻗어 잎을 먹다 보니 점차 목이 길어져, 목이 긴 기린이 나타나게 되었어요.

다윈의 자연 선택설
기린의 조상 중에는 목이 긴 것도 있었고, 짧은 것도 있었어요. 높은 나뭇가지의 잎을 따 먹을 수 있었던 목이 긴 기린은 살아남고, 목이 짧은 기린은 사라졌어요.

환경에 따른 동물의 변화

북극여우
몸집이 크고 살이 찐 편이에요. 추위를 견디기 위해 털이 많아요. 천적의 눈을 피하기 위해 겨울에는 털이 하얗게 변해요. 열을 잘 간직하기 위해 귀나 입이 작고 뭉툭해요.

페넥여우
몸집이 작고 마른 편이에요. 체온을 유지할 필요가 없기 때문에 털이 적어요. 사막에서 천적의 눈을 피하기 위해 털이 갈색이에요. 체온이 올라가는 것을 막기 위해 귀가 크고 입은 뾰족해요.

먹이에 따른 동물의 변화

독수리
윗부리가 크고 갈고리 모양으로 휘어져 있어 사냥한 먹이를 쉽게 찢어 먹을 수 있어요.

참새
짧고 두꺼운 부리로 곡식이나 열매, 작은 벌레를 잡아먹기에 알맞아요.

두루미
부리가 길고 뾰족하여 물속에 사는 물고기나 개구리 등을 잡아먹기에 좋아요.

알락꼬리마도요
가늘고 긴 갈고리처럼 휘어진 부리로 갯벌 속의 게, 조개 등을 잡아먹기에 좋아요.

먹이사슬과 먹이그물이 뭘까?

나비와 벌은 식물에서 자신들의 먹이인 꿀을 얻어요. 그리고 개구리와 같은 동물에게 잡아먹히지요. 개구리는 뱀의 먹이가 되고, 뱀은 독수리의 먹이가 돼요. 이렇게 **먹고 먹히는 관계를 '먹이사슬'**이라고 해요. 그러나 한 동물이 오로지 한 가지만 잡아먹지는 않아요. 뱀은 개구리뿐만 아니라 쥐와 토끼도 잡아먹고, 독수리는 죽은 짐승, 어린 양과 염소도 잡아먹어요. 이렇게 **그물처럼 얽힌 복잡한 관계를 '먹이그물'**이라고 해요.

먹이사슬과 먹이그물에 따라 동물과 식물은 다양하게 관계를 맺으며 자연 속에서 균형을 이루며 살아간답니다.

골칫거리 귀화 동물

황소개구리, 붉은귀거북, 밍크, 배스 등은 원래 우리나라에 없었는데, **외국에서 들어와 자연으로 퍼져 나간 '귀화 동물'**이에요. 황소개구리는 덩치가 작은 우리나라의 토종 생물을 다수 잡아먹어요. 개구리의 천적인 뱀까지 잡아먹어 먹이사슬을 파괴하고, 토종 생물을 위협하는 등 생태계를 엉망으로 만들어 골칫거리가 되고 있답니다.

보호색이 정말로 동물을 보호해 줄까?

동물의 보호색은 **살아남기 위한 위장술**이에요. 북극여우, 사마귀, 카멜레온 등은 색깔이나 무늬가 주변 환경과 비슷해요. 덕분에 먹잇감에 접근하기 쉽고 사냥 성공률도 높아요.

힘이 약한 동물에게 위장술은 좋은 방어 방법이기도 해요. 청개구리와 넙치는 주변과 비슷한 초록색과 갈색으로, 냇가에 사는 메뚜기 종류는 돌이나 모래 빛깔로 적을 따돌리지요. 나뭇잎과 나뭇가지에 붙어사는 나뭇잎벌레와 대벌레는 바람이 부는 대로 몸을 천천히 흔들어서 새가 깜빡 속아 넘어가도록 유도해요.

경계색이란 뭘까?

경계색은 **자신이 위험한 동물임을 알리기 위한 방어 행동** 중 하나예요. 천적이 **싫어하거나 무서워하는 동물의 모습으로 위장**하는 것이지요. 또 **화려한 색깔로 몸을 꾸며 자신에게 독이 있는 척**하기도 해요. 동물들은 화려한 동물에게 독이 있다는 것을 잘 알기 때문에 조심하지요.

무당벌레는 포식 동물의 눈에 띄는 화려한 경계색으로 자신을 보호한답니다. 말벌처럼 보이는 힘없는 포도유리나방이나 뱀의 모습을 하고 있는 우단박각시 애벌레도 경계색으로 위장해요.

돌연변이는 왜 생길까?

각각의 동물이 가진 고유의 모습과 다른 형태를 띠는 동물을 '돌연변이 동물'이라고 해요. 돌연변이 동물은 몸 색깔 때문에 포식 동물의 눈에 띄기 쉽고, 먹이 동물에게 접근하기도 어려워요. 또 겉모습이 다르다는 이유로 동료에게 따돌림을 당하거나 짝짓기를 못하는 경우도 있지요. 흰까치, 백호, 흰사슴 등이 돌연변이 동물이에요.

돌연변이가 생기는 이유는 동물들이 짝짓기를 할 때, **유전 정보를 서로 결합하는 과정에서 발생하거나 혹은 그 이후에 비정상적인 변화**가 일어났기 때문이랍니다.

공룡은 왜 멸종했을까?

공룡은 약 6500만 년 전에 모두 사라졌어요. 공룡의 멸종 원인에 대해서는 여러 가지 학설이 있어요. 기후가 급격하게 추워졌기 때문이라는 **'기후 변동설'**과 공룡의 몸집이 점점 거대해지면서 식량이 부족해졌기 때문이라는 **'식량 부족설'**이에요.

일부 학자들은 **'운석 충돌설'**을 주장하기도 해요. 거대한 운석이 지구에 충돌하고, 그 충격 때문에 날아올라 간 흙먼지들이 오랫동안 햇빛을 가려 당시 생태계를 파괴했다는 것이에요.

동물의 진화

[동물·식물]
동물의 의사소통

사람처럼 동물도 서로 대화를 해요. 동물은 소리나 냄새, 접촉, 몸짓 등 여러 가지 방법으로 의사소통을 하지요.

소리를 이용한 동물의 의사소통

동물들에게 소리는 가장 기본적인 의사소통 방법이에요. **소리는 멀리 떨어진 곳이나 어둠 속에서도 의사소통이 가능하다는** 장점이 있지만, **오랫동안 지속되지 않는다는 단점**도 있어요. 그러나 많은 동물이 소리로 자신의 텃세권을 표시하고, 자신의 짝이 될 배우자를 찾거나 다른 경쟁자들에게 경고를 보내기도 하지요. 특히 **조류는 소리로 의사소통을 하는 대표적인 동물**이에요. 새들은 번식기가 되면 텃세권을 정하고, 그 주위를 돌아다니며 울음소리를 내요. 이것은 수컷이 멋진 울음소리로 암컷을 유혹하는 구애 행동이에요. 동시에 다른 경쟁자인 수컷에게는 경고의 의미를 보내는 것이지요.

시각을 통한 동물의 의사소통

시각을 통한 의사소통은 형태, 움직임, 색깔 등을 통해 **다양한 정보를 전달할 수 있어요**. 이 방법은 **정보 전달의 속도가 빠르고 정확하며 다양하다는** 장점이 있지만, **나무가 빽빽한 숲이나 어두운 밤, 동굴, 바다 속에서는 효과가 적은 게 단점**이에요.
큰가시고기, 피라미, 연어 같은 어류는 번식기가 되면 몸 색깔을 화려하게 바꾸며 자신이 번식할 준비가 되었음을 알려요. 암탉은 호들갑스레 소리를 지르거나 땅바닥에 쪼그려 앉아요. 개는 충성을 알릴 때 귀를 접고 꼬리를 내리거나 배를 보여 주지요.

화학적 신호를 이용한 의사소통

화학적 신호를 통한 의사소통 방법 중 하나는 냄새예요. 한번 남겨진 냄새는 오랫동안 지속되기 때문에 **다양하고 복합적인 정보를 전달할 수 있어요**. **벌이나 개미 같은 곤충류**는 주로 화학적 신호를 이용해 의사소통을 한답니다. 이들은 독특한 냄새 물질인 '**페로몬'을 분비하여** 수컷에게 자신의 위치를 알리거나 냄새 길을 만들어 동료가 먹이를 쉽게 찾을 수 있게 해요. 그리고 늑대, 호랑이 같은 동물은 무리의 영역을 표시하기 위해 텃세권 여기저기에 소변을 남겨요.

접촉을 통한 동물의 의사소통

접촉을 통한 의사소통은 **무리를 지어 생활하는 동물에게서 많이 나타나요**. 원숭이 무리에서는 대부분 서열이 낮은 원숭이가 서열이 높은 원숭이의 털을 헤집고 이물질을 제거해 주는 접촉 행동을 해요. 이는 복종을 의미하는 의사전달이지요. 또 몇몇 수컷 거미는 암컷의 집을 가볍게 쳐서 자신이 먹이가 아니라는 사실을 알려요.
무리지어 생활하는 꿀벌의 세계에서도 접촉을 통한 의사소통이 이루어져요. 정찰 꿀벌은 춤을 추어 다른 동료에게 먹이의 방향과 거리를 알리고, 춤추고 있는 정찰 꿀벌을 나머지 꿀벌들이 건드려서 정보를 전달받아요.

꿀벌은 정말로 엉덩이 춤을 잘 출까?

꿀벌은 아침부터 저녁까지 부지런히 꿀을 따러 다녀요. 꿀이 있는 곳을 발견한 꿀벌은 꽃에 앉아 꿀을 따면서 온몸에 꽃가루를 묻히지요. 그런 다음 집으로 돌아가 친구들에게 꽃이 있는 곳을 알려 줘요. 꿀벌은 말을 할 수 없기 때문에 **엉덩이 춤으로 장소를 알린답니다.** 허공에서 자그마한 동그라미를 그리며 엉덩이를 실룩거리지요. 꽃이 약 50m 이내에 있으면 단순한 원을 그리며 엉덩이 춤을 춰요. 이때 몸짓이 매우 빠르고 활발하면 꿀이 많다는 뜻이에요. 그리고 꽃이 90m 너머에 있을 때는 8자를 그리며 춤을 춰요. 꽃이 가까우면 엉덩이 춤의 횟수가 많고, 멀수록 횟수가 적답니다. 다른 꿀벌들은 춤추는 꿀벌을 건드려서 꽃가루 냄새 같은 정보를 얻은 뒤 꿀이 있는 곳을 찾아가지요.

앵무새는 어떻게 말을 할 수 있을까?

앵무새는 사람의 말을 잘 따라 하는 새예요. 앵무새가 사람의 말을 잘 따라 할 수 있는 것은 혀 때문이에요. **앵무새의 혀는 사람의 혀만큼이나 크고 두꺼워서** 말을 할 수 있지요. 게다가 앵무새는 아주 똑똑해서 들은 것을 그대로 흉내 낼 수 있어요. 그러나 자기가 하는 말의 뜻을 이해하거나, 스스로 말을 지어내지는 못해요.

물떼새는 정말 연기를 할까?

어미 물떼새가 둥지에서 알을 품고 있을 때, 여우같은 동물이 나타나면 먼저 알을 부둥켜안고 숨기려고 해요. 그러다가 이미 때가 늦었다고 판단이 서면 즉시 둥지에서 조금 떨어진 곳으로 날아가 바닥에 몸을 던져 퍼덕거려요. **날개가 부러져 날지 못하는 척 아픈 연기**를 하는 거예요. 그러다가 여우가 가까이 다가오면 어미 물떼새는 재빨리 공중으로 날아올라 위기를 벗어나지요.

돌고래 세계에도 통역사가 있을까?

돌고래는 초음파를 비롯해 약 700종의 발음으로 서로 대화를 나눠요. 그런데 살고 있는 해역에 따라 돌고래의 언어도 달라요. **출신 해역이 다르면 돌고래끼리라도 의사소통이 불가능**하지요. 그래서 돌고래 세계에도 통역 고래가 있어요. 그 통역 고래는 바로 **태평양 한복판에 사는 돌고래**예요. 이 돌고래는 극동 해역과 미국 연안 해역 돌고래의 언어를 동시에 사용할 줄 알아 돌고래들에게 통역을 해 준답니다.

기린은 정말로 목소리가 없을까?

육상 동물 중 가장 키가 큰 동물이 바로 기린이에요. 키의 절반을 차지할 정도로 긴 게 바로 목이지요. 그런데 그 긴 목에서 목소리가 전혀 나오지 않는다고 해요. **발음 기관을 이용한 음성 소리를 낼 수 없는 것**이지요. 그렇지만 음성 소리 대신 다양한 소리를 낼 수는 있어요. 콧김을 내뿜어 쉿쉿 소리를 내기도 하고, 수컷이 암컷에게 사랑을 고백할 때는 커다란 기침 소리를 내기도 해요.

상식 퀴즈
꿀벌은 독침을 쏘고 나서 어떻게 될까?

① 곧 죽는다.
② 아무 일도 일어나지 않는다.
③ 죽지는 않지만 날지 못하게 된다.

정답: ① 꿀벌은 독침 끝에 갈고리처럼 생긴 가시가 달려 있어요. 그래서 독침을 쏘면 갈고리처럼 박혀서 빠지지 않아요. 결국 꿀벌은 내장까지 쏟아져 곧 죽답니다.

동물의 의사소통

동물의 짝짓기

【동물·식물】

동물은 일정한 시기가 되면 짝짓기를 해요. 짝짓기는 동물에게 매우 중요한 일이지요. 후손 번식을 위해 동물은 여러 가지 짝짓기 방법을 발달시켰어요.

동물의 암컷과 수컷의 차이

동물에 따라 암컷과 수컷의 모습이 확실하게 구별되는 것도 있고, 구별이 쉽지 않은 것도 있어요. **몇몇 동물은 겉모습으로 암컷과 수컷을 구별**할 수 있어요. 사자의 경우, 수사자는 목둘레에 커다란 갈기가 있어서 갈기가 없는 암사자와 구별돼요. 물개도 수컷은 암컷보다 약 10배나 덩치가 크고, 사슴의 경우 수사슴은 암사슴과 달리 커다란 뿔이 있어요. 또 공작, 꿩, 닭 등 수많은 조류는 암컷보다 수컷의 깃털이 훨씬 화려하지요. **암수 구별이 쉽지 않은 동물**에는 코끼리, 말, 개, 하이에나, 돼지, 햄스터, 뱀 그리고 곤충과 물고기 등이 있어요.

한 번 짝을 맺으면 평생 함께 사는 일부일처제 동물

동물은 암컷과 수컷이 만나 짝짓기를 통해 번식을 해요. 대부분 동물은 **한 마리의 수컷과 암컷이 서로 쌍을 이루어 알이나 새끼를 낳고 기르지요**. 이것을 '일부일처제'라고 해요. 부부간의 사랑을 상징하는 기러기는 한 번 짝을 맺으면 평생 함께 사는 일부일처제의 대표적인 동물이에요. 그리고 초원 지대의 동물 중 검은등자칼은 생긴 건 무시무시하지만 수컷과 암컷이 죽을 때까지 함께 사는 순정파로 유명하지요.

많은 암컷을 둔 일부다처제와 많은 수컷을 둔 일처다부제 동물

수컷이 여러 마리의 암컷과 짝짓기를 하여 번식을 하는 경우를 '일부다처제'라고 해요. 한 번 짝을 맺으면 평생을 함께 사는 동물과는 달리, 수컷은 많은 암컷과 짝짓기를 하기 위해 수많은 경쟁자를 물리쳐야 하지요. 그래서 일부다처제의 수컷은 큰 덩치와 화려한 깃털, 그리고 강한 뿔이나 이빨 같은 공격 무기 등이 발달했어요. 물개와 개코원숭이, 원앙도 일부다처제 동물이에요.

반면에 남아메리카에 사는 메추라기는 **암컷이 번식기에 여러 수컷과 짝짓기를 하는** 일처다부제 동물이랍니다.

서로 다른 종 사이에 태어난 동물들

서로 종이 다른 동물 사이에서 태어난 동물을 '**교배 잡종**'이라고 해요. 사는 곳, 활동 시간, 짝짓기 방법 등이 모두 다른 야생에서는 보기 힘든 현상이지요. 하지만 동물원이나 수족관처럼 좁은 장소에서는 종종 교배 잡종이 태어나기도 해요. '**조스(Zorse)**'는 얼룩말(Zebra)과 말(Horse) 사이에 태어났어요. 그 밖에도 수컷 사자(Lion)와 암컷 호랑이(Tiger) 사이에서 태어난 동물을 '**라이거(Liger)**', 수컷 호랑이와 암컷 사자 사이에서 태어난 동물을 '**타이곤(Tigon)**'이라고 해요. 또 범고래와 돌고래 사이에서 태어난 동물은 '**홀핀(Wholpin)**'이라고 부르지요.

캥거루는 왜 주머니를 달고 다닐까?

오스트레일리아에서 사는 캥거루는 배에 주머니가 달려 있는 것으로 유명해요. 배에 달린 주머니는 **새끼 캥거루를 키우는 주머니**예요. 캥거루의 새끼는 태어날 때 키가 겨우 2cm밖에 안 되고, 몸무게는 0.98g 정도이지요. 덜 자란 채로 태어나기 때문에 어미의 배에 있는 주머니 속으로 다시 들어가서 어느 정도 클 때까지 나오지 않는답니다. **주머니 속에서 열 달 이상 젖을 먹으면서 큰 뒤**, 걸을 수 있게 되면 주머니 밖으로 나와요. 하지만 사나운 동물을 만나면 재빨리 어미의 주머니 속으로 숨어들지요.

혼인색이 뭘까?

짝짓기를 할 시기가 되면 수컷이 아름다운 몸 색깔을 띠어 암컷을 유혹하는데, 이 색은 번식기, 즉 **혼인할 시기에만 나타난다**고 해서 '혼인색'이라고 해요. 혼인색으르 자신이 번식할 준비가 되었음을 암컷에게 알리는 거예요. 대표적으로 피라미, 큰가시고기, 연어 같은 어류가 혼인색을 띠어요.

수컷 연어는 번식기가 되면 배 부분에 화려한 붉은색 반점이 나타나 암컷과 구별되지요.

나도 이제 장가를 가야겠군!

해룡은 정말로 수컷이 출산을 할까?

출산과 육아는 모두 아빠에게 맡겨!

해룡은 오스트레일리아 동부 해안에만 사는 아주 특별한 물고기예요. 생김새는 우리나라에서 볼 수 있는 해마와 비슷해요. 그런데 놀랍게도 허룡은 수컷이 출산을 해요. 사람이나 일반 동물로서는 상상할 수 없는 일이지요.

해룡은 **수컷이 아기 주머니를 갖고 있어요.** 암컷이 수컷의 아기 주머니에 알을 낳으면 수컷은 자신의 액을 섞어서 수정을 해요. **출산과 육아를 전적으로 맡아 하는 게 바로 수컷**이지요.

암컷은 알을 낳고 나면 기진맥진하다가 하루가 지나고 나면 생기를 되찾아요. 그리고 아무 일 없었다는 듯이 저 홀로 생활을 한답니다.

히드라와 플라나리아는 어떻게 번식할까?

히드라는 웬만큼 자란 후 떨어져 나가는 **출아법을 사용해 번식**해요. 히드라는 입과 항문이 같이 있고, 입 주위에 있는 촉수로 먹이를 잡아먹어요. 히드라는 강장동물에 속하며, 생식을 하지 않고 번식하는 무성생식을 해요.

편형동물인 **플라나리아**는 배꼽 쪽에 구멍이 있어서 관이 나오는데, 그 관이 입 겸 항문이에요. 히드라와 달리 플라나리아는 **세포가 분열**을 해요. 재생 능력이 뛰어나 머리를 세로로 자르면, 2개의 온전한 머리가 되지요. 가로로 잘라도 마찬가지랍니다.

오리너구리는 알도 낳고 젖도 먹일까?

오리너구리는 오리의 부리, 두더지의 몸, 비버의 꼬리를 가진 아주 특이한 동물이에요. 오스트레일리아 동부의 해안이나 하천에 살지요.

물에서도 살고 육지에서도 사는 오리너구리는 몸길이가 59~68cm, 몸무게는 1.7~2.4kg 정도 돼요. 땅보다는 물속에서 주로 살고, 매우 복잡하게 굴을 판 뒤 방을 여러 거 만들어 새끼들을 보호해요.

오리너구리는 **포유류 중에서 알을 낳고 젖을 먹여 키우는 '단공류'에 속해요.** 보통 2개의 알을 낳는데, 새끼가 알에서 깨어날 때의 크기는 2cm가 채 안 돼요. 알에서 깨어난 새끼는 어미의 젖을 먹고 자란답니다.

동물의 짝짓기

【동물·식물】
식물의 분류

우리는 주변에서 나무와 풀 등 수많은 식물을 볼 수 있어요. 식물의 종류는 매우 많고 생김새도 각각 달라요. 그 가운데 비슷한 속성끼리 모아 나눈 것을 '식물의 분류'라고 해요.

다양하게 나뉘는 식물의 분류 방법

지구상에는 약 30만 종이 넘는 식물이 살고 있어요. 이 많은 식물을 분류하는 방법은 아주 다양해요. **꽃과 씨방이 있는지 없는지, 관다발이 있는지 없는지, 떡잎의 수, 꽃잎의 형태 등 각각의 식물이 지닌 특징이나 구조에 따라 분류**해요.

크게는 식물을 나무와 풀로 나누어요. 줄기가 굵어지는 식물은 나무, 줄기가 굵어지지 않는 식물은 풀로 분류해요. 나무와 풀 중 꽃을 피워 씨로 번식하면 종자식물 즉 꽃식물이라 하고, 꽃을 피우지 않고 홀씨로 번식하면 포자식물, 즉 민꽃식물이라 해요.

꽃식물과 민꽃식물

꽃이 피는 **꽃식물은 꽃가루를 만들고, 꽃가루받이를 통해** 씨나 열매를 맺어서 **번식**해요. 목련, 나팔꽃, 사과, 봉숭아, 장미, 벼, 옥수수, 오이, 수박, 참외 등이 꽃식물에 속해요.

고사리나 이끼, 버섯 등은 꽃이 피지 않는 **민꽃식물**이에요. 꽃이 피지 않기 때문에 씨를 만들지 않지요. 대신 민꽃식물은 **홀씨**로 번식을 한답니다.

꽃식물 　 민꽃식물

겉씨식물과 속씨식물

꽃식물은 겉씨식물과 속씨식물로 나뉘어요. 겉씨식물은 씨방이 없어서 밑씨가 밖으로 드러나 있는 식물이에요. 소나무, 은행나무, 소철 등이 **겉씨식물**에 속하며, **암꽃과 수꽃이 따로 펴요. 꽃가루를 바람에 날려서 수정**을 하지요.

속씨식물은 밑씨가 씨방에 둘러싸여 있는 식물이에요. 속씨식물은 곤충과 같은 매개체를 이용해 꽃가루를 전달하기 때문에 다른 식물에 비해 **화려한 꽃을 피우지요.** 지구상에 있는 대부분의 식물이 속씨식물이며, 크게 쌍떡잎식물과 외떡잎식물로 나누어져요.

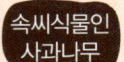
겉씨식물인 은행나무 　 속씨식물인 사과나무

쌍떡잎식물과 외떡잎식물

속씨식물의 **쌍떡잎식물은 씨가 싹틀 때 떡잎이 2장 나는 식물**이고, **외떡잎식물은 씨가 싹틀 때 떡잎이 1장 나는 식물**이에요.

쌍떡잎식물과 외떡잎식물은 잎의 모양도 달라요. 쌍떡잎식물의 잎은 둥글넓적하고, 잎맥이 잎 전체에 그물처럼 퍼져 있어요. 이런 잎맥을 '**그물맥**'이라고 하지요. 강낭콩, 국화, 봉선화, 호박 등이 쌍떡잎식물에 속해요. 외떡잎식물의 잎은 가늘고 길며, 잎맥은 길쭉한 잎을 따라 세로로 나란히 뻗어 있어요. 이런 잎맥을 '**나란히맥**'이라고 해요. 벼, 보리, 밀, 옥수수 등이 외떡잎식물에 속해요.

쌍떡잎식물의 잎 　 외떡잎식물의 잎

나무와 풀은 어떻게 다를까?

나무는 여러해살이식물로 줄기가 단단하고 오랫동안 살아요. 뿌리, 줄기, 잎의 세 부분으로 되어 있으며, 줄기에는 나이테가 생기지요. 나무와 달리 풀에는 나이테가 없어요. 자라는 기간에 따라 한해살이풀, 두해살이풀, 여러해살이풀로 구분해요. 한해살이풀은 줄기와 뿌리가 일 년 안에 말라 죽고, 두해살이풀은 싹이 터서 겨울을 보낸 뒤, 이듬해 봄부터 가을에 걸쳐 꽃과 열매를 맺은 다음에 죽어요. 뿌리가 오래도록 살아 있어서 수차례 꽃과 열매를 맺는 것은 여러해살이풀이에요.

> 나이테는 나무에게만 있지!

대나무가 풀이라고?

대나무는 키도 크고, 줄기도 굵고 오래 살아요. 하지만 나무는 아니에요. **속이 비어 있는 줄기가 나무화된 풀**이랍니다. 야자나무, 고사리 류도 대나무처럼 특수한 풀로 분류해요.

우리가 먹는 김은 식물일까?

바다에 사는 식물인 조류를 '바닷말(해조)'이라고 해요. 바닷말은 색깔에 따라 녹조류, 갈조류, 홍조류로 나뉘어요. **녹조류**는 바다의 가장 얕은 곳에 살고, 약간 깊은 곳에는 **갈조류**가 살아요. **홍조류**는 가장 깊은 곳에 살고 있지요.
녹조류에는 잎파래, 청각 등이 있고, 갈조류에는 미역, 곰피, 모자반, 다시마 등이 있어요.
우리가 자주 먹는 김은 **바닷말의 홍조류에 속하는 엄연한 식물**이랍니다.

식물도 밤에 잠을 잘까?

동물과 달리 **식물은 밤이 되어도 잠을 자지 않아요**. 그런데 식물 중에도 어두워지거나 추워지면 잎을 움츠리거나 축 늘어뜨리고 있는 게 있어요. 언뜻 보면 마치 잠을 자고 있는 것처럼 보이지요. 하지만 그것은 진짜로 잠을 자는 게 아니라 **그냥 잎사귀를 늘어뜨리고 있는 것**이에요.
실제로 밤이나 겨울에 주위 환경을 밝고 따뜻하게 해 주면, 움츠리고 늘어져 있던 식물이 곧 낮과 같은 생생한 모양이 된답니다.

여러 가지 나무의 종류

나무는 높이와 모양에 따라 소나무처럼 키가 큰 '키나무'와 뿌리나 줄기 밑 부분에서 가지가 뻗는 '떨기나무', 물체를 감고오르는 '덩굴나무'로 나뉘어요.

잎의 모양에 따라 나무의 종류를 나누기도 해요.

> 잎이 가늘고 끝이 뾰족한 나무를 '침엽수'라고 해요.

> 잎이 평평하고 넓은 나무는 '활엽수'예요.

> 사시사철 잎이 푸른 나무는 '상록수'

> 가을이나 겨울에 잎이 떨어지는 나무를 '낙엽수'라고 해요.

> 떨기나무보다 크고 5~10m로 자라는 나무는 '작은키나무'

> 줄기가 곧게 자라 10m 이상 자라는 나무는 '큰키나무'예요.

【동물·식물】
식물의 구조

수많은 식물은 공통적으로 뿌리, 줄기, 잎으로 이루어져 있어요. 동물에 비해 구조가 간단한 편이에요. 식물의 구조는 식물이 자라는 데 꼭 필요한 기관으로 이루어져 있어요.

식물의 구조

식물의 기관은 크게 영양 기관과 생식 기관으로 나눌 수 있어요. **뿌리, 줄기, 잎처럼 양분을 만들거나 흡수 또는 저장하는 기관들을 영양 기관**이라고 해요. **꽃, 꽃줄기, 열매, 씨처럼 번식에 관여하는 기관들은 생식 기관**에 속해요.

지구상에 있는 모든 생물의 원천은 바로 식물이에요. 식물은 햇빛을 받아 스스로 양분을 만들며 꽃, 잎, 줄기, 뿌리와 같은 기관으로 이루어져요.

❶ 뿌리
식물의 줄기와 가지를 떠받치고, 땅속에서 물과 양분을 빨아들여요.

❷ 줄기
잎, 꽃, 열매 등을 지탱하고, 잎에서 만든 영양분과 뿌리에서 빨아올린 물을 운반하는 통로예요.

❸ 잎
광합성을 하여 식물이 살아가는 데 필요한 영양분을 만들고, 숨구멍이 있어서 공기와 수증기가 드나드는 곳이에요.

❹ 씨방
양분을 흡수하여 씨를 만들어요.

❺ 열매
꽃이 진 뒤에 생기며, 익으면 땅에 떨어져요.

❻ 씨
싹이 터서 새로운 식물로 자라요.

잎의 구조

잎은 줄기의 끝이나 둘레에 붙어 영양분을 만들어요. 턱잎, 잎자루, 잎맥, 잎몸으로 이루어져요.

❶ 턱잎
잎자루 아래에 있고, 어린 싹을 보호하는 역할을 해요. 가시 모양, 돌기 모양, 비늘 모양, 잎 모양, 칼집 모양 등 생김새가 다양해요.

❷ 잎자루
잎몸이 줄기나 가지에 붙도록 연결시켜 줘요.

❸ 잎맥
물과 양분이 지나는 통로로 광합성으로 만들어진 포도당이나 전분을 다른 조직에 전달해 주고, 뿌리에서 흡수한 물과 양분을 잎에 전달해 줘요.

❹ 잎몸
엽록체가 많아 햇빛을 받아 광합성을 하는 곳으로 양분을 만들어 나가는 곳이에요.

줄기의 구조

줄기는 물과 양분의 이동 통로이며, 식물의 잎과 꽃, 열매 등이 잘 붙어 있을 수 있게 지탱해 주는 역할을 해요.

❶ 물관
뿌리에서 흡수한 물이 지나가는 길로 양분의 이동 통로예요. 줄기의 물관은 뿌리와 잎에도 연결되어 있어요.

❷ 체관
잎에서 만들어진 영양분이 지나가는 통로예요.

❸ 관다발
물과 무기 양분이 이동하는 통로로, 물관과 체관이 여러 개 모여 다발을 형성한 것이에요.

❹ 표피
줄기의 가장 바깥쪽에 있는 세포층이에요.

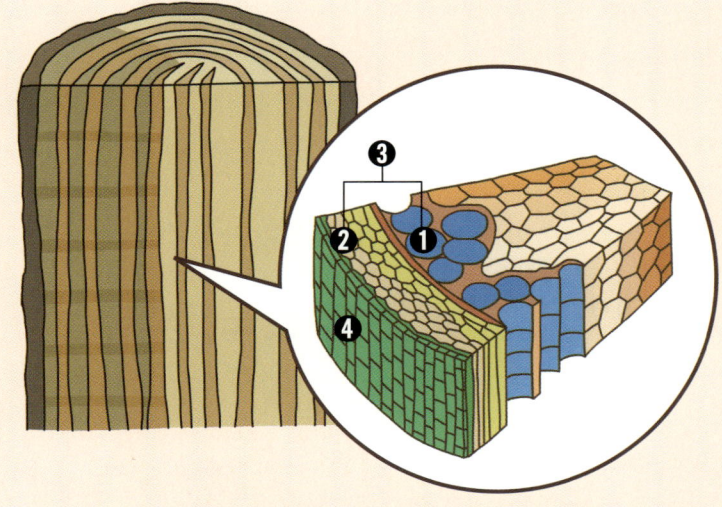

뿌리의 구조

뿌리는 식물체의 밑동으로 보통 땅속에 묻혀 있거나 다른 물체에 박혀 있어서 움직이지 못해요. 그러나 식물이 살아가는 데 필요한 물과 양분을 빨아올려 저장하고 줄기를 지탱하는 중요한 일을 담당해요.

❶ 표피
뿌리를 보호하는 역할을 해요.

❷ 뿌리털
표피의 일부가 자라면 뿌리털이 되며, 흙 속의 물과 양분을 빨아들여요.

❸ 생장점
뿌리가 길게 자라도록 하는 역할을 해요. 생장점 위쪽부터 뿌리털이 나지요.

❹ 뿌리골무
생장점을 덮고 있으며, 죽은 세포로 되어 있어요.

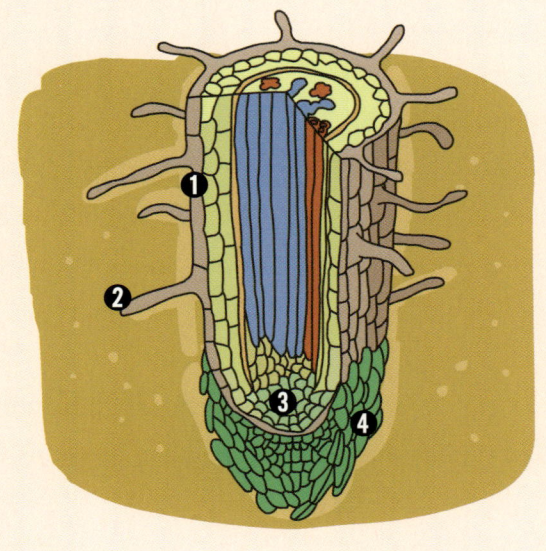

꽃의 구조

꽃은 앞에서와 같이 꽃식물에서만 볼 수 있는 생식 기관이에요. 번식에 필요한 매우 중요한 기관인 꽃은 크기와 모양, 빛깔이 식물에 따라 가지각색이에요. 크게는 꽃잎, 꽃받침, 암술, 수술로 구분해요.

❶ 꽃받침
꽃잎을 모아 주고, 꽃잎을 보호해 줘요.

❷ 암술머리
암술의 가장 윗부분으로 수술의 꽃가루를 받아 가루받이가 이루어져요.

❸ 꽃자루
꽃이 달리는 가지예요.

❹ 암술대
암술머리와 씨방을 연결해 주는 부분이에요.

❺ 씨방
장차 씨가 될 밑씨가 들어 있어요.

❻ 수술
꽃가루를 만드는 주머니인 꽃밥과 그것을 받치는 수술대로 이루어져요.

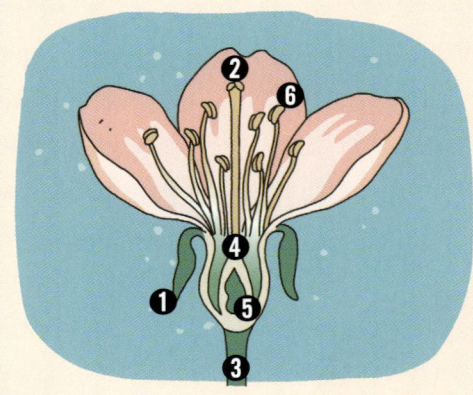

식물의 구조

꽃은 왜 알록달록 예쁜 걸까?

꽃이 알록달록한 것은 자손을 만들기 위해서예요. 꽃은 움직일 수 없기 때문에 자신의 힘으로는 자식을 만들지 못해요. 곤충이나 새 또는 바람이나 물 등의 힘을 빌려야 하지요. 그래서 꽃은 아름다운 색깔을 만들고, 꿀을 만들어서 향을 풍겨요. 그러면 **벌, 나비, 새 등이 알록달록 예쁜 색깔과 꿀에 유혹되어** 날아오지요.

곤충이나 새가 꿀을 빨아 먹을 때 몸에 수술이 닿으면서 꽃가루가 묻어요. 그리고 다른 꽃을 찾아가 꿀을 빨아들이는 사이에 몸에 묻은 꽃가루가 암술에 닿아 씨가 만들어진답니다.

꽃향기는 어떻게 만들어질까?

꽃향기는 꽃들이 자라면서 **꽃잎의 특이한 기름**에서 만들어져요. 기름이 빠른 속도로 증발하면서 꽃마다 고유의 향기를 뿜어내지요. 꽃들마다 가지각색의 향기를 지닌 것은 기름의 화학적 반응이 제각각이기 때문이에요.

꽃잎의 기름은 잎, 뿌리, 열매에도 들어 있어요. 그래서 잎과 뿌리, 열매에서도 향기가 나지요. 그중 **기름의 양이 꽃잎에 가장 많기 때문에** 꽃잎의 향이 유난히 짙은 것이에요.

벌은 노란색 꽃을 가장 좋아할까?

꽃들은 예쁘고 화려한 색깔로 곤충이나 새들의 눈길을 끌어요. 그런데 세상에 피어 있는 **꽃들의 색깔 중 가장 많은 색이 노란색 계통**이라고 해요. 다음으로 하얀색, 파란색 순이에요. 의외로 빨간색 꽃은 그리 많지 않아요. 그 이유는 꽃가루받이를 가장 많이 하는 곤충인 벌이 빨간색을 구별하지 못하기 때문이에요.

벌은 짙은 노란색을 가장 좋아하고, 다음으로 파란색을 좋아한답니다. 노란색 꽃을 유난히 좋아하는 또 다른 곤충에는 배추흰나비가 있어요.

왜 검은색 꽃은 없을까?

지금까지 검은 꽃잎을 가진 꽃은 지구상에서 발견된 적이 없어요. 우리가 흔히 부르는 흑장미는 엄밀히 말해 검붉은 색이에요. 식물이 검은색 꽃이 되려면 가시광선을 전부 다 흡수해야 해요. 그런데 **식물의 엽록소는 가시광선을 전부 흡수하지 못하지요.** 그리고 자손을 많이 퍼뜨리려면 곤충이나 동물을 불러들여야 하기 때문에 검은색 꽃이 아닌 알록달록 화려한 색깔을 띠는 것이랍니다.

다시마에도 꽃이 필까?

다시마는 **바다에 사는 풀**이에요. 뿌리, 줄기, 잎의 구별이 있기는 하지만 땅 위의 식물과는 달라요.

다시마에는 꽃이 피지 않아요. 다시마의 몸 표면에는 작은 자루가 많이 달려 있는데, 그 자루에서 '**유주자**'라는 것이 나와 **번식**을 해요. 유주자는 어미 다시마의 몸을 벗어나 싹을 틔우고, 어느 정도 자라면 암컷 그루와 수컷 그루로 갈라져요. 수컷 그루에서 나온 알이 암컷 그루에서 나온 알에 붙으면 알이 커져 작은 다시마가 되는 거예요. 다시마는 길이가 아주 긴데 어떤 것은 200m나 되는 것도 있답니다.

감자가 뿌리가 아니라 줄기라고?

식물의 줄기는 대개 땅 위에서 하늘을 향해 뻗어 있어요. 그런데 환경에 적응하기 위해 다양한 모양으로 변한 줄기도 있어요. 우리가 흔히 먹는 감자는 땅속에서 캐내니까 뿌리라고 생각하기 쉽지만, 사실 뿌리가 아니라 줄기예요. **땅속에 있는 줄기가 자라서 굵어지며 감자가 된 거예요.** 이런 줄기를 '**덩이줄기**'라고 해요.

감자를 햇볕에 오래 두면 감자의 색깔이 초록색으로 변하는데, 이것은 감자가 뿌리가 아닌 줄기이기 때문에 생기는 현상이에요.

고구마는 뿌리일까, 줄기일까?

감자와 달리 고구마는 뿌리예요. 싹이 트는 것을 잘 관찰하면 쉽게 구분이 돼요. 감자를 자세히 보면 여기저기 움푹 파인 곳을 볼 수 있어요. 그게 감자의 눈이에요. 이 눈에서 싹이 나와요. 그런데 **고구마의 싹은** 감자처럼 움푹 파인 눈에서 나오지 않아요. **줄기가 달렸던 윗부분에서 나오지요.** 그래서 고구마는 줄기가 아니라 뿌리라는 것을 알 수 있어요.

부름켜가 뭘까?

식물은 뿌리와 줄기의 끝부분에서 세포 분열을 일으켜 생장을 해요. 나무의 줄기가 해를 거듭할수록 굵어지는 이유는 줄기의 껍질 안쪽에 있는 **부름켜에서 세포 분열이 일어나 부피 생장을 돕기 때문이에요.** 부름켜는 다른 말로 **형성층**이라고도 해요.

부름켜는 쌍떡잎식물에는 있고, 외떡잎식물에는 없어요. 그래서 야자나무나 대나무처럼 크게 자라는 외떡잎식물은 줄기가 굵어지지 않고, 나이테도 없는 거랍니다.

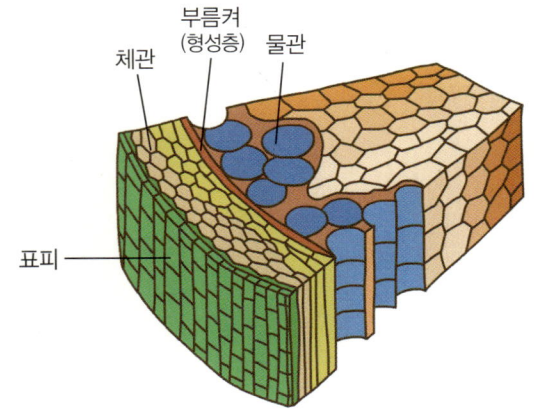

나뭇잎은 왜 초록색일까?

나무는 땅속에 있는 물을 빨아들이고, 잎을 통해 공기도 마셔요. 이렇게 뿌리에서 빨아들인 물과 공기가 결합해서 영양분이 만들어지지요.

영양분을 만들어 내는 일은 '**엽록체**'에서 이루어져요. 엽록체에는 '**엽록소**'라는 초록색 알갱이들이 무수히 많이 모여 있어요. 나뭇잎이 초록색으로 보이는 것은 바로 무수히 많은 초록색 알갱이들 때문이에요.

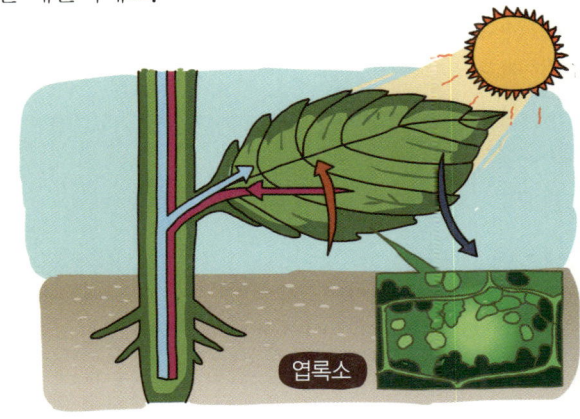

선인장 가시의 정체는 뭘까?

선인장의 고향은 뜨거운 사막이에요. 사막은 한 달 이상씩 비가 내리지 않아 물을 구하기 힘들어요. 이런 사막에서 살아남기 위해 선인장은 가끔 한 번씩 비가 올 때마다 **몸에 많은 물을 저장해 두지요.** 그래야만 다음 비가 올 때까지 말라죽지 않아요.

선인장에는 잎이 없고 가시가 많은데, 이 가시는 원래 잎이었어요. 그러나 넓은 잎은 뜨거운 햇볕을 받으면 수분이 많이 증발하기 때문에 이를 막기 위해 잎이 작고 좁게 나기 시작했지요. 그러다가 차츰 가시로 변하게 된 거예요.

딱딱하고 뾰족한 가시는 **자신을 해치는 동물들로부터 몸을 보호하기에도** 좋답니다.

[동물·식물]
식물의 번식

식물은 씨와 포자로 자손을 퍼뜨려요. 꽃의 향기나 색깔에 매혹된 동물들은 수술의 꽃가루를 암술머리에 닿게 해 주지요. 식물은 싹을 틔우기 위해 여러 방법을 이용해요.

씨가 만들어지는 과정

꽃식물이 씨를 만들려면 먼저 **수술의 꽃가루가 암술머리**에 닿아야 해요. 이것을 **수분**, 또는 **꽃가루받이**라고 하지요. 수분이 되면 2개의 정핵이 암술대를 따라 씨방으로 내려가요. 한 개의 정핵은 난세포와 만나 식물이 되는 수정란이 되고, 다른 한 개의 정핵은 배젖이 돼요. 배젖은 식물이 자라는 데 필요한 영양분이에요. 수정란과 배젖이 만들어지고 나면, 마지막으로 싹을 보호하는 단단한 씨껍질이 생겨요.

대부분의 식물은 씨 주변의 두꺼운 부분이 열매가 돼요. 열매는 동물들의 먹이가 되어 주면서 안에 든 씨를 멀리 퍼뜨리는 역할을 하지요.

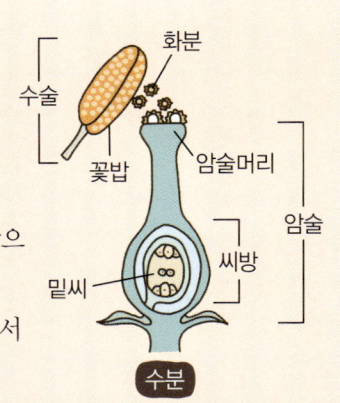

씨앗은 어떻게 생겼을까?

씨를 반으로 쪼개 보면 그 속에 새로운 식물이 될 **배(씨눈)**와 이것을 기르기 위한 **배젖(양분)**이 들어 있어요. 배는 어린잎, 어린줄기, 어린뿌리로 자라날 부분이고, 배젖은 싹튼 어린 씨앗이 살아갈 수 있는 양분을 저장하고 있어요.

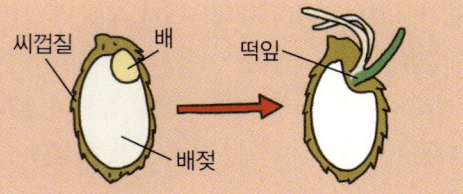

식물이 씨앗을 퍼뜨리는 방법

한 꽃에서 수술과 암술이 자가 수분을 하기 어려운 경우, 사람이 꽃가루를 다른 꽃의 암술머리에 묻혀 줘요. 이것을 '**인공 수분**'이라고 해요. 곤충, 바람, 물 등에 의해 암술이 다른 꽃의 수술과 수분하는 것은 '**타가 수분**'이라고 해요.

동물에게 먹혀서 이동하는 방법
가막살나무, 겨우살이, 머루, 버찌, 산딸기 등

동물의 몸에 붙어서 이동하는 방법
도깨비바늘, 도꼬마리, 미국가막사리, 쇠무릎 등

열매가 떨어져서 이동하는 방법
호두나무, 상수리나무, 밤나무 등

물 위에 떠서 이동하는 방법
야자, 연꽃, 부레옥잠, 수련 등

스스로 터져서 이동하는 방법
괭이밥, 봉숭아, 제비꽃, 콩, 팥 등

바람에 날려서 이동하는 방법
단풍나무, 민들레, 소나무, 씀바귀, 억새, 참마 등

씨앗은 어떻게 썩지 않고 이듬해 다시 싹을 틔울까?

식물의 가지에서 떨어져 나온 씨앗은 비바람과 겨울 추위를 꿋꿋이 견뎌요. 썩어 가는 나뭇잎을 영양분 삼아 씨앗은 이듬해 봄에 싹을 틔우지요.

작은 씨앗이 혹독한 추위와 세균들로부터 스스로를 지키고 새 생명으로 태어날 수 있는 건 **씨껍질** 덕분이에요. **딱딱하고 단단한 껍질이 세균의 침범을 막고, 혹독한 환경으로부터 속살을 지켜 주지요.** 또한 씨앗은 자신의 속살에 '**피톤치드**'라는 무기를 가지고 있어요. 세균이나 바이러스가 침범하면 피톤치드 향기를 내뿜어 썩지 않도록 보호하지요. 이때 씨껍질은 속살에 있는 피톤치드가 공기 중으로 날아가지 못하게 하는 저장 캡슐 역할도 한답니다.

식물은 무얼 먹고 살까?

사람은 음식을 먹어야 살 수 있어요. 사람이 음식에서 에너지를 얻듯이 식물은 태양에서 에너지를 얻어요. 식물의 잎에 있는 엽록소는 **뿌리에서 흡수한 물과 잎을 통해 얻은 이산화탄소를** 재료로 **햇빛을 이용해 녹말을 만들어요.** 이것을 **광합성**이라고 해요.

식물이 햇빛을 받지 못하면 잘 자라지 못하고 누렇게 변해서 죽는데, 이는 광합성을 하지 못하기 때문이에요. 즉 식물은 햇빛, 물, 공기를 먹고 살아간답니다.

식물도 사랑을 느낄까?

어느 과학자가 똑같은 화분에 똑같은 무순을 똑같은 날짜에 심은 후, 깨끗한 물을 12시간마다 주고 하루 5시간씩 햇빛을 쬐어 주었어요. 다만 한쪽 화분에는 날마다 "싫어!"라는 말을 했고, 다른 화분에는 "사랑해!"라는 말을 해 주었지요. 이런 식으로 8일이 지나자 놀랍게도 미움을 받은 두순보다 사랑을 받은 무순이 1.4cm나 더 컸어요.

이 실험을 통해 **식물도 사람처럼 사랑을 느끼고, 감정에 따라 성장 속도가 달라진다는 것**을 알 수 있었지요.

암수가 따로 있는 나무가 있을까?

대부분의 식물은 암수가 한 그루에 함께 있어요. 그런데 **은행나무와 뽕나무는 암수가 따로 있어요.** 은행나무와 뽕나무의 암나무에는 암꽃만 있고, 수나무에는 수꽃만 있어요. 그래서 열매를 맺기 위해서는 암나무와 수나무가 가까운 곳에 있어야 하지요. 만약 너무 멀리 떨어져 있거나 아예 **암나무나 수나무 한쪽이 없으면 열매를 맺을 수가 없어요.**

은행이 주렁주렁 열린 은행나무의 주위를 잘 살펴보면 반드시 은행이 하나도 열리지 않는 수은행나무가 있을 거예요. 반대로 은행나무에서 은행이 열리지 않을 때는 근처에 수은행나무가 없다는 뜻이지요.

정말로 새끼를 낳는 식물이 있을까?

'**맹그로브**'라고 불리는 나무는 새끼를 낳아 번식을 해요. 맹그로브는 진흙이 평평하게 깔린 열대 해안을 따라 자라지요. 대부분의 식물은 씨가 땅에 떨어져 거기서 뿌리와 싹이 나요. 그런데 맹그로브 씨는 **나무에 달린 채로 씨에서 뿌리와 싹이 나와 10cm쯤 자란 뒤에 땅으로 떨어져요.** 그런 다음 땅에 뿌리를 박고 거기에서 하나의 독립된 나무로 자라지요.

잘못해서 바다에 떨어지더라도 파도에 실려 해변 어딘가에서 뿌리를 내린답니다.

[동물·식물]
식물의 환경 적응

식물은 보통 스스로 움직이지 못하지만 여러 방법으로 환경에 적응해요. 몸의 일부를 움직이는 운동을 통해 필요한 조건을 충족하기도 해요.

식물의 운동

동물뿐만 아니라 식물도 운동을 해요. 자라고 있는 곳의 환경, 즉 **온도, 빛, 물 따위의 조건이 달라지면 거기에 맞추어 몸의 일부를 움직이지요.** 식물의 운동에는 온도에 영향을 받는 꽃의 개폐 운동과 자극의 방향에 영향을 받는 굴성 운동, 물의 양과 습도에 영향을 받는 팽압 운동과 건습 운동이 있어요.

꽃의 개폐 운동

온도의 변화에 따라 꽃봉오리가 벌어졌다 오므라들었다 하는 운동을 꽃의 개폐 운동이라고 해요. 온도가 올라가면 꽃봉오리 안쪽의 꽃잎이 바깥쪽의 꽃잎보다 더 자라 꽃봉오리가 열려요. 반대로 온도가 낮아지면 꽃잎의 바깥쪽이 더 자라 꽃봉오리가 닫혀요. 식물이 완전히 다 자라면 개폐 운동이 끝이 나고 꽃이 활짝 피지요. 이후 개폐 운동이 일어나지 않으면 꽃잎이 늘어지면서 마침내 지게 된답니다.

식물의 굴성 운동

식물이 주어진 환경의 자극에 따라 일정한 방향으로 일어나는 운동을 굴성 운동이라고 해요. 굴성 운동에는 굴광성, 굴촉성, 굴지성, 굴수성이 있어요. 잎, 줄기, 꽃이 빛을 향해 자라는 것을 **굴광성**이라고 해요. 그리고 공기나 산소의 자극에 의해 일정한 방향으로 굽는 성질을 **굴기성**이라고 해요. 대체로 일반 식물의 뿌리는 자극이 주어진 방향에 따라 굽지만, 그 자극에 암모니아가 포함되어 있으면 반대 방향으로 굽어요. **굴촉성**은 줄기나 넝쿨이 다른 물체에 기대어 휘거나 감고 올라가며 자라는 것을 말해요. **굴지성**은 뿌리가 중력에 반응해 밑으로 자라는 것이에요. 또 뿌리가 물이 있는 방향으로 자라려는 성질은 굴수성이에요.

식물의 팽압 운동과 건습 운동

식물의 **세포에 든 물의 양에 따라 세포벽의 압력이 높아졌다 낮아졌다 하는 운동을 팽압 운동**이라고 해요. 잎의 표면에 있는 기공이 열렸다 닫혔다 하는 것, 자귀나무가 낮에는 잎을 활짝 폈다가 밤이 되면 잎을 오므리는 것, 미모사 잎을 건드리면 잎이 닫히거나 구부러지는 것, 파리지옥이 꽃잎을 오므려 벌레를 잡아먹는 것 등이 팽압 운동에 속해요.

건습 운동은 식물의 세포막이 습도의 변화에 따라 늘었다 줄었다 하는 것을 말해요. 봉숭아는 건습 운동을 통해 꼬투리를 벌려 씨앗을 퍼뜨리지요.

식물에도 호르몬이 있을까?

식물의 성장과 운동을 돕는 호르몬에는 옥신과 에틸렌이 있어요. **옥신은 식물의 성장을 돕는 호르몬**으로, 굴성 운동과 연관이 깊어요. 줄기가 빛을 받으면 옥신은 빛의 반대 방향으로 이동을 해요. 빛을 받지 않는 쪽 줄기의 옥신 농도가 높아지지요. 그래서 그늘 쪽의 줄기가 더 빨리 자라 빛을 받는 쪽으로 휘는 거예요. 또한 옥신은 잎이나 열매가 가지에서 쉽게 떨어지지 않도록 막는 역할도 해요.

에틸렌은 식물의 열매를 성숙시키는 역할을 해요. 그리고 다 익은 열매에서 더 많이 분비돼요. 다 익은 열매 가까이에 덜 익은 열매가 있으면, 에틸렌의 작용으로 덜 익은 열매가 보다 빨리 익는답니다. 또 에틸렌은 식물의 성장을 억제하기도 해요. 식물의 넝쿨을 손으로 자꾸 만지면 키는 자라지 않고 줄기만 굵어져요. 이는 외부의 접촉이 있을 때 에틸렌이 분비되어 식물의 성장을 억제하기 때문이에요.

기생 식물이란 뭘까?

다른 생물에게 피해를 주면서 자신의 이익을 얻는 것을 '기생'이라고 해요. 기생 식물에는 새삼과 겨우살이가 있어요. **새삼**은 기생할 식물을 발견하면 그 식물의 줄기를 감싸고 올라가면서 영양분을 빼앗아 먹어요. 이 과정에서 그 식물이 말라죽기도 해요.

겨우살이는 다른 나무에 뿌리를 내리고, 그 나무에서 물과 영양분을 빨아먹고 자라요. 스스로 만들어 낸 영양분이 부족하여 다른 나무에 붙어살지요. 겨우살이는 자신이 뿌리 내린 나무가 죽으면 함께 죽는답니다.

뿌리혹박테리아란 뭘까?

서로 피해를 주는 게 아니라 **도움을 주고받는 관계를 '공생'**이라고 해요. **콩과식물과 뿌리혹박테리아는 서로 공생 관계**예요. 땅콩, 완두와 같은 콩과식물들의 뿌리에는 뿌리혹박테리아라는 세균이 혹처럼 붙어살아요.

콩과식물은 뿌리혹박테리아의 도움을 받아 식물이 잘 자라고 열매를 맺는 데 필요한 질소를 얻어요. 대신 콩과식물은 뿌리혹박테리아에게 영양분을 주지요.

뿌리혹박테리아

식물은 어떻게 자기 몸을 보호할까?

가시와 털
쐐기풀의 털 속에는 독이 있으며, 엉겅퀴의 잎과 장미 줄기에 난 가시는 꽃을 보호하기 위한 것이에요.

예리한 잎
잔디나 억새의 잎은 칼날처럼 날카로워요. 그래서 잘못 만지면 베이기 쉽지요.

위장술
사막에 사는 자갈풀은 자갈과 비슷한 색으로 색깔을 바꿔요. 광대수염은 동물로부터 자신을 보호하기 위해 쐐기풀처럼 위장해요.

화학 물질과 냄새
박주가리는 줄기나 잎을 꺾으면 독소가 있는 액체가 나와요. 마늘이나 양파도 독한 냄새로 자신을 보호해요.

덩굴성 식물의 회전 방향은 다 똑같을까?

스스로 줄기를 세우지 못하는 식물을 덩굴성 식물이라고 해요. 덩굴성 식물에는 나팔꽃, 다래, 찔레, 담쟁이 등이 있어요. 덩굴성 식물이 받침대 등을 칭칭 감으며 오르는 것은 햇빛을 잘 받기 위해서예요.

그런데 식물에 따라 감는 방향은 달라요. **박주가리, 인동, 등나무 등**은 위에서 보았을 때 시계 방향으로 감으며 올라가는 **오른쪽감기**를 해요. **나팔꽃, 메꽃, 칡 등**은 시계 반대 방향으로 감으며 올라가는 **왼쪽감기**를 하지요. 그런데 환삼덩굴이나 더덕 등은 딱히 정해진 방향 없이 아무 쪽으로나 감고 올라간답니다.

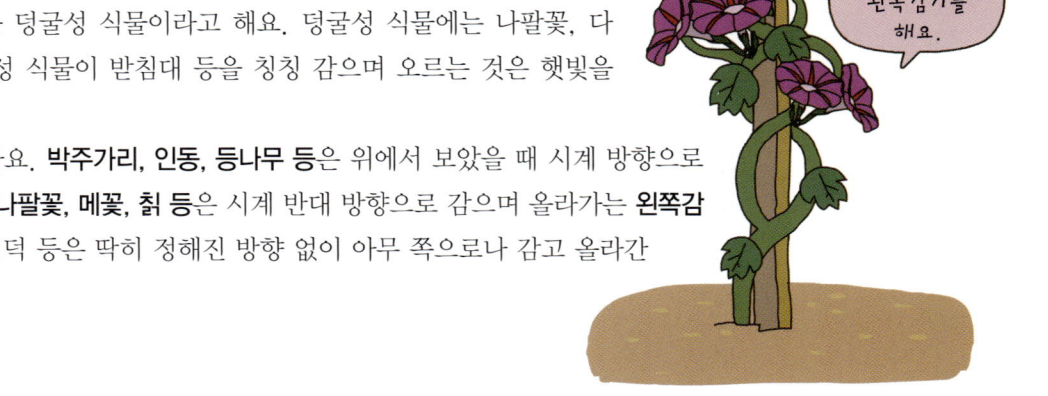

해바라기는 정말로 해를 따라 돌까?

식물의 줄기는 빛이 비치는 쪽을 향해 자라는 성질이 있어요. 햇빛을 정면으로 받는 쪽보다 그 반대쪽이 빠르게 자라기 때문이에요.

해를 따라 고개를 돌리는 해바라기는 **한참 자랄 시기에는 잎이 햇빛을 많이 흡수할 수 있도록 태양의 움직임을 쫓아** 줄기가 돌아가면서 자라요. 그러나 다 자란 해바라기는 더 이상 해를 따라 고개를 돌리지 않는답니다.

밤송이에는 왜 가시가 있는 걸까?

밤송이에 있는 가시는 **씨를 보호하기 위해** 뾰족하게 나 있어요. 가시는 동물이나 곤충이 밤을 먹지 못하도록 막아 주지요.

가을이 되어 밤이 완전히 익으면, 뾰족한 밤송이가 입을 벌려요. 그 속에서 2~3개의 알밤이 나오지요. 밤이 다 익어서 새로운 싹을 낼 준비가 끝나면, 밤송이가 떨어지면서 밤이 밖으로 튀어나온답니다.

날씨를 예보하는 꽃이 있을까?

나도개별꽃이라고 불리는 작은 꽃은 날씨를 예보해 줘요. 진분홍색, 하얀색 또는 보라색 꽃을 피우는데, 아침에 나도개별꽃의 **꽃잎이 닫혀 있으면 그날은 비가 오거나 구름이 끼어요.** 반대로 나도개별꽃의 꽃잎이 활짝 피어 있으면 그날 하루는 맑아요.

이런 신통함 때문에 서양에서는 나도개별꽃을 '가난한 사람의 날씨 거울'이라고 부르지요.

가을에는 왜 나뭇잎에 단풍이 들까?

나뭇잎은 여러 가지 색을 지니고 있어요. 또 계절마다 다른 색 옷으로 갈아입는 멋쟁이가 바로 나무예요. 은행나무의 잎은 여름에는 초록색이었다가 가을이 되면 노란색으로 변해요. 단풍나무는 빨간색으로 변하지요.

초록은 나뭇잎의 여름색이에요. 나뭇잎을 초록색으로 만드는 **녹색 색소는 햇빛이 많은 여름에 가장 많아요.** 노랑과 빨강은 나뭇잎의 가을색이에요. 선선한 가을이 되면 녹색 색소가 줄어들면서 나뭇잎을 노랗고 빨갛게 하는 색소가 하나 둘씩 모습을 드러내지요. 그래서 가을이 되면 산이 온통 울긋불긋 아름다운 색으로 변한답니다.

낙엽은 왜 지는 걸까?

가을이 깊어 가면 울긋불긋 물들었던 나뭇잎이 하나 둘 떨어지다가 알몸이 되고 말지요. 나무는 겨울을 나기 위해 봄, 여름, 가을 동안 부지런히 양분을 저장해요. 겨울에는 너무 추워서 영양분을 만들 수가 없기 때문이에요. **겨울이 오기 전에 영양분을 많이 사용하는 나뭇잎들을 모두 떨어뜨리는 것이지요.** 만약 나뭇잎을 주렁주렁 달고 있으면 나뭇잎들을 키우기 위해 항상 영양분을 보내 줘야 해요. 그러면 나무는 겨울을 나지 못하고 결국 죽고 말 거예요.

스스로 움직이는 식물도 있을까?

'미모사'라는 식물은 스스로 움직여요. 그렇다고 사람이나 동물처럼 장소를 이동하는 것은 아니에요. 보통 때 미모사는 물을 많이 가지고 있어서 팽팽하지만 누군가 **잎을 건드리면 밑으로 축 처지며 작은 잎을 오므려요.** 잎에 있던 물이 한쪽으로 움직이거나 빠져나가기 때문에 일어나는 현상이지요.

소나 말 같은 동물들은 미모사를 먹으려고 하다가 미모사가 재빨리 잎을 닫는 바람에 놀라 먹는 것을 포기하곤 한답니다. 바람이 불거나 비가 올 때 그리고 밤에도 미모사의 잎은 처지고 오므라들어요.

미모사

꽃마다 피는 계절이 다른 이유는 뭘까?

꽃마다 피는 계절이 다른 이유는 **식물마다 꽃을 피우기 위한 환경 조건이 다르기 때문이에요.** 여러 환경 중에서도 **밤낮의 길이와 온도가 가장 큰 영향**을 끼쳐요. 개나리, 진달래, 밀, 상추, 붓꽃 등 낮이 긴 시기에 꽃을 피우는 식물을 '장일식물'이라고 해요. 반대로 국화, 코스모스, 나팔꽃 등 낮이 짧은 시기에 꽃을 피우는 식물을 '단일식물'이라고 해요. 민들레, 사탕수수처럼 밤낮의 길이에 큰 영향을 받지 않고 꽃을 피우는 식물은 '중일식물'이라고 하지요. 식물에는 **빛을 얼마나 받는지를 감지할 수 있는 '피토크롬'이라는** 색소 단백질이 들어 있어요. 바로 이 색소 단백질의 도움으로 낮과 밤의 길이를 재고 꽃이 피는 시기를 알아 계절에 적응하는 것이랍니다.

뿌리 하나로 숲을 이루는 나무가 있다고?

인도와 스리랑카에는 '바니안나무'가 있어요. 이 나무는 **땅속으로 뿌리를 길게 뻗을 뿐만 아니라, 가지에서도 뿌리가 나와요.** 이렇게 가지에서 나오는 뿌리를 '공기뿌리'라고 하는데, 공기뿌리가 땅에 닿으면 땅속으로 뿌리를 뻗어 새로운 줄기를 만들어 내요. 수백, 수천 갈래의 공기뿌리들이 가지에서 땅으로 내려와 여러 나무를 만들어 내지요. 이런 성장 방식을 되풀이해 바니안나무가 온 땅을 뒤덮는 거예요.

완전히 자란 바니안나무 한 그루는 1,200평을 뒤덮을 수 있어요. 그래서 바니안나무 아래에 있으면 수십 그루의 나무들이 서 있는 작은 숲에 와 있는 것 같은 착각이 들지요.

벌레를 잡아먹는 식물도 있을까?

모든 생물은 환경에 적응하며 살아요. 벌레를 잡아먹는 '식충식물'은 물이끼가 있는 늪이나 습지, 수렁 같은 축축한 땅에서 자라요. 늪이나 습지에는 물기가 많지만 식물에게 필요한 질소나 무기질, 인 등의 양분은 부족한 환경이에요. 그래서 **식물들은 벌레를 잡아먹어 영양을 보충하지요.**

식충 식물에는 끈끈이주걱, 파리지옥, 통발, 사라세니아, 벌레잡이제비꽃 등이 있어요. 끈끈이주걱은 잎에서 나온 끈적끈적한 액으로 벌레를 잡고, 파리지옥은 2장의 잎을 빠르게 접어 벌레를 잡아요. 사라세니아는 깊숙한 주머니 모양의 관으로 벌레를 잡아요.

사라세니아와 끈끈이주걱

식물의 환경 적응

[동물·식물]
식물이 사는 곳

지구상에 식물이 살지 않는 곳은 없어요. 식물은 비록 스스로 움직이지는 못하지만 어떤 환경에도 잘 적응해 살아가지요.

식물의 세계

식물은 동물과 달리 스스로 움직이지 못해요. 식물은 감각 및 신경계가 없어요. 잘 발달된 뿌리로 물과 양분을 빨아들이고, 잎으로는 광합성을 하여 살아가는 데 필요한 양분을 스스로 만들지요. 그렇기 때문에 동물처럼 여기저기 다니며 먹이를 찾지 않아도 살 수가 있어요. 물론 식물 중에는 파리지옥이나 신경초처럼 민첩한 운동을 하여 먹이를 얻는 것도 있어요. 곰팡이나 버섯처럼 스스로 광합성을 하지 못하고 다른 생물에 기대어 살아가는 식물도 있지요. 하지만 **대부분의 식물은 고정된 상태로 양분을 만들어 살아간답니다.**

냉대 기후에 사는 식물

냉대 기후는 가장 추운 달의 평균 기온이 영하 3℃ 아래이고, 가장 따뜻한 달의 평균 기온이 영상 10℃ 이상이에요. 우리나라의 북부 지방과 중국의 북부 지방, 시베리아 동부 지방, 캐나다 등이 냉대 기후에 속해요. 냉대 기후는 날씨가 춥고 햇볕이 적기 때문에 나무들이 광합성을 활발히 할 수가 없어요. 그래서 식물의 잎이 넓지 않고 바늘처럼 생긴 침엽수로 이루어져 있지요. 전나무, 가문비나무, 소나무 등이 냉대 기후에 살아요.

온대 기후에 사는 식물

온대 기후는 가장 추운 달의 평균 기온이 영하 3℃에서 영상 18℃ 사이예요. 사계절이 뚜렷하고 기온과 강수량이 적당한 온대 기후에는 다양한 종류의 식물들이 자라요.
잎이 넓고 가을이면 낙엽이 지는 활엽수, 겨울에도 늘 푸른 침엽수가 동시에 자라지요. 숲에는 계절마다 다양한 들풀과 꽃이 피고 열매를 맺어요.

열대 우림 기후에 사는 식물

열대 우림 기후는 일 년 내내 덥고 비가 내려서 식물이 자라는 데 꼭 필요한 햇빛과 물이 풍부해요. 대표적인 열대 우림 기후는 남아메리카에 있는 아마존 강 주변을 들 수 있어요. 그곳에는 아주 많은 종류의 식물이 살지요. 열대 우림에는 나무에서 뻗어 나온 수많은 가지와 잎이 하늘을 온통 뒤덮고 있어요. 그 밑으로 나무줄기를 휘감고 있는 덩굴 식물을 비롯해 다양한 꽃들이 뿌리를 내리고 살아요. 그리고 숲의 바닥에는 고사리 같은 양치류와 이끼가 대부분이에요.

고산 지대에 사는 식물

고산 지대는 해발 2,000m 이상의 산악으로 이루어진 지역이에요. 이 지역은 계곡이 깊고 산비탈의 경사가 급해 바람이 세고 공기가 무척 차가워요. 그리고 기압과 땅의 열이 매우 낮으며, 식물이 살아가는 데 꼭 필요한 이산화탄소의 양도 적어요. 그래도 힘든 환경을 극복하고 꿋꿋하게 자라는 식물들이 있어요. 세찬 바람을 피해 옆으로 누운 듯 낮게 자라는 눈잣나무, 두메양귀비, 바위구절초, 사스래나무, 가문비나무 등이에요.

사막에 사는 식물

사막은 강수량이 아주 적고 햇볕이 쨍쨍 내리쬐기 때문에 물이 잘 증발하는 곳이에요. 일 년 내내 비가 오지 않는 곳도 있고, 비가 오는 우기와 비가 오지 않는 건기가 번갈아 오는 곳도 있어요. 그러나 대부분의 사막은 건기가 길기 때문에 땅은 늘 건조하고 물이 귀하지요.
그렇기 때문에 식물들은 비가 올 때까지 견디기 위해 갖가지 노력을 기울여요. 그리고 선인장처럼 사막에 사는 풀이나 나무에는 유난히 가시가 많은데, 이는 사막에 사는 초식 동물들을 물리치기 위한 좋은 무기랍니다.

연못이나 늪에 사는 식물

땅 위뿐만 아니라 연못이나 늪 등에도 여러 종류의 식물이 살아요. 이런 식물을 '수생 식물'이라고 해요. 갈대, 벗풀, 제비붓꽃, 부레옥잠, 수련, 붕어말, 마름 등이 있어요. 그리고 물 위를 둥둥 떠다니는 개구리밥, 뿌리는 물 밑 흙 속에 있으면서 잎과 꽃만 물 위에 떠 있는 연꽃 그리고 검정말이나 나사말 등은 물속에 잠겨서 살아요.
수생 식물들은 몸의 표면을 통해 영양분이나 공기를 받아들이기 때문에 뿌리가 튼튼하지 못해요. 또한 잎이 가늘고 여러 갈래로 갈라져 있어서 매우 부드러워요.

바닷가에 사는 식물

바닷가에는 모래가 많아요. 모래는 식물에게 꼭 필요한 물을 빨아들이지 못하기 때문에 식물이 자랄 수 없어요. 또한 바닷가에는 강한 햇볕과 짭짤한 소금기가 많아서 식물이 자라기 힘들어요. 그러나 갯메꽃, 큰메꽃, 보리사초, 갯방풍, 맹그로브는 바닷가에서 볼 수 있는 식물이랍니다.

식물이 사는 곳

【동물·식물】
재미있는 동식물의 세계

동물들은 어떤 예지력을 가지고 있을까?

1970년대, 독일의 과학자 헬무트 트리부치는 동물이 지진 전에 보인 특이한 행동을 모아 발표했어요. 소나 말은 우리를 뛰쳐나가려 하고, 새는 원을 그리며 날고, 겨울잠을 자던 뱀과 곰은 밖으로 나오고, 깊은 바다 속 물고기들은 수면 위로 떠오르는 등의 행동이었지요. 그리고 2003년, 일본 오사카 대학교 연구 팀은 쥐가 지진 때 관측되는 전자 박동을 몸으로 느낀다는 사실을 증명해 냈어요. 현재 일본을 비롯해 여러 나라에서 동물들의 위험 감지 능력을 이용해 **자연재해를 미리 예방**할 수 있는 방법을 연구하고 있답니다.

불사조는 실제로 있었을까?

불사조는 고대 이집트와 그리스, 로마에서 태양 숭배와 관련 있던 전설의 새예요. 이집트의 불사조는 크기가 독수리만 했고, 빛나는 주홍빛과 황금빛 깃털을 갖고 있었으며, 우는 소리가 음악과도 같았다고 전해져요.

불사조는 항상 한 마리뿐이었고 매우 오래 살았는데, 수명이 적어도 500년 이상이라고 해요. 불사조는 수명이 다해 가면 불 속에 스스로를 살라 기적처럼 다시 태어났다고 해요. 그런데 **불사조는 실제로 있었던 새가 아니에요**. 이집트인이 불사조와 영생을 연결시켜 하나의 **상징으로 만들어 낸 새**랍니다.

인어는 정말로 있을까?

동화책에 나오는 인어는 사람과 다르게 생겼어요. 몸의 윗부분은 사람이고 아랫부분은 물고기예요. 인어는 사람들의 머릿속에서 나온 상상의 동물이지요.

오랜 옛날부터 사람들 입에서 입으로 전해 내려오던 이야기일 뿐이에요. 듀공이나 해우, 물개, 바다표범 같은 바다 동물은 멀리서 보면 마치 사람 같아요.

이런 동물들을 누군가 잘못 보고 **인어에 대한 이야기를 꾸며 냈**을 것으로 추측하고 있답니다.

영화에서처럼 공룡을 되살릴 수 있을까?

공룡을 부활시키려면 먼저 공룡의 게놈 DNA를 분리해 내야 해요. 게놈이란 낱낱의 생물체가 가진 한 쌍의 염색체를 말해요. 생물이 생존하는 것을 가능하게 하는 최소한의 염색체이지요. 공룡 부활에 가장 가능성이 있는 것은, 호박 속에 굳어 있는 흡혈 곤충의 피 속에 든 공룡의 게놈 DNA를 뽑아내는 방법이에요. 그러나 흡혈 곤충의 내장 속에 피가 있다고 하더라도, 여러 공룡의 피가 섞여 있을 것이므로 하나하나 공룡에 대한 DNA 정보를 분리해 낸다는 것은 현대 과학 기술로는 거의 불가능해요.

또한 그 피가 공룡의 피라는 사실도 확인할 길이 없어요. 또 유전자만 가지고는 공룡을 되살릴 수 있는 방법도 아직까지는 없어요. 즉 **현대 과학으로 영화에서처럼 공룡을 되살릴 수가 없답니다.**

세상에서 가장 빠른 동물은 누구일까?

육지에 사는 동물 중에서 가장 빠른 동물이 바로 **치타**예요. 치타는 시속 113km로 달릴 수 있어요. **치타가 빨리 달릴 수 있는 것은 등뼈를 쉽게 구부릴 수 있기 때문**이에요. 또 길고 가는 발톱으로 땅을 박차고 나가기 때문에 매우 빨리 달릴 수 있지요. 치타 다음으로 빠른 동물은 가지뿔영양이에요. 가지뿔영양은 시속 97km로 달려요. 말은 시속 77km, 여우, 캥거루, 늑대는 시속 72km로 달리지요.

세계에서 가장 큰 꽃은 뭘까?

인도네시아의 보르네오와 수마트라의 숲에 가면 아주 커다란 꽃을 볼 수 있어요. 바로 **라플레시아**예요. 이 꽃은 지름이 1m나 되는, 세상에서 가장 큰 꽃으로 유명해요. **5개의 꽃잎은 엄청 두껍고, 무게가 11kg이 넘어요.** 그런데 특이하게도 라플레시아는 잎과 줄기가 없이 꽃만 피워요. 잎이 없어서 스스로 영양분을 만들지 못하지요. 그래서 숲 바닥을 기며 자라는 덩굴 식물에 붙어서 살아요. 꽃에서는 썩은 냄새가 나는데, 그 이유는 벌레를 유인해 자손을 번식시키기 위해서랍니다.

빵나무에는 정말로 빵이 열릴까?

열대 지방에서 널리 재배하는 빵나무는 빵이 열리는 나무로 유명해요. **열매에 녹말이 많이 들어 있고, 빵 맛이 난다고 하여** 이름을 빵나무라고 붙인 거예요. 빵나무는 뽕나뭇과에 속해요. 잎이 딱딱하고 어긋나며, 잎의 가장자리는 손바닥 모양으로 갈라져 있어요. 꽃은 꽃이삭에 붙어 있는데, 너무 작아 눈에 잘 띄지 않아요. 높이는 15m 정도 자라고, 일 년에 두세 번 정도 열매가 열려요. 빵나무 한 그루당 평균 50~150개의 열매가 열리는데, 큰 것은 볼링공만 해요.
빵나무의 열매는 굽거나 쪄서 식량으로 쓰고, 나무껍질은 섬유로 쓰고, 목재는 건축재로 써요. 그래서 열대 지방에서는 빵나무를 많이 키운답니다. 남태평양 마아퀴사스 지방에서는 아기가 태어나면 빵나무를 심는 풍습도 있어요.

세상에서 가장 해로운 식물은 뭘까?

물히아신스는 25cm 정도의 연보라색 꽃을 피워요. 아름답다고 하기에는 너무 번식력이 왕성해요. 물히아신스는 물속에서 자유롭게 떠다닐 수 있는 뿌리를 가졌어요. 한철 동안 떠다니는 뿌리의 한 조각은 6만 개의 식물로 자란답니다. 이렇게 많은 **물히아신스의 꽃과 잎들은 물 위로 솟아 물의 흐름을 방해해요.** 그래서 때로는 배를 타고 다니는 사람에게 위험을 끼치기도 하지요. 실제로 어떤 항구에서는 물히아신스 때문에 항구를 폐쇄시켜 버리기도 했지요. 게다가 **물히아신스는 물 위에 떠서 물속으로 공기가 들어가는 것을 막아** 많은 물고기들을 죽게 만든답니다.

동충하초는 동물일까, 식물일까?

동충하초는 동충하초과의 버섯을 통틀어 이르는 말이에요. 거미, 매미, 나비, 벌 따위의 **곤충의 시체에 기생하여 사는 버섯**이지요. 보통 버섯들이 흙이나 나뭇가지에서 영양분을 취하는 것과 달리 **동충하초는 동물성(곤충) 영양분을 먹고 자라요.** 겨울에는 죽은 곤충의 몸에 기생하지만, 여름이 되면 버섯으로 피어나지요. 중국에서는 동충하초가 영원히 늙지 않고 죽지도 않는 묘약으로 통했어요. 실제 불로장생의 묘약은 아니지만 동충하초를 뜨면 피로가 빨리 풀리는 효과가 있답니다.

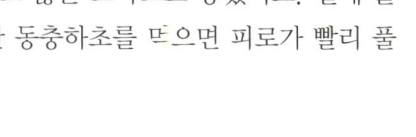

재미있는 동식물의 세계 **149**

6장
정치·사회

모든 나라에는 저마다 오랫동안 이어져 내려온 도덕과 관습이 있어요. 이것으로 사람들 사이에서 일어나는 웬만한 다툼은 해결돼요. 하지만 나라가 발전하고 사회가 복잡해질수록 사람들 간의 갈등은 점점 다양해져서 도덕과 관습만으로는 사회의 질서를 지켜나가기 어려워요. 이때 필요한 것이 바로 정치이지요. 정치는 사람들 사이에서 문제나 갈등이 생겼을 때 그것을 지혜롭게 해결하고 조정하는 여러 가지 활동이나 역할을 말해요. 권력을 유지하기 위해 경쟁하거나 서로 돕는 활동도 정치에 포함되지요.

정치는 국민의 참여와 의견에 따라 이루어져야 하고, 정치가 잘 되는 사회일수록 질서도 잘 유지된답니다.

[정치·사회]
민주주의

민주주의는 국민이 권력을 가지고 그 권력을 스스로 행사하는 제도예요. 정부의 여러 정책은 국민을 위한 것이어야 하고, 국민 모두가 평등하게 법의 보호를 받아야 해요.

국민이 주인인 민주주의

민주주의는 **국민이 나라의 주인이 되고, 국민을 위해 정치를 하는 제도**예요. 그래서 국가의 권력도 국민에게 있지요. 국민은 직접 선거에 참여함으로써 국가를 간접적으로 다스릴 수 있어요.

민주주의 국가에서는 2개 이상의 정당에서 국민이 선택할 후보를 내세울 수 있고, 국민은 선거를 통해 대신해서 나라를 다스릴 지도자를 뽑지요. 이러한 민주주의 정신을 바탕으로 이루어지는 정치를 '민주 정치'라고 해요.

민주주의의 기본 정신

민주주의의 기본 정신은 '인간 존중, 자유, 평등'이에요. 모든 인간은 똑같이 소중한 생명과 인격을 가지고 태어나요. 어떠한 경우에도 **인간의 존엄성은 우선적으로 존중되고** 보호받아야 하지요.

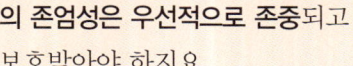

자유는 사람들이 어떤 것을 결정할 때 스스로 선택할 수 있는 기회를 주는 것이에요. 진정한 자유는 다른 사람에게 피해를 주지 않고, 자신의 행동에 책임질 줄 아는 것이지요.

평등은 신분의 차이나 남녀의 구분, 부자이거나 가난한 것과 관계없이 모든 국민이 공평한 대우를 받는 것을 말해요. 민주 사회에서 말하는 평등은 모든 사람들에게 자기의 능력을 발휘할 수 있는 기회를 동등하게 주는 것이에요.

민주주의와 반대되는 제도는 무엇일까?

흔히 공산주의가 민주주의의 반대되는 제도라고 알고 있어요. '공산'이라는 말은 '공동 생산'이라는 뜻이에요. 모든 사람이 일해서 번 돈을 똑같이 나누어 가지는 제도를 말해요. 그런데 **공산주의는 정치 체제가 아니라 경제 체제**로, 자본주의의 반대말이에요.

민주주의의 반대되는 제도는 주권이 국민에게 없는 **군주주의 또는 군주 전제주의**예요. 이는 군주가 아무런 제재도 받지 않고 나라의 정치를 이끌어 가는 것을 말해요.

직접 민주주의와 간접 민주주의

국가가 어떤 일을 결정하고 집행할 때 국민이 직접 참여하는 **민주주의**를 직접 민주주의라고 해요. 고대 그리스에서는 모든 국민이 정치에 참여했어요. 하지만 오늘날처럼 많은 인구와 넓은 영토를 가진 복잡한 사회에서는 직접 민주주의를 실현하기가 힘들어요. 우선 많은 인구가 한자리에 모이는 게 불가능해요. 설령 모든 국민이 모인다고 해도, 수많은 의견을 모아 조율하고 해결하는 데 시간과 비용이 너무 많이 들지요.

이런 문제점을 극복하기 위해 생겨난 것이 바로 간접 민주주의예요. **국민이 선거를 통해 뽑은 대표들이 국가의 중요한 일을 결정하고 집행하는 것**이지요. 우리나라도 간접 민주 정치를 통해 민주주의를 실현하고 있어요.

국민이 나라의 주인임을 대표하는 선거 제도

선거권을 가진 사람이 투표를 통해 국민의 대표를 뽑는 것을 선거라고 해요. 선거는 국민이 정치에 참여하고, 나라의 주인임을 드러낼 수 있는 가장 대표적인 방법이지요. 국민의 의견이 제대로 전달되기 위해서는 무엇보다 공정한 선거가 필요해요.

현재 우리나라에서는 보통 선거, 평등 선거, 직접 선거, 비밀 선거를 선거의 원칙으로 정하고, 모든 선거 활동은 '중앙 선거 관리 위원회'에서 공정하게 관리해요.

선거의 4가지 원칙

보통 선거
재산, 학력, 종교, 신분, 성별, 인종에 따라 차별받지 않고 누구나 투표권을 가져요.

평등 선거
누구나 공평하게 한 표씩의 권리를 가져요.

직접 선거
투표권을 가진 사람이 직접 투표해야 하는 원칙이에요.

비밀 선거
자신의 투표 내용을 다른 사람이 알지 못하게 비밀로 해요.

대통령 중심제와 의원 내각제

대통령이 나라의 최고 권력자가 되어 정부를 이끌어 가는 것을 '대통령 중심제'라고 하고, **국회가 중심이 되어 정부를 이끌어 가는 것을 '의원 내각제'라고 해요.**

대통령 중심제는 미국에서 처음 시작되었으며, 우리나라를 포함해 현재 가장 많은 나라가 채택하고 있어요. 이 제도의 장점은 대통령이 강력한 힘을 가지고, 임기 동안 나라를 안정적으로 이끌어 갈 수 있다는 것이에요. 반대로 대통령의 권력이 커져서 자신의 뜻대로 독재 정치를 할 위험도 있지요.

의원 내각제는 영국에서 처음 시작되었어요. 국민이 선거를 통해 뽑은 국회 의원들이 나라를 대표하는 총리와 장관들을 뽑아요. 이 제도의 장점은 정부와 국회가 서로 연합해 움직이기 때문에 의견 대립이 적어 능률적으로 나랏일을 처리할 수 있다는 점이에요. 반면, 정당이 여러 개인 나라에서는 정치가 혼란스러워질 수도 있어요.

국회가 하는 일

국회는 국민이 직접 뽑은 **국회 의원들이 국민을 대신해 정치를 하는 곳**이에요. 국회 의원은 국회에서 국민의 뜻과 바람을 적극 반영하여 많은 일을 해요. 그중에서 가장 중요한 것은 국민의 생활을 편리하게 하는 법이나, 어떤 정책을 펴나가기 위한 새로운 법을 만드는 일이에요.

국회 의원은 나라 살림살이에 대한 결정권을 갖고 있어요. 국민의 소중한 세금이 허투루 쓰이지 않도록 계획하고, 쓸 돈을 정하며, 어디에 얼마나 쓰이는지 심사해요.

또 정부가 하는 일을 감독하기도 해요. 정부의 여러 기관에서 일하는 공무원들이 열심히 일을 하고 있는지 감시하고 심사하지요.

행정부가 하는 일

대통령은 나라의 살림살이를 꾸려 가기 위해 함께 일할 사람을 뽑아 여러 부처들을 구성하는데 이를 행정부라고 해요. 행정부는 나라를 지키고, 경제를 발전시키며, 민주 복지 사회를 건설하는 등 국민이 행복하고 안전하게 살 수 있도록 많은 일을 하지요.

우리나라의 행정부는 대통령을 중심으로 국무총리와 행정 각 부, 감사원, 대통령 자문 기관으로 구성돼요. 행정부는 일을 효과적으로 하기 위해 여러 부처를 두고 일을 나누어 담당해요. 행정부에는 나라의 경제 정책을 계획하고 조정하는 기획재정부, 교육 및 과학 기술 사무 등을 담당하는 교육과학기술부, 외교통상부, 통일부, 법무부 등 총 15개의 부처가 있지요.

청문회는 왜 하는 걸까?

청문회는 **중대한 사건의 진실을 밝히기 위해** 해요. 국회는 특정한 국정 사안에 대해 조사할 수 있는 권한인 **국정 조사권**이 있어요. 국회 의원 3분의 1 이상의 요구가 있으면 국회는 **특별위원회**를 구성하고, 증인, 감정인, 참고인 등을 불러서 사건을 조사해요. 특히 사건이 크고 국민의 관심이 많은 경우에는 국민이 보는 앞에서 청문회를 열어요. 우리나라는 1988년 11월에 처음 청문회를 열었어요. 광주 민주화 운동, 언론 통폐합 등과 같은 중대한 사항들을 조사한 '조사 청문회'였지요. 국회에서 법을 만들 때나 행정 기관이 규칙을 만들 때는 '입법 청문회'를 열어요. 일반적으로 국회 청문회는 조사 청문회를 뜻해요.

어린이는 왜 선거를 할 수 없을까?

우리나라는 법으로 투표할 수 있는 나이를 분명히 정해 놓았어요. 현재는 **만 19세부터 투표에 참여**할 수 있어요. 예전에는 만 20세 이상이 되어야 투표를 할 수 있었지만 2005년에 선거법을 개정하면서 만 19세로 조정되었지요. 대학 1학년의 평균 연령이 만 19세라는 점을 감안한 거예요. 민주주의가 발달한 나라들처럼 투표할 수 있는 나이를 18세까지 낮추자는 의견도 많았지만, 1년만 낮추는 것으로 결정이 났지요.

그래서 만 19세가 되지 않은 사람은 선거법에 의해 대통령 및 국회 의원 등을 뽑는 투표에 참여할 수가 없답니다.

과거에는 여자들이 투표를 할 수 없었다고?

세계 최초로 여성의 투표권을 인정한 나라는 뉴질랜드예요. **뉴질랜드는 1893년에 여성에게 투표할 권리를 주었지요.** 미국은 1920년이 되어서야 미국의 모든 여성이 투표권을 갖게 되었어요. 영국은 1928년, 프랑스는 1946년에 여성에게 투표권을 주었어요. **우리나라는 1948년,** 처음 헌법을 만들 때부터 여성에게 투표할 권리를 주었답니다.

국민의, 국민에 의한, 국민을 위한 정치

미국의 제16대 대통령인 링컨은 미국을 자유와 민주주의의 나라로 만든 데 큰 역할을 했어요.

그는 남북 전쟁을 승리로 이끌며 흑인 노예를 해방시킨 대통령으로도 유명해요.

남북 전쟁이 끝난 뒤 링컨은 희생자가 가장 많았던 게티즈버그에서 연설을 하며 명언을 남겼어요.

여기서 '국민의'는 국가의 주권이 국민에게 있고, 모든 권력은 국민으로부터 나온다는 뜻이에요.

'국민에 의한'이란, 정치가 국민에 의해서 이루어져야 한다는 의미예요.

'국민을 위한'이란 말은 나라에서 이루어지는 모든 정치는 국민을 위한 것이어야 한다는 뜻이랍니다.

우리나라 대통령이 사는 곳은 어디일까?

대통령은 정해진 기간 동안 나라를 대표해서 일해야 하는 중요한 임무가 있어요. 그만큼 안전하게 보호도 받아야 하지요. 또 **능률적으로 나랏일을 할 수 있는 공간**도 필요해요. 그래서 각국의 대통령은 특별한 보호 아래 '관저'라는 곳에서 살며 나랏일을 해요. 우리나라 대통령은 '파란 기와지붕 집'이라는 뜻의 **청와대**에서 살아요. 청와대는 서울의 종로구에 자리하고 있답니다.

여당은 뭐고, 야당은 뭐지?

정당이란 정치 권력을 얻기 위해서 비슷한 생각을 가진 사람들끼리 모인 집단이에요. **정치 권력인 정권을 가지고 있는 정당을 여당, 그렇지 못한 정당은 야당**이라고 불러요. 우리나라처럼 대통령 중심제 국가에서는 대통령이 속한 당이 여당이에요. 반면에 일본이나 영국처럼 의원 내각제 국가에서는 국회 의원 수가 많은 당이 여당이 돼요.

정당들은 서로 여당이 되기 위해 많은 노력을 해요. 여당이 되면 나라의 중요한 일들을 책임지고 이끌어갈 수 있으니까요. 그래서 야당은 다음 선거에서 정권을 얻기 위해 여당과 정부가 하는 일을 감시하고 비판하는 등 많은 노력을 기울인답니다.

보수와 진보는 무엇을 말할까?

보수는 현 체제를 유지하기 위하여 급격한 변화를 반대하는 태도예요. 반면에 **진보는 사회적 모순을 개혁하고자 하는 적극적인 태도**이지요. 흔히 보수주의와 진보주의라고 해요. 보수주의자들은 오랜 관습이나 제도, 방법 등을 소중히 여겨 그대로 지키려고 해요.
반대로 진보주의는 잘못된 관습이나 제도 등을 고쳐 나가려고 해요. 진보주의자는 진취적이고 개방적인 성향이 있어요.
하지만 보수와 진보 중 어느 것이 더 좋다고 말할 수는 없어요. 보수와 진보는 선택의 문제이고, 어떤 사람들은 중립적인 태도를 가지기도 한답니다.

여론이란 뭘까?

오늘날의 민주 정치를 '여론 정치'라 부르기도 해요. 여론은 어떤 공공의 문제에 대한 많은 사람의 공통된 생각이나 의견을 말해요. 사람들이 모여 살다 보면 여러 가지 문제가 생기고, 그 문제를 바라보는 사람들의 생각은 제각각 달라요. 그 가운데 **가장 많은 사람이 옳다고 생각하는 방향**이 '여론'이에요. 여론은 **국민의 뜻이 반영된 것**이기 때문에 당연히 정부에서 정책을 만들어 나가고 시행하는 데 큰 영향을 끼쳐요.
우리나라는 자신의 생각을 자유롭게 표현할 수 있도록 법으로 보장하고 있어요. 사람들이 자유로운 생각을 다양하게 표현할 수 있을 때 바람직한 여론이 만들어지기 때문이에요.

상식 퀴즈  '인간은 정치적인 동물' 이라고 말한 사람은 누구일까?

① 아리스토텔레스
② 플라톤
③ 소크라테스

정답 ① 아리스토텔레스는 '인간은 정치적인 동물'이라는 말을 남겼어요. 인간은 홀로 떨어져 살아갈 수 없으며 사회에 속해야만 살아갈 수 있다는 뜻이랍니다.

민주주의 155

【정치·사회】
남과 북

한반도는 남과 북으로 갈라진 유일한 분단국가예요. 같은 핏줄과 역사를 가졌지만, 광복 이후 반으로 나누어져 반세기가 넘도록 각각 다른 생활을 해 오고 있지요. 현재 남과 북은 평화적 통일을 위해 노력하고 있어요.

한반도가 남과 북으로 갈라진 이유

1945년 8월 15일, 제2차 세계 대전으로 일본이 패전하면서 우리나라는 독립을 했어요. 하지만 스스로 이루어 낸 자주 독립이 아니기 때문에 일본을 무너뜨린 미국과 옛 소련의 간섭을 받아야 했지요. 미군과 옛 소련은 한반도에 **일시적인 군사 분계선인 38선**을 그었어요. 남북으로 갈라진 우리나라는 **미국과 소련의 신탁통치를 받으며, 자연스레 분열**되었어요.

그리고 마침내 국제 연합(UN)이 남한의 단독 선거를 결정함으로써, 1948년에 남한에서 총선거가 치러졌어요. 국호를 대한민국으로 정하고, 이승만 대통령을 초대 대통령으로 하는 정부가 수립되었지요. 그러자 통일 정부를 주장하던 이들은 북한에 조선민주주의 인민 공화국을 세웠어요. 이후 **1950년 6월 25일**, 북한은 **한국 전쟁**을 일으켰고, 이 전쟁으로 인해 한반도는 완전한 분단국가가 되었답니다.

남한과 북한의 국가 이념

한국 전쟁으로 분단이 된 남한과 북한은 미국과 옛 소련의 지원을 받으며 나라를 이끌어 갔어요. **대한민국은 자유 민주주의**를 국가 이념으로 삼고 개인의 재산을 인정하는 자본주의 경제 체제예요.

북쪽의 조선민주주의 인민 공화국은 소련과 중국의 간섭으로부터 벗어나기 위해 **'주체 사상'**을 국가 이념으로 삼았어요. 주체 사상은 김일성이 만들어 낸 것으로 인민 대중은 역사의 주체이지만 그들 스스로 자주적일 수는 없고, 뛰어난 수령의 지도로 통일 단결할 때 비로소 주체가 될 수 있다는 사상이에요. 여기서 수령은 결점이 없는 최고의 지도자를 말해요. 또한 개인의 재산을 인정하지 않는 공산주의 경제 체제를 바탕으로 김일성은 독재를 했어요. 독재 정권은 아들인 김정일에게 이어져 오늘날까지 이르고 있답니다.

남한과 북한의 국기

대한민국의 국기는 '태극기'예요. 최초의 태극기는 **1882년에 수신사로 파견된 박영효 일행**이 일본을 방문할 때 고종 황제의 명을 받아 배 안에서 만들었어요. 그런데 기록만 있을 뿐, 태극기의 모습은 남아 있지 않아 분명한 모양을 알 수가 없었어요.

오랜 시간이 지나 태극기 연구가인 송명호가 일본 도쿄 도립 중앙 도서관에서 태극기 그림이 실린 〈시사신보〉를 발견하면서, 최초의 태극기 문양을 확인하게 되었지요.

<시사신보〉에 실린 태극기

우리나라 태극기

현재의 태극기는 1949년에 문교부에서 만들었어요. 42인으로 구성된 국기 시정 위원회의 수차례 논의 끝에 도안이 결정되었지요.

북한의 국기

남한에서는 북한의 국기를 '인공기'라고 부르고, 북한에서는 '공화국 국기'라고 불러요. 1947년 11월, 조선 임시 헌법 제정 위원회가 만들어지면서 인공기를 만들었어요.

남한의 국회, 북한의 최고 인민 회의

우리나라는 국민이 뽑은 국회 의원들이 **국회**에 모여 많은 일을 해요. 국민을 위해 쓸 **예산**을 짜고, 법을 만들기도 하고, 정부가 국민을 위해 제대로 일을 하는지 **감독**하거나 심사도 하지요. 이러한 일들은 국회 의원들의 충분한 연구와 조사, 토론을 통해 민주적으로 이루어져요.

북한에도 우리나라의 국회와 비슷한 기관이 있어요. 바로 **최고 인민 회의**예요. 그런데 최고 인민 회의는 민주적인 절차를 거쳐 일을 처리하지 않아요. 실질적으로 **당에서 결정된 사항을 그대로 따르는 역할**만 하고 있어요.

통일을 위한 노력 남북 정상 회담

제1차 남북 정상 회담은 2000년 6월 13일부터 6월 15까지 평양에서 이루어졌어요. 김대중 전 대통령과 김정일 국방위원장이 만나는 역사적인 첫 회담에서는 '**6·15 남북 공동 선언**'이 발표되기도 했어요. 이산가족 문제와 경제 협력뿐만 아니라 통일 문제도 서로 힘을 합쳐 자주적으로 해결하자는 내용이에요.

제2차 남북 정상 회담은 2007년 10월 2일부터 4일까지 평양에서 이루어졌어요. 노무현 대통령이 청와대를 출발하여, 걸어서 군사 분계선을 넘는 역사적인 광경이 생방송으로 전 세계에 전해지기도 했지요. 이 회담에서는 '**2007 남북 정상 선언문**'이 발표되었어요. '6·15 남북 공동 선언'을 적극 실행하면서 남북 간의 교류와 협력 분야를 더 넓히자는 내용이에요. 이처럼 남북 정상 회담은 분단된 우리나라가 평화적으로 통일을 이루어내기 위한 노력이랍니다.

남한과 북한의 언어

분단된 지 50년이 지나는 동안 남북은 생활 환경뿐만 아니라 사람들의 가치관도 많이 달라졌어요. 특히 언어의 표현에서 많은 차이를 보여요.

대한민국은 정책적으로 1948년 교육인적자원부에 **국어 정화 위원회**를 두어 일본말의 잔재를 몰아내고, **우리말을 되찾으려는 운동**을 펼쳤어요.

북한은 **1964년대에 '말다듬기 운동'을 펼쳐** 한자어나 외래어를 북한식으로 고쳐 사용했어요. 생활 언어 말고도 사회과학, 자연과학, 의학, 농학, 체육, 문학, 예술 등 **모든 분야에 걸쳐 언어 순화 운동**을 이루어냈지요.

남한말	북한말
어린이	아생이
도시락	곽밥
누룽지	가마치
따귀	볼치떡
가발	덧머리
잡곡밥	얼럭밥
견인차	끌차
각선미	다리매

북한에는 왜 대통령이 없을까?

북한은 스스로 '조선민주주의 인민 공화국'이라고 불러요. 그런데 나라 이름에 나타난 것처럼 실제로 민주주의 국가는 아니에요. **노동당과 수령이 국가의 모든 권력을 가진 일당 독재 체제**이지요. 일당 독재 국가에서는 **당의 최고 지도자**가 나라의 모든 권력을 갖게 돼요. 그래서 선거를 통해 대통령을 뽑지 않아요.

법적으로 노동당을 제일 높은 당으로 정해 놓았기 때문에 당에서 제일 높은 사람이 나라에서도 제일 높은 사람이 되지요.

북한은 왜 늘 식량이 부족할까?

북한도 1980년대까지는 식량 생산이 잘 되었어요. 그런데 1990년대 들어 경제가 어려워지면서 비료, 농약 등 **농업 장비와 기기가 부족하고, 농업 관련 기술도 뒤떨어져** 식량 생산에 큰 문제가 생겼어요. 매년 **홍수와 가뭄 등 자연 재해**까지 겹쳐 식량 부족에 허덕이고 있지요. 현재 많은 어린이가 영양실조에 걸려 있고, 심지어 굶어 죽는 사람들도 있다고 해요. 그런데도 북한 당국은 전쟁에 대비해 군량미를 모으고 주민들에게 나누어 주지 않고 있어요. 게다가 김일성과 김정일에 이어 김정은을 우상화하는 작업에 막대한 돈을 들이고 있지요. 주민의 배고픔은 뒷전이고, 전쟁과 우상화에 힘을 쏟다 보니 심각한 식량 문제가 해결되지 않고 있어요.

DMZ와 JSA는 뭘까?

DMZ는 비무장 지대라는 뜻이에요. 남한과 북한은 **전쟁을 예방하기 위해 휴전선을 기준으로 서로 들어갈 수 없는 지역**을 만들어 놓았어요. 비무장 지대는 휴전선을 기준으로 각각 남쪽 2km, 북쪽 2km, 동쪽 끝에서 서쪽 끝까지는 248km 정도 돼요. 이곳에는 어떠한 군사 시설도 세울 수 없고, 일반인뿐만 아니라 군인들도 함부로 드나들 수 없어요.

JSA는 비무장 지대의 군사 분계선 상에 있는 **공동 경비 구역**으로 1953년 10월에 **군사 정전 위원회 회의를 원만히 운영하기 위해 군사 분계선 상에 설치**한 거예요. 당시에는 북한과 남한의 관계자들이 공동 경비 구역 내에서 자유로이 왕래했어요. 하지만 1976년 8월에 북한군이 도끼 만행 사건을 저질러 왕래를 없앴어요. 현재 공동 경비 구역에서는 군사 분계선을 사이에 두고 마주보고 서 있는 경비병조차 서로 말을 걸지 못한답니다.

판문점은 뭘 하는 곳일까?

판문점은 1953년 7월 27일 **남북의 휴전 협정이 이루어진 곳**이에요. 이후 **평화 회담** 같은 중요한 일이 있을 때 이곳에서 회의를 했지요. 판문점은 서울에서 불과 50km 정도밖에 떨어져 있지 않아요. 현재 판문점에는 군사 정전 위원회 본회의장을 비롯해 자유의 집, 북한 측의 판문각 등 10여 개의 건물이 있어요. 판문점과 비무장 지대는 남북한의 병사들이 서로 총을 들고 지키고 있는 곳이라서 아주 위험하지요.

NLL은 뭘까?

NLL(Northern Limit Line)은 '**북방 한계선**'이라는 뜻이에요. 1953년 7월 27일, 국제 연합군 사령부와 북한은 한국 전쟁의 휴전 협정을 체결했어요. 이때 육상에 관한 경계는 정했는데, 해상에 관한 경계는 정해지지 않았어요. 그래서 같은 해에 국제 연합군의 클라크 사령관이 해상에 관한 북방 한계선인 NLL을 설정했어요. 그런데 1973년에 **북한은 북방 한계선 설정이 일방적인 것이었다며 무효를 선언**했어요.
이후 제1 연평 해전, 제2 연평 해전, 대청 해전, 연평도 포격 사건 등 북방 한계선 주변에서 남북 해군의 충돌이 자주 일어나고 있어요.

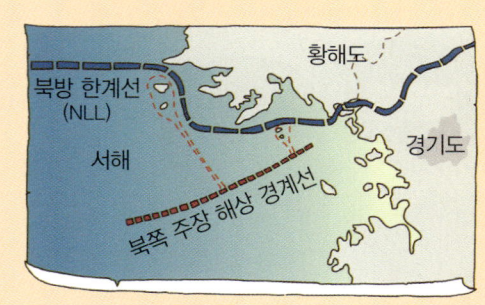

북한도 남한처럼 명절이 있을까?

남한에서 가장 큰 명절은 설날과 추석이에요. 그리고 국가나 사회적으로 정하여 경축하는 3·1절, 광복절, 개천절, 제헌절 같은 기념일이 있어요.

북한의 가장 큰 명절은 김일성과 김정일의 생일이에요. 김정일의 생일인 2월 16일부터 김일성의 생일인 4월 15일까지 두 달을 축제 **기간**으로 정해 놓고 있지요. 이 기간에는 충성의 편지 전달, 예술 공연, 체육 행사 등 다양한 행사가 열려요.

그 밖에 설날, 한식, 단오, 추석 같은 민속 명절도 있는데, 당국의 지정에 따라 휴일이 될 수도 있고 안 될 수도 있어요.

북한에서 남한의 노래를 부른다고?

북한에서 우리나라로 넘어온 탈북자들의 말에 따르면, 북한에 남한의 가요 테이프가 널리 퍼져 있다고 해요. 그런데 북한 젊은이들은 남한의 가요를 '연변 노래'로 알아요. 연변을 자주 오가는 사람들이 북한에 돌아갈 때 **남한의 노래 테이프를 들고 들어가 '연변 노래'라고 전하는 거**예요. 만약 남한 노래인 게 발각되면 테이프를 압수당하는 것은 물론, 당장 금지곡이 되고 말지요.

북한에 퍼져 있는 남한 노래 중 특히 많이 불리는 곡은 〈소양강 처녀〉, 〈동백 아가씨〉, 〈갑돌이와 갑순이〉, 〈사랑의 미로〉 등이라고 해요.

북한 아이들은 어떤 학교에 다닐까?

북한에서는 유치원부터 중학교까지 **11년 동안 의무 교육**을 받아요.

소학교
남한의 초등학교와 같은 곳으로 만 6세가 되면 들어가요. 만약 학교에 보내지 않으면 보호자가 벌을 받게 돼요. **입학에서 졸업까지 4년 과정**이며, 교과목은 김일성·김정일의 어린 시절, 국어, 외국어, 수학, 자연, 체육, 음악, 력사(역사), 도화(미술), 공작이 있어요. 예전에는 인민학교라고 불렸어요.

고등중학교
중등반 4년과 고등반 2년으로, 10세에 입학해서 16세에 졸업해요. 6년 동안 한 학급에서 배우며, 한 명의 선생님이 계속 담임을 맡아요. 학생들은 당 정책, 김일성과 김정일의 혁명 활동, 혁명 역사, 국어, 공산주의 도덕, 한문, 외국어, 조선 역사, 세계사, 조선지리, 세계지리, 수학, 물리, 화학, 생물, 음악 등 23개의 과목을 배워요.

김일성 종합대학
북한의 최고 명문 대학이에요. 북한의 당과 정부의 차관급 이상 간부 대부분이 이 대학 출신이에요. 재학생 중 특권층 자녀가 반 이상을 차지해요. 사회·인문계 학부는 5년, 자연 과학계 학부는 6년 동안 다녀요.

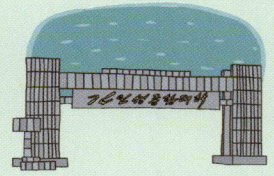

김책 공업 종합대학
북한 최초의 기술 대학이자 최대의 공업 종합대학이에요. 금속, 기계, 선박, 전자 등의 공학 기술 인력 육성과 각 경제 분야의 기술 개발과 설비 현대화에 중요한 역할을 맡고 있어요.

통일은 꼭 해야 할까?

전쟁의 위험에서 벗어나고, **국제 사회에서 당당하게 자립하려면 남북한의 통일은 반드시 이루어져야 해요.** 하지만 남북한은 분단된 뒤 60여 년 동안 서로 왕래를 끊고 살았어요. 그러다 보니 언어, 문화, 관습 등이 많이 달라졌고, 정치 이념과 경제적인 차이도 커요. 그래서 통일이 되기 전에 먼저 교류와 협력을 주고받아야 하지요. 남한의 발전된 기술과 북한의 풍부한 지하자원, 노동력 등을 서로 효과적으로 이용하며, 물자가 자유로이 오가다 보면 주민들 간의 교류도 넓어져 서로를 이해하는 데 도움이 될 거예요.

[정치·사회]

법

사람은 혼자서 살아갈 수 없기 때문에 가족, 학교, 지역 사회, 국가와 같은 공동체를 이루어요. 이런 공동체 생활에는 질서를 유지하기 위한 규범이 필요한데, 그중 하나가 법이에요. 법원은 법에 따라서 공정하게 판단하여 문제를 해결해 주는 기관이지요.

사회적 약속 법

학교에는 교칙이 있고 회사에는 회칙이 있듯이, 국가에도 **국민이 질서 있게 생활하기 위한 여러 가지 규범**이 필요해요. 규범은 전통, 윤리, 도덕, 약속, 규칙, 법 등을 통틀어 말해요. 공동체 구성원들이 서로의 **안전과 행복을 위해 지키기로 한 사회적 약속**이지요.

규범 중에서 가장 중요한 것은 법이에요. 법을 지키지 않으면 벌금을 내거나 감옥에 가요. 정의를 어기는 사람이나 집단이 있을 때 정해진 법의 힘을 발휘해 강제로 벌을 주지요. 또 법은 힘센 사람이 약한 사람을 괴롭히거나 다른 사람의 재산을 함부로 빼앗지 못하도록 보호해 준답니다.

우리나라 법의 종류

우리나라의 법에는 헌법, 법률, 명령, 조례, 규칙이 있어요.
헌법은 여러 법 중에서 가장 기본이 되는 법이에요. 헌법에는 우리나라 정치의 기본 원리가 있어요. 또 대통령, 국회, 법원에 대한 기본적인 내용과 자유권, 평등권 같은 국민의 기본권이 들어 있지요. 법률이나 조례 같은 모든 법들은 절대로 헌법에 어긋나면 안 돼요. 만약 헌법을 고치려면 국민 투표를 거쳐야 하지요.
법률은 국회에서 만든 법이에요. 민법, 상법, 형법이 법률에 속해요. 민법은 재산, 가족, 상속, 호적 등과 관련된 법으로 개인 간 다툼이 있을 때 적용해요. 상법은 기업이나 상거래에 대한 내용을 담고 있는 법이에요. 형법은 범죄와 형벌에 관한 법이에요. 물건을 훔친 사람에게는 형법을 적용해요.
명령은 행정부에서 만든 법이에요. 대통령, 국무총리, 여러 행정 각 부가 만들 수 있어요. **조례는 지방 의회가 만든 법규**로, 해당 지역에만 적용돼요. **규칙은 지방 자치 단체의 장이 만들 수 있는 법**이에요.

법에 따라 다스리는 법치주의

우리나라는 **모든 것을 법에 따라 다스리는 '법치주의' 국가**예요. 법치주의 국가에서는 법에 정해진 내용 외에는 아무도 국민에게 명령할 수 없어요. 나라를 다스리거나 국민에게 무언가를 요구할 때에도 반드시 법에 따라야 해요. 대통령뿐만 아니라 국회 의원, 법관도 모두 법에 따라 정치를 해야 하지요. 그리고 모든 국민에게 법의 내용을 잘 알려야 해요.

법의 내용은 가능한 명확하고 모순이 없으며, 상식적인 것이어야 한답니다. 만약 법이 사회 정의에 어긋나는 경우에는 민주적인 절차를 거쳐 고쳐 나가는 노력이 필요해요.

헌법에 정해져 있는 국민의 권리

모든 사람에게는 인간으로서 당연히 누려야 할 기본적인 권리가 있어요. **우리나라 헌법**은 **국민의 기본권**을 정해 인간의 존엄성과 행복을 추구할 수 있는 권리 등을 보장하고 있지요.

자유권	평등권	사회권	청구권	참정권
종교, 직업, 살 장소 등에 대해 자유롭게 행동하며 생각할 수 있는 권리예요.	종교, 직업, 장애, 성별 등과 관계없이 모든 사람에게 동등한 기회를 주는 권리예요.	사람다운 생활을 하기 위해서 국가에 요구할 수 있는 권리예요.	국민이 국가에게 어떤 일을 해 달라고 요구할 수 있는 권리예요.	국민의 한 사람으로서 정치에 참여할 수 있는 권리예요.

누구나 지켜야 하는 국민의 의무

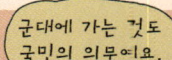

국민에게는 권리와 함께 누구나 꼭 지켜야 할 의무가 있어요. 권리를 행사하는 것은 국민의 자유이지만 **의무는 반드시 지켜야 하는 것**이지요. 국민의 의무에는 나라를 지킬 국방의 의무, 세금을 내야 하는 납세의 의무, 일정한 교육을 받아야 하는 교육의 의무, 일을 해야 하는 근로의 의무, 환경을 보호할 의무, 다른 사람이나 사회에 피해를 주지 않는 선에서 재산을 사용해야 할 의무 등이 있어요.

군대에 가는 것도 국민의 의무예요.

법에 따라 재판하는 법원

법원은 나라의 규범인 법에 따라 판단하고 심판하는 국가 기관이에요. 국회에서 헌법과 국민의 뜻에 따라 법을 만들면, 정부는 그 법에 따라 나랏일을 해요. 그리고 법원은 **문제가 생겼을 때 법에 따라 재판을 해 문제를 해결**해요.

우리나라의 최고 법원은 **대법원**이에요. 그 밑에 고등 법원과 전국 각지의 지방 법원이 있어요. 그 밖에 특별한 재판을 하는 특수 법원으로 특허와 관련된 재판을 하는 특허 법원, 가사 재판과 소년 재판을 담당하는 가정 법원, 행정 재판을 담당하는 행정 법원 등이 있어요. 헌법 재판은 헌법 재판소에서 맡아 하고 있지요. 우리나라는 한 사건에 대해 최대 3번의 심판까지 받을 수 있는 '**3심제**'를 채택하고 있어요. 지방 법원에서 1심을 담당하며 2심은 고등 법원, 3심은 대법원이 담당한답니다.

대법원

다양한 재판의 종류

재판의 종류는 다양해요.

법원이 하는 일 중 가장 대표적인 것이 재판이에요. 재판은 그 내용에 따라 다양하게 구분해요. **민사 재판**은 개인과 개인 사이의 다툼을 해결하기 위한 재판이에요. **형사 재판**은 검사가 범죄자에 대해 재판을 요청하고 법원이 죄의 여부를 가리는 재판이고, **행정 재판**은 국민이 국가에게 손해 배상을 요구하는 재판이에요. **헌법 재판**은 어떤 법률이나 국가 기관의 활동이 헌법의 뜻에 맞는지 판단하는 재판이며, **가사 재판**은 이혼이나 형제간의 재산 다툼 같은 가족 사이의 다툼을 다루는 재판이지요. **소년 재판**은 미성년자의 범죄 사건을 다루는 재판이에요. 그 밖에도 특허 재판, 군사 재판 등 종류에 따라 다양한 재판이 있어요.

우리나라 최초의 법은 무엇일까?

우리나라 최초의 법은 **고조선 시대에 만들어진 8조 금법**이에요. 8조 금법은 8개의 조항으로 되어 있는데, 그중 3개 조항이 오늘날까지 전해져요. 이 조항들을 살펴보면 고대에 법 원칙이 지켜졌다는 것과 당시 사회가 농경 사회였다는 것, 사유 재산 제도와 노예 제도, 화폐 제도가 있었다는 것을 알 수 있어요.

세계에서 가장 오래된 성문법 함무라비 법전

기원전 1750년경, 고대 바빌로니아의 함무라비 왕이 만든 **함무라비 법전**이 세계 최초의 성문법이에요. 여기에는 '눈에는 눈, 이에는 이'라는 유명한 **복수주의 법칙**이 들어 있지요. 눈을 다치게 한 사람은 똑같이 눈을 다치게 하고, 이를 다치게 한 사람은 똑같이 이를 다치게 한다는 내용이에요.

- 남을 죽인 사람은 사형에 처한다.
- 남을 때려 다치게 한 사람은 곡식으로 보상한다.
- 남의 물건을 훔친 사람은 물건의 주인 집에 잡혀가 노예가 되어야 한다.

판사, 검사, 변호사는 무슨 일을 할까?

재판을 할 때는 판사, 검사, 변호사가 있어야 해요. **검사는 범죄자를 국가에 고발하고 벌을 줄 것을 요구**하는 일을 하고, **변호사는 고소를 당한 사람의 입장에서 그를 법률적으로 도와주는 일**을 해요. 그리고 **판사는** 재판을 통해 피고와 원고 양쪽의 의견을 듣고 **법에 따라 적절한 판단**을 내리지요.

보통 재판정에 선 피고는 변호사를 고용해요. 만약 변호사를 선임할 돈이 없다면 나라에서 변호사를 선임해 줘요. 이는 피고가 공정한 재판을 받을 수 있도록 국가에서 도와주는 것이에요.

법관은 왜 검은색 옷을 입을까?

법관이 법정에서 입는 옷을 **법복**이라고 해요. 오늘날 법복은 모두 검은색이에요. **법관의 검은색 옷은 권위를 상징**해요. 법정에서 다른 사람에게 좌우되지 않고, 자신의 올곧은 생각대로 법정을 지휘 및 판결한다는 의지가 담겨 있지요.

우리나라는 1945년 해방 이후 서양의 것을 본떠 법복을 입기 시작했어요. 한때는 법복의 가슴에 판사는 흰색 무궁화, 검사는 노란색 무궁화, 변호사는 보라색 무궁화를 그려 넣기도 했어요. 그러나 지나친 권위주의를 없애자는 뜻으로 법복을 간단하게 바꾸었답니다.

검찰과 경찰은 하는 일이 다를까?

검찰과 경찰은 **범죄를 수사하는 기관**이에요. 모두 영장을 청구하고 범인을 체포할 수 있어요. 범죄 사건이 발생하면 먼저 경찰에서 사건을 조사해요. 이 과정에서 사건이 크거나 복잡할 경우 경찰은 사건의 내용을 서류로 작성해 검찰로 넘기지요. 이 서류를 바탕으로 검찰은 경찰들을 지휘해 사건에 관한 모든 것을 꼼꼼하게 수사해요.

체포된 범인은 검찰에서 여러 가지 조사를 받고, 범행 사실이 드러나면 일정한 재판 절차를 거쳐야 해요. 먼저 검찰은 범인을 국가 기관에 고발해요. 그러면 판사와 검사, 변호사 등이 모여 재판을 진행해 형량을 결정하지요.

인권이란 뭘까?

인권은 **인간으로서 당연히 누려야 할 권리**를 말해요. 자유로울 권리, 차별받지 않을 권리, 일할 권리 등이 인권에 포함돼요. 국제 연합(UN) 헌장에서는 '인종, 성, 언어, 종교에 상관없이 인간의 기본적인 권리를 존중하고 준수할 것'을 나타내고 있어요. 그리고 1948년 국제 연합 총회에서는 **세계 인권 선언**을 통해 이러한 내용을 전 세계에 알렸지요. 이후, 세계 인권 선언은 모든 인민과 국가가 달성해야 할 공통의 기준이 되었어요.

어린이 인권 보호 단체

어린이는 나이가 어리고 어른에 비해 힘이 약하다는 이유로 인권이 무시되는 경우가 많아요. 그래서 1919년에 **세이브 더 칠드런**(Save the Children) 즉 '아이들을 구하라'라는 뜻을 가진 어린이 인권 보호 단체가 만들어졌어요.
28개 나라가 세이브 더 칠드런의 회원국이 되어 가난과 질병, 학대로 고통 받는 아이들을 위해 활동하고 있어요.

스팸 메일도 법으로 처벌을 받는다고?

'스팸 메일(Spam mail)'은 **광고, 음란, 상업 등의 메일이 일방적으로 또 대량으로 전달되는 전자우편**을 말해요. 스팸 메일은 마음을 불쾌하게 할 뿐만 아니라 컴퓨터 바이러스를 퍼뜨리는 등 많은 피해를 줘요. 그래서 정부는 '**정보통신망 이용 촉진 및 정보 보호 등에 관한 법률**'을 만들어 이를 단속하지요.

스팸 메일을 검찰청이나 경찰청 사이버 수사대에 신고하면 스팸 메일을 보낸 사업자는 3,000만 원 이하의 과태료를 물어요.

저작권이 뭘까?

저작권은 법적인 차원에서 음악, 영화, 게임 등을 만든 사람들에게 **창작물에 대한 사용 권리를 주는 것**을 말해요. 인터넷을 통해 영화, 음악, 게임 등을 저작권자의 동의 없이 다운로드 받는 것은 저작권을 침해하는 불법 행위예요.

사람들이 음악 CD를 사지 않고 공짜로 음악 파일을 다운로드 받는다면, 음악 CD를 팔지 못하는 음악가나 회사는 망할 수밖에 없어요. 그러면 음악가는 더 이상 새로운 음악을 만들지 못하고, 소비자는 새로운 음악을 들을 수 없을 거예요.

국제법은 누가 지켜야 할까?

국제법이란 **합의에 따라 국가 간의 관계를 규칙으로 정해 놓은 법**을 말해요. 국제법은 내용과 뜻을 분명하게 밝힌 '조약'과 여러 국가의 관행으로 인정되는 '국제 관습법'으로 이루어져요. 국제법 조약은 원칙적으로 협정에 참여한 국가들이 서로 합의한 사항이에요. 그래서 협정에 참여하지 않은 나라들은 그 조약을 지켜야 할 의무가 없어요. 오히려 오랜 시간 동안 국제 사회에서 일반적인 관행으로 사용된 국제 관습법이 국제법에서 더 중요한 부분을 차지하지요.

국제법은 국가 간의 관계를 정하는 법이기 때문에 국제법을 지키는 주체도 당연히 국가랍니다.

상식 퀴즈 법원 서기는 무슨 일을 할까?

① 재판에서 말한 내용을 문서로 보존하는 일
② 피해자와 가해자를 위해 기도하는 일
③ 법원에는 증인을 심문하는 일

정답 ① 법원 서기는 판사가 묻는 내용을 문서로 남겨요. 재판 시에 증인이나 피해자, 가해자가 말한 내용을 문서로 기록하여, 모든 재판의 자세한 내용을 알 수 있게 보존하지요.

[정치·사회] 종교

종교는 초자연적이자 초인간적인 신을 숭배하는 것이에요. 신을 통해 큰 가르침을 받아 세상을 사는 이유를 깨닫고, 앞으로 어떻게 살아가야 할지에 대한 확신을 갖게 되는 것이지요. 나라와 문화에 따라 다양한 종교가 있어요.

신과의 교류 종교

종교는 신이나 절대적인 힘을 통해 **인간의 고민을 해결**하고 **삶의 근본 목적을 찾는 문화 체계**예요. 종교에는 신과의 교류를 통해 최상의 가르침을 얻고자 하는 인간의 마음이 담겨 있지요. 옛날 사람들이 동굴 벽에 사냥하는 그림을 그려 놓고 자연과 신에게 사냥이 잘 되기를 기원했던 것처럼 종교는 아주 오래 전부터 존재했어요.

종교는 그 사회의 생활 습관이나 제도에 영향을 미치기도 해요. 전 세계적으로 사람들의 생활 모습이 다양한 만큼 종교의 모습도 매우 다양하지요. 종교에는 동식물이나 자연물을 신으로 숭배하는 원시 종교부터 힌두교, 불교, 크리스트교, 이슬람교, 유교 등 여러 종류가 있답니다.

많은 신을 섬기는 힌두교

'힌두'는 '인도'라는 뜻이에요. 힌두교는 **인도 고유의 민족 종교**이며, 인도인의 생활에 깊이 자리 잡고 있어요.

힌두교에는 3억만이 넘는 수많은 신이 있어요. 그중 중요하게 꼽는 세 신이 있는데 세상을 창조하는 **브라흐마**, 세상의 질서를 유지하고 보호하는 **비슈누**, 세상을 파괴하는 **시바**예요. 이들에 의해 만물이 창조되고, 유지되다가 다시 파괴되며 세상은 돌고 돌지요.

힌두교를 믿는 사람들은 저마다의 처지에 맞는 신을 모셔요. 예를 들어 학생들은 시험을 볼 때 지혜의 신 '사라스바티'에게 기도를 한답니다.

유대인의 종교 유대교

유대인의 종교, 유대교는 하나님을 믿는다는 점에서 크리스트교와 같아요. 그런데 하나님과 구세주 예수를 믿는 크리스트교와 달리 유대교는 **오직 하나님만을 믿고, 구약 성서만 따르지요.**

기원전 13세기에 유대인은 오늘날의 팔레스타인 지역에 나라를 세우고 하나님만을 섬기며 살았는데 이것이 바로 유대교의 시작이에요. 유대인은 자신들만이 하나님의 선택을 받은 유일한 민족이라 여겨요. 모든 신앙과 삶의 기준으로 율법을 따르며, **율법**을 가르치는 사람을 **랍비**라고 부른답니다.

자비로운 삶을 사는 불교

불교는 **자비를 베풀고 깨달음을 얻고자 하는 종교**예요. 지금으로부터 약 2500여 년 전 인도의 **석가모니**에 의해 시작되었어요. 당시 인도 사회는 매우 혼란스러웠어요. 서로 다투고 전쟁을 하는 등 힘없는 사람들에게는 고통스러운 세상이었지요.

가비라 왕국의 왕자였던 석가모니는 세상의 모순과 사람들이 겪는 가난, 질병, 죽음 따위의 고통을 해결하고자 29세에 궁을 나왔어요. 고행 끝에 금욕만으로는 깨달음을 얻을 수 없다는 것을 알고, 보리수 나무 아래에서 명상에 잠기어 마침내 큰 깨달음에 얻고 부처가 되었지요. 불교는 **부처의 깨달음을 통해 완전한 행복을 추구하고자 하는 종교**랍니다.

신을 따르는 삶 이슬람교

이슬람교는 **온 우주에 하나밖에 없는 신인 '알라'를 믿는 종교**예요. '이슬람'은 인간에게 올바른 삶을 가르쳐 주신 알라께 순종한다는 뜻이에요. 이슬람교에서는 알라가 특별한 사람에게만 말씀을 전한다고 믿어요. 그 말씀을 듣는 특별한 사람을 **예언자**라고 해요.

이슬람교의 신자가 되려면 이슬람 사원 앞에서 "알라 외에 신은 없고, 마호메트는 그분의 사도다."라고 말해야 해요. 여기서 사도는 알라가 보낸 마지막이자 가장 큰 예언자, 마호메트를 뜻한답니다.

이슬람교의 창시자 마호메트

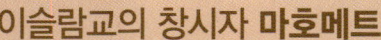

마호메트는 사우디아라비아의 메카에서 태어나 알라의 계시를 받고, 이슬람교의 경전인 코란을 지어 포교 활동을 시작했어요. 그를 따르는 사람들이 많아지자 박해를 받게 되어 메디나로 탈출을 했어요.
마호메트는 이슬람교를 통해 아랍 국가를 통일했고, 아시아 및 유럽에 걸친 사라센 제국의 터전을 닦았답니다.

이슬람교의 경전 코란

코란은 마호메트가 610년경 예언자가 된 뒤부터 죽을 때까지, 약 22년 동안 대천사 가브리엘을 통해 **알라로부터 받은 계시를 모아 놓은 책**이에요. 이슬람교 신자들은 예배를 드릴 때 반드시 아랍어로 된 코란만을 사용해요. 해석본을 보면 원뜻을 오해할 수 있기 때문이에요.

사랑을 전파하는 크리스트교

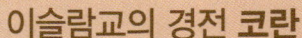

크리스트교는 천지 만물을 창조한 신이 유일한 하나님이라 믿고, 하나님의 아들 **예수처럼 사랑을 실천하는 종교**예요. 크리스트교의 역사는 예수의 탄생과 같아요.

예수는 약 2000년 전에 하나님의 계시를 받은 동정녀 마리아에게서 태어났어요. 예수는 가난한 자와 병든 자들을 돌보아 주며 하나님의 말씀을 전했지요. 모든 사람은 평등하며 누구든 죄를 회개하면 하나님 나라에 갈 수 있다는 말씀이었어요. 이에 예수를 따르는 사람들이 많아지자, 당시의 유대교 지도자들이 그를 십자가에 못 박아 죽였어요. 그러나 죽은 예수는 3일 만에 부활해 사람들 앞에 나타났고, 40일 뒤에 하늘로 올라갔다고 해요.

유일신 천주를 믿는 가톨릭교

우리나라에서는 가톨릭교를 천주교라고 불러요. 기원전 1세기경에 그리스도의 가르침에 따라 베드로, 바울 등의 제자들이 완성한 종교예요. 유일신인 '천주'를 믿으며, **그리스도의 십계명을 지켜 사랑으로 일생을 마치면 영생을 얻어 천국에 갈 수 있다고 믿지요.**

베드로를 후계한 교황을 중심으로 세계적인 통일체를 이루어, 오늘날 약 10억 명이 넘는 천주교 신자들이 같은 믿음 안에서 신앙 생활을 하고 있어요.

구약과 신약으로 나뉘는 성서

크리스트교의 성경은 구약과 신약으로 나뉘어요.
예수 탄생 이전의 유대 민족에 관한 역사와 하나님의 계시 등을 적은 책은 구약 성경이에요. **구약 성경**은 율법서, 예언서, 성문서로 나뉘어요.
예수 탄생 후 하나님의 계시가 적혀 있는 책은 **신약 성경**이에요. 신약 성경에는 예수가 전한 하나님의 말씀이 담겨 있어요. 예수의 탄생부터 죽음과 부활에 이르기까지 27권으로 이루어져요.

이슬람교와 유대교 신자들은 왜 돼지고기를 먹지 않을까?

이슬람교에서는 동물의 사체, 피, 우상에게 바친 제사 음식, 술, 돼지고기 등을 먹지 못하게 해요. 특히 **돼지는 이슬람교에서 멀리하는 동물**이에요. 유대의 **성경**에는 땅을 걸어 다니는 짐승들 중 굽이 갈라지고 되새김질을 하는 짐승은 먹어도 된다고 나와 있어요. 그래서 소는 먹고 돼지는 먹지 않지요.

이들이 돼지고기를 먹지 않는 이유는 그들이 **살던 곳의 환경 때문**이라는 주장도 있어요. 당시 중동과 팔레스타인 땅에는 돼지의 체온을 유지시켜 줄 물과 그늘이 턱없이 부족해 돼지를 키우는 게 무척 힘들었어요. 여기에 돼지는 **욕심이 많고 더럽다는 편견**이 더해져 중동과 팔레스타인 땅에서 돼지가 배척을 당하고, 종교의 금기 사항으로까지 연결되었다는 것이지요.

이슬람의 전통 의상 히잡

이슬람교를 믿는 중동 지역 여자들은 모두 머리에 검은 베일을 써요. 그 베일을 '히잡'이라고 불러요. 히잡은 **머리와 얼굴 일부분을 가리는 천**이에요.

이슬람 여자들은 히잡이 남성들의 폭력이나 욕구로부터 자신을 보호해 준다고 생각해요. 히잡은 **이슬람의 전통 의상 중 하나**이며, 그 역사도 아주 오래되었답니다.

유교도 종교일까?

유교는 크리스트교나 이슬람교처럼 세상을 창조한 신을 믿지 않아요. 그런 면에서 본다면 유교는 종교가 아니지만 신과 같이 **눈에 보이지 않는 그 무엇이 세상에서 가장 중요하다고 믿고, 그것을 이 세상에 널리 펼치도록 노력**한다는 점에서 유교도 종교라고 할 수 있어요.

유교의 가르침은 공자가 시작했어요. 그는 세상이 바르게 서려면 무엇보다 나라를 다스리는 사람이 먼저 올바른 사람이 되어야 한다고 가르쳤어요. 공자의 가르침은 《논어》라는 책을 통해 남겨졌고, 그 가르침을 발전시킨 사람은 맹자예요.

유교에서 강조하는 삼강 오륜

군위신강(君爲臣綱) 신하는 임금과 나라를 섬겨야 한다.
부위부강(夫爲婦綱) 남편과 부인은 도리를 지켜야 한다.
부위자강(父爲子綱) 자식은 부모를 정성껏 섬겨야 한다.
군신유의(君臣有義) 임금과 신하 사이에 의리가 있어야 한다.
부자유친(父子有親) 아버지와 아들 사이에 친함과 사랑이 있어야 한다.
부부유별(夫婦有別) 부부 사이에 서로 구별이 있어야 한다.
장유유서(長幼有序) 윗사람과 아랫사람, 형과 아우 사이에는 높낮이가 있어야 한다.
붕우유신(朋友有信) 친구 사이에는 믿음이 있어야 한다.

우리나라에서 만들어진 종교

무교
무교는 '무속' 또는 '샤머니즘'이라고 해요. 무당은 하늘 신의 말씀과 뜻을 인간에게 전해 주는 다리 역할을 해요.

천도교
1860년, 최제우가 만들었어요. 천도교에서는 '한울님'이라는 신을 모셔요. 모든 사람은 태어날 때부터 고귀하며, 평등함을 강조해요.

대종교
1909년, 나철이 만들었어요. 단군을 받드는 종교이지요. 대종교의 가장 높은 신은 '한얼님'이에요.

구세군은 종교일까, 봉사 단체일까?

구세군은 장로교, 감리교, 성결교 등처럼 **크리스트교의 교리를 따르는 종교 단체**예요. 1878년에 '구세군(The salvation army)'이라는 이름으로, 조직의 구조를 군대식으로 정했어요. 복장은 영국 빅토리아 시대의 군복을 모델로 삼았지요. 구세군은 **연말이 되면 거리마다 자선냄비를 설치하고 모금 활동**을 해요.

이 자선냄비는 미국에서 처음 만들어졌어요. 1891년, 추운 겨울날 샌프란시스코에서 배가 부서지는 사고가 났는데 그때 많은 난민들이 생겨났어요. 당시 샌프란시스코 시에는 난민을 도울 돈이 없었어요. 이를 안타깝게 여긴 구세군 사관 조셉 맥피가 사람이 많이 오가는 부둣가에 냄비를 걸고 모금을 했어요. 그 돈으로 난민들을 도왔지요. 이후 구세군은 모금 활동을 할 때 자선냄비를 사용하고 있어요.

올해 연도와 예수의 나이가 같다고?

'기원'이란 연도를 계산하는 데 기준이 되는 해를 말해요. 우리는 그 기준을 예수가 태어난 해로 정했어요. 즉 **기원전은 예수가 태어나기 전, 기원후는 예수가 태어난 후**를 말해요.

이러한 연대 표기의 기준은 6세기경 로마의 디오니시우스 엑시구스에 의해 만들어졌어요. 근대 이후 서양 세력이 퍼지되면서 우리나라뿐만 아니라 세계 대부분의 나라가 이런 연대 표기를 사용하지요.

그래서 올해가 2011년이면 예수의 나이도 2011살이고, 올해가 2020년이면 예수의 나이도 2020살이 된답니다.

불교에는 어떤 신이 있을까?

불교 신자들은 석가모니 외에도 여러 부처와 보살을 믿어요. **부처**는 깨달음을 얻어 사람들에게 가르침을 주는 사람이에요. **보살**은 부처가 될 수 있음에도 부처가 되기를 미루고 세상의 어리석은 사람들을 구하기 위해 애쓰는 사람이지요. **아미타불**은 세상의 어리석은 사람들이 깨달음을 얻기가 너무 힘든 것을 보고, 우주 서쪽에 **정토**라는 곳을 만든 부처예요. **관세음보살**은 사람들이 어려움에 처했을 때 이름을 부르면 나타나서 도와주는 보살이에요.

그 밖에도 모든 병에서 구하는 **약사불**, 석가모니 다음으로 세상을 구원하러 온다는 **미륵보살**, 뛰어난 지혜의 **문수보살** 등이 있어요.

일본 사람들이 하는 신사 참배란 뭘까?

일본 사람들은 **신도**를 믿어요. 신도는 '신의 길'이라는 뜻이며, **일본 고유의 민족 신앙**이지요. 일본에는 신사가 10만 개도 넘게 있어요. 신사

란 강, 나무, 돌 따위의 자연물에 깃든 신과 사람이 죽어서 된 신 등을 모셔 놓은 곳을 말해요. 신사의 신전은 각각의 신들을 상징하는 구슬, 방울, 칼 등을 보관하는 곳이지요.

1868년, 메이지 유신 이후 일본의 대다수 국민은 신도를 믿었으며, 그러다가 일본이 제2차 세계 대전에서 패배한 후, 종교의 자유를 보장했어요.

아바타는 종교에서 사용되던 말이라고?

게임이나 커뮤니티 등에서 활동할 때, **우리의 모습을 대신한 캐릭터를 '아바타'**라고 해요. 아바타는 고대 **힌두 신앙**에서 나온 말이에요. 힌두교의 신들은 때에 따라 다양한 모습으로 나타나는데, **신들이 인간의 모습으로 나타나는 것을 '아바타'**라고 해요.

힌두교에서는 불교의 창시자인 석가모니도 비슈누의 아바타 중 하나로 여기지요. 오늘날에는 아바타가 '사이버 상에서 다양한 모습으로 변신하는 나'를 뜻하는 말로 쓰이고 있어요. 2009년에 나온 영화 〈아바타〉도 이러한 점에서 힌트를 얻어 만들어진 작품이에요.

영화 〈아바타〉의 주인공

[정치·사회] 전쟁

전쟁은 나라와 나라 사이에 큰 갈등이 생겼을 때 힘으로 해결하려는 행위예요. 강력한 무기를 사용하기 때문에 수많은 사람이 죽고, 막대한 재산 피해도 생겨요. 그래서 오늘날에는 세계 평화를 위해 많은 나라가 노력하고 있어요.

고대의 전쟁

그리스 세계를 단결시킨 페르시아 전쟁

페르시아는 기원전 7세기부터 이란 지방을 중심으로 성장해 서아시아를 통일한 나라예요. 다리우스 1세는 오리엔트 지역을 통일한 뒤 인더스 강과 이집트, 지중해 주변의 그리스까지 정복하며 대제국을 세웠어요. 기원전 5세기 초, **페르시아는 그리스 본토를 공격**했어요. 페르시아가 정복한 그리스의 식민 도시들이 반란을 일으켰을 때 아테네 등이 이를 도운 데 대한 복수였지요. 그러나 이 전쟁은 예상을 뒤엎고 아테네를 중심으로 똘똘 뭉친 **그리스의 도시 국가들이 승리**했어요. 결국 아테네는 이 전쟁으로 인해 지중해 해상권을 빼앗았고, 그리스의 도시 국가들은 페르시아의 지배에서 벗어났어요.

동서양을 아우르는 알렉산드로스 대왕의 정복 전쟁

마케도니아의 왕 필리포스 2세는 강력한 군대를 이끌고 그리스 전역을 차지했어요. 하지만 그는 곧 암살당해 그의 아들 알렉산드로스가 20세에 왕위에 올랐어요.
알렉산드로스는 끊임없이 동방으로 정복해 나가 불과 10여 년 만에 **유럽, 아시아, 아프리카에 걸친 대제국을 건설**했어요. 그리고 정복지마다 자신의 이름을 딴 '알렉산드리아'라는 도시를 70여 개나 만들었지요. 동서양을 아우르는 알렉산드로스 제국으로 인해 서아시아와 이집트 등으로 그리스 문화가 전파되었고, 동방 지역 고유의 문화가 섞이면서 **헬레니즘 문화**가 탄생했지요. 헬레니즘 문화는 알렉산드로스 제국이 무너진 후에도 지속되어, 약 300년간 이어졌답니다.

로마 제국의 시작 포에니 전쟁

기원전 3세기, 로마는 당시 지중해의 해상 무역을 장악하고 있던 카르타고와 세 차례에 걸친 전쟁을 했어요. 카르타고는 페니키아인이 북아프리카의 지중해 연안에 세운 도시 국가예요. 기원전 260년에 시작된 포에니 전쟁은 제2차 포에니 전쟁으로 이어졌어요. 연속으로 승리한 로마는 다시 제3차 포에니 전쟁을 일으켜 완전한 승리를 거두었어요. **200년에 걸친 포에니 전쟁의 승리로 서부 지중해를 장악한 로마**는 기원전 2세기 후반에는 **지중해 연안의 거의 모든 지역을 차지**한 대제국으로 성장해요.

백제의 마지막 전쟁 황산벌 전투

660년, 신라와 당나라 연합군이 백제를 공격했어요. 사치와 향락에 빠져 있던 의자왕은 허겁지겁 계백 장군에게 적을 막으라고 했어요. 계백 장군은 '살아서 적의 노예가 되느니 죽는 게 낫다'며 자신의 아내와 자식들을 죽인 뒤, 군사 5천 명을 이끌고 전쟁터로 나갔어요. **계백 장군이 이끄는 백제군은 황산벌에서 신라의 김유신이 이끄는 5만의 군사를 맞아 네 번에 걸쳐 승리했지만, 힘으로 밀어붙이는 신라군을 당해낼 수가 없었지요.** 계백 장군은 전사했고, 백제군은 결국 지고 말았답니다. 이후 김유신은 사비성으로 향했고, 불과 열흘도 안 되어 백제는 멸망했어요.

중세의 전쟁

예루살렘을 둘러싼 종교 전쟁 **십자군 전쟁**

십자군 전쟁은 11~13세기 말 사이에 서유럽의 **크리스트교도들이 이슬람교도들로부터 성지 예루살렘을 되찾기 위해 200여 년 동안 계속된 원정 전쟁**이에요. 1060년 무렵, 이슬람의 셀주크 튀르크 제국은 예루살렘을 정복하고, 이곳을 찾아온 크리스트교도들을 공격했어요. 이에 로마 교황 우르바누스 2세는 유럽 전역의 크리스트교들을 향해 '이교도들의 손에서 성지를 탈환하자'라며 전투에 동참할 것을 호소했어요.
1099년, 마침내 프랑스, 독일, 이탈리아의 귀족들에 의해 십자군이 결성되었고, 십자군은 예루살렘 점령에 성공했어요. 그러나 곧 이슬람교도들에게 다시 예루살렘을 빼앗겼지요. 이후 십자군 원정은 8차까지 이어졌고, 1차 때 외에는 모두 이슬람교도들의 승리로 끝났어요.

영국과 프랑스의 **백년 전쟁**

백년 전쟁은 **백년이 넘는 오랜 기간 동안 전쟁을 했기 때문에 '백년 전쟁'**이라고 불러요. 영국의 왕인 에드워드는 1360년까지 프랑스의 많은 지역을 차지했어요. 하지만 이후 40년 동안 차지했던 대부분의 영토를 다시 잃었어요. 1415년, 영국의 헨리 5세가 다시 전쟁을 일으켰어요. 그러나 잔 다르크의 지휘 아래 프랑스가 기세를 회복해 1453년에 **프랑스 군이 보르도를 점령**하면서 백년 전쟁은 끝을 맺어요.

몽골 제국을 건설한 **칭기즈 칸의 정복 전쟁**

12세기 후반 몽골족의 젊은 전사 테무친은 강력한 군대를 조직해 몽골족을 통일하며 '최고의 군주'라는 뜻의 칭기즈 칸으로 불렸어요. 몽골군은 **칭기즈 칸의 지휘 아래 중앙아시아의 거의 모든 지역을 지배**했어요. 칭기즈 칸이 죽자 아들과 손자들이 칸의 지위를 물려받았고, 몽골 제국은 중국, 유럽, 서아시아로 계속 영토를 넓혀 나갔어요. 칭기즈 칸의 손자 쿠빌라이 칸은 수도를 대도(베이징)로 정하고 나라 이름을 '원'으로 바꾸었지요.

7차에 걸친 고려의 대몽 항쟁

고려에 최씨 무신 정권이 들어섰던 12세기 말부터 13세기 초엽은 칭기즈 칸이 세운 몽골이 세계에 위력을 떨치던 때예요. 고려는 몽골과 힘을 합해 거란족을 물리쳤는데, 이를 빌미로 몽골은 고려를 빼앗으려고 호시탐탐 노렸어요.
1231년 살리타의 1차 침입을 시작으로, 1257년까지 7차에 걸쳐 쳐들어 왔지요. 몽골과의 기나긴 전쟁 동안 고려의 곳곳은 불에 탔고, 수많은 사람들이 목숨을 잃었어요.
결국 고려는 몽골을 섬기라는 요구를 받아들이고 말았어요. 그런데 왕을 보호하는 군대였던 **삼별초**는 끝내 몽골에 항복하지 않았어요. 4년 동안 몽골에 맞서 싸웠지요. 고려와 몽골의 군대에 쫓기던 삼별초는 결국 제주도 한라산에서 모두 죽었어요. 이후 **고려는 100년간 몽골의 간섭을 받았답니다.**

근대의 전쟁

유럽의 황제 나폴레옹 전쟁

프랑스 혁명 이후 등장한 나폴레옹은 수많은 전투에서 승리를 이끌어 국민에게 인기를 얻고 단숨에 황제 자리에 올랐어요. 그리고 **프랑스 혁명 의식을 전파한다는 이념으로 전쟁을 벌였지요**. 나폴레옹은 유럽 여러 나라와 수많은 전쟁을 벌여 **유럽의 대부분을 정복**했어요. 혁명 의식 전파가 영토 확장을 위한 침략적인 전쟁으로 변질된 것이지요. 그러나 1812년 **러시아와의 전투에서 대패**한 이후, 여세가 기울어 결국 대서양 한가운데 있는 세인트 할레나 섬에 갇혀 생을 마감하지요.

네잎 클로버는 왜 행운을 상징하게 되었을까?

아편 때문에 일어난 아편 전쟁

1800년대, 영국은 청나라에서 차와 비단, 도자기 등을 수입하고 모직물과 면화를 수출했어요. 그런데 수출보다 수입이 훨씬 많았던 영국은 적자를 메우기 위해 몰래 아편을 청나라에 내다 팔기 시작했어요. 청나라 국민이 아편을 많이 피우게 되자 **청나라는 영국과의 모든 교역을 끊었어요**. 화가 난 영국은 1840년에 청나라에 함대를 보내 전쟁을 일으켰고, 이 전쟁을 아편 전쟁이라고 해요.
전쟁에서 승리한 영국은 청나라의 여러 항구에서 물건을 사고팔며 홍콩까지 지배했어요.
그런데 청나라의 개방이 기대에 못 미치자 영국은 **1856년에 프랑스, 아일랜드와 함께 청나라를 공격해 제2차 아편 전쟁**을 일으켰어요. 이후 영국, 프랑스, 아일랜드, 미국, 러시아, 일본 등이 들어와 청나라를 간섭했어요.

노예를 해방시킨 미국의 남북 전쟁

1800년대 미국의 남부는 농장이 많았고, 북부는 대도시와 공장 지대였어요. 남부의 주요 농산물은 거대한 농장에서 기르는 면화와 담배였지요. 농장의 일은 주로 아프리카에서 끌고 온 노예들이 담당했어요. 그런데 공업이 발달한 북부에서는 값싼 흑인 노동자들이 필요하게 되었고, 이에 노예 제도를 반대하기 시작했어요. 1861년에 **노예 제도 폐지를 주장하는 링컨이 대통령으로 당선**되면서, 남부 사람들은 미국 연방에서 탈퇴하고 독립 국가를 세웠어요. 이때부터 **4년 동안 남북 전쟁**이 벌어졌어요.
남북 전쟁은 **북부의 승리**로 끝났고, **노예 제도는 폐지**되었어요. 하지만 링컨은 전쟁이 끝난 닷새 만에 반대파에게 암살당하고 말았지요.

유럽에서 시작된 제1차 세계 대전

1914년, 오스트리아의 황태자 부부가 보스니아를 방문하던 중 세르비아의 비밀 단체에 속해 있던 한 보스니아인 청년에게 암살을 당했어요. 이 사건으로 오스트리아는 세르비아에게 전쟁을 선포했어요. 이때 러시아가 세르비아를 지지하고 나서자, 오스트리아와 동맹을 맺고 있던 독일은 러시아에 전쟁을 선언했지요. 당시 유럽은 영국, 프랑스, 러시아가 연합국으로 뭉쳐 있었고, 독일, 오스트리아, 이탈리아는 동맹국을 이루고 있었어요. 결국 전쟁은 연합국과 동맹국 간의 대결로 번졌어요. 연합국과 동맹국 간의 대결은 불가리아와 오스만 제국, 일본까지 참여하면서 세계 대전이 되었지요.

독일은 잠수함을 이용해 영국으로 가는 배들을 침몰시켰는데, 그중에 미국의 배가 포함되어 있었어요. 화가 난 미국이 연합군에 합류하면서, 1914년에 시작된 제1차 세계 대전은 1918년에 연합군의 승리로 막을 내렸어요.

히틀러가 일으킨 제2차 세계 대전

독일의 히틀러는 유럽의 모든 독일인을 한데 모아 강력한 제국을 건설하겠다는 계획을 세웠어요. 1939년 9월 1일, 폴란드 침략을 시작으로 덴마크, 노르웨이, 네덜란드, 벨기에, 프랑스를 점령하는 데 성공했지요. 유럽 대륙을 차지한 독일은 영국과 소련도 공격했지만 실패로 돌아갔어요.

한편, 독일과 손을 잡은 일본은 새로운 제국을 건설하겠다는 계획으로 동남아시아의 거의 대부분과 태평양의 여러 섬을 점령했어요 이 지역에 이해 관계가 있었던 미국은 연합군의 일원으로 전쟁에 참여했지요. 미국은 연합군과 함께 미드웨이 해전에서 일본 함대를 침몰시키고, 스탈린그라드에서 독일군을 무찔렀어요. 그리고 1945년 5월에 독일의 베를린을 함락시키고, 6월에 일본의 히로시마에 원자 폭탄을 떨어뜨렸어요. 결국 연합군이 독일과 일본의 항복을 받아내며, 제2차 세계 대전은 끝이 났답니다.

현대의 전쟁

제2차 세계 대전 이후 세계는 미국의 자본주의 진영과 소련의 사회주의 진영으로 나뉘었어요.

우리나라는 해방된 뒤 남과 북으로 나뉘었고, 마침내 1950년 6월 25일 한국 전쟁을 벌였어요.

1955년, 미국과 강대국들은 베트남이 사회주의 국가가 되는 것을 원치 않아 전쟁을 일으켰지만 베트남 공산주의자들이 승리했어요.

1980년, 이란·이라크 전쟁이 벌어졌어요. 이는 영토와 석유를 둘러싼 전쟁이었어요. 전쟁은 8년 동안 이어지다가 두 나라의 휴전 협정으로 끝이 났어요.

이라크는 1990년에 쿠웨이트 사람들이 석유를 훔쳐 간다며 전쟁을 선포했어요. 그러자 1991년, 미국과 사우디아라비아 등이 연합군을 결성해 쿠웨이트를 도와 전쟁에 참여했고, 이라크의 항복으로 끝이 났어요.

【정치·사회】
외교와 세계화

오늘날 세계는 이웃 나라를 하루에 오갈 수 있을 정도로 가까워졌어요. 각 나라의 외교 정책, 무역 확대, 교통, 통신 등을 통해 점점 세계는 가까워지고 있어요.

나라 간의 관계를 담당하는 외교

외교란 **나라와 나라 사이에 정치, 경제, 문화 등 평화적 관계를 맺도록 하는 협상과 정치 활동** 같은 공적인 사무 처리를 말해요. 외교에서 가장 중요한 것은 자기 나라의 독립과 안전을 지키는 일이랍니다.

정부는 외교 정책을 통해서 다른 나라들과 친밀한 관계를 유지해요. 무역 활동이나 정치적인 일로 협상을 진행하거나 조약을 체결하고, 다른 나라의 대표를 초청하거나 우리의 대표를 다른 나라에 파견하기도 하지요. 이렇게 서로 방문을 하고 회담을 벌이면서 **다른 나라에 우리의 정책을 이해시키고, 우리나라의 경제와 문화 같은 것을 알리려고** 노력해요.

외교관이 하는 일

다른 나라에 가서 자기 나라를 대표하여 일해요.

파견된 나라에 있는 자기 나라 국민의 안전과 이익을 도모하는 일을 해요.

파견된 나라의 상황이 어떤지 관찰하여 자기 나라에 보고 하는 일을 해요.

세계가 점점 가까워지는 세계화

세계화란 **세계가 점점 더 가까워지고 이전보다 훨씬 더 많은 영향을 서로 주고받게 되는 변화**를 뜻해요. 오늘날 세계가 하나의 마을처럼 가까워질 수 있었던 것은 각 나라의 **활발한 외교 정책 및 교통, 통신의 발달** 덕분이지요.

세계화로 전 세계 사람들은 함께 나눌 수 있는 게 많아졌어요. 다른 나라에서 만든 물건을 쉽게 사서 쓸 수 있고, 우리나라의 물건도 외국에서 쉽게 사서 쓸 수 있지요. 해외여행이나 외국에 나가 일할 수 있는 기회도 많아졌어요. 반대로 외국인들이 우리나라를 여행하거나 일하기 위해 오는 경우도 많지요.

유행이나 문화도 전보다 쉽게 퍼지고 있어서 전 세계 사람들이 같은 시기에 똑같은 음악을 듣거나 영화를 보며 즐기고 있어요. 또 인터넷을 통해 세계 소식을 바로 접하기도 하며, 서로 많은 영향을 주고받고 있답니다.

세계화의 문제점과 해결책

세계화가 되면 경제적인 이익이 늘어나고 문화 교류가 늘어나는 등 장점이 많아요. 하지만 문화가 획일화되거나 못사는 나라의 문화가 선진국 문화에 가려 사라질 수 있다는 단점도 있어요. 또 경제적인 이익이 공평하게 돌아가지 않아 부자 나라와 가난한 나라 간의 격차가 더 커질 수 있어요. 이런 문제점을 해결하기 위해서는 **각 나라들이 동등한 입장에서 교류**해야 하며, **여러 나라의 문화를 차별 없이 소개하고 각 문화의 특성을 인정**해야 하지요.

세계에서 활약하고 있는 한국인은 누가 있을까?

세계화 시대가 되면서 세계를 배경으로 활동하고 있는 한국인도 많아졌어요. **정 트리오, 조수미, 장영주, 강수진 등**은 예술 분야에서 이름을 빛내고 있어요. 그리고 **김연아, 박찬호, 박지성, 추신수 등**은 스포츠를 통해 한국인의 끈기와 투지를 널리 알리고 있지요. **반기문** 국제 연합 사무총장처럼 국제 단체의 책임자가 된 사람도 있고, 과학이나 수학 분야의 연구를 통해 학문적으로 업적을 이룬 사람도 많아요.
요즘은 **한국 고전 무용단, 난타 공연단**처럼 한국 문화를 세계 곳곳에 알리는 단체도 많아졌어요. 모두 한국인이라는 자부심을 가지고 세계화에 앞장서고 있답니다.

여권과 비자는 왜 필요할까?

여권은 내가 어느 나라 사람인지를 증명해 주는 신분증이에요. 외국에 나가면 여권이 신분증 역할을 하지요. 일반인이 여행을 가기 위해서는 일반 여권이 필요하고, 외교관은 관용 여권이 있어야 해요. 이민을 가는 사람들은 해외 거주 려권이 있어야 하지요. 여권은 우리나라 외무부에서 만들어 주지만, 비자는 외국 정부에서 주는 것이에요. **외국인이 자기 나라에 들어와도 좋다고 그 나라의 외교관이 허락하는 증명서가 비자**예요. 유학이나 이민처럼 오랫동안 다른 나라에 머물려면 비자가 꼭 있어야 해요. 비자를 신청하려면 우리나라에 있는 외국 대사관에 가야 하지요. 이때 외국 대사관에서는 여러 가지를 검토한 뒤 비자를 발급해 줘요. 혹시 여행 중에 범죄를 저지르거나, 돌아오지 않고 불법으로 머물러 있을 가능성은 없는지 철저하게 검사하는 거예요.

국제 연합은 무슨 일을 하는 곳일까?

'국제 연합'은 유엔(UN)이라고도 불러요. UN은 'United Nations'의 약자예요. 국제 연합이 주로 하는 일은 **평화 유지 활동, 군비 축소 활동, 국제 협력 활동**이에요. 전쟁은 많은 사람을 죽게 만들고, 인류가 만들어 놓은 문명을 완전히 파괴해요. 그래서 국제 연합은 정치, 경제, 문화, 교육 등의 분야에서 활발하게 교류해 전쟁의 위험성을 줄이기 위해 노력하고 있어요. 국제 연합 본부는 미국 뉴욕에 있고, 회원국은 192개국이에요. **우리나라는 1991년에 북한과 동시에 국제 연합에 가입**했어요.

전 세계의 평화를 위해 활동해요.

외국인이 우리나라에서 죄를 지으면 어떻게 될까?

우리나라는 외국인이라도 죄를 지으면 우리나라 사람과 똑같이 벌을 받아야 한다고 법으로 정해 놓았어요. 우리나라의 배나 비행기 안에서 잘못을 해도 마찬가지예요. 이렇게 **자기 나라의 영토 안에 있는 모든 사람에게 똑같이 법을 적용하는 것을 '속지주의'**라고 해요. 그런데 우리나라 사람이든 외국 사람이든 죄를 짓고 외국 대사관으로 도망친다면 무턱대고 잡을 수가 없어요. 외국 대사관은 우리나라 땅이 아니라고 여기기 때문이에요. 그래서 외국 대사관에 범인을 넘겨달라는 요청을 하고, 일정한 절차를 거친 뒤 범인을 잡을 수 있지요.
또 **외국의 외교관들은 우리나라에서 죄를 지어도 자기 나라의 법에 따라 처벌**을 받아요. 이를 **'치외 법권'**이라고 해요. 외교관들은 죄를 지어도 그 나라에서 재판을 받지 않고 경찰의 단속도 받지 않으며 세금도 내지 않는답니다.

대사관으로 도망을 가다니…

외국인이 우리나라 사람이 되려면 어떻게 해야 할까?

외국인이 우리나라 국적을 얻는 것을 '귀화'라고 해요. 귀화에는 두 가지 방법이 있어요. **우리나라 사람과 결혼**하거나 **우리나라 정부에 귀화 신청**을 하는 것이지요. 귀화를 하려면 우리나라에 5년 이상 살아야 해요. 나이는 만 20세 이상이어야 하고, 생계를 유지할 능력이 있어야 하며, 범죄 행위를 저지른 적이 없어야 해요.
우리나라 사람이 되기 위해 귀화 절차를 모두 마친 뒤에는 원래 가지고 있던 국적을 6개월 이내에 포기해야만 한답니다.

이민은 왜 떠나는 걸까?

자기 나라를 떠나 **다른 나라에 가서 임시 또는 영구히 사는 것을** 이민이라고 해요. 국제 연합에서는 1년 이상 다른 나라에 머물면 이민으로 여겨요. 이민을 떠나는 이유는 전쟁을 피하기 위해, 가난에서 벗어나기 위해, 자신이 처한 특수한 환경에 대한 편견이나 문화적 차이 때문에, 직업을 구하기 위해, 독재 정치나 인종 차별, 박해, 탄압과 같은 괴롭힘 등에서 벗어나기 위해서예요. 이민자들이 이민을 가는 이유는 **자신의 문제가 이주하려는 국가에서 해결될 거라고 생각**하기 때문이지요.

조선족은 어느 나라 사람일까?

우리나라의 이민 역사는 1860년대부터 시작되었어요. 이때부터 1945년까지 주로 가난과 일제의 횡포를 피해 중국, 러시아, 하와이 등지로 이민을 갔어요. 이때 중국으로 이민을 간 사람들은 해방 이후 남북이 분단되고 중국이 공산화되자 다시 돌아오지 못하고 그곳에 계속 살게 되었지요.
현재 약 230만 명의 조선족이 중국에 살고 있어요. 그중 97%는 만주 지역에 살아요. 1964년에 중국 정부는 그들에게 중국 국적을 주었어요. **조선족은 우리 민족이지만 중국 국적을 가진 사람들이에요.**

다문화 가정이란 뭘까?

우리나라 사람과 외국인이 결혼하여 이루어진 가정, 우리나라에 취업을 목적으로 거주하고 **부모 모두 외국인인 가정**, 이민을 통해 **우리나라 국적을 가지게 된 외국인 가정** 등을 통틀어 다문화 가정이라고 해요.
세계화로 인해 외국과의 경제 교류가 활발해지면서 다문화 가정도 부쩍 늘어나고 있어요. 생김새와 언어, 문화의 차이는 있지만 그들은 엄연히 우리나라에서 함께 살아가는 이웃이에요. 따라서 다문화 가정의 이웃을 대할 때도 열린 마음을 가져야 해요.

일본은 왜 자꾸 독도를 자기네 땅이라고 할까?

일본이 독도를 호시탐탐 노리는 이유는 많은 이득이 생기기 때문이에요. 동해 일부분이 일본 것이 되면 **해양 생산물을 더 많이 얻을 수 있게 되고**, 무엇보다 독도를 차지하면 **일본이 북한이나 러시아에 진출하기가 더욱 쉬워져요.** 그래서 일본이 자꾸 독도를 일본 땅이라고 하는 거예요.
독도가 우리 땅이라는 사실은 조선 시대의 《세종실록지리지》, 《신증동국여지승람》, 《성종실록》, 《숙종실록》 등 많은 책에 적혀 있어요. 이러한 사실을 바탕으로 우리 정부와 국민은 독도가 우리 땅이라는 사실을 세계에 널리 알릴 필요가 있어요. 그래야만 우리의 해양 자원과 지리적, 군사적 권리를 일본에 빼앗기지 않는답니다.

다른 나라로 **망명**하는 이유는 뭘까?

'망명'이란, **정치적 탄압이나 종교적, 민족적 압박을 피하기 위해 다른 나라로 가 보호를 요청**하는 것을 말해요. 개인은 나라를 자기 마음대로 벗어날 수 없어요. 하지만 정치적, 종교적으로 부당한 탄압을 받으면 다른 나라에 몰래 망명을 할 수밖에 없지요. 이때 망명을 신청받은 나라는 인도적인 차원에서 망명자를 보호해 주어야 하는 게 국제법상 원칙이에요.

이같은 관습은 우리나라의 옛날이나 고대 서양에서도 있었어요. 특히 16세기에 들어 서양에서는 종교적인 박해를 피해 망명길에 오른 사람들이 많았지요. 이때부터 망명은 나라 간의 문제로 다뤄졌고, 20세기 초부터는 국제 연맹에서 적극 나서고 있답니다.

적십자 기구는 뭘까?

적십자 기구는 **인간의 생명을 존중하고 어려운 사람들을 도와주기 위한 기구**예요. 처음에는 전쟁이 일어났을 때 부상당한 사람들을 돌봐 주기 위해서 시작되었지만 점점 대상 범위가 넓어졌지요. 오늘날에는 전쟁으로 생긴 포로나 위험에 처한 민간인들을 보호하는 단체가 되었어요. 또 전쟁이 없을 때에는 인류의 건강과 질병을 위해 노력하고 재해를 당한 사람들을 구제해 주는 일을 하고 있어요.

외교관은 평생 외국에서 살아야 할까?

외교관은 그 나라에서 생활하는 **상주 외교 사절**과 어떤 특정한 목적으로 잠시 동안 외국에 머무는 **임시 외교 사절**이 있어요. 하지만 상주 외교 사절로 파견되었다고 해서 평생을 그 나라에서 사는 것은 아니에요. **정해진 기간이 끝나면 다시 자기 나라로 돌아올 수 있어요.**

국제 긴급 구호 활동가는 무슨 일을 하는 사람일까?

국제 긴급 구호는 **국경 없는 구호 단체로 국제적인 재난 관리 및 재해 구호에 관한 일을 하는 사람들이 모여 활동**을 펼쳐요. 평소에는 그 단체의 고유 업무를 하다가 긴급 구호가 발생하면 한시적으로 팀을 꾸려 운영된답니다. 주로 쓰나미, 지진이나 전쟁 같은 재난에 처한 나라를 찾아가 돕는 일을 하지요.

국제 연합 기구 중 하나인 **유니세프**(Unicef)에서 활동하는 일의 대다수도 긴급 구호라고 볼 수 있어요. 재난 복구 봉사, 이재민 일손 돕기, 시설 복구를 위한 성금 모금과 위문 등 하는 일이 아주 다양해요. 우리나라에도 긴급 구호 활동을 하는 한비야를 비롯해 많은 사람이 국제 긴급 구호 활동가로 일하고 있어요.

상식 퀴즈 민간 외교란 뭘까?

① 공무원들만 해외에서 우리나라를 알릴 수 있다.
② 민간인은 절대로 우리나라를 위해 활동하면 안 된다.
③ 민간인이 여러 분야에 걸쳐 우리나라를 알리는 일이다.

정답 ③
민간 외교관이란 공무원이 아닌 일반 사람들이 해외에서 우리나라를 알리는 일을 해요. 예술가, 시험 등을 통해 다양한 분야에서 활동하는 사람들을 일컫는 말이에요.

7장
경제

경제는 사람들이 살아가는 데 필요한 물건을 만들고, 만들어진 물건을 여러 곳에서 나누어 팔며, 물건을 필요로 하는 사람들이 사서 쓰는 과정을 말해요. 이런 경제와 관련된 모든 활동을 경제 활동이라고 하지요.

우리는 날마다 경제 활동을 하고 있어요. 돈을 버는 일, 물건을 만들어 파는 일, 물건을 사는 일, 서비스를 제공하고 받는 일, 서비스의 대가로 돈을 지불하는 일 등이 모두 경제 활동이에요.

경제의 정확한 원리를 이해하면 현명한 삶을 살아가는 데 도움이 되고, 나아가 나라의 발전에도 이바지할 수 있답니다.

[경제] 경제 활동

경제는 인간의 욕구를 채워가기 위한 모든 활동으로써 우리의 생활이 이루어지도록 하는 수단이에요. 경제와 관련된 모든 활동을 경제 활동이라고 해요. 주로 생산 활동과 소비 활동이지요.

경제 활동과 생산 활동

경제 활동이란 생활에 필요한 여러 가지 것들을 만들어 내고, 이것들을 사고팔거나 사용하는 것과 관련된 모든 일들을 말해요. 이런 경제 활동은 주로 가정, 기업, 정부를 통해서 이루어져요. 특히 **소비 활동은 가정**을 통해 이루어지지요. 생산 활동은 사람들이 살아가면서 여러 가지 생활에 필요한 일이나 물건을 만들어 내는 활동을 말해요. **생산 활동은 주로 기업**을 통해 이루어져요. 나라 살림을 맡아 하는 **정부는 경제 활동과 생산 활동 모두를 주도적으로 이끌며** 이런 정부의 활동은 가정과 기업의 경제 활동에 큰 영향을 준답니다.

소비 활동 / 생산 활동

가정의 경제 활동

가정은 소비를 중심으로 경제 활동을 해요. 우리가 옷과 음식, 집을 사는 일 그리고 가전제품이나 운동 기구를 사는 일도 모두 소비예요. 이처럼 **소비는 즐거움이나 편리함을 얻기 위해 물건이나 서비스를 사용하는 것**을 말해요. 가정에서 소비를 하기 위해서는 돈이 필요해요. 그래서 가족들은 여러 생산 활동에 참여하여 월급 등을 받아 소득을 얻지요. 이렇게 얻은 소득은 다시 소비와 저축으로 사용되면서 가정의 경제 활동이 이루어진답니다.

생산 활동 / 소비 활동 / 저축

기업의 경제 활동

오늘날 생산 활동의 대부분이 기업에서 이루어져요. 기업은 **사람들이 살아가는 데 필요한 물건이나 서비스를 만들어 팔아요**. 이러한 생산 활동을 통해 **이윤을 얻는 것이 기업의 가장 큰 목표**예요. 이윤이란 기업이 생산 활동에 들어간 비용을 빼고 남은 나머지를 말해요. 그 돈으로 직원들에게 월급을 주고, 정부에 세금을 내고, 새로운 제품을 개발하는 데 투자하기도 하지요.

기업이 생산 활동을 활발히 하면 일자리가 늘어나고 가정의 소득도 올라가요. 또 정부는 기업으로부터 세금을 많이 거둘 수 있어 나라의 살림살이가 넉넉해진답니다.

정부의 경제 활동

정부는 국민이나 기업에게서 세금을 거두고, 그 세금을 다시 국민을 위해 쓰는 것으로 경제 활동을 해요. 국민 생활에 꼭 필요한 일인데 돈이 많이 들어 개인들이 할 수 없는 일이나, 이익을 추구하는 일반 기업에게는 맡길 수 없는 일들을 정부가 하는 거예요. 예를 들어 군인을 훈련시켜 나라를 지키는 일, 다리나 도로, 항구, 공항 등을 건설하는 일, 환경을 지키고 관리하는 일, 생활 형편이 어려운 사람들을 돕는 일 등이 정부의 경제 활동에 속해요. 이처럼 **정부는 세금을 거두어 여러 가지 공공 서비스를 제공하는 데 돈을 쓰지요**.

정부

계획 경제와 시장 경제

정부가 국민 경제의 모든 과정을 누가, 언제, 어떤 물건을, 얼마나 필요로 하는지 정확하게 예측해서 일일이 지시를 내리고 계획하는 것을 '계획 경제'라고 해요. 계획 경제를 하는 나라에서는 개인이나 기업이 토지 및 기계, 원료 따위를 소유하지 못하고, 자유로운 경쟁도 하지 못해요. 북한 같은 사회주의 국가에서는 계획 경제를 실시하고 있어요.

반면 **국민 경제의 모든 과정을 자유로운 경쟁에 맡기는 것을 '시장 경제'**라고 해요. 무엇을 얼마나 생산하여 어떤 가격으로 판매할 것인가를 개인이나 기업들이 스스로 결정할 수 있게 맡기는 것이지요. 우리나라 같은 자본주의 국가에서는 경쟁이 가능한 시장 경제를 실시하고 있어요.

시장 경제

계획 경제

물건의 가격이 결정되는 과정

사고파는 상품들의 가치를 돈으로 나타낸 것을 '가격'이라고 해요. 가격은 물건에만 있는 게 아니에요. 영화나 뮤지컬 같은 공연, 의사의 진료, 우편물의 배달 등과 같은 서비스에도 가격이 있지요. 이런 가격은 누구 한 사람의 의견으로 정해지는 것이 아니에요. 소비자는 물건 가격이 저렴할수록 좋고, 생산자나 판매자는 물건 가격이 비쌀수록 이익이 많아져요. 따라서 가격은 서로 동의하고 만족하는 수준에서 결정이 돼요. 다시 말해 수요와 공급이 일치하는 곳에서 가격이 결정되지요.

상품을 사려는 수요

수요는 **소비자가 어떤 상품을 사려고 하는 마음**이에요. 수요가 많으면 생산자는 물건을 더 많이 만들어요. 보통 물건 값이 싸면 수요가 늘어나요. 물건 값이 비싸더라도 사람들의 생활이 여유가 생기면 수요가 늘 수 있어요.

제품을 제공하는 공급

공급은 **생산자가 제품을 생산해서 소비자에게 제공하는 것**이에요. 물건을 사고자 하는 수요가 많으면 생산자는 더 많은 물건을 공급해서 돈을 벌려고 해요. 하지만 수요가 적어지면 공급량을 줄이거나 아예 물건을 만들지 않아요.

임금은 뭐고, 연봉은 뭘까?

직업에 따라 소득을 부르는 이름이 달라요. **고용자와 노동자 사이에 맺은 계약에 의해 노동의 대가로 주거나 받는 돈이 임금**이에요. '연봉'은 **1년 동안 받을 임금의 총액**을 말해요. 임금과 연봉은 다른 사람에게 고용되어 노동을 제공한 대가로 받는 소득이라는 점에서 같아요. 다른 사람에게 고용되어 노동을 하는 것이 아닌 **자영업을 하는 사람들의 소득은 '보수'**라고 불러요.

창업은 누구나 할 수 있을까?

사업을 처음으로 시작하는 것을 창업이라고 해요. 창업은 민법상 성인으로 인정되는 만 20세가 되어야 할 수 있어요. 만 20세부터 사업자 등록을 할 수 있고, 계약 같은 법률 행위를 할 수 있지요. 단, 미성년자일지라도 법적 대리인의 동의가 있으면 창업할 수 있답니다.
창업하려면 우선 사업 아이디어와 자금이 있어야 해요. 그리고 사업에 필요한 회계와 인력 관리 등의 기본적인 지식도 갖추어야 하지요.

왜 합리적인 소비를 해야 할까?

우리 사회에는 **인간의 욕망을 충족시켜 줄 만큼 자원과 돈이 무한정 있지는 않아요.** 가정의 소득 역시 한정되어 있지요. 그래서 우리는 합리적인 소비를 위해 노력해야 해요. 물건을 살 때는 꼭 필요한 물건을 구입해요. 소비 계획을 세워 예산 범위 안에서 소비를 하고, 자신이 사고자 하는 상품의 품질이나 성능을 미리 파악해 보는 것도 좋아요. 새로운 상품을 구입할 경우에는 먼저 그 상품에 대한 자세한 정보를 얻고 품질이나 디자인, 성능 등을 꼼꼼히 따져보는 게 좋지요.

다른 사람을 따라서 구입하거나 자랑하기 위한 소비, 충동적으로 물건을 구입하는 것은 합리적인 소비가 아니랍니다.

GNP와 GDP는 무엇을 뜻할까?

GNP는 'Gross National Product'의 약자로 **일 년 동안 한 나라의 국민에 의해 생산된 재화와 서비스의 합계인 '국민 총생산'**을 말해요. 국민 총생산에는 그 나라 국적을 가진 사람이 외국에서 벌어 오는 돈은 포함되지만, 그 나라에서 일하는 외국인이 버는 돈은 포함되지 않아요.

GDP는 'Gross Domestic Product'의 약자로 **일 년 동안 국내에서 이루어진 모든 생산 활동의 합계인 '국내 총생산'**을 말해요.

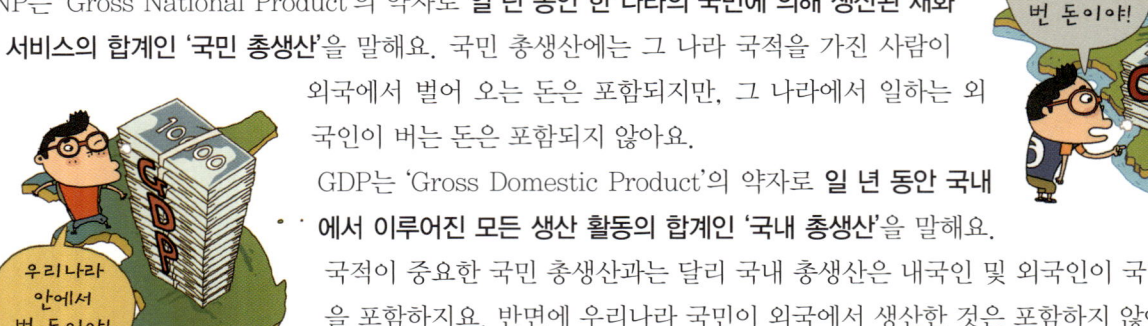

국적이 중요한 국민 총생산과는 달리 국내 총생산은 내국인 및 외국인이 국내에서 생산한 모든 것을 포함하지요. 반면에 우리나라 국민이 외국에서 생산한 것은 포함하지 않아요.

엥겔 지수란 무엇일까?

엥겔 지수는 **한 가정의 총 생활비 중에서 식료품비가 차지하는 비율**을 말해요. 19세기에 독일의 통계학자인 엥겔이 가정들의 지출을 조사했는데, 소득이 낮은 가정일수록 지출 중 식료품비가 차지하는 비율이 높고, 소득이 높은 가정일수록 식료품비가 차지하는 비율이 낮았어요. 엥겔은 이것을 자신의 이름을 따 '엥겔의 법칙'이라고 정했어요.

식료품은 필수품이기 때문에 소득이 많고 적음에 상관없이 어느 가정에서나 일정한 양을 소비해요. 그렇기 때문에 소득이 낮을수록 엥겔 지수는 높아지고, 소득이 높을수록 엥겔 지수는 낮아지게 된답니다.

어떻게 하면 부자가 될 수 있을까?

빌 게이츠, 워런 버핏, 베르나르 아르노, 래리 앨리슨, 락시미 미탈 등은 세계에서 손꼽히는 부자들이에요. 이들은 스스로 노력하여 부자가 된 사람들이에요. **자신이 관심 있고 잘하는 분야에서 쉬지 않고 노력한 결과 부를 얻었지요.**

전 세계적으로 베스트셀러가 된 《해리포터》의 작가 조앤 롤링도 현재 억만장자에 속해요. 아기에게 먹일 우유 값도 없었던 롤링은 가난에 좌절하지 않고 자신이 좋아하는 글쓰기를 열심히 해서 부자가 되었지요. 이처럼 가난한 환경을 탓하지 않고, 자신이 잘하는 분야에서 최선을 다한다면 돈과 명예를 모두 얻을 수 있을 거예요.

대통령의 월급은 얼마일까?

대통령은 우리나라에서 가장 높은 1급 공무원이에요. 대통령도 다른 공무원들처럼 **국민이 내는 세금으로 월급을 받아요.** 대통령의 월급도 시대에 따라 계속 변하고, 매달 10일에 월급 통장으로 지급이 돼요.

현재 우리나라의 대통령은 **1년에 약 1억 8,000만 원**을 받아요. 여기에서 식비 같은 각종 수당을 합치면 일 년에 2억이 넘는 돈을 받는 거지요. 또 월급 이외에 대통령의 직무를 수행하면서 사용하게 되는 비용과 품위 유지비 등도 따로 받는답니다.

대통령 월급이 가장 많은 나라는 어디일까?

세계에서 돈을 가장 많이 받는 대통령은 **프랑스의 대통령**이에요. 1년에 23억 8,000만 원을 받는데, 월급으로 따지면 한 달에 약 2억 원 정도가 돼요.

통계적으로 보면 각 나라 대통령의 연봉은 그 나라 국민 평균 수입의 10배라고 해요.

실업자는 왜 생기는 걸까?

실업이란 **일을 하고 싶고, 일을 할 수 있는 능력도 있는 사람이 일자리를 가지지 못한 상태**를 말해요. 실업 상태에 있는 사람을 실업자라고 하지요. 실업은 개인적으로나 사회적으로 큰 문제가 될 수 있어요.

나라의 경제 활동이 활발히 이루어져 경기가 좋으면 일자리가 많아지지만, 경기가 나빠지면 일자리가 줄어들어 실업이 늘어나요. 또 경기가 좋지 않으면 장사가 잘 되지 않고 생산을 줄여요. 그러다 보면 물건을 생산하는 노동자를 줄이게 되어 실업자가 늘어나지요. 실업을 줄이는 가장 좋은 방법은 지속적인 경제 성장을 통한 일자리 창출이에요.

정부가 빚을 지면 국민은 어떻게 될까?

개인이나 기업과 마찬가지로 정부도 수입보다 지출이 많으면 빚을 지게 돼요. 정부는 주로 은행과 투자자들에게 돈을 빌려요. 국가가 채권을 발행하면 은행이나 투자자들이 채권을 구입하고, 국가는 이자를 붙여서 빌려 쓴 금액을 갚지요. **국가가 빚을 많이 지게 되면 이에 대한 부담이 세금을 내는 국민에게 고스란히 돌아와요.**

우리나라는 1997년에 외환 위기를 맞아 국민의 생활이 어려워졌어요. 그런데 당시 정부가 빚을 많이 져서 외환 위기가 온 것은 아니에요. 기업과 금융 기관이 외국에서 얻어 쓴 빚을 갚지 못해 우리 경제에 대한 국제적 신뢰가 무너졌고, 그에 따라 우리 돈의 가치가 폭락하면서 외환 위기가 닥쳤던 거예요. 결국 정부는 국제 통화 기금(IMF)으로부터 구제 금융을 받았지요

상식 퀴즈 소득과 지출을 한눈에 볼 수 있게 만든 장부는 뭘까?

① 출석부 ② 가계부 ③ 전화번호부

> 정답 ②
> 가계부는 가정의 수입과 지출을 장부에 적는 것을 말해요. 가계부를 적으면 돈의 흐름을 한눈에 볼 수 있어요.

경제 활동

[경제] 기업과 경영

기업은 오늘날 생산 활동의 대부분이 이루어지는 곳으로, 사회에 필요한 물건이나 서비스를 생산하여 이윤을 얻는 조직을 말해요. 이런 기업을 운영, 관리하는 것을 경영이라고 해요.

자본, 시설, 근로자 수에 따라 대기업과 중소기업

기업은 기업이 가진 자본과 시설, 기업에서 일하는 근로자의 수에 따라 대기업과 중소기업으로 나눌 수 있어요. **대기업은 자본이 많고 생산 시설의 규모가 크며, 근로자의 수가 많은 기업**이에요. 대기업이 나라의 경제에 끼치는 영향은 아주 커요. 그래서 대기업을 경영하는 사람들은 사회적인 책임을 가지고 올바르게 경영하기 위해 노력해야 하지요. **중소기업은 대기업에 비해 근로자의 수나 자본금, 매출액 등이 적어요.** 그래서 대기업과 경쟁을 하면 불리한 경우가 많지요. 정부에서는 중소기업에게 자금을 지원하거나 세금 혜택을 주기도 하는데, 그 이유는 중소기업이 튼튼하게 성장해야 시장에서의 경쟁이 활발해지기 때문이에요.

개인 기업과 경영자적 기업

개인 기업은 상점 또는 소규모 제조 공장을 말하고, 경영자적 기업은 회사를 말해요. 개인 기업은 필요한 자본을 개인이 마련하고, 경영도 본인이나 가족을 중심으로 이루어져요. 반면 경영자적 기업은 필요한 자본을 여러 사람에게서 모아요. 그래서 회사가 돈을 벌면 가장 먼저 투자한 사람들에게 나누어 주지요.

개인 기업은 세무서에 사업자 등록만 하면 사업을 시작할 수 있고, 경영하던 사람이 사망하면 대부분 경영자의 가족이 이어 받아요. 반면에 경영자적 기업은 합당한 조건을 갖추어 법원에 등기 절차를 마쳐야 사업을 시작할 수 있어요.

국가나 공공 단체가 운영하는 공기업

공기업은 **국가 또는 공공 단체가 참여해 운영되는 기업**이에요. 한국 전력 공사, 한국 철도 공사, 한국 도로 공사처럼 이름에 '공사'라는 말이 붙은 기업들이 공기업에 속해요. 공기업은 **일반 기업이 할 수 없는 분야의 일**을 해요. 국민의 생활에 직접적으로 연결되는 전기, 수도, 가스에 관련된 일을 하는 것도 공기업이에요.

주식을 발행하는 주식회사

주식회사는 **주식을 발행하여 만든 회사**예요. 회사를 만드는 데 돈을 투자한 사람을 '주주'라고 불러요. 예를 들어 과자 회사를 만드는 데 1,000만 원이 필요하다면, 그 돈을 만들기 위해 1,000명에게 1만 원씩 투자를 받아요. 이때 1만 원씩 투자한 사람들은 주주이고, 그들이 만든 회사는 주식회사이지요.

모든 주주는 회사가 이익을 얻으면 자신이 가진 주식만큼 이윤을 나누어 받아요. 그러나 회사가 망하면 손해를 입을 수 있어요. 주식회사는 경영을 잘하는지 못하는지에 대해 이사회 및 대표 이사, 감독 기관의 감사를 받아야 해요. 또한 회사를 없앨 경우에는 법에 따라 엄격한 절차를 거쳐요.

공기업은 국가와 사회의 이익을 위해 세운 기업이에요.

많은 사람이 투자한 돈으로 운영돼요.

신기술과 아이디어가 있는 벤처 기업

'벤처(Venture)'는 모험을 의미해요. 벤처 기업은 지금까지 없던 새로운 기술과 아이디어를 가지고 모험을 해 나가는 기업이지요. 투자금을 이용해 새로운 기술을 개발하여 성공하면 돈을 벌 수 있고, 실패하면 그만큼 빚을 지는 것이에요.

벤처 기업은 일반적으로 중소기업이에요. 기술 개발을 목적으로 하여 작은 규모로 설립되기 때문이지요. 성공한 벤처 기업이 많으면 많을수록 기술 개발이 활발해지고, 새로운 제품이 많이 만들어지기 때문에 경제를 발전시키는 데 큰 도움이 돼요.

법의 인정을 받는 법인 기업

법에 의해 인정을 받는 단체나 기업을 '법인'이라고 해요. 법인 회사는 돈을 벌기 위해 사업을 할 수 있는 권리를 가지고 있어요. 동시에 세금을 내야 하는 의무도 있지요. 법인은 일의 목적에 따라 사단 법인과 재단 법인으로 나뉘어요.

사단 법인
하나의 정해진 목적을 위해 조직을 만들어 활동하는 단체예요. 이윤을 얻기 위해 물건을 만들거나 서비스를 팔아 돈을 버는 것을 목적으로 하지요.

재단 법인
특정한 목적을 위해 모아진 재산을 활용하기 위해 설립된 법인으로, 학교, 양로원, 고아원 등이 있어요.

적은 자본으로 많은 회사를 경영하는 지주 회사

다른 회사의 주식을 사서 그 회사의 경영권을 가지는 회사를 지주 회사라고 해요. 지주 회사는 회사를 만들어 직접 물건을 생산하거나 판매하지 않아요. 기업을 직접 경영하지 않고 다른 기업에 자본을 투자하는 기업도 지주 회사에 속하지요. 예를 들어 A라는 회사가 B회사, C회사, D회사의 주식을 많이 사면, A는 세 회사를 직접 경영할 수 있는 지주 회사가 되는 거예요. 이처럼 지주 회사는 적은 자본을 가지고도 많은 기업을 거느릴 수 있답니다. 지주 회사는 다른 말로 '모회사' 또는 '지배 회사'라고도 불러요.

기업 합병과 인수 M&A

한 기업이 다른 기업을 사거나 기업들끼리 합치는 것을 M&A라고 하며, 우리말로 '기업 인수 합병'이라고 해요. M은 사들인 기업을 해체하여 자기 회사의 일부분으로 만드는 **기업 합병**(Merger)을 뜻하고, A는 기업을 사서 그대로 유지시킨 채 경영을 관리하는 **인수**(Acquisition)를 말해요. M&A는 경영 전략의 하나로 새로운 사업을 하기 위한 비용을 절약하면서 다른 기업의 노하우나 숙련된 노동력을 안정적으로 얻을 수 있다는 장점이 있어요.

많은 물건을 사고파는 종합 상사

한 가지의 물건이 아니라 **많은 종류의 물건을 사고팔아서 이윤을 얻는 회사**를 종합 상사라고 해요. 수출과 수입을 할 뿐만 아니라 자원도 개발하고 유통 사업까지 담당해요. 종합 상사는 특정한 기업의 제품이 아닌 국내 기업들의 각종 제품을 수출하는 것을 주요 사업으로 하고 있어요.

사회적 기업이란 무엇일까?

이윤 추구를 목적으로 하는 일반 기업과 달리 **가난한 사람들을 위한 일자리와 사회 서비스 제공과 같은 사회적 목적을 위해 만들어진 기업**을 사회적 기업이라고 해요. 사회적 기업은 일반 회사처럼 근로자를 고용하여 기업 활동을 하지만 기업의 이익은 사회적 목적을 위해 재투자되지요. 비영리 조직과 영리 기업의 중간 형태 기업이라고 볼 수 있어요. 노동부의 '사회적 기업 육성 위원회'로부터 인증을 받아야만 사회적 기업으로 활동할 수 있답니다.

다국적 기업이란 무엇일까?

세계 각지에 자회사, 합병 회사, 공장 등을 가지고 그들 사이의 네트워크를 이용하여 활동하는 **기업을 다국적 기업**이라고 해요. 펩시, 코카콜라, 맥도날드 등 우리에게 익숙한 많은 기업이 다국적 기업에 속해요. 다국적 기업은 공장이나 판매 회사를 각 나라의 법인으로 만들어요. 각국에 있는 자회사들은 공동으로 자본이나 노동력, 기술, 아이디어 등을 공유하고 기업을 위해 함께 일하지요.

다국적 기업 중 **글로벌 기업**은 전 세계를 하나의 시장으로 놓고, 전 세계의 소비자를 대상으로 제품을 만들어 판매하는 기업을 말해요.

3D 산업이 뭘까?

더럽고(Dirty), 위험하고(Dangerous), 힘든(Difficult) 산업을 가리켜 3D 산업이라고 해요. 옷이나 신발 등의 제조업 공장에서 하는 일이나 석탄을 캐는 광업, 건물을 짓는 건설업 등과 같이 주로 현장에서 몸을 쓰며 하는 일들이지요. 일이 매우 힘이 들고 사람들이 꺼린다고 하여 나온 말이 바로 3D 산업이에요.

하지만 3D는 **경제 활동의 기초**예요. 경제 활동이 원활하게 이루어지려면 3D 산업이 더욱 발전해야 한답니다.

CEO 브랜드가 뭘까?

CEO는 'Chief Executive Officer'의 약자로 실제 회사의 경영을 맡고 있고 최고 권한을 가진 사람을 말해요.

기업은 CEO의 기업 운영 방법에 따라 위험에 처하기도 하고, 성장하기도 해요. **뛰어난 CEO의 고유한 능력과 리더십, 지명도, 시장 가치 등은 브랜드화**되기도 하지요. 마이크로 소프트의 빌 게이츠, GE의 잭 웰치, 휴렛 팩커드의 칼리 피오리나, 안철수 연구소의 안철수 등이 CEO 브랜드를 가진 대표적인 사람들이랍니다.

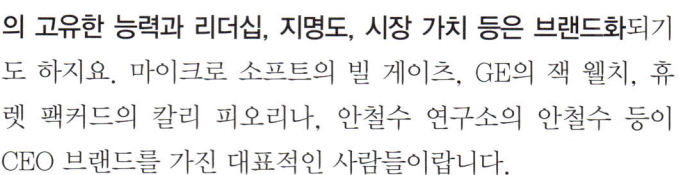

우리나라 제품에 왜 'made in china' 라고 적혀 있을까?

장난감이나 학용품, 옷, 신발 등 우리나라 제품의 상표를 보면 'made in china' 라고 적혀 있는 경우가 많아요. 이런 상품은 **'주문자 상표 부착 생산 방식'으로 생산은 다른 곳에서 하고, 상표만 붙여서 파는 것**을 말해요.

중국의 인건비가 우리나라의 인건비보다 싸기 때문에 만들기는 중국에서 만들고, 상표는 한국의 것을 붙이는 것이지요. 이렇게 하면 기업은 인건비를 줄여서 좋고, 물건을 만드는 나라는 노동력으로 돈을 벌 수 있어서 좋지요. 또 소비자는 물건을 싸게 살 수 있답니다.

기업들은 왜 아웃소싱을 할까?

아웃소싱은 **기업이 경영 효과와 효율을 높이기 위해 기업 업무의 일부를 다른 기업이나 사람에게 맡기는 경영 전략**을 말해요. 예를 들어 장난감 회사에서 장난감을 만들고, 그것을 전국에 유통시키는 일은 다른 유통 전문 회사에게 맡겨요. 그러면 유통을 맡은 회사는 주문부터 배달 업무까지 책임지고 처리해 주지요.

이처럼 아웃소싱을 하면 기업들은 그 일에 들어가는 비용을 줄일 수 있고, 근로자들을 직접 관리하지 않아도 되는 등 기업의 힘을 아껴 다른 곳에 집중할 수 있다는 장점이 있어요.

리콜 제도란 뭘까?

애프터서비스는 기업이 판매한 제품에 문제가 있거나 고장이 나면 소비자의 요구에 따라 수리 및 교환을 해 주는 거예요. 반면에 리콜 제도는 **판매한 제품의 잘못된 부분을 기업이 자발적으로 소비자에게 알리고 수리나 교환, 환불을 해 주는 제도**이지요. 자동차, 식품, 의약품 따위의 제품은 문제가 생겼을 때 반드시 리콜을 하도록 법으로 정해 놓고 있어요. 경우에 따라서는 정부에서 강제적으로 리콜 명령을 내리기도 해요. 국민의 건강과 생명에 직접적인 영향을 주기 때문에 정부가 나서서 해결하는 거예요.

기업을 다시 되살리는 워크아웃을 하는 이유는 뭘까?

이익을 내지 못하는 기업은 기업으로서 아무 의미가 없어요. 기업이 계속 이익을 내지 못하고 손해를 본다면, 기업에 투자를 했거나 돈을 빌려 준 사람들은 중대한 결정을 내려야 해요. 기업을 팔아서 돈을 되찾아야 할지, 기업을 살리기 위해 더 도움을 줘야 할지 결정해야 하지요. 이렇게 이익을 내지 못하고 **망하기 직전의 기업을 살리기 위한 노력**을 '워크아웃'이라고 해요. 기업에 돈을 빌려 준 사람은 당장 받아야 할 돈을 나중에 받기로 하고, 빚을 줄여 주거나 더 많은 돈을 꾸어 주기도 해요. 또한 기업의 경영 방법을 바꿔 보기도 하고, 근로자의 수를 줄이는 등 워크아웃을 통해 기업이 다시 이익을 낼 수 있도록 하는 것이지요.

벤치마킹을 하는 이유는 뭘까?

벤치마킹은 '측정 기준'이라는 뜻을 가진 영어의 'Benchmark'에서 나온 말이에요. **우수한 다른 기업의 경영 방법을 배워 자신의 기업을 발전시켜 나가는 것**을 말하지요. 예를 들어 경영 실적이 뛰어난 A병원의 경영 내용을 B병원이 기준으로 삼아 그 수준에 도달하기 위해 경영 방법을 변화시키는 거예요. 비용이나 의사들의 실력, 환자들을 대하는 태도, 쾌적한 시설 따위를 배워 자기 병원도 같은 수준이 되기 위해 노력하지요. 즉 벤치마킹은 **상대 회사의 뛰어난 점을 찾아 자신의 회사에 적용하는 것**이에요. 벤치마킹의 최종 목표는 현재보다 나은 경영을 통해 보다 많은 이익을 얻는 것이랍니다.

상식 퀴즈 분식 회계란 뭘까?

① 분식집에서 사용하는 장부
② 기업에서 일반적으로 사용하는 회계 장부
③ 경영 실적이 나쁜 기업이 좋은 것처럼 이익을 부풀려 계산하는 것

정답 ③
경영 실적이 나쁜 회사가 실적이 좋은 회사처럼 보이게 하려고 기업이 이익이나 자산을 실제보다 부풀려 계산하는 것을 분식 회계라고 해요.

【경제】
유통

유통은 물건이 생산자에게서 소비자에게로 전달되는 과정이에요. 유통 과정은 아주 다양하며, 똑같은 물건이어도 유통 과정에 따라 가격이 다를 수 있어요. 그래서 불필요한 유통 과정은 줄이는 게 좋아요.

유통의 필요성

인간은 생활에 필요한 물건을 직접 만들어 쓰다가 점차 물건과 물건을 바꾸어 쓰는 물물교환을 시작했어요. 교환 방식은 점차 발달해 오늘날과 같은 물건을 사고파는 거래로 이어졌지요. 그러다보니 **생산자가 만든 물건이 소비자에게 판매되기까지 여러 단계를 거치는 '유통'이 발생**하기 시작했어요.

만약 각 지역에서 생산되는 물건을 직접 사기 위해 소비자가 매번 생산지를 찾아가야 한다면 비용도 많이 들고 번거로울 거예요. 각지에서 생산된 물건을 전달해 주는 유통을 통해서 소비자는 이러한 번거로움을 피할 수 있지요.

다양한 유통의 과정

물건의 유통 과정은 다양해요. **생산지를 출발한 물건이 소비자에게 직접 전달**되기도 하고, **시장을 거쳐** 오기도 하며, 인터넷 쇼핑과 같은 **통신 판매를 거치기도** 해요.
보통 생산자로부터 도매업자, 도매업자에서 소매업자로 물건이 넘어가다 보면 그 과정에서 운반비나 보관비가 발생해요. 이때 도매업자나 소매업자도 이익을 남겨야 하기 때문에 물건이 유통될 때 중간에 거치는 단계가 많으면 가격이 비싸지지요. 물건의 가격이 적절히 매겨지려면 **불필요한 중간 유통 과정을 없애는 게 좋아요.**

배추는 어떻게 유통될까?

농부가 열심히 기른 배추를 수확해서 도매 상인에게 팔아요.

도매 시장으로 온 배추는 경매에 붙여 가격이 매겨져요.

소매 상인이 도매 시장에서 배추를 대량으로 사요.

소매 가게에서 손님이 배추를 사 가요.

유통과 운송비의 관계

상품을 운반하는 데 가장 중요한 것은 운송비예요. 운송비는 운반 거리 비용과 종착지 비용으로 이루어져요. **운반 거리 비용**은 거리가 멀수록 올라가요. **종착지 비용**은 거리와 관계없이 들어가는 비용으로 짐을 싣고 내리는 데 드는 비용과 물건 보관료, 기타 운송 업무비 등이지요.

운송비는 **교통수단에 따라** 금액이 달라져요. 자동차는 단거리 운송에 좋고, 기차는 중거리, 선박과 비행기는 장거리에 유리해요. **상품의 양, 종류, 운송 방향 등에 따라 운송비에도 차이**가 있답니다.

우리 주변의 여러 가지 소매업

생산지 판매
농산물이나 수산물을 생산지에서 직접 소비자에게 판매하는 방식을 '산지 직송 판매'라고 해요. 복잡한 유통 과정을 거치지 않는 대신 생산자는 더 높은 가격에 물건을 팔 수 있어요. 소비자 역시 생산자가 직접 물건을 보내 주기 때문에 싼 가격에 신선한 과일이나 해산물을 먹을 수 있지요.

재래시장
재래시장은 작은 가게들이 많이 모여 있는 만큼 물건의 종류도 매우 다양해요. 또 상인과 손님이 직접 물건 값을 흥정할 수도 있지요. 길가에 물건을 늘어놓고 팔거나 먹을거리를 파는 노점상도 많아요.

백화점
여러 가지 상품을 파는 큰 규모의 소매 상점이에요. 넓고 큰 건물 안에 여러 회사의 점포가 들어와 물건을 판매해요. 옷, 장신구, 가구, 전기 제품, 식료품 등 수많은 제품을 판매하며, 종업원의 수가 많아요.

대형 마트
상품을 싸게 파는 가게를 통틀어 대형 마트라고 하며, '할인점(Discount store)'이라고도 불러요. 대형 마트는 의류, 화장품, 전기 제품, 스포츠 용품, 식료품 등 생활에 필요한 온갖 상품을 싸게 팔아요.

슈퍼마켓
생활 필수품을 취급하는 소매 상점이에요. 손님이 쇼핑 수레에 물건을 담아와 계산대에서 계산하는 판매 방식을 가장 먼저 도입한 곳이 바로 슈퍼마켓이지요.

편의점
'편리한 가게'라는 뜻을 가진 편의점(Convenience store)은 언제든지 물건을 살 수 있도록 24시간 문을 열어요. 가게의 면적이 좁기 때문에 인기 있는 상품만 진열해 놓고 팔아요. 슈퍼마켓보다 가격이 높은 편이에요

통신 판매란 뭘까?

소비자가 전단지나 광고를 보고 **인터넷 또는 전화 같은 통신으로 상품을 주문하면, 우편으로 물건을 배달해 주는 판매 방법**이에요. 국토가 넓은 나라나 주변에 가게가 많지 않은 촌락에서 이용하면 편리해요. 통신 판매는 인터넷과 텔레비전의 발전, 신용카드 사용이 활발해지면서 많이 증가했어요.
텔레비전에서 하는 홈쇼핑의 발달은 판매를 담당하는 쇼핑 호스트라는 직업을 탄생시켰고, 인터넷 쇼핑의 발달은 수많은 사람들에게 창업의 기회를 만들어 주고 있어요.

마케팅이란 뭘까?

마케팅(Marketing)이라는 단어는 '시장(Market)'과 '현재진행형(ing)'이 합쳐진 말이에요. 물건을 사고파는 시장의 현재 상황을 뜻해요. **회사에서 물건을 더 많이 팔기 위해 여러 가지 계획을 세우고 노력하는 것이 바로 마케팅이에요.** 광고는 마케팅의 한 부분이지요.

스포츠 마케팅
스포츠를 이용해 제품을 팔아요. 기업들은 유명 선수들을 후원하는 대신 브랜드 이름이 찍힌 유니폼을 입혀 소비자에게 간접 광고를 하지요.

스타 마케팅
유명 연예인의 이미지를 이용해 제품을 광고해요. 좋아하는 스타를 따라 하고 싶고, 닮고 싶어 하는 마음을 활용해 소비를 유도해요.

컬러 마케팅
색상이 주는 이미지를 이용해 물건을 팔아요. 사람들이 좋아하는 색으로 물건을 만들어 소비자의 마음을 얻는 것이 목적이에요.

키즈 마케팅
어린이를 위한 물건을 팔아요. 학용품, 의류, 신발, 장난감, 음료 등 어린이들이 소비에 끼치는 영향력은 점점 커지고 있어요.

감성 마케팅
소비자의 기분이나 감정에 영향을 미치는 정서를 자극해 브랜드에 긍정적인 이미지를 갖도록 하는 마케팅이에요.

체험 마케팅
소비자가 일정 기간 동안 기업의 제품을 무료로 사용해 보고 구매를 결정하는 방식이에요. 제품의 질이 좋으면 저절로 입소문이 나서 광고 효과가 커요.

백화점에는 왜 창문이 없을까?

백화점에는 시계도 없고 창문도 없어요. 쇼핑하는 고객들이 시계를 보고 쇼핑 시간을 줄일까 봐 시계를 걸어 놓지 않는 것이지요. 창문이 없는 것도 날이 어두워졌거나 날씨가 흐려진 것을 고객들이 알게 되면 서둘러 집으로 돌아갈 확률이 높기 때문이라고 해요.
또한 백화점의 1층에는 화장실이 없어요. 화장실에 가기 위해 백화점에 들른 고객이 2층을 오르내리는 동안 진열된 상품을 보고 구입을 하도록 유도하는 것이지요. 이처럼 **백화점 곳곳에는 물건을 많이 팔기 위한 마케팅 전략**이 숨어 있답니다.

대형 마트의 상품은 왜 가격이 쌀까?

대형 마트는 **똑같은 상품을 한 번에 대량으로 구입해 가격을 낮춰요.** 물건을 만드는 회사는 값이 조금 깎이더라도 한 번에 많은 물건을 팔 수 있기 때문에 싼 가격에 물건을 주지요. 또 대형 마트는 도매상을 거치지 않고 생산자로부터 직접 상품을 구입해 가격을 낮출 수 있어요.
그리고 큰 규모에 비해 종업원의 수가 적은 것도 대형 마트의 상품 가격이 싼 이유 중 하나랍니다.

백화점을 최초로 만든 사람은 누구일까?

세계 최초의 백화점은 1852년 파리에 생긴 '봉 마르셰'예요. 봉 마르셰를 세운 부시코는 상품을 대량으로 진열해 고객들이 직접 만져볼 수 있게 하고, 모든 상품을 반품해 주며 정찰제를 시행하는 등 새로운 판매 방법을 선보여 큰 성공을 거두었어요. 우리나라는 1906년 일본의 '미쓰코시 백화점'이 서울에 지점을 내면서 처음으로 백화점이 등장했어요. **한국인이 세운 최초의 백화점**은 1916년 김윤배가 설립한 **'김윤 상회'**예요. 이후 1929년 박흥식이 종로 2가에 현대식의 '화신 백화점'을 세웠답니다.

최초의 백화점은 파리에서 시작되었지요.
부시코

인터넷 물건이 싼 이유는 뭘까?

인터넷 쇼핑몰에는 물건을 진열할 **매장이 필요 없어요**. 오프라인 매장과는 달리 가게를 운영하고 판매할 **직원의 수도 많이 필요하지 않아요**. 그래서 매장 임대료나 매장 인테리어 비용, 임금 등을 크게 줄일 수 있지요. 그러다 보니 물건을 더 싸게 팔 수 있는 거예요. 그러나 인터넷 쇼핑은 배송되는 데 시간이 걸리고, 물건의 디자인이나 품질을 직접 확인할 수 없다는 단점이 있어요. 하지만 한눈에 가격을 비교할 수 있고, 언제 어디서든 물건을 구입할 수 있다는 장점이 있어서 인터넷 쇼핑의 인기는 점점 높아지고 있답니다.

경매는 어떤 방식으로 이루어질까?

경매는 **팔고자 하는 사람은 하나이고, 사려는 사람은 많을 때 이루어지는 거래** 방식이에요. 경매에서는 가장 비싼 값을 제시한 사람에게 물건이 팔려요. 이를 **낙찰**이라고 해요.

경매의 방식에는 손가락을 이용하는 **수지식**과 컴퓨터로 하는 **전자식**이 있어요. 수지식은 도매 상인이나 소매 상인이 손가락으로 가격을 표시하면, 경매사가 가장 높은 가격을 제시한 사람에게 물건을 주는 방식이에요. 전자식 경매는 전광판 화면에 나온 물건을 보고 도매 상인이나 소매 상인이 각자 가지고 있는 응찰기로 원하는 값을 누르면 컴퓨터가 그 가운데에서 가장 높은 값을 골라내는 방식이지요.

2억 원에 낙찰이요!

상품을 팔지 않는 공익 광고는 왜 할까?

음주 운전 금지, 안전띠 착용, 물 절약, 전기 절약, 환경 보호와 같은 광고는 '공익 광고'에 속해요. 공익 광고는 **전 국민에게 사회·경제적으로 이득이 될 만한 것들을 권장하고 더 나은 사회를 만들기 위한 노력**이에요. 예를 들어 쓰레기를 분리 배출하자는 캠페인을 광고로 내보내면, 국민은 이에 관심을 갖게 되고 실천하기 위해 노력할 거예요. 이처럼 공익 광고는 사회의 문제점을 밝히거나 좋은 점을 홍보하기 위해 한답니다. 광고는 설득력이 강하기 때문에 여러 말보다 큰 효과를 볼 수 있지요.

회사들은 왜 상품권을 발행할까?

회사는 기계도 돌려야 하고, 직원도 고용해야 해요. 그러는 과정에서 비용이 발생하지요. 그런데 만들어진 상품이 가게에서 팔린 뒤, 그 돈이 회사에 들어오기까지는 많은 시간이 걸려요. 그래서 회사는 **상품권을 팔아 회사를 꾸려갈 돈을 미리 마련해요**. 일반적으로 상품권은 발행한 회사의 제품만 살 수 있고, 쓰는 데도 몇 가지 규칙이 있어요. 발행일로부터 5년 이내에 사용해야 하며, 상품권에 찍힌 금액의 일정 금액 이상을 써야 잔돈을 받을 수 있어요. 회사 입장에서는 상품권을 만들어 파는 게 결코 손해가 아니지요.

【경제】
화폐와 금융

화폐는 통화 또는 돈을 말하며, 금융은 돈을 빌려 주거나 빌려 쓰는 일을 뜻해요. 화폐가 널리 쓰이게 되면서 은행을 비롯한 보험 회사, 증권 회사 등 금융 기관도 발달했어요.

화폐의 발달

화폐가 없을 때 사람들은 곡식, 옷감, 소금 등 가치가 있는 물건을 필요한 것과 바꾸어 사용하는 **물품 화폐** 생활을 했어요. 그러나 물품 화폐는 들고 다니거나 보관이 불편했어요. 그래서 대신 **금속 화폐**가 생겨났어요. 특히 금이 화폐로 많이 이용되었는데, 금의 양이 많지 않았어요. 이를 해결하기 위해 많이 공급할 수 있고, 편리하게 운반할 수 있으며, 위조하기 어려운 **동전과 지폐**가 등장했지요.

이후 경제가 발전하면서 여러 장의 지폐를 대신하는 **신용 화폐**가 생겨났어요. 수표, 어음, 신용 카드, 전자 화폐 등이 신용 화폐에 속해요. 요즘은 전자 화폐나 신용 카드를 많이 사용하면서 주화나 지폐의 사용량이 줄고 있어요.

화폐의 역할

화폐는 **물건의 가치**를 나타내요. 여러 가지 물건과 서비스에는 가격이 매겨져 있어요. 그 가격을 보고 사람들은 물건이 비싼지 싼지 판단할 수 있어요. 또 화폐는 물건과 **물건을 교환**할 수 있게 해 줘요. 농부는 쌀을 농사지어 시장에 내다 팔아 받은 돈으로 자신이 필요한 옷이나 생활용품을 사서 쓰지요.

화폐는 다른 사람의 수고나 도움에 대해서 갚거나 **보상할 때** 또는 사람들이 회사에 나가 일을 하면 일을 한 대가로 월급을 받는 것 처럼 보상받을 때에도 쓰여요. 또 화폐는 오랫동안 보관해 둘 수 있고, 필요할 때 언제든지 쓸 수 있어요. 저장해 놓은 돈은 개인의 재산이 되지요.

지폐가 만들어지는 과정

한국은행이 돈의 모양과 찍어 낼 양을 결정해 한국조폐공사에 의뢰해요.

지폐의 구성 요소들을 고려해 디자인을 확정해요.

지폐를 대량 생산하기 위한 인쇄판에 별도의 잉크를 묻혀 커다란 종이에 찍어 내요.

인물 초상, 문자, 인쇄 상태, 색상 등 품질을 철저히 검사해요.

검사가 끝나면 볼록한 활자로 은행권 번호와 인장 등을 최종적으로 인쇄해요.

인쇄 및 품질 검사가 완료된 지폐를 크기에 맞춰 잘라요.

낱장을 다발로 포장해 한국은행으로 보내요.

금융 기관이 하는 일

금융은 남아도는 돈을 부족한 곳으로 옮기는 활동이라고 할 수 있어요. 은행이나 증권 회사, 보험 회사같이 금융 업무를 하는 곳을 금융 기관이라고 해요. 금융 기관은 **돈이 필요한 사람과 돈을 빌려 줄 수 있는 사람을 연결시켜 줘요**. 정부나 기업, 개인 등을 위해 돈이 부족한 곳과 남는 곳을 연결시켜 돈이 잘 흐르도록 도와주지요. 또한 금융 기관은 먼 곳으로 돈을 보내는 일을 하고, 각종 세금을 대신 내 주기도 하며, 귀중품을 보관하기도 해요.
금융 기관을 통해 돈을 빌릴 때는 공짜로 빌리는 게 아니라 이자를 내야 해요. 이자는 돈을 빌리는 대가로 지불하는 돈이에요.

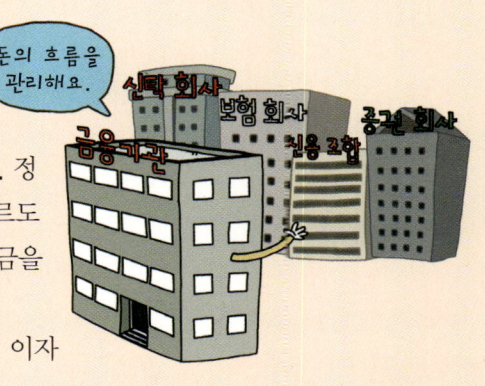

돈을 맡아 주고, 빌려 주는 은행

은행은 **돈을 맡아 주거나 돈을 필요로 하는 사람에게 빌려 주는 곳**이에요. 돈을 맡긴 사람은 이자를 받을 수 있고, 돈을 빌린 개인이나 기업은 빌린 돈을 사업에 투자해서 이익을 얻기도 해요.
은행은 크게 **한국 은행, 일반 은행, 특수 은행**으로 구분해요. 한국 은행은 우리나라의 중앙 은행으로서 화폐를 만드는 은행이에요. 일반 은행은 개인과 회사를 상대로 예금과 대출 업무 등 금융 업무를 취급하는 은행이지요.
특수 은행은 산업 발전과 중소기업 지원, 농어민 지원 등 특별한 목적을 위해 설립한 은행이에요.

은행 외의 예금을 취급하는 기관

상호 저축 은행은 서민과 중소기업을 지원하기 위해 설립된 금융 기관이에요. 은행과 거의 동일한 상품을 취급하는데, 은행에 비해 예금의 이자율이 높고 대출 절차가 간편한 편이에요. **신용 협동 기구**는 서민을 지원하기 위해 설립된 금융 기관으로 조합원이나 회원을 중심으로 운영되는 것이 특징이에요.
우체국은 공공 기관으로서, 우체국 예금과 우체국 보험 등 여러 가지 금융 업무를 보고 있어요. **종합 금융 회사**는 증권과 보험을 제외한 거의 모든 금융 업무를 취급해요.

사고가 났을 때 도와주는 보험 회사

보험 회사는 질병이나 화재, 교통사고처럼 **갑자기 큰 사고가 났을 때를 대비하기 위해 만들어진 금융 기관**이에요. 개인이나 회사가 일정한 돈을 보험 회사에 내면, 사고가 났을 때 보험 회사에서 모아 둔 돈을 지급하지요. 또한 보험 계약자들이 낸 보험료로 증권에 투자하거나, 돈이 필요한 곳에 빌려 주는 일을 하기도 해요.

주식을 사고파는 증권 회사

증권 회사는 **기업의 주식이나 채권 등을 사고팔거나 중개하는 일을 전문적으로 하는 금융 기관**이에요.
증권은 재산을 가지고 있는 사람의 권리와 의무가 적혀 있고, 그 재산의 주인이라는 증거가 되는 문서나 서류를 말해요. 기업이나 회사에서는 주식을 발행해 필요한 돈을 얻고, 그 대가로 주식을 산 사람에게 기업이나 회사의 이윤을 나누어 주지요.

화폐와 금융 191

돈에도 고유의 번호가 있을까?

돈에도 제각각 고유의 번호가 있어요. 돈이 가지고 있는 번호는 **기번호**라고 불러요. 기번호는 **은행권에 붙이는 고유 번호**를 말해요.

돈은 태어난 순서대로 기번호가 매겨져요. 기번호를 통해 얼마나 많은 돈이 만들어졌는지, 현재 얼마나 많은 돈이 사용되고 있는지 쉽게 알 수 있어요. 뿐만 아니라 앞으로 만들어야 할 돈의 양을 조절할 수도 있고, 몰래 가짜 돈을 만드는 것을 방지할 수도 있지요.

동전을 만드는 데 얼마나 들까?

우리가 20여 년 동안 써 온 10원짜리 동전은 한 개를 만들려면 40원이 필요해요. 이 동전은 구리와 아연을 섞어서 만들었는데 **구리와 아연 값이 계속 올랐기 때문**이에요. 그래서 2006년 12월에는 크기가 작고 알루미늄에 구리를 씌운 새로운 동전을 만들었어요. 예전의 10원짜리 동전에 비해 만드는 비용이 훨씬 절약되었다고 해요.

돈은 만들면 바로 쓸 수 있을까?

화폐가 탄생하기까지는 여러 준비 과정이 필요해요. 먼저 한국 은행에서는 새로운 화폐를 발행하기 전에 국민과 전문가들의 의견을 듣고 화폐의 도안과 규격을 정해요. 이어서 정부 승인과 금융 통화 위원회의 의결 과정을 거쳐 새 화폐의 모습을 최종으로 확정하지요. 이를 기초로 한국 조폐 공사에서 실제 화폐를 만들어요. 새 화폐가 만들어지기까지는 1년 6개월 이상의 기간이 걸려요. 한국 조폐 공사에서 만들어진 돈은 모두 한국 은행 금고로 옮겨 보관해요. 그런데 이 돈들은 바로 쓸 수 있는 게 아니에요. **한국 은행 발권 창구를 통해 시중에 유통**이 되어야만 비로소 돈으로서 가치를 인정받는답니다.

돈을 많이 찍어서 나누어 주면 모두 부자가 되지 않을까?

한국 은행에서 돈을 많이 찍어서 사람들에게 나누어 주면 사람들은 돈을 물 쓰듯 마구 쓸 거예요. 하지만 물건은 사람들이 원하는 만큼 끝없이 만들어 낼 수가 없기 때문에 돈은 많은데 물건이 모자라게 되지요. 이렇게 **돈의 양이 물건에 비해 많으면 돈의 가치는 떨어지고, 물가는 점점 올라가요**. 이러한 현상을 **인플레이션**이라고 해요. 인플레이션이 일어나면 한 봉지에 1,000원 하는 과자가 10만 원이 될 수 있고, 100만 원도 될 수 있어요. 그러니 한국 은행에서 돈을 많이 찍어서 나누어 준다고 해도 모든 사람들이 부자가 되기 힘들답니다.

현금을 대신하는 전자 화폐

전자 화폐(Electronic Money)는 현금을 대신하는 화폐예요. 컴퓨터 통신, 신용 카드, 네트워크 장비 같은 **전자 매체를 통해 돈이 저장되거나 지급 및 결제되는 것**을 말해요. 1990년대 중반 유럽 중앙 은행(ECB), 국제 결제 은행(BIS) 등에서 사용하기 시작했어요.

경제 활동이 침체되는 디플레이션

디플레이션은 돈의 양이 줄어들어 **돈의 가치는 오르고 물건 값은 떨어져 경제 활동이 제대로 이루어지지 않는 현상**이에요. 정부가 세금을 너무 많이 걷거나, 정부의 재정 지출이 적거나, 저축된 돈이 투자되지 않거나, 금융 활동이 침체되어 돈의 양이 부족할 때 디플레이션이 일어나요.

은행 한 곳에만 저축하는 게 좋을까?

은행은 개인이나 회사의 돈을 안전하게 보관해 주고 이자도 줘요. 돈이 필요할 때는 빌려주기도 하지요. 그런데 큰돈을 빌려 간 기업이 돈을 갚지 않으면 은행도 망할 수 있어요. 예전에는 은행이 망해도 개인이 예금한 돈은 모두 정부가 대신 돌려주었어요. 이 돈은 결국 국민이 낸 세금이므로 이런 일이 자꾸 생기면 국민이 세금을 더 많이 내야 해요. 그래서 지금은 은행이 망해서 문을 닫아도 **정부에서 5,000만 원 이상은 돌려주지 않기로** 정했어요. 그러니 하나의 은행에만 저축하지 말고, **여러 은행에 돈을 나누어 놓는 게 좋지요.**

펀드란 뭘까?

펀드(Fund)는 **어떤 목적을 위해 여러 사람에게서 모은 돈**을 말해요. 기업이나 정부처럼 큰 자금이 없는 개인들이 모여 투자하는 것이지요.

은행에서는 기업에 투자하기 위해 펀드를 모아요. 금융 기관에서 모집하는 펀드에 가입하면, 투자 전문가인 펀드 매니저들이 그 돈을 여러 곳에 투자해 줘요. **펀드 매니저**들은 돈을 어디에 어떻게 투자할 것인가를 연구하는 사람들이기 때문에 돈을 잘 관리해요. 하지만 펀드도 주식 투자와 마찬가지로 주가가 떨어질 경우 펀드 매니저가 책임을 지지 않아요.

코스피는 뭐고, 코스닥은 뭘까?

우리나라의 주식 시장은 코스피(KOSPI)와 코스닥(KOSDAQ)으로 나뉘어요. 두 시장에서 거래하려면 상장이 되어야 해요. **상장이란 정부에서 정한 자격 요건을 갖춘 기업의 주식을 일정한 시장에서 거래할 수 있도록 허락해 주는 것**이에요.

코스피 시장은 주로 대기업들이 많아요. 상장 규제와 시장 관리가 엄격한 만큼 건전한 공정 거래가 이루어져요. 한편, **코스닥 시장**은 코스피 시장에 상장되지 못한 **중소기업이나 벤처 기업**들이 많이 있어요. 한국 증권 선물 거래소에서 코스닥 시장을 관리하며, 규제는 코스피 시장만큼 까다롭지 않아요.

금융 실명제는 왜 하는 걸까?

은행 예금이나 증권 투자 등 **금융 기관과 거래를 할 때 자신의 실제 이름으로 거래해야 한다는 것**을 원칙으로 정해 놓은 제도가 바로 '금융 실명제'예요.

우리나라는 1993년부터 금융 실명제를 실시했어요. 금융 실명제를 실시하기 전에는 돈이 많은 사람들이 세금을 적게 내기 위해 은행 거래를 할 때 다른 사람의 이름을 이용했어요. 하지만 금융 실명제가 시작된 뒤로는 돈의 이동과 출처가 분명해졌어요. 돈이 많은 사람은 그만큼 세금을 많이 내게 되었고, 뇌물이나 비자금 같은 돈도 쉽게 찾아낼 수 있게 되었지요.

스위스 은행에는 검은 돈이 있을까?

검은 돈이란 법을 어기면서 번 돈을 말해요. **스위스 은행은 어느 나라의 누가 얼마의 돈을 예금했는지 절대로 가르쳐 주지 않아요.** 원래 각 나라의 은행들은 예금된 돈이 범죄 사건과 관련이 있으면 돈을 맡긴 사람이 누구인지, 얼마를 맡겼는지, 수사 기관에 알려 줘야 해요. 하지만 스위스 은행은 그 사실을 비밀로 해 주고 있어요.

스위스 은행은 1930년대 유럽에서 심한 박해를 받았던 유대인들의 예금을 보호하기 위해 **'은행 고객 비밀 보호법'**을 만들었는데, 그 법이 지금까지 이어지는 것이랍니다.

[경제]
세금과 사회 보장

국민이 낸 세금은 나라의 살림을 꾸려 가는 데 쓰여요. 사회적으로 보호나 도움이 필요한 사람들을 위한 사회 보장비로도 사용되지요.

나라가 국민에게 걷는 세금

가정에서 살림을 꾸려가기 위해 돈이 필요한 것처럼 나라의 살림을 꾸려 나가는 데도 돈이 필요해요. 그래서 나라나 지방 자치 단체에서는 필요한 돈을 마련하기 위해 국민에게 돈을 거두지요. **나라 살림에 쓰기 위해 국민에게 걷는 돈**을 세금이라고 해요.

국가와 지방 자치 단체는 **국민의 안전과 편리, 행복을 위해** 계획적으로 세금을 써요. 세금은 외국의 침략으로부터 나라를 지킬 때, 국제 평화 유지에 힘쓸 때, 군대나 경찰을 양성할 때, 도로나 다리 등의 공공시설을 건설할 때, 더러워진 거리나 시설물을 청소할 때 등 다양한 곳에 쓰이지요.

소득이 있는 곳에는 반드시 세금이 있으며, 우리나라 국민이라면 누구나 세금을 낸답니다.

세금의 종류

세금은 크게 국가에 내는 국세와 지방 자치 단체에 내는 지방세가 있어요. 모든 국민이 국가에 내는 세금인 **국세는 국가의 살림과 국민 전체를 위한 일에 사용**해요. 소득세, 법인세, 재평가세, 부당 이득세, 상속세, 증여세, 부가가치세, 특별 소비세, 주세, 교통세, 증권거래세, 인지세 등이 국세에 해당해요.

지방세는 지방 자치 단체에 내는 세금으로, **지방 자치 단체의 살림과 지역 주민을 위한 일에 사용**해요. 주민세, 농지세, 취득세, 재산세, 자동차세, 담배소비세, 면허세, 등록세 등이 지방세에 해당하지요.

직접세와 간접세

세금은 누가 내느냐에 따라 '직접세'와 '간접세'로 나뉘어요. **세금을 부담하는 사람이 직접 돈을 내는 것을 직접세, 세금을 부담하는 사람과 세무서에 내는 사람이 다른 것을 간접세**라고 해요. 회사에 나가 일을 하고 번 돈에서 내는 소득세는 번 사람이 직접 세금을 내므로 직접세에 속해요. 그런데 우리가 사서 쓰는 물건에 붙는 부가 가치세는 간접세예요. 세금을 부담하는 사람은 물건을 산 사람이지만, 세금을 직접 내는 사람은 물건을 판 가게 주인이지요.

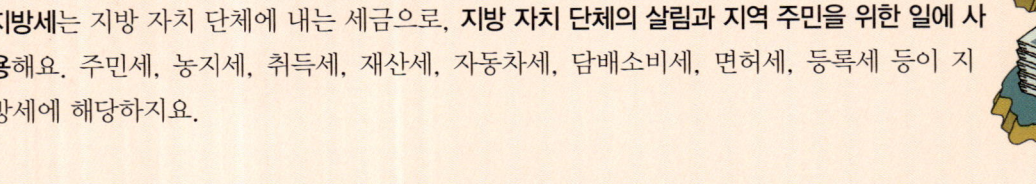

직접세		간접세	
국세	지방세	국세	지방세
소득세 법인세 상속·증여세 재평가세 부당이득세 인지세 증권거래세	취득세 등록세 면허세 주민세 재산세	부가가치세 특별소비세 주세 전화세 인지세 증권 거래세	경주·마권세 담배소비세

세금의 액수를 결정하는 기준

세금은 소득, 재산, 소비에 따라 액수가 결정돼요. **소득이 많으면 세금도 많이 내요**. 소득이 많을수록 세율도 늘어나는 '누진 과세' 때문이지요. 재산세에 해당되는 상속세와 증여세는 일정한 기준에 따라 받은 재산이 어느 정도인지 계산해 액수를 정해요. 소득세와 마찬가지로 액수가 많을수록 세율도 올라가는 누진 과세를 적용해요.

소비에 따라 세금의 액수가 결정되는 부가 가치세는 자신이 산 물건 값의 10%를 무조건 세금으로 내는 것이에요. **물건을 많이 사거나 비싼 물건을 사는 사람은 부가 가치세도 많이 물게 되지요**.

빈부의 격차가 커지는 양극화 현상

양극화 현상은 **돈이 많은 사람은 더 부자가 되고, 돈이 없는 사람은 더 가난해지는 것**을 말해요. 예를 들어, 회사에 취직해 열심히 일한 사람보다 부모에게 물려받은 재산으로 살아가는 사람이 몇 년 뒤 돈을 더 벌게 될 수 있어요. 사회를 자본주의 시장 원리에만 맡겨 놓으면 양극화 현상은 갈수록 심해질 거예요. 빈부의 차이가 너무 커지면 가난한 사람들이 열심히 노력하고 일하려는 의지가 꺾여요. 또한 사회가 분열되고 불안감도 높아지지요. 그래서 정부는 양극화 현상을 해결하기 위해 소득 재분배 정책이나 여러 복지 정책을 적절하게 펴고 있어요.

사회에서 소외된 사람을 돕는 사회 보장 제도

모든 사람이 건강하고, 직업을 가지고 있고, 생활하기에 충분한 돈을 버는 것은 아니에요. 몸이 아프거나 나이가 많아 일을 할 수 없거나, 일자리를 잃었거나, 일은 하지만 생활하기에 충분한 돈을 벌지 못하는 사람도 있어요. 이러한 사람들을 위해 **국가는 세금으로 최소한의 입을 것과 먹을 것, 지낼 곳을 해결**해 줘요. 고아원이나 양로원 같은 사회 시설을 짓기도 하고, 가난한 환자들이 치료를 받을 수 있도록 의료를 지원하기도 해요. 일자리를 잃은 사람들에게는 직업 훈련이나 기본 생활비를 지원해 주고, 소득이 낮은 가정에는 생활 보조금을 나누어 주지요. 이처럼 **가난하거나 스스로 돈을 벌 능력이 없는 사람들에게 정부가 재정적으로 도움을 주는 것**을 '사회 보장 제도'라고 해요.

사회 보험의 종류

국가가 사회 보장 제도의 하나로 만든 보험이 바로 '사회 보험'이에요. 사회 보험은 법에 의해 **의무적으로 가입**해야 해요. 사회 보험의 보험료는 개인의 소득에 비례해 계산되고, 기업과 국가가 나누어 부담하기도 해요. 월급을 많이 받을수록 사회 보험료도 많이 낸답니다.

복지 국가는 어떤 국가를 말할까?

복지란 사람들이 안심하고 만족하며 살아갈 수 있는 생활 환경과 소득 수준을 보장하는 것이에요. 그리고 복지 국가는 **모든 국민이 인간다운 생활을 할 수 있도록 여러 복지 정책을 펴는 것**을 목표로 해요. 복지 국가의 국민은 생활에 기본이 되는 입을 것, 먹을 것, 지낼 곳, 교육, 의료 혜택 등을 보장받아 안정된 생활을 할 수 있어요. 또한 고아, 노인, 실업자 등 사회적으로 보호받아야 할 사람들을 위해 국가가 주거비나 생활비를 지급해 주지요.

노르웨이, 덴마크, 스웨덴, 핀란드 같은 나라들이 대표적인 복지 국가예요. 우리나라도 헌법에서 복지 국가 건설을 목표로 하고 있어요.

현금 영수증 제도란 뭘까?

우리나라는 2005년 1월 1일부터 현금 영수증을 모으면 세금을 깎아 주는 '현금 영수증 제도'를 실시하고 있어요. **현금 거래를 신고**하게 만들어 현금을 이용해 세금을 내지 않는 사람들에게서 **세금을 거두어들이기 위한 제도**이지요.

물건을 사는 가게가 현금 영수증 가맹점이면 현금 영수증을 받을 수 있으며, 신분을 확인할 수 있는 카드나 주민등록증, 휴대 전화의 번호 등을 제시하면 현금 영수증을 받을 수 있어요.

정말로 세금을 내는 나무가 있을까?

경상북도 예천군의 금원마을에는 나이가 500살이나 된 팽나무가 있어요. 5월에 나무 전체에 노란 꽃을 피운다고 하여 '황목근'이라고도 불러요. **천연기념물 제400호로 지정된 황목근**은 키가 15m에 넓이 3m가 넘는 큰 나무예요.

금원마을 사람들은 예로부터 황목근을 마을의 수호신으로 여겼기 때문에 1995년에 기금을 모아 땅을 황목근 앞으로 등록해 주었어요. 땅의 평수는 무려 3,700여 평이나 돼요.

토지를 가지고 있으면 세금을 내야 하기 때문에 황목근도 세금을 내고 있답니다.

고령화 사회가 되면 어떻게 될까?

총인구에서 노인이 차지하는 비율이 높은 사회를 '고령화 사회'라고 해요. 국제 연합(UN) 기준에 따라 65세 이상의 인구 비율이 전체 인구의 7% 이상이면 고령화 사회예요. 고령화 사회는 의학이 발전하면서 사망률이 줄고, 사회 변화에 의해 출생률이 떨어져 생기는 현상이에요.

우리나라도 2000년부터 고령화 사회가 되었어요. 고령화 사회는 **노인들의 질병과 고독, 실업으로 인한 빈곤 등의 문제**를 가져와요. 또한 연금이나 의료 보험 같은 **사회 복지 제도에도 부담**이 생겨 나라의 경제 성장에도 문제가 발생한답니다.

고령 사회와 초고령 사회

65세 이상 노인 인구가 전체 인구에서 차지하는 비율이 14% 이상이면 '고령 사회'라 하고, 65세 이상 노인 인구가 20% 이상이면 '초고령 사회'라고 해요.
우리나라도 2018년에는 고령 사회, 2026년에는 초고령 사회가 될 거라고 예측해요.

소득 재분배로 소득 차이를 줄인다고?

정부가 정책을 통해 국민의 소득 수준을 조정하는 것을 '소득 재분배'라고 해요. 예를 들어 한 달에 1,000만 원을 버는 사람에게서 300만 원의 세금을 거두어 실제 소득을 700만 원으로 만드는 것이지요. 또 한 달에 100만 원을 버는 사람에게는 100만 원의 생활 보조금을 주어 실제 소득이 200만 원이 되게 하는 거예요. 그러면 원래 900만 원의 소득 차이가 500만 원으로 줄어들어 빈부 격차가 줄어들지요.

이처럼 소득 재분배를 통해 돈을 많이 버는 사람에게는 좀 더 많은 세금을 거두어들이고, 돈을 적게 버는 사람에게는 정부가 지원을 해 주면 부자와 가난한 사람의 소득 차이를 줄일 수가 있답니다.

국민 연금 제도란 뭘까?

국민 연금은 가입자와 사용자 및 국가로부터 일정액의 보험료를 받아 이를 바탕으로 **노령 연금, 유족 연금, 장애 연금 등을 지급해 국민이 기본 생활을 유지**할 수 있게 하는 연금 제도예요. 1988년 1월에 10인 이상의 사업장부터 시작해, 1999년 4월에는 18세 이상 60세 미만의 전 국민을 대상으로 확장했어요. 관리 운영비는 국가에서 지원하고, 법에 정해진 가입 요건에 해당하는 사람은 모두 가입을 해야 하지요.

사회 복지사는 어떤 일을 할까?

사회 복지사는 주로 **사회 복지 분야에서 상담이나 생활 지도를 돕는 사람**을 말해요. 경제적, 심리적 또는 주변 환경으로 인해 문제를 가지고 있거나 문제가 있을 것으로 예상되는 사람들을 파악하고, 문제 해결 방법을 찾아 주는 등의 일을 하지요.

전문적인 지식이 필요한 직업이기 때문에 보건 복지 가족부 장관이 인정하는 **사회 복지사 자격증**이 있어야 해요. 사회 복지사가 되면 사회 복지가 필요한 각 분야에 투입되어 문제 해결을 위해 애쓰지요.

국민 기초 생활 보장이란 무엇일까?

정해진 기준보다 돈벌이가 적은 사람을 돕기 위해 만들어진 사회 보장 제도 중 하나가 바로 '국민 기초 생활 보장'이에요. 모든 국민이 최소한의 인간다운 생활을 할 수 있도록 만들어졌지요.

국가나 지방 자치 단체는 거두어들인 세금 가운데 일부를 기초 생활 수급자들에게 나누어 줘요. 식료품비, 의복비, 수도세, 전기세 등 생활에 필요한 비용을 지원하고, 유치원이나 학교에 다니는 자녀의 입학금과 수업료, 아기를 낳거나 키울 때 필요한 비용, 병원 진료비 등을 지원하지요.

상식 퀴즈 나눔은 어떻게 실천할 수 있을까?

① 보지 않는 책을 도서관에 기증한다.
② 나눔은 돈이 없으면 절대로 할 수 없다.
③ 위로와 친절은 나눔에 속하지 않는다.

정답 ① 나눔은 어려움에 처한 사람들을 도와줄 수 있는 모든 것을 말해요. 꼭 돈이 아니어도 옷이나 물건, 음식을 나누어 줄 수도 있고, 어려움에 처한 사람에게 따뜻한 위로의 말을 건네는 것도 나눔입니다.

무역과 국제 경제

【경제】

세계가 점점 지구촌화되고, 나라와 나라 간 경제 활동이나 개인의 해외 경제 활동이 활발해지면서 무역도 늘어나고 있어요.

나라와 나라 사이의 거래 무역

무역이란 **나라와 나라 사이에 필요한 물건이나 천연자원을 서로 사고파는 것**을 말해요. 또한 **기술이나 노동력, 서비스, 자본 따위가 이동하는 것**도 무역에 포함돼요. 우리나라에서 만든 물건이나 천연자원 등을 다른 나라에 파는 것은 수출, 다른 나라에서 만든 것을 우리나라로 사 오는 것은 수입이라고 하지요.

전 세계 나라들은 자연환경이나 노동력, 기술 등을 이용한 무역으로 서로 이익을 얻고 있어요. 우리나라는 석유가 나오지 않는 대신 자동차나 컴퓨터, 휴대 전화 같은 첨단 제품을 잘 만들어요. 반면 사우디아라비아는 천연자원인 석유가 많이 나요. 무역을 통해 우리는 산업에 필요한 석유를 쓸 수 있고, 사우디아라비아 사람들은 첨단 제품을 이용할 수 있답니다.

무역이 경제에 미치는 영향

국내에서 나지 않는 자원이나 부족한 물자를 수입하고, 국내에 풍부한 물자를 수출함으로써 외화를 벌어들일 수 있어요.

생산비가 적게 드는 물자는 수출하고, 생산비가 많이 드는 물자는 수입해 경제 효율성을 높일 수 있어요.

원자재나 부품 등 제품을 생산하는 데 필요한 것을 수입해 경제를 발전시킬 수 있어요.

경제가 원활해져 일자리가 늘고 국민 소득이 높아져요.

문화 교류에 도움이 되어 나라와 나라 사이에 친선과 화합이 이루어져요.

우리나라 무역의 역사

우리나라는 삼국 시대부터 이웃 나라들과 무역을 했어요. 고려 시대에는 중국과 일본은 물론 아라비아 상인과도 활발한 무역을 펼쳤지요. 그 결과 현재 뛰어난 기술을 바탕으로 **세계 10위권에 드는 무역 강대국**이 되었어요.

우리나라는 땅이 좁고 천연자원도 거의 나지 않아요. 그러다 보니 다른 나라에서 원료를 수입해 기술과 노력을 들여 제품을 만든 뒤 다시 수출하는 **'가공 무역'**이 발달했어요. 우리나라는 자동차, 휴대 전화, 반도체, 선박 등의 공업 제품을 주로 수출하고, 농수산물, 천연고무, 석유, 천연가스 등을 수입해요.

자유롭게 거래하는 자유 무역

자유 무역은 기업이나 개인들이 정부의 간섭 없이 자유롭게 다른 나라와 무역하는 것을 말해요. 자유 무역을 하면 물건을 사는 소비자들은 다양한 물건을 싸게 살 수 있어서 좋아요. 기업들은 다른 나라에 더 많은 수출을 하여 더 큰 이익을 얻을 수 있지요.

반면 값이 싼 외국의 농산물이 들어왔을 때, 우리나라 농작물이 덜 팔려 농민들이 힘들어질 수가 있어요. 또 돈이 많은 외국 기업들과의 경쟁에서 이기기 힘든 분야의 기업들이 살아남기 힘들지요.

수입품에 매겨지는 관세

관세는 외국에서 수입되는 물건에 매기는 세금이에요. 자기 나라의 상품을 보호하기 위해 외국에서 들여오는 상품에 관세를 매겨 수입을 억제시키는 역할을 하지요. 예를 들어 외국산 자동차에 관세를 많이 매기면 사람들은 비싼 외국 자동차를 사는 대신 자기 나라에서 생산한 자동차를 사게 돼요. 그 밖에 컴퓨터나 화장품, 옷, 농산물, 축산물, 수산물 등에도 관세가 붙지요.

세계적인 경제 활동인 국제 경제

경제 활동이 국경을 넘어 세계적으로 이루어지는 것을 국제 경제라고 해요. 교통이나 통신이 발달하면서 나라와 나라 사이의 경제 활동이 더욱 활발해지고 있어요. 기록에 의하면 고대부터 배를 이용해 바다와 강을 넘나들며 멀리 떨어져 있는 나라끼리 특산물을 교환했다고 해요. 한 나라 안에 자원, 기술력, 노동력과 자본이 모두 충분히 갖추어져 있는 경우는 거의 없어요. 그래서 오늘날 세계 여러 나라는 국제 경제를 통해 남는 것은 팔고 부족한 것은 얻고 있답니다.

경제의 세계화

한 나라 안에서 이루어지던 경제 활동이 전 세계로 넓어진 것을 '경제의 세계화'라고 해요. 나라들 사이에 무역이 자유로워지다 보니 소비자들은 전 세계의 값싸고 다양한 상품을 선택해 구입할 수 있게 되었어요. 물건을 만드는 기업들은 전 세계의 소비자를 대상으로 판매해 더 많은 이익을 얻고 있지요.

반면 선진국들이 가난한 나라들의 시장을 돈벌이 수단으로 활용한다는 문제점도 있어요. 경제의 세계화가 나라간의 불평등한 관계를 만들지 않도록 국제적인 노력이 필요하답니다.

상품의 가치를 높이는 국제 경쟁력

국제 경쟁력이란 기업이 만든 상품이 다른 나라에서 얼마나 잘 팔릴 수 있는지를 가리키는 말이에요. 경쟁력이 있으려면 같은 물건일지라도 좀 더 좋은 품질의 물건들을 싼 값에 팔아야 해요. 국제 경쟁력을 높여야만 국제 무역에서 이익을 얻을 수 있지요. 그래서 각 나라의 정부와 기업들은 국제 경쟁력을 높이기 위해 많은 노력을 기울이고 있어요.

요즘은 개개인도 국제적으로 경쟁력 있는 사람이 되기 의해 재주나 기술, 용모, 말솜씨, 외국어 실력 등을 쌓지요. 세계화의 영향으로 상품뿐만 아니라 사람들도 국제 경쟁력이 요구되는 시대가 되었답니다.

국제 수지란 무엇일까?

일정 기간 동안 한 나라가 다른 나라와 거래해 번 돈과 지급한 돈의 차이를 '국제 수지'라고 해요. 상품이나 서비스의 수출과 수입, 외국에 빌려 준 돈, 외국에서 빌려온 돈, 가난한 나라를 돕기 위해 준 돈 등의 거래가 모두 국제 수지에 포함돼요.
수출로 인해 벌어 온 돈이 많으면 국제 수지가 흑자이고, 거꾸로 수출보다 나간 돈이 더 많으면 국제 수지가 적자예요. 정부는 더 나은 국가 경제와 국민 경제를 위해 국제 수지의 흑자를 유지하고 확대하려고 노력하지요.

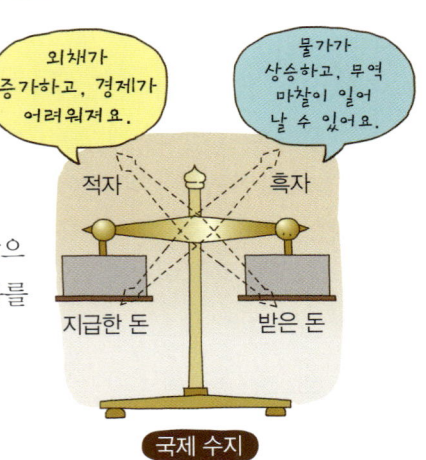

국제 통화 기금에서는 무슨 일을 할까?

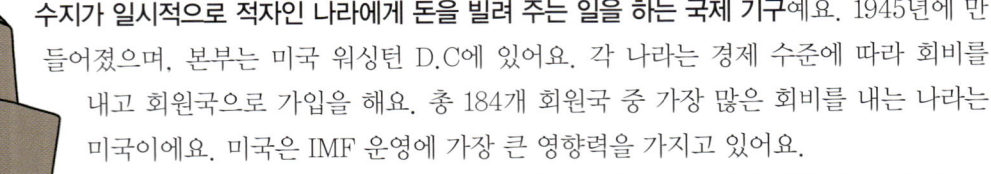

국제 통화 기금(IMF, International Monetary Fund)은 **국제 통화와 환율을 안정시키고, 국제 수지가 일시적으로 적자인 나라에게 돈을 빌려 주는 일을 하는 국제 기구**예요. 1945년에 만들어졌으며, 본부는 미국 워싱턴 D.C에 있어요. 각 나라는 경제 수준에 따라 회비를 내고 회원국으로 가입을 해요. 총 184개 회원국 중 가장 많은 회비를 내는 나라는 미국이에요. 미국은 IMF 운영에 가장 큰 영향력을 가지고 있어요.
경제 위기를 겪는 나라에게 IMF가 돈을 빌려 주면서 금융 자유화를 강요하는데, 이때 미국 기업이 그 나라 경제를 좌지우지할 수 있어 비난을 받기도 해요. 우리나라는 1997년 외환 위기 때 IMF의 지원을 받으면서 금융 자유화를 실시해 많은 외국 자본이 들어오게 되었어요.

글로벌 스탠더드의 기준은 뭘까?

세계화가 급속하게 이루어지면서 경제를 비롯하여 사회, 문화, 정치 등 모든 분야에서 '글로벌 스탠더드'라는 말이 유행하고 있어요. 글로벌 스탠더드란, **세계 시장에서 가장 적절하다고 여겨지는 기준**을 말해요. 세계적으로 인정되는 표준적인 기준인 셈이지요.
현재 세계적으로 이용되는 기업의 글로벌 스탠더드에는 기업 회계를 사실 그대로 투명하게 하고 소액 주주의 권한을 보장하는 등의 내용이 있어요. 보통 글로벌 스탠더드로 미국의 기준을 따르고 있는데, 그러다 보니 세계 표준 기준이 아니라, 미국의 기준을 그대로 모방하는 것에 불과하다는 비판이 나오고 있어요.

유럽 연합이 하는 일은 뭘까?

유럽 연합은 'European Union'을 줄여 'EU'로 불러요. **유럽 지역의 27개 나라가 만든 하나의 공동체**예요. '유럽 경제 공동체(EEC)'가 1993년 11월 1일, 마스트리흐트 조약에 의해 '유럽 연합(EU)'으로 발전했어요. 유럽은 여러 작은 나라들로 이루어져 있으면서 옛날부터 많은 전쟁을 치렀어요. 이러한 이유로 유럽 연합은 경제적 협력을 통해 유럽을 발전시킨다는 생각과 더불어 유럽의 평화를 유지하는 것에도 힘을 기울이고 있지요. 또한 유럽 연합의 12개 나라는 자국의 화폐를 없애고 **'유로(EUR)'라는 화폐를 공동으로 사용**하고 있어요.

나라마다 돈이 다른데 어떻게 무역을 할까?

무역을 할 때는 전 세계적으로 많이 쓰이는 돈을 이용해요. **전 세계적으로 많이 쓰이는 돈을 '국제 통화'라고 불러요.** 국제 통화에는 미국 돈인 **달러(USD)**, 일본 돈인 **엔(JPY)**, 유럽 연합 공통의 돈인 **유로(EUR)**가 있어요.

국제 통화를 우리나라 돈으로 바꾸려면 **'환율'을 이용**해야 돼요. 환율은 국제 통화를 바꿀 때의 비율이에요. 예를 들어 1달러 환율이 1,000원이라고 하면, 미국 돈 1달러를 우리나라 돈 1,000원으로 바꿀 수 있다는 뜻이에요.

기업들은 왜 덤핑을 할까?

이익을 따지지 않고 매우 싼 가격으로 상품을 파는 것을 덤핑이라고 해요. 특히 자기 나라에서 판매되는 가격보다 훨씬 낮은 가격으로 다른 나라에 판매하는 경우를 일컬어요. 기업들이 덤핑을 하는 이유는 시장에서 자기 제품이 차지하는 비율인 '시장 점유율'을 높이기 위해서예요. 덤핑을 통해 **시장 점유율을 높인 뒤 제품이 많이 알려지면**, 그때 기업은 **제품의 가격을 높여 이익**을 얻지요. 수입국 입장에서는 외국 회사의 덤핑 때문에 자기 나라의 제조 업체가 문을 닫을 수도 있어요.

WTO란 무슨 일을 하는 곳일까?

WTO(World Trade Organization)는 **세계 무역 기구**를 말해요. **나라와 나라 사이에 자유로운 무역을 늘리기 위해 1995년에 만든 국제 기구**예요. 자유 무역의 실현을 위해 1947년에 만들어진 '관세 및 무역에 관한 일반 협정(GATT, General Agreement on Tariffs and Trade)'에 이어서 우루과이라운드에서 WTO를 만들었지요. 완전한 자유 무역의 실현을 목표로 1995년에 출범했고, 본부는 스위스 제네바에 있어요. 우리나라는 1997년에 WTO에 가입했지요.

FTA가 뭘까?

FTA(Free Trade Agreement)는 **자유 무역 협정**이란 뜻으로 **자유로운 무역에 방해가 되는 제도들을 없애기로 하는 약속**이에요. FTA를 맺은 나라들끼리만 관세를 없애거나 낮출 수 있지요. 예를 들어 우리나라가 미국과 FTA를 맺어 우리나라 자동차에 대한 미국의 관세가 없어지면 우리나라 자동차의 가격이 싸지기 때문에 수출을 더 많이 할 수 있어요. 반면에 미국 농산물들이 싼값에 수입되기 때문에 우리나라 농민들이 크게 피해를 볼 수도 있지요.

G7이란 뭘까?

'Group of 7'을 줄여 G7이라고 해요. 1975년에 2번에 걸쳐 발생한 석유 위기 상황에 충격을 받은 **미국, 영국, 독일, 프랑스, 이탈리아, 일본 6개 나라의 정상들이 모여 세계 경제에 대해 의논**을 했어요. 이후 1976년 **캐나다가 참여**하면서 이들을 G7이라 부르기 시작했어요.

G7 회의에서는 세계 경제에 대해 평가하고 세계 경제가 나아갈 발전에 대해 이야기해요. 발표된 회의 내용은 세계 경제의 방향에 영향을 끼치고 있어요.

1997년에 **러시아가 정식으로 참여**하면서 현재는 G8이 되었어요.

8장
문화·예술·스포츠

문화는 의식주를 비롯해 우리가 사용하는 언어나 풍습, 종교, 학문, 예술, 제도, 의례, 도덕, 규범, 가치관 등과 같은 사회 전반의 생활 양식을 말해요. 이 중 문화가 특히 두드러지게 나타나는 분야는 문학, 음악, 미술, 연극, 영화, 패션 등과 같은 예술 분야예요. 예술은 인간이 다른 사람들과 공유할 수 있는 미적 활동이에요. 이는 어떤 대상이나 환경, 경험에 대하여 인간의 상상력과 기술을 발휘해 결과물을 재창조해 내는 일이지요.

스포츠는 인간이 몸을 이용해 체력이나 기술을 발휘하는 활동이에요. 신체의 표현 수단이나 오락으로 즐기기도 하고, 승부를 겨루어 신체 기술과 능력을 뽐내기도 해요.

[문화·예술·스포츠]

문학

문학은 사상이나 감정을 상상에 따라 언어 또는 문자로 표현하는 예술이에요. 시, 소설, 희곡, 평론, 수필 등을 통해 인간과 사회를 묘사하지요. 사람들의 마음을 울리는 문학은 몇 세기를 거쳐 전해지기도 해요.

문학의 시작

문학은 문자가 생기기 훨씬 전부터 있었어요. 인간은 다른 동물과 다르게 생각과 느낌을 나타낼 수 있는 언어가 있어요. **인간이 말을 할 수 있게 되면서부터 문학이 시작**되었어요. 원시인들은 보이지 않는 절대자인 신에게 의지하며 생활했는데, 신에게 제사를 지낼 때 빌던 소원의 내용이 입에서 입으로 전해지며 **구비 문학으로 발전**되었지요. 소망하는 내용을 신에게 빌면서 상상력이 생겨났으며, 아름답고 진실된 세계를 동경하고, 그것을 언어로 나타내게 되면서 문학이 되었어요.

세계적인 노벨 문학상

노벨 문학상은 **세계에서 가장 권위 있는 문학상**이에요. 노벨 위원회의 선정 작업을 거쳐 문학상 시상 기관인 스웨덴 아카데미에서 최종 후보를 추천해요. 작품 심사 기준은 예술적인 창조성, 인류 문명에 대한 공헌도, 인류 이상의 발전에 대한 기여도, 시대적인 대표성 등이에요.

어린이를 대상으로 쓴 작품 중 노벨 문학상을 받은 최초의 작품은 《닐스의 신기한 여행》이에요. 이 책을 쓴 라게를뢰프는 여성 최초이자 스웨덴 최초로 노벨 문학상을 받은 작가로 유명해요.

노벨 문학상을 가장 많이 수상한 나라는 어디일까?

노벨 문학상이 생긴 이래 100년 동안 상을 가장 많이 받은 나라는 **프랑스**예요. **모두 13회**이지요. 다음은 미국이고, 영국과 독일 순이에요.
노벨 문학상을 받은 동양인은 단 4명뿐이며, 인도의 시인 타고르, 일본의 소설가 오에 겐자부로와 가와바타 야스나리, 중국의 극작가 가오싱젠이지요. 우리나라의 고은 시인은 여러 번 노벨 문학상 후보에 올랐지만 아직 상을 타지는 못했어요.

작가가 될 수 있는 신춘문예

신춘문예는 **우리나라에만 있는 작가 등단 제도**예요. 해마다 연말이 되면 신문사에서 문학 작품을 공모하여, **당선 작품과 당선자를 새해 1월 1일 신문에 발표**하지요. 시, 단편 소설, 동시, 동화, 희곡, 평론 등을 대상으로 하지만 신문사에 따라 장르는 조금씩 달라요. 신춘문예에 당선되면 누구나 인정하는 작가가 된답니다.

세계에서 가장 많이 팔린 책은 뭘까?

세계에서 가장 많이 팔린 책은 바로 《성경》이에요. 전 세계 기독교인에게 끊임없이 사랑을 받고 있는 《성경》은 지금까지 **무려 1,735개 언어로 번역**되었어요. 현재 기독교 신자는 세계적으로 약 20억 명이나 된다고 해요. 이들이 모두 《성경》을 한 권씩 가지고 있고, 앞으로 새로운 판본의 《성경》을 산다고 가정하면, 최고로 많이 팔린 책의 자리를 쉽게 내놓을 것 같지 않아요.

베스트셀러와 스테디셀러란 뭘까?

일정한 기간 동안 많이 팔린 책을 '베스트셀러'라고 해요. 이 말은 1895년 미국 문예 잡지 〈북맨〉에 '6권의 베스트셀러'가 소개되면서 널리 쓰이게 되었어요. '스테디셀러'는 **오랜 기간에 걸쳐 꾸준히 팔리는 책**을 말해요.

《기네스 북》은 어떻게 만들게 되었을까?

《기네스 북》은 **우주의 모든 사물과 현상에 관한 최고 기록을 모은 책**이에요. 이 책은 북아일랜드의 **휴 비버 경**이 골든 플로버가 유럽에서 가장 빠른 새인지 알아보려다가 만들게 되었어요. 휴 비버 경은 당시 기록 광으로 널리 알려진 옥스퍼드 대학 출신의 맥허터 가의 형제에게 이 책의 편집을 맡겼어요.
휴 비버 경이 당시에 기네스 맥주 회사의 사장이기도 했기 때문에 회사의 이름을 따서 《기네스 북》이라고 했지요. 1955년에 첫 번째 《기네스 북》이 발행되었고, 나오자마자 영국 최고의 베스트셀러가 되었어요. 이후에도 해마다 새로운 기록들이 담긴 개정판이 나오고 있답니다.

햄릿형, 돈키호테형 인간이란 뭘까?

햄릿형 인간은 영국의 작가인 셰익스피어가 쓴 《햄릿》에서 유래한 말이에요. **지나칠 정도로 고민은 많으나 정작 결단력과 실행력은 부족한 사람**을 뜻하지요.
이와 반대로 돈키호테형 인간은 **현실을 무시하고 독선적인 정의감에 이끌려 이상을 향해 저돌적으로 행동하는 사람**을 가리켜요. 이것은 에스파냐의 소설가 세르반테스가 쓴 소설 《돈키호테》에서 유래한 말이에요.

카타르시스가 뭐지?

카타르시스(Catharsis)는 그리스 어로 '깨끗하게 하다.'는 뜻이에요. 몸속의 불순물을 배설한다는 뜻의 '정화'를 말하기도 하지요. 사람은 슬픈 내용의 책이나 연극, 영화를 보면 주인공에게 연민이나 안쓰러움을 느껴요. 그래서 **극에 따라 마음 안의 우울함, 불안감, 긴장감 따위가 해소되고 마음이 정화되는데**, 바로 이것을 가리켜 카타르시스라고 하지요.
주인공과 똑같은 감정을 경험함으로써 통찰력과 넓은 시야를 갖게 되는 것이에요.

문학 205

[문화·예술·스포츠]

음악

음악은 박자, 가락, 음성 같은 여러 소리가 갖가지 형식으로 합해져 생각과 감정을 표현하는 예술이에요. 인간의 정신 활동에 의해 이루어지며, 시대나 민족에 따라 다양해요. 오늘날 음악은 학문으로서 교육, 연구되고 있기도 하지요.

한국 음악

우리나라 전통 음악

우리나라의 전통 음악은 **고대 국가** 때부터 있었어요. 부여와 동예는 해마다 일정한 시기에 하늘에 **제사를 지내며** 춤과 노래를 불렀지요. 마한에서는 **풍년을 기원하며** 음악을 연주하고 춤추며 노래를 불렀어요. 삼국 시대에는 중국과의 교류를 통해 음악과 악기를 받아들이고, 우리 고유의 악기와 음악을 만들어 일본에 전하기까지 했어요. 이후 고려와 조선을 거치면서 우리 전통 음악은 독창적으로 발전했지요. 현재 전해지고 있는 우리 전통 음악은 크게 민속악과 정악으로 나누어져요. **민속악**은 일반 백성들이 즐기던 음악이고, **정악**은 궁중의 잔치나 의식, 제사 등에 연주되던 음악이나 양반들이 즐기던 음악을 말해요.

사물놀이가 뭘까?
풍물놀이에 쓰이는 많은 악기 가운데 **꽹과리, 북, 장구, 징**만을 사용한 음악을 사물놀이라고 해요. 1978년, 김덕수가 사물놀이패를 만들면서 시작됐으며, 현재 우리나라의 문화를 전 세계에 알리는 대표 음악으로 손꼽히지요.

백성이 즐기던 민속악

농악
'풍물' 혹은 '두레'라고도 불리는 농악은 농사일을 할 때나 흥을 돋우기 위해 연주하는 음악이에요. 곡식의 씨를 뿌리는 5월과 추수를 하는 10월, 명절이나 제사, 굿, 마을 사람들의 협동심이 필요할 때 연주했어요.

판소리
조선 중기 이후, 전라남도 지방을 중심으로 발달한 음악이에요. 북을 치는 고수의 장단에 맞춰 광대 한 명이 창(노래), 아니리(이야기), 발림(몸짓)으로 극의 내용을 전달해요.

민요
오랜 세월 동안 여러 사람의 입에서 입으로 전해져 온 노래로 민중의 생활 모습이 반영되어 있는 음악이에요. 가장 유명한 민요는 〈아리랑〉이에요.

시나위
무당이 굿을 할 때 연주하는 음악에서 시작되었어요. 가야금, 거문고, 해금, 아쟁, 피리, 대금 등을 악사들이 마음 내키는 대로 연주하는 게 특징이에요.

양반들이 즐기던 정악

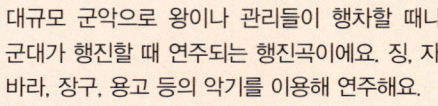

대취타
대규모 군악으로 왕이나 관리들이 행차할 때나 군대가 행진할 때 연주되는 행진곡이에요. 징, 자바라, 장구, 용고 등의 악기를 이용해 연주해요.

제례악
제사 때 연주되던 음악이에요. 지금 전해지는 것은 문묘 제례악과 조선조 임금 제사 때 사용하는 음악인 종묘 제례악 2가지예요.

수제천
궁중에서 의식을 행하거나 왕세자의 행차 때 연주하던 음악이에요. 향피리, 대금, 해금, 장구, 북으로 연주해요. 아주 힘차고 화려하며, 박자가 불규칙한 게 특징이에요.

가곡
관현악 반주에 맞춰 시조시를 노래하는 성악곡으로 5장 형식으로 되어 있어요. 거문고, 가야금, 피리, 대금, 단소, 장구 등으로 반주를 해요.

시조
가곡처럼 시조시를 가사로 하는 성악곡이에요. 3장 형식으로 되어 있으며, 반주 없이 노래를 해요.

우리나라의 전통 악기

거문고
6현으로 된 현악기로, '술대'로 현을 타며 연주해요.

가야금
12현으로 된 현악기로, 손으로 뜯고 튕기며 연주해요.

해금
'깡깡이'라고 불리는 현악기예요. 활로 현을 문질러서 소리를 내요.

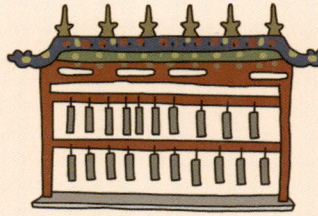
향피리
'고구려 때부터 있었던 우리 고유의 피리'라는 뜻으로, 소리가 커서 합주곡 때 음악을 이끄는 역할을 해요.

편경
돌을 깎아 만든 타악기예요. 'ㄱ'자 모양의 돌을 매달고 치면서 소리를 내요. 맑은 소리가 나는 것이 특징이에요.

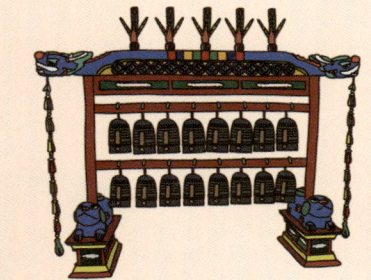
편종
쇠로 만든 타악기예요. 고려 때 중국 송나라에서 들여와 궁중 음악에 사용했어요.

박
나무로 만든 타악기예요. 음악의 시작과 끝, 장단과 춤사위의 전환을 알릴 때 연주해요.

대금
대나무로 만든 관악기예요. 왼쪽 어깨에 얹고 입으로 불어 연주해요.

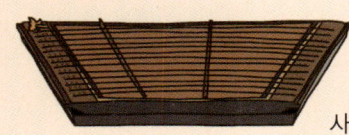
양금
금속 현악기예요. 아래가 넓고 위가 좁은 사다리꼴 모양의 오동나무 통 위에 철사를 걸어 연주해요. 아라비아에서 청나라를 거쳐 우리나라에 들어왔어요.

아쟁
현악기로 가야금처럼 옆으로 뉘어 놓고 줄을 활로 문질러 연주하기도 하고, 손으로 뜯어 연주하기도 해요.

아리랑의 뜻은 뭘까?

아리랑에는 정선 아리랑, 밀양 아리랑, 진도 아리랑 등 종류가 다양해요.
'아리랑'이라는 말의 뜻을 정확히 알 수는 없지만 국어사전에 나와 있는 '아리다'의 뜻을 보고 미루어 짐작해 볼 수는 있어요. '아리다'는 '혀끝을 찌를 듯이 알알한 느낌, 상처 난 곳을 찌르는 듯한 아픔, 마음이 몹시 고통스러움'을 뜻해요. '랑'은 '낭군' 또는 '낭자'를 의미해요. 그래서 **'아프도록 사랑하는 내 낭군 또는 내 낭자'**라고 해석할 수 있지요. '쓰리랑'도 **'쓰리도록 사랑하는 내 낭군 또는 내 낭자'**라고 설명할 수 있어요.

> 아프도록 사랑하는 내 낭군, 날 버리고 가시면 10리도 못 가서 발병나요.

궁상각치우와 황태중임남이 뭘까?

서양의 음계인 '도, 레, 미, 파, 솔, 라, 시'에 해당하는 **동양의 음계**를 '궁상각치우'라고 해요. 서양 음계로 치면 **'도, 레, 미, 솔, 라'**이지요. 그런데 우리 조상들은 중국식 '궁상각치우'가 아닌, 우리 전통의 평조와 계면조에 맞는 '시용궁상각치우'를 썼어요.
그리고 '황태중임남'이라는 우리만의 전통 음계도 가지고 있었어요. **서양 음계**로 치면 '미♭, 파, 라♭, 시♭, 도'예요.

서양 음악

클래식 음악의 시작

세계 5대 음악은 인도 음악, 극동 음악(한국, 일본, 중국), 중동 음악, 아프리카 음악, 서양 음악이에요. 이 가운데 **서양의 전통적 작곡법이나 연주법에 의해 발전해 온 서양 음악**을 '클래식 음악' 또는 '고전 음악'이라고 불러요. 클래식 음악은 교회 음악, 즉 성가에서 시작되었어요. 이후, 더욱 더 복잡하고 풍부한 소리를 위해 좋은 악기들이 만들어졌지요. 또한 클래식 음악이 발전할 수 있었던 것은 악보를 인쇄할 수 있었기 때문이에요. 인쇄된 악보를 보고 언제 어디서든 곡을 연주할 수 있게 되었고, 작곡가가 없어도 연주가 가능하게 되었어요.

클래식 음악의 발전

1 바로크 음악

중세와 르네상스 시대에는 **인간의 목소리로 노래하는 성악을 최고로 여겼어요.** 악기에 의한 독주곡이나 합주곡이 주목을 받은 것은 17세기 바로크 시대부터이지요. 대표적인 음악으로는 비발디의 〈사계〉, 바흐의 〈토카타와 푸가〉, 헨델의 〈수상 음악〉, 〈메시아〉 등이 있어요.

바흐

2 로코코 음악

로코코 음악은 **우아하면서도 섬세하고 경쾌한 느낌**이 특징이에요. 18세기 중엽 독일의 만하임에 작곡가들이 모여 기악곡을 만들고 오케스트라 연주를 했어요.

3 고전주의 음악

로코코 양식에 반대하여 **옛 그리스나 로마의 음악을 본받고자 나타난 음악**이에요. 기악곡을 중요시했고, 소나타 형태의 교향곡이 발달했어요. 대표적인 음악으로는 하이든의 〈천지창조〉, 모차르트의 〈마술 피리〉, 베토벤의 〈운명〉 등이 있어요.

하이든

4 낭만주의 음악

자유롭고, 신비하며, 개성적이고, 이상적인 것을 동경하여 나타난 음악이에요. 낭만주의 음악은 전기와 후기로 나뉘어요. 대표곡으로 베버의 〈마탄의 사수〉, 슈베르트의 600여 개의 가곡, 쇼팽의 〈즉흥 환상곡〉, 슈만의 〈봄〉 등이 있어요.

슈베르트

5 민족주의 음악

국민성을 강하게 드러내는 음악가들이 **자기 나라의 풍경이나 전설, 민요 같은 특색을 작품에 드러낸 음악**이에요. 그래서 '**국민주의 음악**'이라고도 해요. 차이코프스키의 〈백조의 호수〉, 푸치니의 〈라보엠〉, 드보르작의 〈신세계 교향곡〉, 시벨리우스의 〈핀란디아〉 등이 있어요.

차이코프스키

6 근대 음악

20세기 유럽 음악계를 이끈 각양각색의 음악을 말해요. 드뷔시의 〈바다〉, 〈목신의 오후에의 전주곡〉, 모리스 라벨의 〈볼레로〉, 〈어린이와 마법〉, 사티의 〈별의 자식〉 등이 있어요.

사티

클래식 음악의 대표 악기

〈줄의 진동으로 소리를 내는 현악기〉
바이올린, 첼로, 콘트라베이스

〈입으로 불어 소리를 내는 관악기〉
색소폰, 플루트, 코넷

〈물체를 쳐서 소리를 내는 타악기〉
실로폰, 북, 드럼

〈건반을 눌러 소리를 내는 건반악기〉
피아노, 하프시코드, 파이프 오르간

음악의 아버지와 어머니는 누구일까?

바로크 시대의 작곡가인 바흐와 헨델은 서양 음악의 기본 골격을 완성했어요. **바흐는 종교 음악, 교향곡, 협주곡, 오르간 소나타, 실내악, 가곡 등 수많은 곡을 남겼어요.** 대표작으로 〈이탈리아 협주곡〉, 〈오르간 미사〉, 〈크리스마스 오라토리오〉 등이 있어요. **헨델은 오페라, 오라토리오, 기악 음악으로 유명해요.** 대표작으로 〈메시아〉, 〈왕궁의 불꽃놀이 D장조〉 등이 있어요. **진지하고 종교적인 엄숙한 분위기의 음악을 많이 작곡한 바흐는 음악의 아버지, 경쾌하고 즐거운 곡을 많이 만든 헨델은 음악의 어머니로 불리고 있답니다.**

바흐 / 헨델

사티는 왜 괴짜 음악가로 불릴까?

사티는 **성품이 괴팍하기도 하고, 작품들이 기이해서 괴짜 음악가로 유명해요.** 그가 남긴 작품들은 곡명부터 괴상한 게 많아요. 〈차가운 소품〉, 〈비뚤어진 무곡〉, 〈3개의 통통한 전주곡〉, 〈바싹 마른 태아〉 등이에요. 사티는 **공산주의를 찬양하는 음악가였어요.** 예술 작품을 돈을 받고 파는 것을 자본주의의 악습으로 여기며 싫어했지요. 악보 출판사에서 그에게 작품의 값을 주면 돈을 너무 많이 준다고 욕을 하곤 했다고 해요.

오케스트라에서 지휘자가 하는 일은 뭘까?

오케스트라는 현악기, 타악기, 관악기 연주자들이 모여 연주하는 것이에요. 적게는 60명에서 많게는 120명의 연주자로 이루어져요. 각각의 연주자들이 아무리 뛰어난 연주 실력을 갖추고 있더라도 박자가 맞지 않거나 조화를 이루지 못하면 시끄러운 소음이 될 수 있어요.
오케스트라의 지휘자는 **여러 악기가 박자를 잘 맞춰 연주될 수 있도록 이끌어 주고, 음악의 분위기를 조정하는 역할**을 해요.

현대 음악

누구나 쉽게 접하고 즐길 수 있는 **대중 음악**

록
'록큰롤'이라고도 해요. 원래 블루스에서 시작되었고, 기타에 의해 많은 발전을 이루어 1950년대부터 인기가 많아졌어요. 주로 기타와 드럼, 베이스로 연주해요.

재즈
미국의 남부 지방에서 춤이나 행진을 위해 연주되었던 음악이에요. 즉흥적으로 연주하는 것이 특징이고, 색소폰과 베이스, 피아노 등의 악기를 이용해요.

힙합
1980년대 미국에서 가난한 흑인들이 만들어낸 음악과 춤에서 시작되었어요. 소리를 지르는 랩, 레코드를 마구 긁어대는 스크래치, 브레이크 댄스 등이 있어요.

샹송
17세기에 프랑스 파리를 중심으로 유행해 오늘날까지 이어져 온 노래예요. 멜로디보다는 가사를 중요하게 여겨요. 가사를 잘 전달하고 표현하는 것이 중요해요.

블루스
미국의 흑인들이 고통스러웠던 시절을 견디기 위해 함께 불렀던 민요로, 고난에 맞서서 함께 이겨내자는 내용들이 많아요.

발라드
원래는 '춤추다'라는 뜻의 이탈리아 말이었어요. 지금은 주로 슬픔을 노래하거나 사랑하는 사람에게 자신의 마음을 호소하는 내용의 감성적인 음악을 가리켜요.

포크송
미국의 음악으로 '모던 포크송'이라고도 불러요. 작사자와 작곡자가 없는 민요와는 달리 작사자와 작곡자가 있고, 직업적인 가수의 상품화된 음악을 말해요.

트로트
일제 강점기에 발생한 우리나라 대중 가요의 하나예요. 예로부터 전해 오던 3박자 또는 5박자(3+2)를 기본으로 하며, 일본의 엔카라는 음악의 음계를 사용하고 있어요.

노래와 연주로 이야기를 전달하는 오페라와 뮤지컬

오페라와 뮤지컬은 줄거리가 있는 이야기를 무대에서 공연한다는 점에서 연극과 비슷해요. 그런데 오페라와 뮤지컬은 내용을 대사가 아닌 노래와 연주로 전달해요. 특히 오페라는 우리나라의 판소리와 비슷한 성격을 지니고 있어요.

오페라
바로크 음악에 속해요. 음악을 중심으로 한 종합 무대 예술이에요. 주로 **고전 문학의 이야기를 노래로 만들어 극을 꾸며요.** 음악도 클래식의 고전주의에 바탕을 두고 있으며, 연기보다는 아리아(독창), 중창, 합창 등 노래 위주의 공연을 해요. 가장 큰 특징은 **'오페라 창법'이라고 하는 독특한 발성법으로 노래를 부른다는 점**이에요.

뮤지컬
현대 음악에 속해요. 음악, 춤, 대사가 이야기 전개에 따라 자유롭게 이루어져요. **이야기나 음악이 매우 대중적**이에요. 가장 큰 특징은 팝, 발라드, 랩 등 **음악의 사용이 자유로우며**, 연기는 발레, 브레이크 댄스, 힙합까지 **여러 장르를 넘나들어요.**

구체 음악이란 뭘까?

1948년, 프랑스의 셰페르가 '뮈지크 콩크레트'라는 클래식 음악의 한 장르를 만들어냈어요. 뮈지크 콩크레트는 번역하면 '구체 음악' 또는 '반 음악'이라고 해요. 악기나 사람의 목소리로 불리는 가락이 아니라, **물체 자체가 가진 소리를 재구성한 음악**이지요. 예를 들어 악보를 넘길 때 나는 소리, 문을 여닫는 소리, 연주자가 마루를 발로 쿵쿵 구르는 소리 등을 모아 음악으로 재구성한 것이에요.

구체 음악은 **음악 사상 가장 혁명적인 음악 형태**로 인정받고 있어요. 최초의 구체 음악은 셰페르가 동료인 앙리와 공동 제작한 〈한 사람의 인간을 위한 교향곡〉이에요. 이후 구체 음악은 급속히 전 세계로 퍼져 나갔어요.

우연성 음악이란 뭘까?

미국의 존 케이지는 '모든 소리는 음악이며, 모든 행위는 음악이다.'라면서 1950년 경부터 불확정성 음악과 기보법을 시도했어요. **연주할 때마다 음악이 구성되고, 똑같은 연주가 되풀이 되는 일이 절대로 없는 불확정성 음악**을 '우연성 음악'이라고 해요.

존 케이지가 1958년에 발표한 〈피아노와 오케스트라를 위한 콘서트〉의 악보는 84종의 서로 다른 기보법으로 쓰였어요. 이때 지휘자는 앙상블을 이끄는 게 아니라 시곗바늘처럼 팔을 돌려 시간을 지시하는 역할만 해요.

팝페라가 뭘까?

'팝페라(Popera)'는 팝(Pop)과 오페라(Opera)가 합쳐진 말이에요. 원래는 오페라 아리아를 팝 스타일로 편곡해 부르는 것을 가리키는 말이었어요. 그런데 요즘에는 **오페라 창법으로 부르거나 오페라를 팝의 창법으로 부르는 것**을 모두 일컬어 '팝페라'라고 해요. 한 마디로 대중화된 오페라라고 할 수 있어요.

팝페라 가수는 오페라 가수와는 달리 무대에서 마이크를 사용해요. 반주는 피아노, 바이올린, 비올라 등과 같은 클래식 악기로 편성된 오케스트라가 맡지요.

언더그라운드 가수란 뭘까?

언더그라운드 가수란 **텔레비전에는 잘 출연하지 않고 공연장에서 직접 관중들과 만나는 것을 좋아하는 가수**를 말해요. 텔레비전에서는 옷차림, 머리 모양, 노래 가사 등 제한하는 게 많아요. 그래서 개성이 강한 언더그라운드 가수는 자신들의 개성을 살릴 수 있는 방송에만 나오거나 공연을 위주로 음악 활동을 하지요.

프리마 돈나는 무엇을 뜻할까?

프리마 돈나(Prima donna)는 이탈리아어로 '제1의 여인'이라는 뜻이에요. 원래는 18세기 오페라의 기본이 되는 배역의 명칭으로, **제1여성 가수나 주역을 맡은 여성 가수를 프리마 돈나**라고 했어요. 제2여성 가수는 세콘다 돈나(Seconda donna)라고 했지요.

하지만 19세기 이후에는 프리마 돈나를 보다 넓은 의미로 사용하고 있어요. 오페라에서 프리마 돈나는 가장 중요한 소프라노 가수를 뜻하고, **특정 분야에서 두각을 나타내는 여성**을 '~의 프리마 돈나'라고 표현하기도 해요.

【문화·예술·스포츠】

미술

미술은 아름다움을 표현하는 예술이에요. 특히 사람의 감정이나 뜻을 시각적인 방법으로 표현하지요. 각 나라의 문화의 특징에 따라 미술의 표현 방법이 다양해요. 요즘은 그림, 조각, 건축, 공예뿐만 아니라 컴퓨터와 디지털을 이용한 미술 등 그 분야가 넓어졌어요.

동양 미술

우리나라 미술

우리나라의 미술은 **선사 시대**부터 그 역사를 찾아볼 수 있어요. 선사 시대의 미술은 살아가는 데 꼭 필요한 것이나 자연에 대한 두려움과 숭배를 나타낸 자연환경을 주로 표현했어요. 신석기 시대를 대표하는 빗살무늬 토기와 울주 대곡리 반구대 암각화 등이 대표적이에요.

삼국 시대의 미술은 고구려, 백제, 신라, 통일신라로 이어지며 발달했어요. 유교, 불교, 도교의 영향을 많이 받았고, 특히 불교의 발전은 미의 감각을 한층 높였어요.

고구려의 대표적인 미술에는 쌍영총, 무용총, 강서 고분 등에 그려진 벽화와 연가7년명 금동 여래 입상 등이 유명해요. 백제의 미술은 무령왕릉에서 출토된 다양한 미술품과 함께 백제의 미소라고 불리는 서산 마애 삼존 불상 등이 있어요. 신라의 미술에는 천마총, 황남대총, 삼화령 미륵 삼존 석불 등이 유명해요.

남북국 시대의 **통일 신라**는 석굴암 본존상, 금동 약사 여래 입상, 불국사, 다보탑, 석가탑 등 수많은 예술품을 남겼어요. **발해 시대 미술**은 회화, 조각, 공예, 건축 등 여러 분야에서 발전했는데, 특히 도자기의 예술성이 뛰어나 당나라에 수출하기도 했지요.

고려 시대 미술은 화려하고 정교한 귀족 미술로 유명해요. 칠기, 금속 공예, 상감 청자와 같은 도자기, 다양한 기법의 회화 등이 세련되고 아름답게 발달했어요.

조선 시대 미술은 유교를 바탕으로 한 소박한 미술이에요. 도자기와 공예, 건축 등 모든 분야에서 화려한 장식보다는 단순하고 자연과 조화를 이루고자 했어요. 백자, 목죽 공예 등과 남대문, 동대문, 경복궁, 창덕궁, 덕수궁, 비원 등의 건축물이 대표적이에요.

중국 미술

중국의 **선사 미술**은 황허 강 유역에서 비롯되었어요. 비옥한 땅이 펼쳐진 강 주변에 사람들이 모여 살면서 자연스레 미술이 발달했지요.

중국의 **고대 미술**은 하늘과 자연을 숭배하는 사상과 음양 사상, 기호, 문자, 상상 속 동물 등을 표현한 것이 대부분이에요. 특히 청동기는 무기와 제사 그릇, 생활 용기로 사용되면서 중국 고대를 대표하는 미술품이 되었어요.

중국의 **중세 미술**은 수·당·오·송·원나라에 이르며 중국 문화 예술의 황금 시대를 이루어요. 당나라 때는 불교와 도교 사상을 바탕으로 황금기를 누렸고, 송나라 때는 수묵화가 미술의 한 양식이 되었어요. 원나라 때는 특유의 종교 양식들이 나타났어요. 중국의 **근세 미술**은 명나라와 청나라가 이끌었는데, 명나라 때 만리장성, 자금성, 천안문과 같은 거대하고 화려한 건축 미술이 발달했어요. 반면 청나라는 서민적이고 실용적인 미술로 중국 최고의 문화를 일으켰어요. 도자기 제작 기술의 발달로 유약을 개발했고, 정교한 중국 도자기의 역사를 이루어냈지요.

인도 미술

석기 시대의 인도 미술은 풍요와 다산을 바라는 목적이었어요. 세계 4대 문명 중 하나로 유명한 인더스 강 유역을 중심으로 건축물을 비롯해 우물, 상하수도 시설, 공중 목욕탕, 신상, 동물 모양 조각상, 장신구, 청동제 무기, 날아가는 소 그림 등 다양한 문화와 예술이 발달했지요.

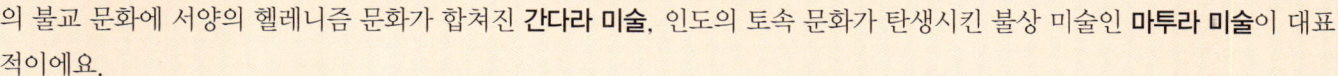

인도의 고대 미술은 아리아 민족이 인도로 오면서 가져온 **베다 문화**, 인도의 불교 문화에 서양의 헬레니즘 문화가 합쳐진 **간다라 미술**, 인도의 토속 문화가 탄생시킨 불상 미술인 **마투라 미술**이 대표적이에요.

중세 인도의 미술은 태양, 보존, 파괴의 삼위일체 사상이 조각 예술로 꽃피었어요. 고대 미술을 대표하던 **불교** 미술이 굽타 왕조가 망하면서 쇠퇴하고, 팔라 왕조에 의해 힌두교 미술이 발달했지요. 대리석을 이용한 **힌두교의 열정을 표현한 건축과 조각**은 아직까지도 많이 남아 있어요.

인도의 근대 미술은 이슬람 민족의 침입으로 **이슬람의 건축 예술이 발달**했어요. 우상을 부정하는 종교인 이슬람교는 불상이나 조각 미술을 쇠퇴시켰고, 이슬람 궁전과 사원 등을 건축하면서 새로운 건축 양식을 발달시켰어요.

일본 미술

일본은 **중국의 대륙 문화와 한반도의 반도 문화를 받아들여 문물을 발전**시켰어요. 기원전 2세기 경 중국의 벼농사가 전래된 뒤 일본의 고대 미술이 발달했어요. 한반도의 백제, 고구려, 신라의 영향도 많이 받았어요. 특히 백제에서 전해 준 역법, 천문, 지리, 불교와 고구려에서 전해 준 물감, 종이, 먹 등을 만드는 기술을 모두 받아들여 자신들만의 문화를 이루어냈어요.

일본은 섬이라는 지리적, 환경적 요인을 이용해 그들만의 미술 문화를 창조했어요. **독특한 조형성과 화려한 색채미, 정교하고 섬세한 감각** 등을 발전시켰지요. 헤이안 시대에는 화려한 채색 기법을 이용한 전통 회화 양식인 야마토에가 유행했어요. 또 일본 도쿠가와 시대에 유행했던 우키요에 양식은 목판화를 발전시켜 일본인의 조형성을 세계에 널리 알리기도 했어요.

우리나라 도자기가 유명한 이유는 뭘까?

우리나라를 대표하는 도자기는 청자와 백자예요. 고려 시대의 **청자는 은은하면서도 청아한 푸른빛**을 띠고 있어요. 조선 시대의 **백자는 맑고 새하얀 빛**을 띠지요. 청자의 색은 아주 적은 양의 철분에 의해 결정돼요. 또한 표면에 음각으로 문양을 새기고, 그 자리에 백토를 넣어 굽는 독창적인 장식 기법인 상감 기법은 세계적인 평가를 받고 있어요. 이러한 **옛 장인들의 세세한 노력과 정성**은 청자와 백자를 우리나라를 대표하는 세계적인 미술품으로 만들었어요.

동양화와 한국화의 차이는 뭘까?

동양화는 중국의 전통 회화에 많은 영향을 받았어요. **선과 여백을 중요**시하는 동양화는 **단순한 멋과 운치**가 있어요. 동양화는 주로 비단이나 화선지에 먹과 붓을 이용해 그려요. 한국화도 중국의 전통 회화에 영향을 받았어요. 한국화는 **문인들이 마음을 다스리는 한 방법**으로 그린 문인화, 산수화, 서예 등이에요. 우리 선조들은 '삼절'이라고 하여 시, 글씨, 그림을 중요하게 여겼답니다.

서양 미술

선사 시대 미술

인류는 기원전 3만 년 무렵부터 무엇인가를 그리고 매만지는 미술 활동을 하기 시작했어요. 구석기인이 그린 에스파냐에 있는 〈알타미라 동굴 벽화〉와 프랑스 〈라스코 동굴 벽화〉는 지구상에서 가장 오래된 그림이에요. 〈알타미라 동굴 벽화〉에는 들소, 사슴, 말, 염소 등의 동물 그림이 다양한 색으로 실감 나게 그려져 있어요. 또 〈라스코 동굴 벽화〉에는 선명한 색깔로 무리 지어 있는 황소와 말, 뿔이 돋은 사슴 머리들이 마치 살아 움직이는 것처럼 그려져 있어 당시의 사냥 모습을 살펴볼 수 있지요. 두 벽화는 예술적 감각이 뛰어나 **서양 원시 미술품 가운데 가장 훌륭한 것**으로 손꼽혀요.

고대 이집트 미술

고대 이집트 미술의 특징은 **죽음과 죽은 뒤의 세계를 나타냈다는 점**이에요. 이집트인은 사람이 죽으면 영혼은 따로 삶을 누린다고 생각해 **피라미드**를 만들었어요. 이 피라미드는 이집트의 미술을 대표하는 건축물이 되었어요. 피라미드 안에는 다양한 벽화와 그림, 조각으로 장식이 되어 있는데, 이들은 모두 정교하고 뛰어난 미술품으로 인정받고 있어요.

고대 그리스 · 로마 미술

고대 그리스 · 로마 미술은 **서양 미술의 뿌리**를 이루어요. 특히 **자세하고 세밀한 그리스의 미술**은 서양 사실주의 미술의 기초가 되었지요. 그리스는 전설, 신화, 기하학, 자연과학, 철학 등의 학문을 미술과 잘 조화시켰어요. 파르테논 신전과 에렉테움 신전은 이러한 그리스 미술이 만든 아름다운 건축물이에요.

로마 미술은 그리스의 미술에 실용성이 더해진 것이에요. 대표적인 건축물은 바로 콜로세움이지요. 1748년에 폼페이 유적이 발굴되면서 2000년 전 로마 사람들의 생활과 미술을 알 수 있게 되었어요. 비잔틴 미술은 서로마 제국이 멸망한 뒤 동로마 제국에서 발달한 미술이에요. 비잔틴 미술은 그리스 · 로마 미술에 성경을 바탕으로 한 초기 그리스도교 미술이 합쳐져 탄생한 것이랍니다.

로마네스크와 고딕 미술

로마네스크 양식   고딕 양식

11세기 후반, 유럽에 그리스도교가 알려지면서 정치, 경제, 사회 등이 교회의 영향을 받게 되었어요. 이때 발달한 미술이 바로 로마네스크 양식이에요. **로마네스크 양식은 웅장한 모습과 육중한 벽, 둥글게 만든 천장 등이 특징**이에요. 12세기 말부터는 프랑스 북부에서 고딕 양식이 발달했어요. **고딕 양식은 뾰족한 첨탑과 화려한 색색의 유리로 표현한 스테인드글라스가 특징**이지요. 로마네스크 미술이 보이지 않는 신의 세계를 그리고자 했다면, 고딕 미술은 원근법, 인체 묘사, 형태 등에 관심을 쏟아 인간의 감정을 담은 그림을 그리고자 했어요.

르네상스 미술

이탈리아를 중심으로 발달해 **고대 그리스·로마의 문화를 이어가고자 나타난** 미술이에요. 르네상스 미술에서는 **예술 양식이 신 중심에서 인간 중심으로 바뀌었어요**. 초기 미술은 현실적이고 객관적이며, 정확한 사실 묘사에 집중했어요. 그러다가 다 빈치와 미켈란젤로 같은 천재 작가들이 등장하면서 전성기를 맞아요. **다 빈치**는 화가이자, 건축가, 철학가, 발명가였어요. 그는 원근법과 자연의 과학적인 접근, 인간 신체의 해부학적 구조와 수학적 비율 등을 연구해 고스란히 작품에 반영했지요. 그가 남긴 〈동방박사의 경배〉, 〈최후의 만찬〉, 〈모나리자〉 등은 인류 역사에 길이 남을 대작으로 꼽혀요.
미켈란젤로는 조각과 회화에 뛰어난 화가로 당시 세도가였던 메디치 가의 미술 학교에 들어가 고대 그리스·로마의 조각들을 연구했어요. 〈다비드〉, 〈반항하는 노예〉, 〈죽어가는 노예〉 등은 미켈란젤로를 통해 되살아난 고대 그리스·로마 미술의 숨결이에요.

다 빈치
미켈란젤로

바로크와 로코코 미술

바로크와 로코코 미술은 17~18세기에 유행했으며, **르네상스 미술에서 벗어나기 위한 시도로** 시작되었어요. 르네상스 미술이 균형과 조화를 이룬 것에 비해 **바로크 미술은 유동적이고, 장식이 지나치며, 남성적인 감각이 강조**되었어요. 대표적인 작품으로는 카라바조의 〈야경〉을 비롯해 베르니니의 〈다윗〉, 렘브란트의 〈노화가의 자화상〉, 벨라스케스의 〈시녀들〉 등이 있어요.
18세기에는 프랑스와 영국을 중심으로 로코코 미술이 유행했어요. 로코코 미술은 장중함과 위엄이 있는 바로크 미술과는 달리 **풍성한 색채와 섬세함, 경쾌함을 추구했던 미술**이에요. 대표적인 작품으로는 와토의 〈베네치아풍의 연회〉, 샤르댕의 〈장을 보아온 여인〉 등이 있어요.

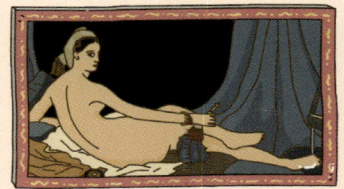

신고전주의와 낭만주의 미술

18세기 말 프랑스에서 생겨난 **신고전주의 미술은 형식과 이성을 중요하게 여기고 엄격함과 품위를 가장 가치 있는 것으로 생각**하는 미술이에요. 그래서 주로 역사적 사건이나 인물, 신화 등을 대상으로 다루었지요. 대표적인 작품으로는 다비드의 〈알프스를 넘는 나폴레옹〉, 앵그르의 〈그랑 오달리스크〉 등이 있어요.
19세기에 유행한 **낭만주의 미술**은 신고전주의 화가들이 합리성과 이성을 중시했던 것과 달리 **개인의 감정을 소중히 여겼어요**. 고대 그리스 미술을 본받고자했고, 감성적이며 몽환적인 분위기의 작품이 많아요. 낭만주의 미술의 대표 작품인 제리코의 〈메두사 호의 뗏목〉을 보면 세밀한 구도와 명암의 극적 대비, 어두침침한 단색조가 특징이라는 것을 알 수 있어요.

그랑 오달리스크

사실주의와 인상주의 미술

9세기 중엽에 나타난 사실주의는 화가 쿠르베가 자신의 개인전에 붙인 이름에서 비롯되었어요. **사실주의 미술은 화가들이 속한 시대의 풍속, 관념, 현실을 사실대로 그려내는 것**을 말해요. 낭만주의 미술과 달리 작가의 감정이나 꾸밈, 연출이 없이 일상적인 정경만 그린다고 하여 많은 비난을 받기도 했어요. 대표 작품에는 쿠르베의 〈오르낭의 장례식〉과 〈폭풍우가 지나간 에트르타 절벽〉, 밀레의 〈만종〉과 〈이삭줍기〉 등이 있어요.
인상주의 미술은 빛의 변화에 따라 사물의 빛깔과 모습이 달라지는 모습을 표현하려는 미술 양식이에요. 19세기 말에 나타났으며, 대표적인 작품으로는 마네의 〈풀밭 위의 점심식사〉와 〈피리 부는 소년〉, 모네의 〈인상-해돋이〉와 〈헤질녘의 건초더미〉, 르누아르의 〈물랭 드 라 갈레트〉 등이 있어요.

현대 미술

20세기 이후의 현대 미술

20세기에 들어서면서 미술은 더욱 복잡하고 다양해졌어요. 기계 문명이 발달하면서 나타난 **자연 파괴**와 **인류가 겪는 고통 그리고 반성**이 미술에 나타나기 시작했어요. 현대에는 야수주의, 입체주의, 표현주의, 미래주의, 다다이즘, 초현실주의 등 다양한 미술 경향이 생겨나면서 팝아트, 비디오 아트 등의 새로운 미술도 등장했어요.

20세기 미술은 **전통에 대한 새로운 시도이며, 어렵고 복잡한 것이 특징**이에요. 대표적인 화가는 뭉크, 마티스, 피카소, 칸딘스키, 뒤샹, 달리, 폴록, 워홀 등이 있어요.

코믹스와 카툰의 차이는 뭘까?

코믹스(Comics)는 네 장면 이상의 만화를 말해요. 코믹 스트립(Comic strip) 또는 코믹 스토리(Comic story)를 줄여서 부르는 말로, **웃음을 자아내는 내용**을 담고 있으며, **한 편의 이야기가 담겨** 있어요.

우리가 흔히 보는 만화책이 바로 코믹스예요.

카툰(Cartoon)은 **한 장면으로 표현한 만화**예요. 신문의 한 장면짜리 시사 만화가 바로 대표적인 카툰이에요. 영국이나 프랑스에서는 시사 만화를 '캐리커쳐(Caricature)'라고도 해요. 캐리커쳐는 과장된 인물화나 풍자화를 뜻하지요.

애니메이션이란 뭘까?

애니메이션(Animation)이란 **움직이는 그림**을 말해요. 움직이지 않는 캐릭터나 인형의 자세를 조금씩 바꾸어 차례대로 찍은 다음, 연속해서 보면 마치 움직이는 것처럼 보이지요.

만화 영화는 1906년 미국의 블랙턴이 처음 만들었어요. 이후 1930년대에 디즈니 영화사가 〈알라딘〉, 〈미녀와 야수〉, 〈백설 공주〉 같은 만화 영화를 흥행시키면서 크게 발전했어요.

우리나라는 1967년에 개봉된 만화 영화 〈홍길동〉을 시작으로, 〈로봇 태권 V〉, 〈아기 공룡 둘리〉, 〈달려라 하니〉 등을 만들었어요.

비엔날레가 뭐지?

비엔날레는 이탈리아 어로 '2년마다'라는 뜻이에요. 미술 용어로 **2년마다 열리는 국제 미술 전람회**를 말해요. 예를 들어, '상파울루 비엔날레'라고 하면 '2년마다 열리는 상파울루 국제 미술 전람회'라는 뜻이지요.

세계 최초의 비엔날레는 1895년 이탈리아의 베니스 비엔날레예요. 지금도 **베니스 비엔날레는 가장 오래된 미술 전람회**이자 세계 현대 미술계를 이끄는 국제 미술 행사로 유명하지요. 베니스 비엔날레는 브라질의 **상파울루 비엔날레, 미국의 휘트니 비엔날레**와 함께 세계 3대 비엔날레 중 하나로 꼽혀요.

우리나라는 1995년부터 **광주 비엔날레**를 열고 있어요. 2010년에 8회를 맞은 광주 비엔날레는 아시아에서 최고의 미술 전람회로 손꼽히고 있고, 세계 미술가들에게도 좋은 평을 얻고 있답니다.

추상화는 어떻게 감상해야 할까?

추상화 중에는 무엇을 그린 건지 도저히 알 수 없는 작품이 있어요. 물감을 아무렇게나 형태 없이 발라놓았거나, 선과 원, 여러 도형이 마구 얽혀 있는 등 대부분 매우 특이해서 잘 그렸는지, 못 그렸는지조차 알 수가 없지요.

추상화 화가들은 익숙한 형태를 거부해요. 그래서 추상화를 감상할 때면 어떤 형상이나 주제를 찾기보다는 **색채의 배열과 그림의 전체적인 균형 등 형식적인 측면을 감상**하는 게 좋아요. 그림이 가진 감각적인 특성을 받아들이다 보면 추상화도 일반 회화처럼 가깝게 느껴질 거예요.

작품 없이도 전시회를 열 수 있을까?

어떤 미술 전시장에는 그림이나 조형물이 하나도 없는 경우가 있어요. **화가가 관객과 함께 작품을 만들어가는 행위 예술 전시장**이 바로 그런 곳이에요. 행위 예술은 다른 말로 퍼포먼스라고 불러요.

퍼포먼스는 완성된 작품을 보여 주기보다는 **우연성이 뒤섞인 표현 행위 자체를 작품화하려는 시도**예요. 미리 정해 놓은 줄거리나 대본 없이 작가가 느끼는 대로 표현해 가는 것이지요. 이때 작가는 미술뿐만 아니라 음악을 이용하기도 하고, 춤을 추기도 하며 관객들을 끌어들여 작품을 완성하기도 해요. 대표적인 작가는 백남준, 존 케이지, 로리 앤더슨 등이 있어요.

세계에서 가장 비싸게 팔린 그림은 뭘까?

2006년에 미국 소더비 경매장에서 미국의 화가 **폴록의 〈넘버 51948〉**이란 그림이 **1억 4,000만 달러**에 팔렸어요. 다음으로 비싼 그림은 1억 3,500만 달러에 팔린 클림트의 〈아델레 블로흐 바우어 부인〉이고, 피카소의 〈파이프를 든 소년〉은 1억 400만 달러, 피카소의 〈고양이와 함께 있는 도라 마르의 초상〉은 9,520만 달러에 팔렸지요. 한편, **우리나라에서 가장 비싸게 팔린 그림은 박수근의 〈빨래터〉로 45억 2,000만 원**에 팔렸어요.

경매에 나온 적은 없지만, 만약 경매에 나오면 세계에서 가장 비싸게 팔릴 것으로 예상되는 그림은 다 빈치의 〈모나리자〉예요. 현재 프랑스의 루브르 박물관에 있어요.

박수근의 〈빨래터〉

폴록의 〈넘버 51948〉

낙서를 잘 해서 인정받은 화가가 정말로 있을까?

미국의 **바스키아**는 낙서 화가로 유명해요. 어렸을 적부터 그림 그리는 재능이 있었던 바스키아는 틈이 날 때마다 길거리로 나가 그림을 그렸어요. 사람들이 버린 스프레이를 주워 **길거리 벽에 그림을 그렸던 거예요.** 주위 사람들은 바스키아가 지저분하게 낙서를 한다며 핀잔을 주기도 했어요. 그러나 당시 미술계에서 이름을 떨치고 있던 화가 **앤디 워홀은 그의 천재성을 알아보았어요.** 이후 앤디 워홀의 도움으로 바스키아는 화가의 길을 걷게 되었어요. 활발히 활동하던 바스키아는 안타깝게도 약물 중독으로 28세에 세상을 떠났어요. 1996년에 바스키아의 인생을 담은 영화 〈바스키아〉가 만들어지기도 했답니다.

바스키아

[문화·예술·스포츠]

연극

연극은 배우가 관객 앞에 서서 연기를 보여 주는 예술이에요. 무대 위에서 배우들이 펼치는 희로애락을 통해 관객은 삶의 다양한 모습을 엿보아요. 연극은 공연의 형태로 진행되기 때문에 공연 예술 또는 무대 예술이라고도 해요.

제사 의식에서 비롯된 연극의 발생

연극은 고대의 제사 의식과 관련이 깊어요. 제사 또는 축제, 제전 등의 종합 연희에서 오늘날의 연극이 발생했지요. 제사 의식에서 행해지는 춤과 몸짓은 연극의 본질적인 요소를 이루었어요. 제사장이 외우는 주문은 단순한 소리에서 꽤 복잡한 내용의 이야기로 발전하면서 극적인 요소를 갖추게 되었지요. 제사 의식이 갖는 집단이나 종족 같은 공동체적 성격은 신화를 발생시켰고, 신화는 연극의 첫 주제가 되었어요.

고대 그리스에는 디오니소스 축제에 연극 경연 대회가 있었는데, 그때 〈오이디푸스 왕〉, 〈메디아〉 등과 같은 고대 비극과 희극들이 공연되었답니다. 이와 같은 연극의 발생의 특징은 서양뿐만 아니라 세계 어느 곳의 연극에서나 공통으로 찾아볼 수 있어요.

연극의 구성 요소

연극을 구성하는 기본적인 4가지 요소는 극본, 배우, 무대, 관객이에요. 극본은 연극을 하기 위해 쓴 글이에요. 해설, 지문(바탕글), 대사의 3가지가 극본을 구성해요. 배우는 연기를 하는 사람이에요. 연극은 배우의 예술이라고도 해요. 똑같은 내용과 세트로 꾸며진 무대 위에서 배우의 역량에 따라 다른 공연을 펼치기 때문이에요.

이 밖에도 연극이 공연되려면 무대를 꾸미기 위한 미술, 조명, 음악, 의상 따위의 여러 분야가 어우러져야 해요. 그리고 연극을 관람하는 관객이 있어야 하지요. 그래서 연극을 종합 예술이라고 부른답니다.

연극이 만들어지는 과정

기획자 및 연출자가 모여 어떤 연극을 무대 위에 올릴 것인지 의논하여 결정해요.

기획에 맞춰 각본을 새로 쓰거나 소설 또는 동화 등의 내용을 각색해요.

배역을 정하고 연출자의 지시에 따라 대사와 동작을 연습해요.

무대를 꾸미고, 음향 장치와 조명 장치, 소품 등을 준비해요.

배역에 맞게 분장을 해요.

배우들이 무대 위에 서서 공연을 펼치고, 관객들은 구경해요.

셰익스피어의 작품에는 어떤 것들이 있을까?

윌리엄 셰익스피어는 **영국 출신의 세계적인 작가**예요. 그는 비극, 희극, 사극 등 **총 37편의 작품**을 남겼어요. 〈햄릿〉, 〈리어 왕〉, 〈베니스의 상인〉, 〈한여름 밤의 꿈〉, 〈헨리 4세〉, 〈줄리어스 시저〉, 〈로미오와 줄리엣〉 등이 그의 대표적인 작품이에요.

그런데 그의 작품들이 모두 연극 대본은 아니에요. 셰익스피어는 **극작가이자 시인**이기도 했어요. 많지는 않지만 그의 작품 중에는 시집과 소네트도 있어요. 소네트란 14행의 짧은 시로 이루어진 서양 시가를 말해요. 셰익스피어는 《루크리스의 겁탈》이라는 시집으로 초기에 시인으로서의 명성을 얻었어요. 그 밖에도 젊음과 사랑을 주제로 한 시집 《비도니스와 아도니스》와 소네트를 모아 놓은 《소네트집》 등이 있어요.

셰익스피어

〈로미오와 줄리엣〉이 셰익스피어의 4대 비극에 들지 않는 이유는 뭘까?

셰익스피어의 4대 비극은 〈햄릿〉, 〈오셀로〉, 〈리어 왕〉, 〈맥베스〉예요. 〈햄릿〉은 주인공이 아버지의 원수를 갚기 위해 복수를 꿈꾸다 죽음을 맞는 내용이에요. 〈오셀로〉는 주인공의 아내에 대한 사랑과 질투가 죽음을 부르는 내용이에요. 〈리어 왕〉은 왕과 세 딸들 사이에 벌어지는 어리석은 상황의 비극이에요. 〈맥베스〉는 권력의 야망에 이끌린 주인공이 왕이 되려다 죽음에 이르는 내용이에요. 네 작품 모두 **인간의 어리석은 선택에 의해 죽음**이라는 비극을 맞이하지요. 그런데 〈로미오와 줄리엣〉은 주인공 둘은 죽지만, 그 죽음이 인간의 선택에 의한 게 아니라 '운명'에 의한 것이에요. 그리고 주인공들의 죽음으로 두 가문은 화해를 해요. **죽음이라는 비극적인 상황보다 화해에 중점을 두었기 때문에** 〈로미오와 줄리엣〉은 4대 비극에 속하지 않는 것이랍니다.

세계에서 가장 오래된 인형극은 뭘까?

인도네시아 자바 섬에서 시작된 뮤지컬 형태의 **와양 인형극**이에요. 2003년 유네스코 세계 문화유산에 올랐어요. '와양'은 인도네시아 어로 그림자나 연극을 뜻해요. 주로 자바 섬의 그림자 인형극인 '와양 쿨리트'를 가리킨답니다.

이 인형극은 천 년의 기억을 지닌 생명수를 찾아 떠나는 내용으로 공연 형태는 2가지로 나뉘어요. **3차원 목각 인형극**(와양 크리틱)과 스크린 뒤에서 조명을 비추는 **납작한 가죽 그림자 인형극**(와양 쿠릿)이에요. 두 인형극의 공통점은 일정한 양식의 의상과 얼굴 특징들, 손에 잡은 막대기로 조작하는 회전 팔, 음악 반주에 맞추어 한 사람의 인형 조종자가 이야기의 줄거리를 말하면서 여러 종류의 인형들을 조종한다는 것이에요.

대사의 종류

독백
한 등장인물이 관객을 대상으로 자신의 생각을 전달하는 대사의 형식이에요. 독백은 관객에게 극을 이해하는 데 필요한 정보를 주는 특수한 효과가 있어요.

대화
2인 이상의 등장인물이 무대 위에서 서로 주고받는 일반적인 말을 뜻해요.

해설
공연 작품의 장소와 시간, 분위기, 사건의 진행, 등장인물의 등장과 퇴장, 극중 분위기 등과 관련된 내용을 전달해요.

방백
등장인물의 대사가 관객에게만 들리고 무대 위의 다른 배우에게는 들리지 않는 형식이에요. 등장인물은 방백으로 사랑, 배신, 분노 등 내면의 감정을 관객에게 알릴 수 있어요.

모놀로그(Monologue)
한 등장인물이 혼자 길게 이야기하는 것이에요. 독백은 다른 등장인물에게 종종 방해를 받지만, 모놀로그는 전혀 방해를 받지 않아요.

[문화·예술·스포츠]

영화

영화는 어떤 주제를 움직이는 영상으로 표현하는 종합 예술이에요. 일정한 의미를 가지고 움직이는 대상을 카메라로 촬영하여 영사기로 영사막에 재현해요. 오늘날 영화의 종류는 멜로, 코미디, 공포 등 아주 다양해졌어요.

영화의 시작과 역사

영화는 1889년 미국의 에디슨이 촬영기와 영사기를 발명하면서 시작되었어요. 최초로 극장에서 상영된 영화는 1895년 프랑스의 뤼미에르 형제가 만든 〈열차의 도착〉이에요. 단 3분밖에 되지 않는 짧은 영화였지만 사람들은 이 영화를 보고 깜짝 놀라 의자 밑으로 숨기 바빴어요. 화면 속의 움직이는 기차가 화면 밖으로 튀어나올까 봐 겁을 먹었던 거예요. 이후 줄거리가 있는 영화가 처음으로 만들어진 것은 1903년 미국의 에드윈 포터가 만든 〈대열차 강도〉예요. 초창기 영화들은 모두 소리가 없는 무성 영화였어요. 소리가 있는 유성 영화는 1927년 미국의 앨런 크로스랜드가 만든 〈재즈 싱어〉가 최초이지요. 88분짜리 영화에서 배우가 말하는 대목은 단 두 장면뿐이었어요. 그러나 배우의 목소리가 들리는 순간 관객들이 놀라 탄성을 내질렀답니다.

세계 3대 영화제

베니스 영화제
이탈리아의 베니스에서 매년 8월 말부터 9월 초까지 2주 동안 열려요. 1932년에 시작되었고, 영화제 중 가장 오랜 전통을 자랑해요.

칸 영화제
프랑스의 칸에서 열려요. 1946년에 시작되어 매년 5월 중순부터 2주일간 각국의 영화를 상영해요. 토론회, 회고전 등 다양한 문화 예술 행사도 함께 열려요.

베를린 영화제
독일의 베를린에서 매년 2월 중순경에 약 10일 동안 열려요. 독일이 서독과 동독으로 나뉘어 있던 1951년에 통일을 기원하는 영화제로 시작되었어요.

우리나라 3대 국제 영화제

부산 국제 영화제
1996년에 시작된 우리나라 최초의 국제 영화제예요. 매년 10월에서 11월에 열리며, 해마다 전 세계 여러 나라의 우수한 작품들을 초청해 상영하고 있어요.

부천 국제 판타스틱 영화제
1997년에 시작된 영화제예요. '사랑과 환상과 모험'이라는 주제를 가지고 영화 팬들에게 다양한 장르의 영화를 소개하는 데 목적을 두고 있어요. 매년 7월에 열려요.

전주 국제 영화제
2000년에 시작된 시민 영화제예요. 매년 4월 말에서 5월 초에 열려요. 자유롭고 독립적이며 진취적인 영화를 많이 소개하는 영화제로 유명해요.

스크린 쿼터 제도란 뭘까?

스크린 쿼터(Screen quota) 제도는 '한국 영화 의무 상영제'를 말해요. 우리나라에 있는 극장이 우리나라에서 만든 한국 영화를 1년에 정해진 날 이상 의무적으로 상영해야 하는 제도이지요.
이와 같은 스크린 쿼터 제도를 실시하는 이유는 우리 문화, 즉 **우리 영화를 보호하기 위해서**예요. 엄청난 돈을 들여 만든 외국 영화가 지나치게 많이 들어오면 우리 영화가 설 자리가 없게 되지요.
스크린 쿼터 제도를 가장 먼저 시행한 나라는 영국이에요. 1927년에 영국 의회는 '영국의 모든 극장은 영국 영화를 1년에 30퍼센트 이상 상영해야 한다'는 영화 헌장을 만들었어요. 그 뒤로 프랑스, 이탈리아, 브라질, 파키스탄은 물론 우리나라에서도 시행되고 있어요.

세계에서 가장 권위 있는 영화상은 뭘까?

미국에서 열리는 **아카데미 상**이에요. 1927년 '미국 영화 예술 과학 아카데미'라는 단체가 만들어진 뒤, 1929년부터 매년 아카데미 상을 시상했어요. **오스카 상**이라고도 불리는 아카데미 상은 돈보다는 명예를 얻는 상이에요. 상금이 없기 때문에 수상자들은 트로피만 받아요. 그래도 영화 관계자들은 아카데미 상의 후보에만 올라도 대단한 영광으로 여겨요. 엄격한 과정을 거쳐 상을 주기 때문이에요. 약 5,000명의 회원들이 각 부문별로 투표를 해서 후보 작품을 뽑은 다음, 5,000명의 회원 모두가 다시 투표를 해서 수상자를 결정하지요. 미국 영화뿐만 아니라 미국에서 상영된 다른 나라 영화도 '외국 영화상' 부문에 오를 수 있어요. 이처럼 **엄격하고 공정한 과정을 거치기** 때문에 아카데미 상은 **전 세계적으로 인정**을 받고 있지요.

박스 오피스란 뭘까?

박스 오피스는 **영화관의 매표소를 가리키는 말**이었어요. 상자(Box)처럼 생긴 작은 사무실(Office)이라는 뜻이지요. 처음 영화가 인기를 끌던 때에 박스 오피스는 극장 앞에서 표를 팔던 매표소를 가리켰지만, 지금은 **'영화 한 편이 벌어들이는 흥행 수익'**이라는 뜻으로 사용되고 있어요. 박스 오피스에서 팔린 표의 수가 곧 영화의 수익이기 때문이에요. 모든 극장에는 전산망이 연결되어 있어서 박스 오피스를 정확하게 집계할 수 있지요.

블록버스터 영화는 어떤 영화일까?

블록버스터(Blockbuster) 영화란 **일반 영화보다 훨씬 많은 제작비를 들여 만든 영화 혹은 막대한 흥행 수입을 얻은 영화**를 말해요. '블록버스터'라는 말은 제2차 세계 대전 때 영국 공군이 사용했던 폭탄에서 유래되었어요. 이 폭탄은 크고 위력도 엄청나서 한 번 떨어지면 '구역(Block)'이 완전히 '파괴(Bust)'될 정도였지요. 바로 이 폭탄에서 '블록버스터'라는 말이 나왔지요.
최초의 블록버스터 영화는 1975년 미국의 **스티븐 스필버그**가 만든 〈조스〉예요. 식인 상어가 등장하는 이 영화는 미국에서 처음으로 1,000억 원을 벌어들였답니다.

독립 영화는 어떤 영화를 말할까?

상업 영화는 제작비나 배급 등을 남에게 의존하기 때문에 영화를 감독의 의도에 따라 자유롭게 만들 수 없어요. 그러나 독립 영화는 **감독의 의도에 따라 영화를 자유롭게 만들 수 있어요.** 흥행에 성공해야 한다는 부담이 없기 때문에 **예술적이고 실험적인 작품**들이 많지요. 그런가 하면 적은 제작비로 만들어지기 때문에 한 시간 이내의 **단편 영화**가 대부분이에요. 대부분의 독립 영화는 여러 독립 영화제를 통해 관객들에게 선보여지고 있답니다.

【문화·예술·스포츠】
춤

춤은 음악 또는 박자에 맞춰 팔다리와 몸을 움직이는 예술 행위예요. 몸을 표현 수단으로 해서 공연을 펼치기도 하고, 영적인 의식에 이용하기도 해요. 우리나라의 궁중 춤, 서양의 발레처럼 각 나라별로 특색 있는 춤이 있어요.

춤의 시작

춤은 **원시 시대부터 있었어요**. 제사, 사냥, 전쟁, 질병 치유, 화합, 생일, 성인식, 출산, 여가 등과 같은 종족 행사가 있을 때 춤이 빠지지 않았지요. 이때의 춤은 감상용이 아니라 모두가 직접 참여하는 공공 활동이었어요. 한자리에 모여 똑같은 율동을 하며 화합을 이루고, 기쁨 또는 슬픔을 나누었지요.

원시 시대의 춤은 고대와 중세를 거치면서 다양한 형태로 바뀌었어요. **공공 활동이었던 민속춤이 공연 목적이 분명한 예술 춤으로 발전**했어요. 그리고 발레, 현대 무용, 고전 무용처럼 각 나라의 전통 춤이 생겨나기 시작했어요.

발레의 발전

16세기 프랑스와 이탈리아에서 처음 생겨난 발레는 음악에 맞춘 동작을 통해 이야기를 전달하는 무대 예술이에요. 발레는 오늘날 전 세계적으로 널리 알려진 예술 양식으로서의 춤이 되었어요. 발가락 끝으로 춤을 추는 발레의 양식은 몇 백 년 전의 작품부터 최근의 현대 발레에 이르기까지 다양하게 발달했어요.

발레는 크게 '고전 발레'와 '현대 발레'로 구분해요. **고전 발레**는 매우 엄격하며, 몸에 대한 극도의 통제력이 필요해요. 그러던 것이 20세기에 들어서면서 좀 더 자유로운 동작을 취할 수 있는 새로운 형태의 발레로 발전했지요. **현대 발레**는 몸놀림의 뛰어난 기술뿐만 아니라 음악에 대한 정확한 해석과 극적 요소, 무대 장치까지 두루 갖추고 있답니다.

우리나라의 궁중 춤

우리나라의 궁중 춤에는 **처용무, 검무, 봉래의, 학춤**이 있어요. 처용무는 청색, 홍색, 황색, 백색, 흑색 탈을 쓴 사람들이 함께 춤을 춰요. 검무는 네 사람이 둘씩 짝을 이루고 서서 칼싸움을 하는 동작이에요. 봉래의는 세종대왕이 태조가 나라를 세운 것을 칭송하기 위해 만든 춤이에요. 학춤은 고려 때부터 추던 춤으로, 학이 먹이를 쪼아 먹거나 깜짝 놀라 달아나는 모습 등을 흉내 낸 춤이랍니다.

우리나라의 민속춤

민속춤에는 **승무, 살풀이춤, 탈춤** 등이 있어요. 승무는 불교에서 나온 춤으로, 사뿐사뿐 걷는 걸음걸이와 고운 어깨춤이 특징이에요. 살풀이춤은 남쪽 지방의 무당춤에서 유래된 것으로, 나쁜 기운을 없앤다는 의미를 담고 있어요. 탈춤은 풍물놀이와 관련이 많아요. 농민들이 양반탈을 쓰고 나와 못된 짓을 하는 양반을 혼내 주며 스트레스를 풀었어요. 서울, 경기 지방의 양주 별산대 놀이와 송파 산대놀이, 경상북도의 하회 별신굿 탈놀이, 황해도의 봉산 탈춤, 경상남도 해안 지방의 오광대 탈춤 등이 있어요.

우리나라에 처음 들어온 서양식 춤은 뭘까?

1930년대에 우리나라에 포크 댄스가 소개되었어요. 1937년에는 영화배우 오도실, 기생 박금도 등 조선 8명의 여성이 대중 잡지 〈삼천리〉에 '서울에 딴스홀을 허(許)하라'고 총독부에 탄원하는 글을 싣기도 했어요. 이후 광복과 더불어 남한에 주둔한 **미군들에 의해 본격적으로 댄스가 소개**되었지요. 당시 유행했던 춤은 '지루박'이에요. 미국에서 유행했던 정열적이고 빠른 지터버그(Jitterbug)는 우리나라에 들어와 이름만 바뀐 게 아니라 완전히 새로운 한국형 지터버그, 즉 6박자의 '지루박'으로 재탄생했어요. 한국 전쟁을 계기로 우리나라에는 탱고, 블루스, 왈츠, 맘보, 차차차 등이 널리 알려졌지요.

비보이는 어떤 춤을 추는 사람일까?

비보이(B-boy)의 B는 브레이크 댄스(Break dance)의 약자예요. 그래서 **브레이크 댄스를 추는 사람을 비보이**라고 부르지요. 브레이크 댄스는 1970년대 초반 미국 뉴욕의 브롱크스 지역에서 유래된 춤이에요. 이 지역으로 이민을 온 **아프리카인 청년들이 거리에서 곡예처럼 추던 춤이 브레이크 댄스로 발전**했지요. 다른 춤에서는 볼 수 없는 화려함과 힘 있는 동작들로 이루어지며, 주로 회전과 몸을 비트는 기술을 요하기 때문에 유연하지 않은 일반인들은 따라 하기 힘들어요. 브레이크 댄스는 1980년대 초 방송과 영화에 소개되면서 전 세계로 퍼져 큰 인기를 끌고 있어요. 현재 우리나라의 비보이들도 세계 대회에서 상을 거머쥐며 이름을 떨치고 있답니다.

힙합 댄스란 뭘까?

힙합은 흑인들이 사회의 비리를 꼬집거나 풍자하고, 기존의 생각들을 뒤엎는 내용으로 구성된 음악을 말해요. 어원은 '엉덩이'를 뜻하는 'hip'과 '들썩이다'를 나타내는 'hop'의 합성어로서 흑인들이 음악에 맞추어 **가볍게 엉덩이를 들썩이는 동작**을 뜻하지요. 힙합 댄스는 미국의 엠시 해머, 바비 브라운 등에 의해 1990년대 초부터 인기를 얻기 시작해 현재 전 세계의 청소년들에게 사랑을 받고 있어요.

열정과 관능이 넘치는 라틴 댄스

라틴 음악에 맞춰 추는 사교 댄스를 라틴 댄스라고 불러요. 룸바, 삼바, 차차차, 살사, 파소도블레 등의 종목이 있어요.

삼바
아프리카인이 브라질에 노예로 끌려와 강제 노동의 고통을 잊기 위해 춘 춤이에요. 최면을 거는 듯한 강렬한 비트에 몸을 맡기고 맨발로 춤을 추지요.

룸바
쿠바의 빈민가에서 나온 춤이에요. 라틴 댄스 가운데 템포가 가장 느리고, 동작이 유연해요. 여성과 남성이 가까워지기와 멀어지기, 끌어당기기와 밀쳐내기를 번갈아 연기하는 춤으로 '사랑의 춤'이라고도 해요.

차차차
차차차 음악을 듣고 춤을 추던 댄서들이 박자에 맞춰 마룻바닥을 연속으로 세 번씩 발로 두드린 데서 생겨났어요. 이에 흥이 난 연주자들도 댄서들과 똑같이 발로 바닥을 구르며 '차차차'라고 외쳤다고 해요.

살사
라틴 아메리카의 모든 나라에 있고, 각 지역마다 그 나름의 특수성을 띤 다양한 형태로 존재해요. 남녀가 마주서서 맞잡은 손을 밀고 당기며 '퀵-퀵-슬로우'의 스텝을 밟지요.

파소도블레
투우 경기를 춤으로 옮긴 것으로, 남자는 투우사 역할을 하고 여자는 투우사가 휘두르는 망토인 카포테 역할을 하며 투우사의 그림자처럼 움직여요. 에스파냐 집시들의 춤인 플라멩코의 영향을 받았어요.

춤 223

【문화·예술·스포츠】
방송

텔레비전이나 라디오를 통해 영상이나 음성을 전파로 내보내는 것을 방송이라고 해요. 보도, 교육, 오락 등을 사람들이 보고 들을 수 있게 하며 지상파, 케이블, 위성 방송 등으로 구분해요. 사람들은 방송을 통해 정보와 지식을 얻고 즐거움을 찾기도 해요.

방송을 전달하는 방송국

사람들이 텔레비전이나 라디오를 통해 소리를 듣고 화면을 볼 수 있도록 **영상이나 소리를 전파로 내보내는 시설을 갖춘 곳**이 방송국이에요. 설립자에 따라 국영 방송국, 공영 방송국, 민영 방송국으로 구분해요. 사용하는 전파에 따라서 크게 텔레비전 방송국과 라디오 방송국으로 나눌 수 있지요.

각 지역에 흩어져 있는 방송국에 같은 방송을 전달하는 것을 방송망이라고 해요. 방송망은 중앙국과 지방국으로 나뉘고, 자체에 제작 시설이 없이 다른 방송국의 전파만 받아서 보내는 곳은 중계국이라고 불러요.

방송국은 나라 안팎의 소식은 물론 음악, 연극, 영화, 스포츠, 지식, 교양 등의 프로그램을 만들어 사람들에게 전달하는 대중 매체로 우리 생활에 중요한 역할을 하고 있어요.

여러 가지 방송의 종류

지상파 방송
방송국에서 내보낸 전파를 높은 곳에 있는 중계소나 송신소에서 받아, 다시 각 가정으로 보내요. 우리나라의 지상파 방송은 KBS1, KBS2, MBC, SBS, EBS가 있어요.

위성 방송
인공위성으로 방송 신호를 보내서 각 가정의 위성 안테나를 통해 전파를 전달해요. 전국 어디서나 동시에 방송을 할 수 있고, 전파 방해를 거의 받지 않기 때문에 자연 재해나 비상 사태 때에도 방송을 할 수 있어요.

케이블 방송
'유선 방송'이라고도 불러요. 무선 주파수 신호를 텔레비전으로 신호를 보내 전파를 수신하는 방식이에요.

디지털 케이블 방송
방송 프로그램의 신호를 디지털로 바꾸어 각 가정에 전송하는 방식이에요. 불필요한 신호나 소음이 거의 없기 때문에 항상 깨끗한 방송을 볼 수 있어요.

방송은 어떻게 전달될까?

스튜디오나 야외에서 뉴스, 드라마 등을 녹화 또는 녹음해요.

제작된 프로그램을 편집해서 완성해요.

각 부에서 보내오는 음성 신호를 조정해요.

조정된 영상과 소리가 방송국 송신탑으로 보내지고 전국으로 방송이 나가요.

시청률은 어떻게 조사할까?

시청률은 전국 6개 광역 도시(서울, 인천, 부산, 광주, 대구, 대전)의 2,000가구를 대상으로 해요. 우리나라의 시청자를 대표할 수 있다고 여겨지는 가정을 기준으로 이루어지며, 학력, 소득, 직업 등에 제한은 없어요.

일기식 조사
조사 기관에서 미리 준 수첩에 시청자가 직접 기록하는 방법이에요. 비용은 적게 드나 정확성은 떨어져요. 시청자가 프로그램과 채널을 착각할 수 있고, 자료를 모으는 데 시간이 많이 걸려요.

인터뷰 조사
조사원이 직접 방문 또는 전화로 시청 중인 프로그램을 물어 보는 방법이에요. 시청자의 도움 없이는 조사가 어려울 수 있어요.

피플미터를 이용한 조사
텔레비전 시청률 조사 장치인 '피플미터'를 달아서 자동으로 시청 정보를 모으는 방법이에요. 비교적 정보가 정확하고, 신속하게 자료를 모을 수 있어요.

연예인은 어떻게 해야 될 수 있을까?

연예인은 가수, 탤런트, 영화배우, 연극배우, 개그맨 등을 말해요. 각 분야에서 남다른 끼와 실력이 있어야 하고 끊임없이 노력하는 열정이 있어야 하지요. **가수가 되기 위해서는** 각종 **노래 대회**에 나가 입상을 하여 이름을 알리거나, **연예 기획사의 오디션**에 합격하는 방법 등이 있어요. **탤런트나 개그맨은** 각 방송국에서 실시하는 **공채 시험을 통해 데뷔**하기도 하지요. 요즘은 예술 고등학교나 대학의 **연극영화학과에 진학**하여 전문적으로 공부를 하거나, **연기 학원**에 등록하여 연예인이 되기 위한 여러 기본기를 닦는 경우가 많아요.

다큐멘터리란 뭘까?

다큐멘터리는 **실제로 있는 일에 상상을 더하지 않고 기록하는 것**을 말해요. 주로 문학, 영화, 방송 용어로 널리 쓰여요. 문학에서는 현지 보고, 탐방기, 여행기 등의 보고문처럼 사실 그대로를 기록한 것을 다큐멘터리 문학이라고 해요.
다큐멘터리 영화는 실제의 상황이나 자연 현상을 기록하는 영화예요. 또 텔레비전 방송을 통해 동식물의 생태, 자연관찰, 시사 정보 등을 다룬 프로그램을 다큐멘터리 방송이라고 해요.

시트콤이란 뭘까?

시트콤(Sitcom)은 시추에이션(Situation)과 코미디(Comedy)가 합쳐진 말이에요. 시트콤은 등장인물의 성격이나 움직임보다는 **극의 상황에 초점을 맞춰 이야기를 전개**해요. 주로 학교, 회사, 가정 등의 일정한 장소를 배경으로 고정된 인물이 출연하지요. 시트콤은 보통 30분 정도의 짧은 시간에 다양한 이야기를 재밌게 꾸며 **시청자들에게 웃음을 주는 데 목적**이 있어요.

한류란 무엇을 말할까?

한류는 '한국풍 유행'을 뜻하는 말이에요. 2000년에 중국 언론에서 처음 사용하면서 대만, 홍콩, 일본, 베트남, 필리핀, 싱가포르, 태국, 말레이시아 등 **동남아시아 국가는 물론 미국, 유럽 지역에까지 퍼졌어요.** 특히 드라마 〈겨울 연가〉는 일본의 대표 방송국인 NHK에서 여러 번이나 재방송되었으며, 주인공으로 나온 탤런트들은 지금까지도 대단한 인기를 누리고 있어요.
최근에는 K팝(Korea pop)이라는 **우리나라 대중가요가 세계적으로 큰 인기**를 얻으며, 음악뿐만 아니라 우리나라 문화와 언어를 배우고 싶어 하는 외국인도 크게 늘었답니다.

패션

【문화·예술·스포츠】

패션은 특정한 시기에 옷과 장신구, 머리 모양 등을 만들거나 유행을 따르는 행동이에요. 주로 의복의 유행을 가리키지만 가구, 건축, 인테리어, 액세서리 등 넓은 범위로 쓰이며, 시기에 따라 주기적으로 변화하는 특성을 가지고 있어요.

자신을 표현하기 위한 수단인 패션

추위나 더위를 막고 몸을 가리기 위해 헝겊이나 가죽 등으로 만들어 몸에 걸치는 것이 바로 옷이에요. 옷은 체온을 유지시켜 주며, 벌레나 햇볕 등으로부터 몸을 보호해 줘요. 또 피부의 청결을 유지시켜 주고, 장식 기능도 하지요. 상황과 활동 목적에 알맞게 입음으로써 일의 능률을 향상시켜 주기도 해요. 그 밖에 옷은 자신을 표현하는 수단으로도 활용해요. **옷을 통해 자신의 생각과 신분 등을 표현하면서 패션이 생겨났어요.**

패션은 어느 시기에 특정한 스타일이나 감각이 옷이나 복장에 관련된 물건에 특정한 시기에 나타나는 것을 말해요. 패션이라는 말은 '만드는 일'이라는 뜻을 가진 라틴어 팍시오(Factio)에서 유래되었으며, **주기적으로 변화하는 특성**을 가졌어요.

패션쇼의 시작

약 2000년 전 로마 시대에 귀족들은 잘생긴 하인들에게 새로 만든 멋진 옷을 입히고 춤과 노래를 시켜 하늘에 감사드리는 축제를 열었어요. 이것이 패션쇼의 기원이에요. 오늘날과 같은 패션쇼는 프랑스에서 시작되었어요. 1858년 왕궁 디자이너였던 워르트가 최초의 패션쇼를 열었지요.

오트쿠튀르 패션쇼

오트쿠튀르는 '고급 의상점'이라는 뜻이에요. 1910년대 중반에 '샹디카'라는 고급 의상점 모임이 생겼는데, 이 모임의 디자이너들이 상류층을 상대로 패션쇼를 연 게 시작이지요.
프랑스 파리에서 1년에 2번 열리며, 신작 발표회는 '파리 컬렉션'이라고도 해요.

프레타포르테

프레타포르테는 프랑스 어로 '기성복'이라는 뜻이에요. 오트쿠튀르는 맞춤복이라 너무 비쌌기 때문에 저렴한 가격의 질 좋은 고급 기성복을 원하는 사람들을 위해 만든 새로운 패션쇼이지요.
1년에 2번 파리, 뉴욕, 밀라노, 런던 등에서 패션쇼가 열리고 있어요.

우리나라 최초의 패션쇼는 언제 열렸을까?

물들인 미군복이 최고의 생활복으로 팔리던 **1956년 10월 29일**, 서울 반도 호텔(지금의 롯데 호텔)에서 **우리나라 최초의 패션쇼**가 열렸어요. 미국에서 의상 공부를 하고 돌아온 **노라노(노명자) 디자이너**가 연 패션쇼였어요. 이 패션쇼에서 소설가 김말봉이 사회를 보고, 영화배우 최은희와 조미령이 모델로 등장해 사람들의 관심을 모으기도 했지요.

패션쇼에서 선보인 옷들은 대부분 잘록한 허리선을 강조한 것들이었어요. 또 양장과 한복을 혼합한 계량 한복도 선을 보였어요. 이 **패션쇼를 계기로 양장과 계량 한복이 본격적으로 발전**을 했답니다.

패션쇼는 왜 여는 걸까?

패션쇼는 **새로운 계절에 유행할 패션을 미리 알리기 위한 발표회**예요. 패션 디자이너가 만든 옷을 모델들이 입고 쇼 형식으로 진행을 하지요. 무대 위에서 행해지는 '스테이지 쇼'와 객석의 통로를 걸으면서 보이는 '플로어 쇼'가 있어요. **디자이너들은 패션쇼를 통해서 자신의 실력을 뽐내고, 자신이 속한 브랜드를 마음껏 선보이지요.**

패션쇼에 나오는 옷들은 대부분 휘황찬란하고 독특하지만 모두 입을 수 있는 옷들이에요. 그러나 패션쇼에 나왔던 대부분의 옷들은 일반인이 입을 수 있는 스타일로 변형하여 제작을 한답니다.

히피 패션이란 뭘까?

히피란 현재 사회를 이끌어가는 나이든 세대의 가치관, 제도, 사회적 관습을 부정하고, **자연으로 돌아가 완전한 자유를 추구하려는 사람들**을 말해요. 히피 문화는 1960년대 미국에서 생겨나 전 세계로 퍼지면서 하나의 문화로 자리 잡았어요.

히피 족은 무엇보다도 **자유와 사랑을 추구하고, 자신의 행복을 위해 살려고 노력**해요. 그들은 패션에서도 특별함이 엿보여요. 남자는 장발과 수염, 목걸이, 굵은 벨트, 부츠 등의 독특한 패션을 하고 다니며, 여자도 긴 머리에 미니스커트를 입고, 샌들을 신거나 맨발로 다니는 게 특징이에요.

우리나라 사람들은 왜 장례식 때 삼베옷을 입을까?

옛날 사람들은 부모가 돌아가시면 자식이 효도를 제대로 하지 못해서 돌아가셨다고 생각했어요. 그러니 자식은 불효를 한 죄인인 것이지요. 죄인이 부드러운 비단옷을 입는 것은 예의가 아니기 때문에 **반성하는 의미로 까칠까칠하고 따가운 삼베옷을 입고 장례를** 치렀어요.

또 다른 이유는, 신라의 마지막 왕인 경순왕의 아들 **마의태자가 나라가 망하자 삼베옷을 입고 금강산으로 들어간 것에서 유래**했다고 해요. 나라 잃은 슬픔과 부모 잃은 슬픔을 같은 것으로 여겨서 마의태자처럼 삼베옷을 입게 되었다는 것이에요.

청바지는 어떻게 만들어졌을까?

리바이 스트라우스는 캘리포니아 광산 앞에서 텐트 천으로 바지를 만들어 팔았어요.

그 말을 새겨들은 그는 세상에서 가장 튼튼한 바지를 만들기로 마음먹었어요. 그렇게 탄생한 바지가 바로 청바지예요.

이 청바지를 최초로 입은 사람은 광산에서 일하던 광부들이에요.

광부들은 청바지에 무거운 연장을 넣고 다녔어요. 그래서 주머니가 잘 찢어지지 않도록 구리 리벳을 박아 더욱 튼튼하게 만들었지요.

광부들의 작업복이었던 청바지는 훗날 평등의 상징, 저항의 상징이 되면서 140년 이상을 이어 오늘날에도 많은 사람들이 즐겨 입고 있어요.

【문화·예술·스포츠】
월드컵

월드컵은 국가별 대항으로 프로 축구 선수들이 펼치는 독자적인 축구 대회예요. 세계적인 스포츠 대회로 전 세계인들에게 인기를 끌고 있어요. 4년에 한 번씩 열리며, 2002년에는 우리나라와 일본이 공동으로 월드컵을 개최했어요.

피파와 월드컵의 관계

1904년에 벨기에, 덴마크, 프랑스, 네덜란드, 스페인, 스위스, 스웨덴 7개국이 모여 피파 즉 FIFA(Federation Internationale de Football Association)를 창설했어요. 우리말로 **국제 축구 연맹**이라고 해요. 피파는 프로 선수들이 참가할 수 있는 세계 축구 대회를 개최하기 위해 설립했어요. 하지만 1928년까지는 별 성과가 없었어요. 그러다가 아마추어 선수들이 주로 출전하는 올림픽 축구에 대한 불만이 커지면서, 프로와 아마추어를 따지지 말고 **진정한 세계 축구의 챔피언을 가려보자는 의도**로 본격적인 활동을 시작했어요. 프랑스인인 쥘 리메와 앙리 들로네를 주축으로 **1930년에 마침내 제1회 월드컵이 우루과이**에서 개최되었어요.

연도별 월드컵 공식 축구공

피파가 월드컵에서 사용하도록 인정한 축구공을 '**월드컵 공인구**'라고 해요. 피파가 인정한 최초의 공식 축구공은 1963년 독일의 스포츠 용품 회사인 아디다스에서 만든 '산티아고'예요. 이 공을 시작으로 텔스타(1970), 탱고(1978), 아즈테카(1986), 에투르스코(1990), 퀘스트라(1994), 트리콜로(1998), 피버노바(2002), 팀가이스트(2006), 자블라니(2010)까지 이어져 오고 있어요.

산티아고(1963)   텔스타(1970)   퀘스트라(1994)   트리콜로(1998)   팀가이스트(2006)

축구 응원단 붉은 악마는 어떻게 생겨났을까?

'붉은 악마'라는 이름은 1983년 멕시코 세계 청소년 축구 대회 때 생겼어요. 우리나라 축구 대표팀이 뜻밖의 열정적인 경기를 펼쳐 4강에 오르자, **외국 기자들이 우리 대표팀을 가리켜 '붉은 악령(Red furies)'이라고 부른 것에서 유래**했지요.

붉은 악령이 우리말로 바뀌면서 '붉은 악마'로 표기 되었고, 영문 이름도 '레드 데블스(Red devils)'로 바뀌었어요. 다시 말해 붉은 악마는 우리나라 축구 대표팀을 가리키는 말이었다가, **현재 축구 대표팀을 응원하는 응원단의 공식 이름**이 된 것이지요.

월드컵이 4년마다 열리는 이유는 뭘까?

4년마다 개최되는 올림픽을 피하기 위해 올림픽과 올림픽 사이에 열어요. 2년 또는 3년마다 열면 언젠가는 올림픽이 열리는 해와 겹치게 되지요. 세계적으로 큰 대회인 올림픽과 겹치면 올림픽도 월드컵도 제대로 치르기 힘들기 때문에 4년마다 열기로 한 거예요.

축구 선수가 11명인 이유는 뭘까?

축구는 골키퍼를 포함해 모두 11명의 선수들이 뛰는 경기예요. 축구의 고향인 영국에서는 초기에 선수의 인원을 정해 놓지 않고 그때그때 상황에 따라 경기를 치렀어요. 그러다가 **1863년 영국 축구 협회가 만들어지면서** 공식적으로 **선수의 수가 11명으로** 정해졌어요. 19세기 영국에서는 **사립학교** 간에 정기적으로 축구 시합을 했는데, 당시 **기숙사 방 하나에 들어가는 인원**이 학생 10명과 방 대표 1명이었어요. 이때 방 대표가 골키퍼를 맡고 나머지 10명은 선수로 뛰었지요. 이렇게 시작된 11명의 선수 수가 오늘날까지 이어져 오고 있는 것이에요.

A 매치란 뭘까?

피파가 국가 대표팀 간의 경기라고 인정하는 모든 대회를 A 매치라고 불러요. 정식 표현은 '국제 A 매치(International A match)'라고 해요. 여기서 A는 최고 등급을 뜻하며, A 매치는 국가 대표 선수들로 구성된 A급 팀끼리의 경기를 의미하지요. 예를 들어 한국의 국가 대표와 브라질의 올림픽 대표가 경기를 하면 A 매치가 아니에요. 23세 이하의 선수들로 이루어지는 올림픽 대표는 그 나라를 대표하는 팀으로 보지 않기 때문이지요. 즉 경기를 하는 선수들이 국가 대표로 이루어진 경기일 때에만 A 매치라고 불러요.

공격수와 수비수의 축구화는 다를까?

축구화의 바닥에는 '징(스터드)'이 박혀 있어요. 그런데 공격수인지 수비수인지에 따라 징의 수가 달라요. **공격수는 민첩해야 하기 때문에 앞에 4개, 뒤에 2개의 징이 달린 축구화를 신어요. 수비수는 단단하게 땅을 딛고 있어야 하기 때문에 앞에 8개, 뒤에 4개, 모두 12개가 달린 축구화를 신지요.** 비가 올 때는 더 단단한 재료로 만든 징이 박힌 축구화를 신고, 맨땅에서 경기를 할 때는 30~40개의 고무 징이 촘촘하게 박힌 축구화를 신어요.

피파 랭킹은 어떻게 정해지나?

피파 랭킹이란 **피파 회원국들의 축구 대표 팀 순위**를 말해요. 피파는 **모든 회원국 간의 A매치 경기 결과를 점수로 계산해 순위를 매긴 뒤 매월 발표**하고 있어요. 점수 계산에 들어가는 경기는 월드컵 지역 예선과 본선 경기, 아시안컵 같은 대륙 선수권 대회 예선과 본선 경기, 국가 대표 팀 간의 친선 경기 등이에요. 승, 무, 패와 같은 경기 결과는 물론 골의 득실, 홈경기와 원정 경기의 차이, 대회와 경기의 중요도 등이 점수에 포함되어 순위가 매겨져요.

예를 들어 우리나라가 약한 팀인 태국에게 10대 0으로 이기는 것보다 최강팀인 브라질과 0대 0으로 무승부를 이루면 더 높은 점수를 받는답니다.

상식 퀴즈 축구 경기에서 반칙을 한 선수가 퇴장당할 때 받는 카드는?

① 블랙 카드
② 레드 카드
③ 옐로 카드

정답 ②
심판이 경기 중 반칙을 한 선수에게 주의를 줄 때, 옐로 카드를 꺼내지요. 옐로 카드를 두 번 받거나 심한 반칙을 한 경우, 레드 카드를 받게 돼요. 레드 카드를 받은 선수는 경기장에서 퇴장당해야 합니다.

【문화·예술·스포츠】
올림픽과 각종 스포츠

올림픽의 역사와 시작

기원전 776년에 고대 그리스의 도시 국가인 **올림피아에서 시작된 올림픽을 고대 올림픽**이라고 불러요. 당시 그리스인은 4년에 한 번씩 올림피아에 모여 제우스 신에게 제사를 지내고 올림피아 경기장에서 시합을 열었어요. 고대 올림픽이 열리는 기간에는 전쟁을 금지하고 평화를 유지했지요. 약 천 년 간 계속되던 고대 올림픽은 **393년 로마의 데오도시우스 황제**가 기독교도와 이교도의 종교 행사라고 하여 **금지**시키면서 중단되었어요.

이후 올림픽은 **1894년 프랑스의 쿠베르탱 남작에 의해 부활**되었어요. '올림픽은 승리에 목적이 있는 게 아니라 참가하는 데 의의가 있다.'고 말한 쿠베르탱의 올림픽 정신은 오늘날 모든 스포츠의 기본 정신으로 여겨져요.

하계 올림픽과 동계 올림픽

올림픽은 **여름철에 열리는 하계 올림픽과 겨울철에 열리는 동계 올림픽**으로 나뉘어요. 처음 근대 올림픽에는 하계 올림픽 종목밖에 없었어요. 그러던 것이 1908년 4회 런던 올림픽 때 처음으로 겨울 스포츠인 피겨 스케이팅이 올림픽 정식 종목이 되었어요. 하지만 눈이 내리지 않는 지역에서 열리는 올림픽 때에는 겨울 스포츠를 열 수가 없었어요. 그래서 겨울 스포츠 종목만을 따로 모아 **1924년 프랑스 샤모니에서 첫 동계 올림픽**을 열게 되었지요.

하계 올림픽 개최 기간은 개회식을 포함해 16일 이내이고, 동계 올림픽은 12일간이에요. 우리나라는 1988년에 160여 개 나라가 참가한 24회 하계 올림픽을 개최했으며, 2018년에는 강원도 평창에서 동계 올림픽을 개최할 예정이에요.

장애인 올림픽

장애인 올림픽은 '패럴림픽'이라고도 해요. 허리 밑에 마비가 온 장애인들을 가리키는 '패러플레지어(Paraplegia)'라는 단어와 '올림픽(Olympic)'이라는 단어가 합해진 말이에요. **인간 능력의 한계를 뛰어넘는 장애인 스포츠**는 고대 그리스 때부터 치료를 목적으로 실시해 왔어요. 그러던 것이 1948년 영국의 구트만이라는 사람에 의해 **신체 장애인을 위한 운동으로 보급**되고, 그들에게 **용기를 주기 위한 올림픽으로 발전**했어요.

종목은 트랙 경기(휠체어 달리기, 릴레이 등), 필드 경기(창던지기, 포환던지기), 역도, 스누커, 농구, 펜싱, 수영 등이 있어요. 하계와 동계 올림픽이 있고, 4년마다 열려요.

우리나라 최초의 금메달은 누가 땄을까?

우리나라가 일본의 지배를 받고 있던 1936년에 11회 베를린 올림픽이 열렸어요. 당시 **우리나라 선수들은 모두 일본 대표로 올림픽에 참가**했어요. 마라톤에 출전한 손기정 선수는 42.195km를 2시간 29분 19.2초에 달려 당시 세계 신기록을 세우며, **우리나라 최초로 올림픽 금메달**을 땄어요. 이때 남승룡 선수는 동메달을 차지했지요. 하지만 시상식장에는 일장기가 휘날렸고, 울려 퍼진 노래도 일본 국가였어요. 이후 해방이 된 우리나라는 1976년 21회 몬트리올 올림픽에서 레슬링 종목에 참가한 **양정모 선수가 태극기를 가슴에 달고 첫 금메달**을 땄답니다.

공식적인 올림픽 종합 순위는 왜 없을까?

올림픽이 열리면 신문이나 텔레비전을 통해 각국의 메달 순위를 알 수 있어요. 그런데 사실 **국제 올림픽 위원회에서는 공식적으로 종합 순위를 매기지 않아요**. 이는 올림픽을 만든 **쿠베르탱의 뜻**이에요. 쿠베르탱은 올림픽 정신의 기초가 개개인의 인간 개발에 있다고 여겼어요. 또한 올림픽은 각국의 **선수들이 그간 땀 흘려 노력한 모습을 보여 주는 장**이며, **각국 선수들이 참가에 의의를 두고 서로 어울리는 곳**이 되기를 원했어요.

또한 메달 수를 합해서 나라별로 순위를 매기다 보면 나라들끼리 경쟁이 심해져 올림픽 정신이 훼손될 수 있다고 여겨 종합 순위를 정하는 것에 강력히 반대했지요.

공식 올림픽 종합 순위는 매기지 않는다.

쿠베르탱

하계, 동계 올림픽에서 모두 금메달을 딴 선수도 있을까?

어느 선수이건 하계 올림픽과 동계 올림픽에 모두 참가할 수 있어요. 그런데 종목들이 다르다 보니 두 올림픽에 참가한다는 것 자체가 굉장히 어려운 일이지요. 하지만 두 올림픽에 모두 참가하고 있는 선수들이 종종 있어요. 미국의 **에디 이간**은 1920년 앤트워프 하계 올림픽에서 **복싱 라이트 헤비급 종목에 출전해 금메달**을 목에 걸었어요. 그리고 1932년 레이크플래시드 동계 올림픽에 출전해 **봅슬레이 종목에서 금메달**을 땄지요. 에디 이간은 올림픽 역사상 하계와 동계 올림픽에서 모두 금메달을 딴 유일한 선수예요. 이후 지금까지 여러 선수들이 두 올림픽에 출전하고 있지만, 에디 이간처럼 두 대회 모두 금메달을 딴 선수는 없답니다.

10종 경기가 뭘까?

10종 경기는 이틀 동안 100m 달리기, 110m 허들, 400m 달리기, 1,500m 달리기, 멀리뛰기, 높이뛰기, 장대높이뛰기, 포환던지기, 원반던지기, 창던지기를 치르는 종목이에요. 참가 선수들은 국제 육상 경기 연맹(IAAF)에서 정한 득점표에 따라 종목별로 점수를 얻지요. 이틀간 얻은 점수의 총 합계가 높은 순으로 금메달, 은메달, 동메달이 주어져요. 전통적으로 올림픽에서 **10종 경기 우승자에게 '육상 경기의 왕'이라는 칭호**를 준답니다.

한 번 경기를 치르고 나면 선수들의 몸무게가 3~5kg이 빠져 한 달 정도 회복 시간을 가져야 할 정도로 힘든 경기이지요.

여자 7종 경기란 뭘까?

1981년 이후 올림픽 대회에서 여자 5종 경기를 대신해 치르고 있어요. 남자 10종 경기와 마찬가지로 이틀간 열리는데, **종목은 100m 허들, 포환던지기, 높이뛰기, 200m 달리기, 멀리뛰기, 창던지기, 800m 달리기**예요.

올림픽과 각종 스포츠 231

고대 올림픽에 여자는 참가할 수 없었다고?

고대 올림픽에 참가할 수 있는 선수는 순수 그리스인이어야 하고, 노예가 아니어야 하며, 몸에 기름칠을 해야 하고, 몸에 아무것도 걸치지 않아야 하며, 남자여야만 했어요. **여자들은 올림픽에 참가할 수도 관람할 수도 없었어요.** '올림픽 경기장에서 발견된 여자는 티파에움 산에서 떨어뜨린다.'는 법에 따라 처벌을 받았지요.

그런데 칼리파테이라는 여자는 자신의 아들이 전차 경주 선수로 출전하자 응원을 하기 위해 몰래 시합장으로 들어갔어요. 그러나 아들이 우승을 하자 흥분한 나머지 울타리를 넘어가 입을 맞추는 바람에 여자라는 게 들통이 났어요. 하지만 대대로 훌륭한 운동선수를 배출해 낸 챔피언 가문의 여자라는 이유로 용서를 받았다고 해요.

탁구를 통해 미국과 중국이 친해졌다고?

제2차 세계 대전이 끝난 다음 세계는 냉전 상태로 들어갔어요. 서로 총을 쏘며 싸우지는 않았지만, 미국과 소련이 주축이 되어 자본주의 국가들은 미국과 친하게 지내고 공산주의 국가들은 소련과 친하게 지내며 서로를 경계했어요. 당시 중국은 공산주의 국가였고, 당연히 미국과 사이가 좋지 않았어요. 그런데 1971년 일본 나고야에서 열린 **제31회 세계 탁구 선수권 대회를 계기로 미국 탁구 팀과 기자단이 중국을 방문**하면서 화해의 분위기가 만들어졌어요. 이것을 계기로 다음 해에 미국의 닉슨 대통령이 베이징에 갔고, 거기서 평화 원칙을 발표했어요. **탁구를 통해 미국과 중국이 친해졌다고 하여 이를 '핑퐁 외교'**라고 부른답니다.

핑퐁은 탁구를 이르는 다른 말로 탁구공을 송아지 가죽으로 만든 라켓으로 치면 '핑, 퐁' 소리가 난다고 하여 탁구를 핑퐁(Ping pong)이라고 부르게 된 것이지요.

아시안 게임은 언제부터 열렸을까?

아시안 게임은 **아시아 각국의 친선과 세계 평화를 추구하고, 경기 기술 향상을 위해 개최되는 아시아 종합 경기 대회**예요. 1951년 인도의 총리 네루에 의해 국제 올림픽 위원회(IOC)의 승인을 얻어 만들어졌어요. 1982년 9회 뉴델리 대회까지는 아시아 경기 연맹(AGF)이 주관했으나, 1986년 10회 서울 대회부터는 아시아 올림픽 평의회(OCA)의 주최로 열리고 있어요.

제1회 아시안 게임은 1951년에 인도의 뉴델리에서 열렸어요. 우리나라는 1986년 서울 아시안 게임과 2002년 부산 아시안 게임을 개최했답니다.

올림픽에는 왜 개최하는 나라의 도시 이름을 붙일까?

전 세계인의 스포츠 축제인 올림픽은 **개최하는 나라의 이름이 붙지 않고 도시의 이름을 붙여요.** 1988년에 우리나라에서 열린 올림픽도 '한국 올림픽'이 아니라 '서울 올림픽'이라고 불리지요. 올림픽은 대부분 개최 도시에 개막식과 폐막식이 열리는 주경기장을 짓고, 그 주위에 부속 경기장들을 지어서 올림픽촌을 만들어요. **대부분의 경기를 한 도시에서 치르게 되지요.** 그래서 올림픽의 이름을 도시의 이름을 따서 붙인답니다.

서류 정리를 잘해서 달리기 대표 선수로 뽑힌 사람은 누구일까?

1976년 몬트리올 올림픽에 참가한 아이티 공화국의 '올레무스 찰스'라는 선수는 10,000m 달리기 역사상 최악의 기록을 세웠어요. 당시 평균 기록이 약 28분 정도였는데, 그가 세운 기록은 무려 42분이 넘었어요. 올레무스가 결승선에 들어왔을 때, 함께 뛰었던 다른 선수들은 모두 옷을 갈아입은 뒤였답니다.

알고 보니 올레무스는 육상 선수도 아니고, 큰 대회에 출전한 경험도 전혀 없었어요. 올레무스의 나라 아이티 공화국에서는 독재자가 제멋대로 선수를 뽑아 올림픽에 출전시켰어요. 올레무스는 서류 정리를 잘한 대가로 10,000m 달리기 대표 선수로 뽑혀 올림픽에 나왔던 것이랍니다.

트라이애슬론은 어떤 경기일까?

트라이애슬론은 철인 3종 경기라고도 불러요. 인간 체력의 한계에 도전하는 경기로 바다 수영(3.9km), 사이클(182km), 마라톤(42.195km)을 쉬지 않고 이어서 해요. 제한 시간은 17시간이고, 시간 안에 완주한 사람은 '철인(Iron man)'이라는 칭호를 받아요.

풀코스 대회와 단축 대회로 나뉘는데, 단축 코스는 대회 때마다 조금씩 달라서 보통 바다 수영 1.5km, 사이클 40km, 마라톤 10km를 실시해요. 1978년 하와이에서 처음으로 국제 대회가 열렸고, 올림픽 정식 종목으로 채택된 것은 2000년 시드니 올림픽 때부터이지요.

하계 올림픽 종목은 모두 몇 가지일까?

지난 2008년 베이징 올림픽에서 개최된 경기는 육상, 레슬링, 체조, 사격 등 총 28개의 정식 종목이 있었어요. 그런데 경기 종목은 새로 생기기도 하고 빠지기도 해요. 야구와 소프트볼은 베이징 올림픽을 끝으로 정식 종목에서 빠지게 되어 2012년 대회부터는 종목 수가 총 26개가 되었어요.

동계 올림픽의 15개 정식 종목

바이애슬론 – 스키를 신고 총을 등에 멘 채로, 일정한 거리를 달려 정해진 사격장에서 사격을 하는 경기예요.

스켈레톤 – 선수가 썰매 위에 배를 깔고 누워 머리를 앞쪽으로 한 채 얼음 코스를 내려가는 경기예요.

루지 – 선수가 발을 앞으로 하고 뒤로 누운 채 썰매를 타고 얼음 코스를 내려가는 경기예요.

봅슬레이 – 얼음 코스를 브레이크와 핸들이 있는 원통형 썰매를 타고 내려가는 경기예요.

스피드 스케이팅 – 야외 스케이트장에서 400m 트랙을 달리며 속도를 겨루는 경기예요.

쇼트트랙 스케이팅 – 111.12m의 실내 스케이트장에서 결승점을 빨리 통과하는 선수가 이기는 경기예요.

피겨 스케이팅 – 쇼트 프로그램과 프리 스케이팅 경기에서 나온 점수를 합해 순위를 정하는 경기예요.

아이스 하키 – 각 팀 6명으로 구성된 선수들이 '스틱'을 이용해 '퍽'이라는 공을 상대편 골문에 넣어 득점을 하는 경기예요.

컬링 – 각각 4명으로 구성된 2개의 팀이 얼음판에서 8개의 '스톤(돌)'을 '하우스(바닥의 표적)'에 밀어 넣어 점수를 얻는 경기예요.

알파인 스키 – 스키장을 내려오는 기술과 속도를 겨루는 경기예요. 회전과 활강 경기로 나뉘어요.

크로스컨트리(노르딕) – 스키를 신고 오르막길과 내리막길로 구성된 코스를 달려 가장 빠른 시간에 들어온 선수가 우승하는 경기예요.

스키 점프 – 스키를 신고 도약대를 지나 날아간 거리와 비행 자세로 점수를 매기는 경기예요.

복합 – 크로스컨트리와 스키 점프를 합친 경기예요. 70m 점프와 15km 경주 종목의 득점을 합해 순위를 결정해요.

프리스타일 – 스키를 타고 언덕 등을 지나면서 공중 비틀기, 점프, 회전 기술 등의 개인기를 보여 주는 경기예요.

스노보드 – 스노보드를 타고 깃대를 통과하며 내려오거나 큰 원통형의 파이프를 반으로 나눈 듯한 코스를 지나면서 점프와 회전 등의 기술을 겨루는 경기예요.

찾아보기

ㄱ

가가린	91
가곡	206
가야금	207
가을철 별자리	89
가톨릭교	165
각막	18
간	29
간뇌	10
간접 민주주의	152
간접세	194
간지럼	13
감각 기관	18
감각점	30
감기	24, 25
감자	139
강	74
강수량	104
강장동물	125
갯벌	117
거미	127
건강 보험	195
건습 운동	142
겉씨식물	134
게놈	57
겨우살이	143
겨울철 별자리	89
경계색	129
경매	189
경영자적 기업	182
경제 활동	178
계산기	63
계절	106
계절풍	96
계획 경제	179
고구마	139
고기압	95
고대 그리스·로마 미술	214
고대 이집트 미술	214
고드름	103
고딕 미술	214
고래	126
고령화 사회	195
고막	19, 21
고무 타이어	39
고산 지대에 사는 식물	147
고생대	68
고슴도치	122
고양이	123
고용 보험	195
고적운	99
고전주의 음악	208
고층운	99
골격근	14
공급	179
공기업	182
공룡	129, 148
공산주의	152
공익 광고	189
공작	126
관세	199
광년	82
광물	78
교통 수단	38
구름 사진	113
구름	98, 99
구세군	167
구체 음악	211
구텐베르크	45
국민 기초 생활 보장	197
국민 연금	195
국제 긴급 구호 활동가	175
국제 수지	200
국제 연합	173
국제 통화 기금	181, 200
국제법	163
국회	153, 157
군주 전제주의	152
굴성 운동	142
궁상각치우	207
권운	99
권적운	99
권층운	99
귀	19, 21
귀화 동물	129
귀화	174
귓바퀴	19
그물맥	134
그믐달	86
극본	218
극지방에 사는 동물	120
극피동물	125
근대 음악	208
근육	14
글로벌 스탠더드	200
글리코겐	16
금성	84
금속 활자	45
금융 기관	191
금융 실명제	193
《기네스 북》	205
기단	107
기데온 순드바크	58
기번호	192
기상 관측 로봇	111
기상 위성	111
기상청	112
기생 식물	143
기압	94
기업	178
기차	41
기침	25
기후	107
김일성 종합대학	159
김책 공업 종합대학	159
껌	61
꽃	136, 138
꽃샘추위	107
꽃식물	134
꿀벌	131

ㄴ

나도개별꽃	144
나뭇잎	139
나일 강	75
나폴레옹 전쟁	170
낙엽	145
난층운	99
날씨	95
남북 전쟁	170
남북 정상 회담	157
남승룡	231
남한	156
낭만주의 미술	215
낭만주의 음악	208
냉대 기후에 사는 식물	146
냉동 식품	61
냉장고	49
노벨 문학상	204
노화	33
농악	206
높새바람	108
뇌	24
눈(날씨)	103
눈(인체)	18, 20
뉴런	10

ㄷ

다국적 기업	184
다리미	65
다문화 가정	174
다시마	138
다이너마이트	52
다큐멘터리	225
단층 작용	74
달	86, 87
달무리	87

달팽이관 · 19
대기 관측 로켓 · · · · · · · · · · · · · · · · 54
대기 오염 · 116
대기 · 73, 94
대기업 · 182
대나무 · 135
대뇌 · 10
대류권 · 95
대륙붕 · 72
대륙이동설 · · · · · · · · · · · · · · · · · · 70, 71
대몽 항쟁 · 169
대종교 · 166
대체 에너지 · 47
대통령 중심제 · · · · · · · · · · · · · · · · · 153
덤핑 · 201
덧니 · 15
덩굴성 식물 · · · · · · · · · · · · · · · · · · · 144
도자기 · 213
독도 · 174
독립 영화 · 221
돈키호테형 인간 · · · · · · · · · · · · · · 205
돌고래 · 131
돌연변이 · 129
동계 올림픽 · · · · · · · · · · · · · · 230, 233
동맥 · 26
동물 세포 · 57
동양 미술 · 212
동양화 · 213
동지 · 106
동충하초 · 149
두더지 · 123
디지털 케이블 방송 · · · · · · · · · · · 224
디플레이션 · · · · · · · · · · · · · · · · · · · 192
딸꾹질 · 23
똥 · 29

ㄹ

라니냐 · 115
라식 수술 · 63
라이트 형제 · 41
라틴 댄스 · 223
라플레시아 · · · · · · · · · · · · · · · · · · · 149
람사르 협약 · · · · · · · · · · · · · · · · · · · 117
레이더 · 52
렌즈 구름 · 100
로마네스크 · · · · · · · · · · · · · · · · · · · 214
〈로미오와 줄리엣〉 · · · · · · · · · · · · 219
로봇 · 58
로켓 · 52
로코코 미술 · · · · · · · · · · · · · · · · · · · 215
로코코 음악 · · · · · · · · · · · · · · · · · · · 208
롤러스케이트 · · · · · · · · · · · · · · · · · · 58
르네상스 미술 · · · · · · · · · · · · · · · · 215
리콜 제도 · 185
링컨 · 154

ㅁ

마그네트론 · 63
마케팅 · 188
마호메트 · 165
망간 · 72
망막 · 18
망원경 · 90
맨틀 · 71, 76
맹그로브 · 141
머리카락 · 31
먹이그물 · 129
먹이사슬 · 129
메기 · 127
메소포타미아 문명 · · · · · · · · · · · · · 75
멜라닌 색소 · 19
명왕성 · 85
모건 · 65
모놀로그 · 219
모델 T · 40
모세 혈관 · 27
목성 · 85
《무구정광대다라니경》 · · · · · · · · · 45
무역 · 198
무조건 반사 · 13
무지개 · 104
무척추동물 · · · · · · · · · · · · · · · · · · · 125
문어 · 126
문학 · 204
물히아신스 · · · · · · · · · · · · · · · · · · · 149
뮤지컬 · 210
미모사 · 145
미사일 · 52
민꽃식물 · 134
민속악 · 206
민요 · 206
민족주의 음악 · · · · · · · · · · · · · · · · · 208
민주주의 · 152

ㅂ

바니안나무 · · · · · · · · · · · · · · · · · · · 145
바다 · 70, 71
바다에 사는 동물 · · · · · · · · · · · · · 121
바닷가에 사는 식물 · · · · · · · · · · · 147
바람 · 96
바로크 미술 · · · · · · · · · · · · · · · · · · · 215
바로크 음악 · · · · · · · · · · · · · · · · · · · 208
바스키아 · 217
바이러스 · 24
바이올린 · 209
바코드 · 60
바퀴 · 38
바흐 · 209
박스 오피스 · · · · · · · · · · · · · · · · · · · 221
박쥐 · 122
발레 · 222
밤송이 · 144
방광 · 29
방사능 · 53
방송 · 224
배설 · 28
배우 · 218
백년 전쟁 · 169
백두산 호랑이 · · · · · · · · · · · · · · · · 123
백엽상 · 113
백화점 · · · · · · · · · · · · · · · · 187, 188, 189
뱀 · 123
번개 · 100, 101
법 · 160
법관 · 162
법률 · 160
법원 · 161
법인 기업 · 183
법치주의 · 160
베게너 · 70, 71
베니스 영화제 · · · · · · · · · · · · · · · · 220
베를린 영화제 · · · · · · · · · · · · · · · · 220
베스트셀러 · · · · · · · · · · · · · · · · · · · 205
베트남 전쟁 · · · · · · · · · · · · · · · · · · · 171
벤처 기업 · 183
벤치마킹 · 185
벼락 · 101
변호사 · 162
별 · 83
별의 등급 · 88
별의 밝기 · 88
별자리 · 88
보름달 · 86
보험 회사 · 191
보호색 · 129
복권 · 62
복지 국가 · 195
봄철 별자리 · 89
봉 마르셰 · 189
부름켜 · 139
부산 국제 영화제 · · · · · · · · · · · · · 220
부스 · 63
부천 국제 판타스틱 영화제 · · · · · · · · · · 220
북극여우 · 128
북태평양 기단 · · · · · · · · · · · · 107, 109
북한 · 156
불 · 36, 37
불가사리 · 127
불교 · 164
불사조 · 148
불쾌 지수 · 108
브래지어 · 65
블랙홀 · 83
비 · 102
비누 · 60
비보이 · 223

비엔날레 ··· 216	소금 사막 ··· 79	알레르기 ··· 33
비자 ··· 173	소나기 ··· 102	알렉산더 그레이엄 벨 ··· 49
비행기 ··· 41	소뇌 ··· 10	알렉산드로스 대왕 ··· 168
빅뱅 ··· 80	소득 재분배 ··· 197	알프레드 노벨 ··· 52
뼈 ··· 14	소비 ··· 178	암석 ··· 78
뿌리 ··· 136	소화 ··· 28	애니메이션 ··· 216
뿌리혹박테리아 ··· 143	속씨식물 ··· 134	애니악 ··· 50
	속지주의 ··· 173	앵무새 ··· 131
ㅅ	손가락셈 ··· 42	야당 ··· 155
사막 기후 ··· 107	손기정 ··· 231	얀센 부자 ··· 57
사막 지역에 사는 동물 ··· 121	수성 ··· 84	양극화 현상 ··· 195
사막에 사는 식물 ··· 147	수소 에너지 ··· 47	양서류 ··· 124
사물놀이 ··· 206	수요 ··· 179	양쯔 강 기단 ··· 107
사실주의 미술 ··· 215	순상 화산 ··· 76	어류 ··· 124
사이버 전쟁 ··· 51	숫자 0 ··· 42	언더그라운드 가수 ··· 211
사이클론 ··· 97	스모그 ··· 116	얼룩말 ··· 122
사티 ··· 209	스크린 쿼터 ··· 221	얼음 ··· 109
사포딜라 나무 ··· 61	스테디셀러 ··· 205	에두아르 베네딕투스 ··· 40
사회 보장 제도 ··· 195	스트레스 ··· 32	에드먼드 힐러리 ··· 75
사회 보험 ··· 195	습곡 작용 ··· 74	에디 이간 ··· 231
사회 복지사 ··· 197	시계 ··· 60	에디슨 ··· 48, 49
사회적 기업 ··· 184	시베리아 기단 ··· 107, 109	에베레스트 ··· 75
삭 ··· 86	시장 경제 ··· 179	에어컨 ··· 64
산 ··· 74	시조새 ··· 79	엘리뇨 ··· 115
산성비 ··· 116	시청률 ··· 225	엥겔 지수 ··· 180
산에 사는 동물 ··· 121	시트콤 ··· 225	여권 ··· 173
산호 ··· 127	시험관 아기 ··· 57	여당 ··· 155
삼강 오륜 ··· 166	식물 세포 ··· 57	여드름 ··· 31
삼바 ··· 223	식충식물 ··· 145	여론 ··· 155
삼베옷 ··· 227	신경 ··· 10	여름철 별자리 ··· 89
삼한사온 ··· 109	신고전주의 미술 ··· 215	연극 ··· 218
상현달 ··· 86	신생대 ··· 68	연못이나 늪에 사는 식물 ··· 147
새우잠 ··· 17	신춘문예 ··· 204	연예인 ··· 225
색맹 ··· 20	실러캔스 ··· 79	연체동물 ··· 125
샌드위치 ··· 60	심장 ··· 26	연탄 ··· 46
생명 공학 ··· 56	십자군 전쟁 ··· 169	연필 ··· 63
생물 농약 ··· 115	싸락눈 ··· 103	열기구 ··· 41
생산 활동 ··· 178	쌍둥이 ··· 33	열대 기후 ··· 107
생태계 ··· 114	쌍떡잎식물 ··· 134	열대 우림 기후에 사는 식물 ··· 146
서릿발 ··· 105	씨 ··· 136, 140	열대 우림 지역에 사는 동물 ··· 120
서양 미술 ··· 214		열매 ··· 136
석유 ··· 46	**ㅇ**	염색체 ··· 56
석탄 ··· 46	아라비아 숫자 ··· 43	영화 ··· 220
선거 제도 ··· 153	아르피브이 ··· 53	오로라 ··· 72, 94
선인장 ··· 139	아리랑 ··· 207	오리너구리 ··· 133
선캄브리아대 ··· 68	아마존 ··· 117	오존층 ··· 116
《성경》 ··· 205	아바타 ··· 167	오줌 ··· 29
성단 ··· 80	아시안 게임 ··· 232	오케스트라 ··· 209
성운 ··· 80	아웃소싱 ··· 185	오트쿠튀르 패션쇼 ··· 226
성층 화산 ··· 76	아이큐 ··· 11, 12	오페라 ··· 210
세계화 ··· 172, 199	아지랑이 ··· 108	오호츠크 해 기단 ··· 107
세금 ··· 194, 195	아카데미 상 ··· 221	옥신 ··· 143
세포 ··· 33, 56	아크틱 스노우 트래인 ··· 40	온난 전선 ··· 112
세포벽 ··· 57	아편 전쟁 ··· 170	온대 기후 ··· 107
셰익스피어 ··· 219	안경 ··· 58	온대 기후에 사는 식물 ··· 146
		온대림 지방에 사는 동물 ··· 120

온도계 · 109	**ㅈ**	중생대 · 68
올림픽 · 230		중소기업 · 182
와양 인형극 · · · · · · · · · · · · · · · · 219	자동 판매기 · · · · · · · · · · · · · · · · · · 62	증권 회사 · · · · · · · · · · · · · · · · · · · 191
외교 · 172	자동차 · 40	증기 기관 · 39
외떡잎식물 · · · · · · · · · · · · · · · · · 134	자유 무역 · · · · · · · · · · · · · · · · · · · 199	지각 · 71
외부 은하 · 80	자유권 · 161	지구 온난화 · · · · · · · · · · · · · 114, 115
외이도 · 19	자전거 · 40	지구 · 68, 84
외핵 · 71	작은창자 · 28	지구의 나이 · · · · · · · · · · · · · · · · · · 69
용불용설 · 128	잠꼬대 · 11, 12	지렁이 · 126
우뇌 · 10	잠망경 · 53	지문 · 30
우량계 · · · · · · · · · · · · · · · · · · 104, 111	잠수정 · 53	지상파 방송 · · · · · · · · · · · · · · · · · 224
우리은하 · 80	잠수함 · 53	지주 회사 · · · · · · · · · · · · · · · · · · · 183
우박 · 105	장마 · 102, 108	지진 · 76, 77
우연성 음악 · · · · · · · · · · · · · · · · · 211	장애인 올림픽 · · · · · · · · · · · · · · · 230	지진파 · 77
우주 발전소 · · · · · · · · · · · · · · · · · · 55	재래시장 · 187	지층 · 78
우주 정거장 · · · · · · · · · · · · · · · · · · 55	재채기 · 25	지폐 · 65, 190
우주 탐사 로봇 · · · · · · · · · · · · · · · 55	재판 · 161	지휘자 · 209
운동화 · 63	저기압 · 95	직접 민주주의 · · · · · · · · · · · · · · · 152
워크아웃 · 185	저작권 · 163	직접 선거 · · · · · · · · · · · · · · · · · · · 153
원자력 에너지 · · · · · · · · · · · · · · · · 47	적도 기단 · 107	직접세 · 194
월드컵 · 228	적란운 · 98, 99	〈직지심경〉 · · · · · · · · · · · · · · · · · · · 45
월식 · 86	적십자 기구 · · · · · · · · · · · · · · · · · 175	진공 청소기 · · · · · · · · · · · · · · · · · · 63
위 · 28	적운 · 98, 99	진보 · 155
위성 방송 · · · · · · · · · · · · · · · · · · · 224	전구 · 48	
위성 · 85	전기 · 48	**ㅊ**
유교 · 166	전두엽 · 10	
유대교 · · · · · · · · · · · · · · · · · · 164, 166	전자 화폐 · · · · · · · · · · · · · · · · · · · 192	참새 · 122, 128
유럽 연합 · · · · · · · · · · · · · · · · · · · 200	전자레인지 · 63	참정권 · 161
유비쿼터스 · · · · · · · · · · · · · · · · · · · 51	전주 국제 영화제 · · · · · · · · · · · · 220	창업 · 179
유스타키오관 · · · · · · · · · · · · · · · · · 19	전지 · 48	채륜 · 44
유에프오(UFO) · · · · · · · · · · · · · · · · 90	전화 · 49, 50	척수 · 10
유전 · 32	절지동물 · 125	척추 · 15
유통 · 186	접착 메모지 · · · · · · · · · · · · · · · · · · 62	척추동물 · 124
육지 · 70, 71	접착 천 · 64	천도교 · 166
은행 · 191, 193	정맥 · 26	천둥 · 100, 101
은행나무 · 141	정부 · 178	천연가스 · 47
음악 · 206	정체 전선 · · · · · · · · · · · · · · · · · · · 112	천왕성 · 85
의원 내각제 · · · · · · · · · · · · · · · · · 153	제1차 세계 대전 · · · · · · · · · · · · · · 171	청문회 · 154
이슬람교 · · · · · · · · · · · · · · · 165, 166	제2차 세계 대전 · · · · · · · · · · · · · · 171	청바지 · · · · · · · · · · · · · · · · · · · 62, 227
인공위성 · 54	제례악 · 206	청산리 전투 · · · · · · · · · · · · · · · · · 168
인권 · 163	제지술 · 45	청와대 · 155
인도 미술 · · · · · · · · · · · · · · · · · · · 213	조류 · 124	청진기 · 61
인상주의 미술 · · · · · · · · · · · · · · · 215	조선민주주의 인민 공화국 · · · · · · 157	체감 온도 · · · · · · · · · · · · · · · · · · · 112
인쇄술 · 45	조선족 · 174	체관 · 136
인터넷 · 51	종교 · 164	초원 지역에 사는 동물 · · · · · · · · 121
일기 예보 · · · · · · · · · · · · · · · · · · · 110	종상 화산 · 76	최고 인민 회의 · · · · · · · · · · · · · · · 157
일본 미술 · · · · · · · · · · · · · · · · · · · 213	종이 · 44, 45	추상화 · 217
일부일처제 동물 · · · · · · · · · · · · · 132	종이컵 · 62	축구화 · 229
일식 · 86	종합 상사 · · · · · · · · · · · · · · · · · · · 183	춤 · 222
일처다부제 동물 · · · · · · · · · · · · · 132	좌뇌 · 10	측우기 · 104
입술 · 17	주식회사 · 182	층운 · 99
잎 · 136	주판 · 63	층적운 · 99
	줄기 · 136	치타 · 149
	중국 미술 · · · · · · · · · · · · · · · · · · · 212	침식 작용 · 74
	중뇌 · 10	침엽수 · 135
	중력 · 87	칭기즈 칸 · · · · · · · · · · · · · · · · · · · 169

ㅋ

카메라 · 20, 59
카타르시스 · 205
카툰 · 216
칸 영화제 · 220
칼 란트슈타이너 · 57
칼슘 · 16
캐터필러 · 39
캥거루 · 133
컴퓨터 · 43, 50
코 · 18
코골이 · 23
코끼리 · 122
코딱지 · 21
코르셋 · 65
코믹스 · 216
코스닥 · 193
코스피 · 193
콘플레이크 · 65
콧구멍 · 23
콩팥 · 29
퀘이사 · 83
크리스트교 · 165
큰창자 · 28
클래식 음악 · 208

ㅌ

탄생 · 32
탈춤 · 222
탐사선 · 54
태극기 · 156
태양 전지 · 47
태양계 · 84
태양열 발전 위성 · 47
태양의 흑점 · 84
태풍 · 97
태풍의 눈 · 97
탯줄 · 33
털 · 17
텔레비전 · 49
토네이도 · 97
토성 · 83, 85
통신 · 50
통조림 · 59
투구게 · 79
트라이애슬론 · 233

ㅍ

파도 · 73
파충류 · 124
파피루스 · 44
판게아 · 70, 71
판문점 · 158
판사 · 162
팝페라 · 211
패션 · 226
패션쇼 · 226, 227
팽압 운동 · 142
펀드 · 193
페넥여우 · 128
페니실린 · 64
페르시아 전쟁 · 168
펭귄 · 122
편도선 · 25
편형동물 · 125
평등 · 152
폐색 전선 · 112
포에니 전쟁 · 168
포유류 · 124
폭우 · 102
푄 현상 · 108
표피 · 19, 30, 136
푸른곰팡이 · 64
풍랑 · 73
풍속계 · 111
풍향계 · 111
프레타포르테 · 226
프리마 돈나 · 211
플라나리아 · 133
플라스틱 · 59
플루스 · 210
피뢰침 · 101
피부 · 19, 30
피파 · 228
핑퐁 외교 · 232

ㅎ

하계 올림픽 · 230, 233
하루살이 · 127
하이에나 · 123
하품 · 20, 24
한국 전쟁 · 171
한국화 · 213
한대 기후 · 107
한랭 전선 · 112
한류 · 225
한지 · 45
한파 · 109
함무라비 법전 · 162
항성 · 83, 85
해룡 · 133
해륙풍 · 96
해바라기 · 144
해양 온도차 발전 · 47
해왕성 · 85
핵무기 · 53
햄버거 · 60
행성 · 83, 85
행정부 · 153
허리케인 · 97
허블 우주망원경 · 82
허파 · 22
헌법 · 160
헤모글로빈 · 27
헨델 · 209
혀 · 19, 21
현금 영수증 제도 · 195
현대 미술 · 216
현미경 · 57
혈구 · 26
혈소판 · 26
혈압 · 27
혈액형 · 27, 57
혜성 · 85
호흡 · 22
혼인색 · 133
화산 · 76
화석 · 78
화성 · 85
화약 · 52
화폐 · 190
환경오염 · 114
환율 · 201
환태평양 지진대 · 77
환형동물 · 125
황도 12궁 · 88
황사 · 116
황산벌 전투 · 168
황태중임남 · 207
황하 문명 · 75
훌라후프 · 64
휴대 전화 · 51
흉터 · 31
히드라 · 133
히잡 · 166
히피 패션 · 227
힌두교 · 164
힙합 · 210, 223

10진법 · 42
3D 산업 · 184
8조 금법 · 162
A 매치 · 229
DHA · 12
DMZ · 158
DNA · 56
FTA · 201
G7 · 201
GDP · 180
GNP · 180
JSA · 158
M&A · 183
NLL · 158
WTO · 201

참고문헌

인체·생명
김고은 외, 《유전》, 성우주니어, 2009
스티븐 파커 외, 《인체》, 사이언스북스, 2009
허순봉, 《Why? 인체》, 예림당, 2008
조나 레러, 《프루스트는 신경과학자였다》, 지호, 2007
리처드 워커, 《몸》, 해나무, 2007
최현석, 《아름다운 우리 몸 사전》, 지성사, 2006
이은희, 《하리하라의 생물학 카페》, 궁리, 2002

발명·발견
신현수, 《세상을 잇는 그물 통신》, 주니어김영사, 2009
이인식, 《미래교양사전》, 갤리온, 2006
오진곤, 《과학자 360》, 전파과학사, 2006
이기열, 《정보통신 역사기행》, 북스토리, 2006
황원삼, 《세계사를 바꾼 천재 과학자 이야기》, 일진사, 2003
이인식 외, 《과학이 세계관을 바꾼다》, 푸른나무, 2002
이정임, 《인류사를 바꾼 100대 과학사건》, 학민사, 2000

지구·우주
신광복, 《우주 탐사》, 성우주니어, 2009
김은량, 《지구와 달》, 성우주니어, 2008
마치오 가쿠, 《평행 우주》, 김영사, 2006
장수하늘소, 《(미래의 눈으로 다시 읽는) 과학신문 1》, 파라북스, 2006
함윤미, 《단숨에 키우는 지구·우주 상식》, 진선아이, 2005
브라이언 그린, 《우주의 구조》, 승산, 2005
김희준 외, 《과학으로 수학보기 수학으로 과학보기》, 궁리, 2005
손영운, 《청소년을 위한 서양과학사》, 두리미디어, 2004

날씨·환경
드레디 E. 벨, 《사이언스 101 기상학》, 이치사이언스, 2010
리처드 험블린, 《한 권으로 읽는 구름책》, 수북, 2010
클라우스 퇴퍼 외, 《청소년을 위한 환경 교과서》, 사계절, 2009
박미용, 《기후 변화》, 성우주니어, 2009
김성은, 《생태와 환경》, 성우주니어, 2009
일본 뉴턴프레스, 《날씨와 기상》, 뉴턴코리아, 2008
이광웅, 《Why? 날씨》, 예림당, 2008

동물·식물
편집부, 《과학 용어 사전》, 뉴턴코리아, 2010
이소형, 《식물 이야기 33가지》, 을파소, 2010
울리히 슈미트, 《동물들의 비밀신호》, 해나무, 2008
최재천, 《최재천의 인간과 동물》, 궁리, 2007
황보연, 《재미있는 동물 이야기》, 가나출판사, 2007
최주영, 《재미있는 식물 이야기》, 가나출판사, 2007
편집부, 《우리나라 천연기념물 도감 3》, 클나무, 2006
김진일, 《우리 곤충 백가지》, 현암사, 2002
남상호 외, 《보리 어린이 동물도감》, 보리, 1998

정치·사회
차병직, 《똥딴지가 아니다 : 묻고 답하며 깨치는 법 이야기》, 우리교육, 2010
박성혁 외, 《청소년의 법과 생활》, 법무부·한국법교육센터, 2010
로버트 달, 김왕식 옮김, 《민주주의》, 동명사, 2009
파트리시아 올, 《직업 옆에 직업 옆에 직업》, 미세기, 2009
제인 빙엄 외, 《45억 5000만 년 지구와 인류의 역사》, 예경, 2009
크리스티네 슐츠-라이스 외, 《청소년 정치 수첩》, 양철북, 2008
매슈 휴스 외, 《제1차 세계대전》, 생각의 나무, 2008

경제
김민구, 《경제 상식 사전》, 길벗, 2010
최진기, 《경제상식 충전소》, 한빛비즈, 2010
찰스 브론프먼 외, 《나눔의 기술》, 이마고, 2010
엘렌 사빈, 《나누면 행복해요》, 문학동네어린이, 2010
석혜원, 《둥글둥글 지구촌 경제 이야기》, 풀빛, 2009
팀 하포드, 《경제학 콘서트 2》, 웅진지식하우스, 2008
경제교육연구회, 《학교에서 경제를 어떻게 가르칠 것인가》, 시그마프레스, 2008

문화·예술·스포츠
김남석, 《연극의 역사와 스타일》, 연극과인간, 2010
강명구 외, 《가족과 미디어》, 한울아카데미, 2010
노엘라, 《그림이 들리고 음악이 보이는 순간》, 나무수, 2010
조영선, 《Why? 스포츠 과학》, 예림당, 2010
나인화, 《짬짬이 읽는 팝의 역사》, 라이프하우스, 2009
피오나 맥도널드 외, 《한 권으로 보는 세계문화사전》, 글담출판사, 2009
마크 턴게이트, 《광고판 : 세계 광고의 역사》, 이실MBA, 2009

글 함윤미

단국대학교 대학원 문예창작학과를 졸업했습니다. 현재 어린이를 위한 재미있고 유익한 글쓰기를 하며 지내고 있습니다.
그동안 쓴 책은 《1학년 수학일기》, 《어린이를 위한 정리정돈》, 《속 보이는 과학》, 《싸이의 과학 대모험 시리즈》,
《노빈손, 괴짜 동물들의 천국 갈라파고스에 가다》, 《노빈손의 계절 탐험 시리즈》, 《요건 몰랐지?》,
《동물이랑 놀자》 등이 있습니다.

그림 유남영

만화를 전공하고 캐릭터 디자이너 겸 일러스트레이터로 활동하고 있습니다. 《아하, 세계엔 이런 사건이 있었군요》,
《어린이 생각 계획표》, 《빠삐루빠의 역사탐험》, 《초등한국사 생생교과서》, 《리틀배틀 5 세계 지리》,
《세계기록유산 한글 이야기》, 《지도로 배우는 우리나라 우리고장》, 《똑똑한 만화 교과서 속담》,
〈통통 한국사〉 시리즈, 〈둥글둥글 지구촌 이야기〉 시리즈, 〈올백 교과서 퀴즈〉 시리즈 등 많은 책에 그림을 그렸습니다.

감수 김재영

서울대학교 사범대학 생물교육학과를 졸업하고, 같은 대학교 대학원에서 교육학박사 학위를 받았으며,
일본 고베대학 대학원에서 이학박사 학위를 받았습니다. 지금은 서울교육대학교 과학교육과 교수로 재직 중입니다.
그동안 한국생물교육학회 회장, 한국초등교육학회 회장, 한국과학교육학회 부회장, 한국과학단체총연합회 부회장,
초등과학과3,4학년 집필위원, 초등과학과5,6학년 집필위원, 과학교과교육과정 심의위원,
2007교육과정 초등과학3,4학년 검토협의위원을 역임하였습니다.

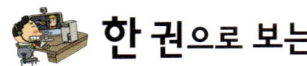

한 권으로 보는
그림 교과상식 백과

1쇄 – 2011년 9월 27일
3쇄 – 2013년 5월 2일
글 – 함윤미
그림 – 유남영
발행인 – 허진
발행처 – 진선출판사(주)
편집 – 이미선, 최지선, 이승주, 권지은, 강경희, 최윤선
디자인 – 안중용, 김연수, 고은정
마케팅 – 이종상, 이한나, 김수연
총무 – 라미영, 이영원
제작·관리 – 유재수, 김영민
주소 – 서울시 종로구 팔판동 150번지
　　　　대표전화 (02)720-5990　팩시밀리 (02)739-2129
　　　　홈페이지 www.jinsun.co.kr
등록 – 1975년 9월 3일 10-92

※ 책값은 커버에 있습니다.

글 ⓒ 함윤미, 2011　그림 ⓒ 유남영, 2011
편집 ⓒ 진선출판사(주), 2011

ISBN 978-89-7221-719-0 74000　ISBN 978-89-7221-511-0 (세트)

진선아이 는 진선출판사의 어린이책 브랜드입니다. 마음과 생각을 키워 주는 책으로 어린이들의 건강한 성장을 돕겠습니다.